제1권

서정주 학파

윤재웅 지음

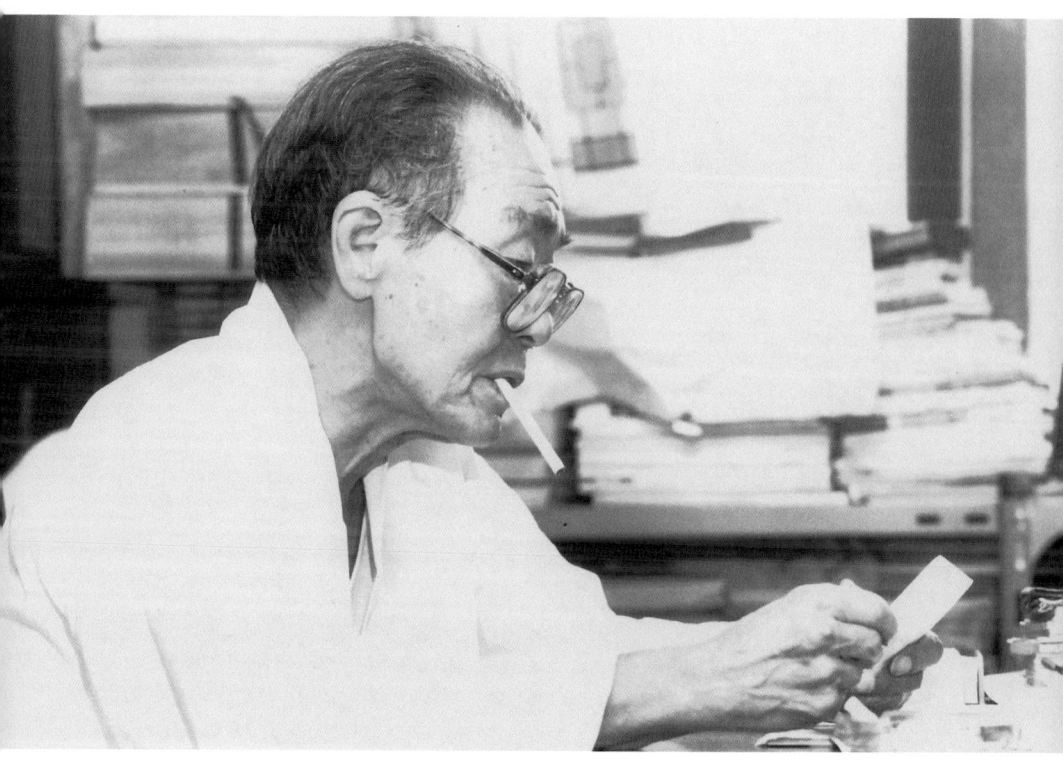

동국대학교출판부

서정주 학파

제1권

동국대학교출판부

서문

　미당 서정주 시인에 대한 글을 여러 편 썼다. 저서, 논문, 평론, 해설, 에세이 등 종류도 다양하다. 대학 입학 후 40여 년 세월 미당 공부 열심히 한 편이다. 미당은 이 땅에서 86년을 살다 갔다. 창작 기간만 70년에 이른다. 1천 편이 넘는 시 외에 다양한 장르의 글을 남겼다. 그의 문학 속에는 10대부터 80대까지 인생의 다채로운 면모가 있고, 심오하고 내밀한 생의 탐색이 있으며, 시간적으로 장구하고 공간적으로 광활한 스펙트럼이 펼쳐진다.

　'꾀꼬릿빛의 햇볕'(「줄포」)… '노루 우는 달빛에 기인 댕기를'(「가시내」)… '목숨이 가다 가다 농울쳐 휘여드는'(「무등을 보며」)… '사랑 사랑의 석류꽃 낭기 낭기'(「입맞춤」)… '이 다수굿이 흔들리는 수양버들 나무와/벼갯모에 뇌이듯한 풀꽃데미로부터,/자잘한 나비 새끼 꾀꼬리들로부터/아조 내어밀듯이, 향단아'(「추천사」)… 우리말의 정겨운 목록과 농익은 향기는 언어도 무형 문화유산이 될 수 있다는 믿음을 준다.

　어느 계절이라도 좋다. 한 시절 밤새워 미당을 읽어보라. 서정주의 문학적 성취는 그 자체로 국가 문화유산이다. 모국어의 섬세함과 황홀함을 경험하고 싶으면 서정주를 읽어야 하고, 생의 심오하고 풍요로운 경지를 엿보고 싶으면 미당 학교에 가보아야 한다. 독자―학생이 많아질수록 서정주의 소프트파워는 커지고 애호가와 연구자가 늘어날 것이다.

　나는 미당의 제자이자 후배이며 전문 연구자이기도 하다. 무슨 인연인지 미당 만년에 자택에서 함께 기거하는 행운을 얻었다. 나는 부인과 사별한 스승의 슬픔을 달래드리기 위해 '말벗동자' 소임을 맡게 되었다. 이상, 김영랑, 최재서, 김기림, 정지용, 박용철, 오장환, 이용악, 함형수에 대한 이야기들을 여러 날 들었다. 문학적 추임새를 잘 넣어야 했다. "지금 경복궁 근처 보안여관 자리가 함형수 시인이 가정교사를 하던 집이었지요? 거기서 『시인부락』 동인지를 만드셨구요?" 그러면 그는 모란꽃이 막 피려는 표정으로 벙글거리며 좋아했다. "우린 가난했지만 치열했어. 가만있자, 나이가 이슥하기도 전인디, 아마 스무 살이나 솔찬히 넘겼을 때재……"

　추억의 시간은 스무 살 청년, 현실의 시간은 여든여섯 노인이었다. 부인 먼저 '어려운 주소'로 보내고 두 달 반 뒤 그도 운명했다. 2000년 12월 24일 밤 수도권 전역에 폭설이 내렸다. 그의 시 「내리는 눈발 속에서는」의 배경이 지상에 펼쳐지는 듯했다. '수부룩이 내려오는 눈발 속에서는 까투리 매추래기 새끼들도 깃들이어 오는 소리……', '울고 웃고 수구리고 새파라니 일어서 운명들이 모두 다 안끼어 드는 소리……', '괜찮타,…… 괜찮타,…… 괜찬타,…… 괜찬타,……' 등단 전 그의 첫 투고 작품인 「그 어머니의 부탁」이 동아일보에 수록된 날이 1933년 12월 24일. 첫 시가 세상에 발표된 날과 그가 지상을 떠난 날이 같다. 미당의 시대는 그렇게 마감됐다.

나는 시인의 일거수일투족을 놓치고 싶지 않았다. 유품들을 정리해 동국대학교 도서관과 고창군 미당시문학관과 남현동 자택에 나눠서 보관했고, 탄생 100주년을 기념해 전집 스무 권을 새로 출간했다. 미당기념사업회를 만들어 고창의 미당시문학관에서 20년 가까이 문학 행사를 열어 왔다.

모교 총장이 되자 독지가 한 분이 미당 연구에 써달라며 거액을 기부, 동국대학교에 미당연구소를 신설했다. 내친김에 고창군 미당시문학관도 동국대학교가 위탁 운영할 수 있도록 도왔다. 지난 25년간 지자체에서 운영하던 것을 이어받아 좋은 결과를 만들고 싶었다. 개인 연구 외에 미당에 대한 제도적 지원도 중요하다고 판단했다.

나는 미당학의 새로운 출발을 꿈꾼다. 언젠가 이 땅에 서정주학파가 탄생하기를 간절히 원하는 마음이다. 작은 씨앗을 심는 심정으로 학술 논문들을 한자리에 모았다. 젊은 날의 치기 어린 목소리도 가감 없이 소개하기로 했다. 다른 시인들과 비교하는 글들은 '동국문풍'이라는 이름으로 따로 출판하려고 한다. 교정에 도움을 준 노홍주 박사에게 고마움을 전한다. 스승과, 스승의 스승을 위하는 그녀의 노고를 잊을 수 없다. 미래의 서정주 전문 연구가로 성장하길 바란다.

찬란히 티워 오는 어느 아침에도
이마 우에 얹힌 시의 이슬에는
몇 방울의 피가 언제나 섞여 있어
볕이거나 그늘이거나 혓바닥 늘어트린
병든 숫개마냥 헐떡어리며 나는 왔다.

시인은 스물세 살 때 「자화상」에서 이렇게 노래했다. 한 편의 좋은 시를 위해 분투노력하겠다는 태도다. 매혹적인 연구 대상을 위한 연구자의 자세 또한 다르지 않다. 그리고 때가 되면, 아무도 가지 않는 길을 가야만 한다. 힘들고 어려운 길일수록 먼저 출발하는 게 중요하다. 앞서가는 자, 나는 그들의 이름을 이렇게 부른다. 서정주학파.

2024년 초가을
윤재웅 씀.

Contents

배경 읽기 Background

1장 줄포공립보통학교 학적기록에 대한 고찰   011

2장 『화사집』의 문체 혼종 양상   039

3장 『화사집』에 나타난 체험과 창작의 상관관계   067

4장 「국화 옆에서」의 창작 배경   099

5장 1942년의 고향 서사   129

6장 『질마재 신화』에 미친 『삼국유사』의 영향   159

자세히 읽기 Close reading

7장 「자화상」   187

8장 「웅계」 연작   209

9장 「도화도화」   237

10장 「낮잠」   273

11장 「시론」   305

참고문헌   334

Background

배경 읽기

1장 줄포공립보통학교 학적기록에 대한 고찰

2장 『화사집』의 문체 혼종 양상

3장 『화사집』에 나타난 체험과 창작의 상관관계

4장 「국화 옆에서」의 창작 배경

5장 1942년의 고향 서사

6장 『질마재 신화』에 미친 『삼국유사』의 영향

1장 줄포공립보통학교 학적기록에 대한 고찰

서정주의 줄포공립보통학교 학적기록에 대한 고찰,
『한국시학연구』 27, 한국시학회, 2010.

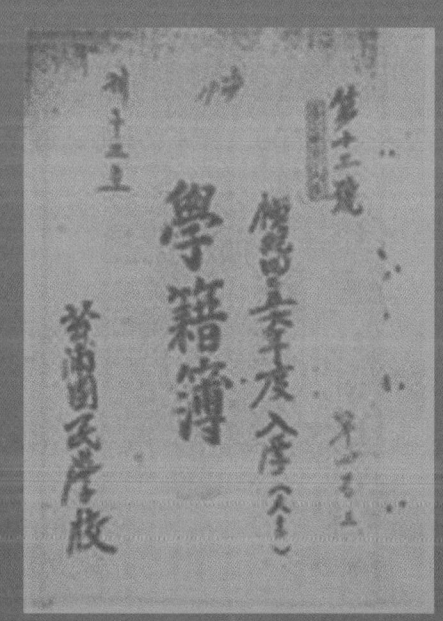

01 ── 서정주 전기문학 구축을 위한 몇 가지 문제들

서정주에 대한 연구는 광범위한 영역에서 진척되어 오고 있다. 대학원 학위 논문만 2백 편에 육박하고 있으며[1] 일반 논문과 비평의 영역에서도 다양하고 심층적인 논의들이 양산되고 있다. 그의 생전부터 거론되던 문학 외부적인 논의, 특히 친일 이력 및 제5공화국 지지에 대한 비판이 지속되는 상황 속에서도[2] 문학 내부에서만큼은 시인 서정주에 대한 연구가 활발하게 진행되고 있다는 실제적인 증거다.

이들 주요 연구들은 서정주 텍스트 자체가 가지고 있는 풍성한 문학성, 시간과 공간에 대한 독특한 인식, 민족 정체성에 대한 도전적 탐구, 텍스트

---

[1] 2009년 12월 기준, 국회도서관 검색자료에 의하면 박사 45편, 석사 143편 정도이다.

[2] 서정주의 친일 이력에 대한 논란은 임종국(1966)에 의해 처음 제기되었으며, 미당 자신도 그의 자전 기록(1969, 1972)을 통해 당시의 상황을 비교적 자세하게 언급한 바 있다. 1980년대에 들어 『친일문학작품선집』(1986)의 간행으로 인해 보다 광범위하게 알려졌다. 그가 80년대 이후 친일청산담론으로부터 자유롭지 못했음은 주지의 사실이다. 게다가 박정희 대통령 서거 이후 일어난 일련의 권력 쟁투 과정에서 그가 보여준 신군부에 대한 옹호 태도는 그의 친일 이력에 대한 '이해'보다는 '심판'의 심리를 확산시키는 데 기여했다. (12대 대통령 선거인단선거(1981.2.11.)를 앞두고 민정당 대통령 후보 전두환을 위한 텔레비전 지원연설(1981.2.1.)이 대표적이다.) 그리하여 서정주의 만년은 '한국 문학의 거장'과 '반민족적 기회주의 지식인의 전형' 사이를 오가게 된다. 그의 사후 불거진 '미당 논쟁'은 미당 개인에 대한 뜨거운 관심일 수도 있지만, 사실상 '한국근현대사의 모순과 부조리 척결이라는 거대담론의 상징적인 사례' 혹은 '미학적 분리주의에 입각한 문학 옹호'의 성격이 강했다. 이 두 입장은 역사적 연원으로 보면 해방공간의 좌우익 대결이며, 민주화와 산업화, 진보와 보수로 대별되는 60년 이상 지속되어 온 우리 사회의 이념적 갈등을 일정 부분 반영하고 있다고 보아도 무방하다. 이런 점에서 서정주는 문학적 논쟁의 상징이기보다는 정치적 논쟁의 현재진행형 상징이다. 상반되는 양 진영의 논리는 서정주가 '한국문학의 아버지'이기는 하지만 '문제적 아버지'였다는 점을 인정하기는 해도, 방점을 '문제적'에 두어야 하느냐 '아버지'에 두어야 하느냐로 여전히 평행선을 달리는 실정이다.

의 미학적 완성도(어휘, 이미지, 상징, 사상, 상상력, 원형, 서술성 등등에 대한 심층 분석이 제일 많다), 다양한 주제와 기법, 비교문학, 시의 생애를 보여주는 드라마틱한 변화에 대한 고찰 등 여러 영역에 걸쳐 있다.[3]

다양한 논의들을 일별한 결과 전기문학의 영역을 찾아보기 어렵다는 점도 특이하다. 김학동, 송하선에 의해 일부 성과가 나온 것을 제외하면 이렇다 할 진전이 없다.[4] 후일, 여러 연구자들에 의해서 다양한 '서정주 평전' 작업이 시도될 것이다. 이 과정에서 전기적 접근은 기본 과제다. 그의 생애와 문학을 논하면서 그가 몸담아 살았던 이 땅의 역사적 환경과 그의 생애가 어떤 방식으로 만나게 되는지에 대한 관심은 외면하기 어렵다.

전기적 연구는 서정주 문학에 대한 외재적 접근의 일환으로서 역사문화적 환경 연구의 성격을 가진다. 이 외재적 연구의 궁극적 목적은 그의 생애를 둘러싼 방대한 분량의 정보 조각들을 모아서 조립하고, 이를 바탕으로 기존의 텍스트를 보완하며, 그 결과로 서정주의 면모를 보다 새롭고, 풍성하고, 선명하게 제시하는 데 있다. 이런 맥락에서 보면 그의 어린 시절 교육환경을 고찰하는 작업은 아직 본격적으로 시도되지 않은 '서정주 개인사 연구에 대한 출발'이라고 보아도 무방하다.

이는 곧 한국문학의 한 세기를 조명하는 상징적 연구의 성격을 가지기도 한다. 그의 86년 생애는 식민지 백성에게 멍에처럼 씌워졌던 '다이쇼[大正]'의 기호 체계로부터 출발하여 세계 10위권의 경제대국으로 성장하기까지

---

3 서정주 연구 논문의 풍성함은 양적인 측면에서도 주목할 만하다. 박사학위논문의 경우 국회도서관 자료에 따르면 (2009년까지의 기준) 서정주(43편), 이상(42편), 김수영(38편), 정지용(34편), 김소월(32편), 한용운(32편), 윤동주(27편), 백석(26편) 등의 순위를 보이고 있다. 작고 시기를 기준으로 보면 서정주와 여타 시인들과의 양적 격차는 더 벌어질 가능성이 많다.

4 김학동, 「서정주의 생애와 문학: 전기적 국면」, 『서정주 연구』, 새문사, 2005, 690~778쪽. 송하선의 『연꽃 만나고 가는 바람같이』(푸른사상, 2008)는 미당 사후 출간된 최초의 평전이다. 친일 평가에 대한 반론을 집중적으로 전개하고 있고, 20대부터 말년까지의 전기적 자료들을 다루고 있다는 점이 특징이다. 유년기 및 10대의 기록 검토가 생략되어 있다.

그의 조국이 겪었던 상처와 영광, 파란과 격동의 세월을 고스란히 반영하고 있다는 점에서 특히 그렇다. 그러므로 서정주 개인에 대한 연구는 한국 현대사와의 상동적 관계 구조를 염두에 두면서 진행하는 게 바람직하다.[5]

예컨대 서정주 생애 전반기 고찰의 경우를 상정해 보자. 유소년기와 시인으로서의 초기 활동, 혹은 그의 친일 이력과 관련된 문제에 보다 정밀하게 접근하기 위해서는 고향, 혈통, 가계, 교육환경을 비롯한 각종 사회제도에 대한 세밀하고 광범위한 점검이 뒤따라야 한다.

이 문제는 서정주가 비교적 성실한 자전 기록을 남겨두었기 때문에 어려운 편은 아니다. 그럼에도 불구하고 광범위한 사회사적 접근에서부터 사사로운 증언에 이르기까지 자서전의 빈틈을 채울 수 있는 자료들을 수집하는 일은 여전히 중요하다. 자서전의 검증과 재편의 중요성은 말할 것도 없다. 기록자 자신이 착각을 할 수도 있고 자기합리화를 할 수도 있기 때문에 당대의 보편적이고 공식적인 기록 자료들과 대조해야 할 경우도 많다.[6]

서정주의 자전 기록은 「내 마음의 편력」, 「천지유정」,[7] 「속 천지유정」,[8]

---

5 '일제강점기, 해방기, 한국전쟁기 및 전후 시기, 우파 지식인으로서의 문협활동기, 친군부 지원 시기, 은거기'라는 서정주 개인사의 이데올로기적 시대 구분은 우리 현대사의 전개 과정과 불가분의 관계에 있다. 개인사와 역사와의 이런 관련 상황에 대해서는 그 동기와 맥락에 대한 보다 정밀한 탐구가 필요하다.

6 시집 출판년도에 대한 기억 오류가 대표적이다. 주요 사건에 대한 시기 착각도 많고 인명에 대한 기억의 오류도 이따금 등장하기 때문에 정보의 정밀한 재구축 과정이 필요하다.

7 두 텍스트는 일지사판 『서정주문학전집』(1972)에 수록되어 있다. 「내 마음의 편력」은 세계일보(1960. 1. 5. ~ 6. 19.)에 연재된 원고다. 이 원고는 「질마재」, 「줄포」, 「노풍곡」 3장으로 구성되었으며, 중앙고보로 진학한 1929년부터 퇴학당하고 방황하던 시절인 1932년까지의 기록은 없다. 이 기간에 대한 기록은 후일, 시의 형식을 통해 보완된다. 「천지유정」은 절친한 친구인 김동리가 주관하는 『월간문학』(1968. 11. ~1971. 5.)에 24회에 걸쳐 연재한 1933년부터 1955년까지의 자전 기록이다.

8 이 텍스트는 24장으로 중단되었던 자전 기록에 대한 후속 작업으로서 『월간문학』 1974년 2월호부터 다시 연재한 것이다. 55년 1월 김관식 혼인 이야기를 지난 연재에서 빠뜨렸음을 밝히면서 시작한다. 8회, 29장까지 연재되고 중단되었다. 1961년까지 정리되었다.

『도깨비 난 마을 이야기』,[9] 『안 잊히는 일들』, 『팔할이 바람』[10]을 통해 확보할 수 있다. 그러나 1988년 이후부터 작고하기 직전까지의 기록은 다양한 방식으로 재구성해야만 한다. 그의 유품들과[11] 각종 보도자료들을 검토해야 하며 다양한 증언들이 필요하다.

증언의 필요성은 비단 그의 후반기 생애에만 한정되지 않는다. 자서전에 채 기록되지 않은 '외곽지역'에 대한 증언의 확보는 시급한 과제다. 그가 교유한 인물들 중 벌써 많은 이들이 세상을 달리하고 있다. 구술사口述史는 오늘날 역사학의 중요한 분과로서 떠오르고 있지만 서정주 전기문학 구축 과정에서도 절대적으로 필요한 분야이다. 일차적으로 그의 친제인 서정태 옹(1923~2020)의 구술이 정리된 바 있다.[12] 서정태 구술의 중요성은 『질마재 신화』(1975) 속 인물이나 사건 현장에 대한 확인만으로도 입증된다. 소자 이생원네 집터', '알묏댁 집터', '눈들 영감 집터', '부안댁 집터', '외가터', '서당터' 등 텍스트에 등장하는 대부분의 현장을 확인해준다. 그는 이 분야의 증언에 있어서 유일한 보고자다. 자전 기록에 빠져 있는 서정주 가계에 대한 상세한 보고 또한 주목할 만하며 일상의 섬세한 사건들에 대한 언어적 재현도 값진 편이다. 향후 수많은 증언자들이 서정주 전기문학의 영역을 풍성하게 하는 데 기여하게 될 것이다.

---

9 1977년 4월 15일 백만사百萬社에서 간행된 텍스트다. 「내 마음의 편력」에 작가 연보를 더했다.
10 자전 시집들이다. 1983년 현대문학사와 1988년 혜원출판사에서 각각 출간되었다. 자전 산문에 누락된 기간의 기록을 확인할 수 있다는 점에서 중요하다.
11 서정주의 유품은 매우 풍성하다. 1932년 무렵의 사진부터 결혼 당시(1938년)의 사주단자, 1950~2000년까지의 시작 노트, 가계부, 일상을 엿볼 수 있는 수첩과 각종 영수증 등 약 70년간의 개인사를 생생하게 보여주는 자료들이 1만 5천 점 정도 있다. 이 유품들만으로도 연구의 한 영역을 확보할 수 있다.
12 신준봉, 「나의 형 미당, 나의 선배 미당…」, 중앙일보(2009.7.8.) 참조.

서정주의 전기문학을 구축하는 과정에서 그의 유소년기 학적기록은 자전 기록의 신빙성을 뒷받침할 수 있는 중요한 자료다. 출생지 질마재 마을의 서당 기록은 없고, 줄포로 이주하여 보통학교를 다녔다고 했으니 기록을 확인하면 당대의 환경을 확인하고 추정하는 실마리가 될 수 있다. 그러나 줄포초등학교에는 그 기록이 보관되어 있지 않다. 서정주는 이 학교의 13회 졸업생으로 알려져 있으나 그간 그 기록을 찾을 수 없었다. 2004년 8월 25일, 행정자치부 국가기록원 서울사무소에서 서정주의 학적부를 찾은 이래 학계에 처음 공개하게 된다.[13]

서정주의 학적기록 중 유일하게 남아 있는 것은 현 동국대학교의 전신인 중앙불교전문학교 학적이다. 그나마 정식 졸업생이 아닌 중퇴자로서의 1년간 기록일 뿐이다. 광주학생운동 지지 시위로 인하여 중앙고보에서 퇴학을 당하고 편입한 고창고보에서 역시 백지동맹사건으로 인해 권고 자퇴당했기 때문에 여기의 학적기록도 없다. 그가 정규 교육과정을 졸업했다는 증거는 찾을 수 없으므로 그의 공식 학적은 무학無學인 셈이었다. 줄포공립보통학교 학적부의 발견은 이런 점에서 의의가 있다. 1924년 4월부터 1929년 3월까지 소년 서정주는 어떤 환경에 놓여 있었는가.

---

13 2006년 11월 4일 미당문학제 기간에 구두 발표한 바가 있다. 당시 중앙일보 기사에 간략한 보도가 있었지만 본격적인 연구 논문은 이번이 처음이다.

02 ___ 새로 발견된
줄포공립보통학교(1924~1928) 학적부

1. 학적부를 발견하기까지

일제강점기 동안 서정주의 각종 기록을 조사하면서, 필자가 제일 관심을 가졌던 분야는 1944년 4월 초부터 6월 하순까지 약 세 달 가까이 고창경찰서 유치장에 구속되었던 기록을 찾는 일이었다. 이 기록은 서정주 생애에 있어서 매우 아이러니컬한 자료인데 내용인즉 이렇다. 1944년 이른 봄, 전라도 일원을 순회 공연하던 연극단원 일파(김방수金芳洙, 박형만朴亨滿 외)가 민족주의를 고취한다는 혐의로 일본 검찰에 구속되어 조사받는 중이었다. 배후를 조사해보니 서정주가 조선일보 폐간 기념시로 쓰려고 했던 「행진곡」의 그 '우울하고 열렬한, 반어와 역설의 민족적 애상'이었다.[14] 다시 말해 민족문화 말살 정책이 극에 달하던 시기에 조선어로 쓴 한 편의 시가 내뿜는 무형의 기운이 이들에게 민족주의를 고취시켰다는 혐의였다. "못마땅하게 보이는 시인이나 소설가들은 모조리 잡아다가 여의도 비행장에 모아놓고 없

---

14 이 작품은 1940년 여름, 조선일보 학예부장이었던 김기림이 서정주에게 청탁했으나, 서정주가 마침 방랑 중이어서 연락을 받지 못한 채 조선일보가 폐간(1940.8.10.)되고 만다. 뒤늦게 집에 돌아와 전보를 받아본 서정주는 늦게나마 시를 써서 다른 지면에 발표한다(『신세기』, 1940.11. 그런데 이 작품은 1941년도에 발간한 첫 시집 『화사집』에 수록되지 않고 1948년에 발간한 두 번째 시집 『귀촉도』에 수록된다). 서정주의 회고에 따르면, 그는 이 시를 김방수, 박형만 등의 연극단원들에게 낭송해 주었다고 한다. 이들은 이 시 속에 탁월하게 암시되어 있는 '조선민족 및 조선어의 좌절과 박탈의 운명'에 대한 걱정적인 토로를 매우 비중 있게 받아들였고, 일본 검찰은 이 과정을 주목함으로써 서정주를 구속하게 된다. 서정주가 약 10편의 친일문학 작품을 발표하던 1943년부터 1944년까지, 그에게 닥친 이런 사건은 '친일문인'이라는 호명의 배후에 숨어 있는 '민족의 배신자'라는 집단 단죄의식의 위험성을 알리는 자료적 가치가 있다. 여기에 관해서는 조선일보(2004.11.5./2010.2.5.) 참조.

애 버린다"[15]는 흉한 소문이 많이 떠돌던 시기, 이런 혐의만으로도 이따금 친일작품을 발표하던 젊은 시인은 서울 흑석동 자기 집에서 고창으로 압송되어 구속되었던 것이다.

잔치는 끝났드라.

마지막 앉어서 국밥들을 마시고,

빠알간 불 사루고,

재를 남기고,

포장을 걷으면 저무는 하눌.

일어서서 주인에게 인사를 하자.

결국은 조끔씩 취해 가지고

우리 모두 다 돌아가는 사람들.

목아지여

목아지여

목아지여

목아지여

멀리 서 있는 바닷물에선

난타하여 떨어지는 나의 종소리.

―「행진곡」[16]

---

15 서정주, 「천지유정」, 『서정주문학전집』 3, 일지사, 1972, 230쪽 참조.
16 서정주, 『미당 서정주 전집』 1(시), 은행나무, 2015, 98쪽.

전라도 경찰국 경감이었던 이하라#原가 전주에서 고창으로 급파되어 심층조사를 했으며, 조사가 진행되는 동안 서정주는 민족운동을 고취시킨 사상범 자격으로 잡범들과 함께 유치장에 구속되어 있었다. 참고삼아 밝히지만 서정주에 대한 오늘날의 민족주의적 비판의식은 이 시기의 서정주 자료를 공정하고 객관적으로 다루지 않는다. 그 옛날 서정주의 도덕적 과오를 맹렬하게 질타하는 오늘날 문화적 후속세대들의 도덕주의는 아마도 일본 검찰에 의한 서정주의 구속사건을 연구자료 목록에 편입시킬 의향이 없는 듯하다. 수십 년 뒤의 회고를 어떻게 믿을 수 있을 것인가? 말하자면 이들에게 '구속사건'은 역사적 팩트fact를 증명할 방법이 없는, 개인의 기억 속에만 있는 '사사로운 이야기'에 불과한 것이었는지도 모른다.

그것은 재론의 여지가 없는 정확한 지적이다. 인신 구속 상황에 대한 자료는 서정주 자신의 자전 기록밖에 없으므로 객관성이 부족한 게 문제였다.[17] 재판 절차 없이 조사만 진행하다가 약 세 달 만에 석방되었으므로 재판기록은 없고 다만 조사기록은 남아 있을 것이었다.

필자가 찾고 싶은 것은 그 조사기록 문건이었다. 백방으로 수소문했으나 여의치 않았다. 행정자치부 국가기록원 자료를 검토했으나 역시 찾을 수 없었다. 그런데 국가기록원 자료 문의 과정에서 뜻밖의 소식을 접하게 되었다. 서정주의 보통학교(초등학교) 학적부가 보관되어 있다는 통보였다. 줄포공립보통학교. 1924년부터 1928년까지 6년제 과정을 5년 만에 졸업한 학교. 그의 유소년 시절을 증언하는 유일한 기록 자료의 발견은 서정주 연구사에서 의미 있는 진전이 될 터였다.

1920년대의 보통학교 교육 현황에 대한 자료는 이미 상당 부분 공개되어

---

17 그러나 서정주의 자전 기록을 의심하지는 않는다. 그의 친제인 서정태는 물론, 처남인 방한열도 이와 관련한 당시의 상세한 정황을 증언한다. 문제는 공인된 기록이 가지고 있는 역사적 진실성의 확보이다. 즉 일제의 조사기록 문건을 찾아내는 일인 것이다.

있으므로 소년 서정주가 어떤 교육을 받았는지를 짐작하는 일은 그리 어렵지만은 않다. 그러나 짐작하는 일과 구체적 자료를 통해 확인하는 일은 확연히 다르다. 이번 자료의 발견은 그런 점에서 주목할 만하다.

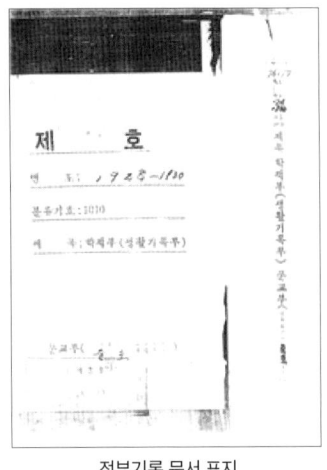

정부기록 문서 표지

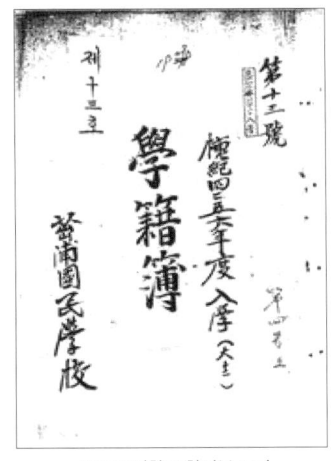

줄포국민학교 학적부 표지

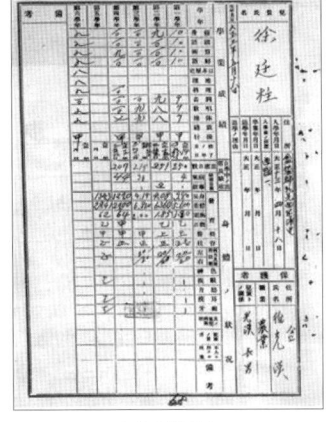

서정주 학적부 1

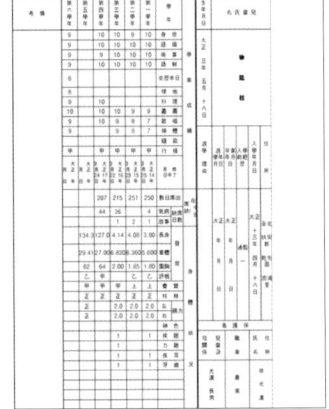

서정주 학적부 2

2. 소년 서정주의 교육문화적 지표들

서정주의 줄포공립보통학교 학적부를 통해 그를 둘러싸고 있던 당대의 교육환경에 대한 전반적인 검토를 시작해보자.

① 생년월일: 대정大正 3년 5월 18일. 이 기록은 1914년 5월 18일로서, 실제보다 1년 빠르게 기록된 것이다. 이것이 공식 호적에 기록된다. 실제로 그는 1915년 음력 5월 18일 묘시(새벽 5시~7시)생이지만 주민등록번호는 '140518-1068516'으로 되어 있다. 이날은 양력으로는 6월 30일이다. 이 정보는 서정주의 탄생일을 음력 기준으로 할 것인가 양력 기준으로 할 것인가에 대한 향후의 논의에서 중요하다.

② 주소: 전북 부안군 건선면 줄포리. 일제 당시의 건선면乾先面은 지금의 줄포면이다. 질마재 마을(선운리) 578번지에서 태어나고 9년간 그곳에서 자랐던 서정주가 주소지를 줄포리로 옮긴 이유는 오로지 보통학교 진학을 위해서였다. 그가 이사해 살던 곳은 인촌 김성수의 가족이 살다가 서울로 옮겨간 뒤의 빈집이었는데, 그에 대한 상세한 자료는 서정주의 자전「내 마음의 편력」을 참고할 만하다.

③ 줄포공립보통학교: 지금의 줄포초등학교의 전신. 처음에는 1909년 사립영신永信학교로 출발했으나(1909년 9월 1일 설립인가), 일제의 사립학교 탄압으로 줄포공립보통학교로 개칭한다(1915년 3월 31일 설립인가). 1926년 4월 말 기준으로 학교의 현황을 살펴보면 학급 수(6), 교원 수(7), 남학생 수(234), 여학

생 수(60)의 기록이 전한다.[18] 서정주가 3학년에 재학할 무렵이었다. 이 학교는 전라도의 대부호 김기중金祺中(1859~1933. 인촌 김성수의 큰아버지이자 양부. 미당의 자서전에 동복 영감으로 등장하는 인물. 그는 호남의 대지주이자 학자로서 용담, 평택, 동복 등지에서 군수를 역임한 바 있다.), 김경중金暻中(인촌의 생부) 형제가 인근의 지방 유지들의 도움을 받아 세운 사립학교로서 초기에는 일제의 영향을 크게 받지 않았다. 그것은 조선 말엽인 1894년 7월, 학무아문 고시에서 밝힌 소학교를 중심으로 한 교육개혁의 의지 천명에서 보는 바대로, 조선왕조가 근대화의 주요한 조건인 공교육의 기회 확대를 주도적으로 시행하려 한, 이른바 '조선 아동을 위한 근대적 학교'의 정신을 지키고자 했다. 그러나 1897년 10월에 출범한 대한제국의 국권이 1910년 8월 29일 완전하게 박탈당하고 일제에 의한 무단 통치가 시작되자 조선인에 의한 사립교육사업은 크게 위협받는다. 1911년 8월, 데라우치 총독 명의로 공표된 전문 30조로 이루어진 제1차 조선교육령은 '충량한 국민의 육성'(천황과 일본제국에 충성하고 복종하는 양순한 예민隸民을 기른다는 뜻)과 '시세와 민도에 알맞은 교육'(조선의 문화와 민도가 낙후되어 있으므로 저급한 교육만으로 종국시키고, 저들의 부림을 잘 받는 저급노동자와 하급관리들만 양성하겠다는 우민화교육, 민족적 차별교육을 뜻함)을 골간으로 하고 있으며, 이후 4차에 이르는 개정 교육령에서도 이 기본적인 틀은 변하지 않는다. 당시, 조선적 정체성을 추구하려던 사립학교가 데라우치의 조선교육령에 버틸 수 없었던 상황은 어렵지 않게 짐작할 수 있다. 초대 교장을 맡고 있던 인촌 김성수의 생부인 김경중은 이에 사립영신학교를 4년제 줄포공립보통학교로 개편한다(1915년 3월 31일). 6년제로 승격 개편된 것은 1923년이며, 1938년 조선교육령의 개정으로 줄포공립심상소학교로 개칭되었다가 1951년 줄포국민학교로 교명을 다시 바꾸게 된다. 1996

---

18 전북향토문화연구회, 『부안군지』, 1991, 685쪽, 김경자·김민경·김인전·이경진, 『한국 근대 초등교육의 좌절: 일제강점기 초등교육』, 교육과학사, 2005 참조.

년 이래 줄포초등학교로 이름을 바꾼 이 학교에는 설립 초기의 학적부가 보관되어 있지 않다. 해방과 한국전쟁 중에 분실되었던 자료들이 국가기록원에 남아 있어서 천만다행이다.

④ 입학일: 대정 13년 4월 18일. 1924년 4월 18일. 서정주의 기록에는 줄포로 이사한 날이 1924년 이른 봄날로 으스스히 추웠다고 되어 있다. 서정주는 보통학교에 입학하기 위해 3월 하순의 어느 날 오전, 학교에서 시험을 치른다. 김중배金中培[19] 훈도訓導라며 스스로를 소개하는 선생의 지도에 따라 간략한 질의응답을 거친 뒤에 바로 입학 허락을 받는데, 입학일이 4월 18일로 기록된 것은 서정주의 착오거나 아니면 줄포학교의 특수한 사정 때문이었으리라 짐작된다. 당시의 보통학교는 3학기 제도를 시행했는데 1학기는 4월 1일~8월 31일(물론 7월 하순부터 8월 말까지는 방학 기간이다), 2학기는 9월 1일~12월 31일, 3학기는 1월 1일~3월 31일(3월 하순의 약 1주일은 봄방학 기간)이었다.

⑤ 입학 전 경력: 통감通鑑 일一. 중국 송나라 때 사마광이 편찬한 『자치통감資治通鑑』(1084)을 말하지만, 여기서는 당시 아동용 교육교재로 재편한 『통감절요通鑑節要』를 뜻한다. 이 책은 송나라의 강지가 354권에 이르는 방대한 분량의 『자치통감』을 줄여 50권 정도로 재편집한 것으로서 조선시대 모든 선비들의 필독서였다. 뿐만 아니라 서당에서 학동들에게 역사와 한문을 가르치기 위해서 채택된 대표적인 교재이기도 했다. 서정주가 신식교

---

19 서정주는 1학년 담임교사의 이름을 김중배로 기억했는데, 1924년도 줄포공립보통학교 직원록에 보면 김근배金根培(관직은 훈도, 관등은 10)라는 이름이 보인다. 당시 교사는 일본인 둘을 포함 모두 5명이다. 한편 2학년 담임교시 박춘래朴春來는 직원록에 임정래林井來(관직은 훈도, 관등은 11)로 되어 있으며 이해의 교사 수는 총 7명으로 늘어났다. 서정주의 기억에 약간의 착오가 있는 듯하다. 여기에 대해서는 한국역사정보통합시스템 http://www.koreanhistory.or.kr/ 참조.

육을 받기 전에 이미 서당교육을 받았다는 뜻이다. 서정주가 보통학교에 진학하기 전에 서당교육을 받았다는 점은 그의 생애를 연구하는 데 있어서 매우 중요하다. 당시 조선 전역에는 조선식 사립학교인 서당과 일본식 교육기관인 보통학교가 엇비슷하게 병존하고 있었다. 1922년 무렵 전국 서당의 학생 수는 280,862명, 보통학교의 학생 수는 237,949명이었다.[20]

학령기의 아동들 중에는 서당을 거쳐 보통학교에 입학하는 경우도 흔했는데, 경제적으로 여유가 있거나 교육열이 남다른 집안의 남자아동들이 여기에 해당되었다. 참고삼아 서당교육 후 공립보통학교에 진학한 학생의 체험담을 살펴보자.

나는 5~6세부터 사랑방에서 엄친 슬하에서 글씨 공부를 하였다. 우리 집의 가통으로 보아 어느 정도 탐독하지 않으면 취학을 할 엄두도 못 내므로 엄부의 말씀하시는 대로 그 명하심에 따라 한문부터 수학하기로 하고 경운동 운현궁 건너편 서당에 입문한 것이다. 훈장님에게 종아리 맞아가며 『천자문』, 『명심보감』, 『통감』을 배우다 9세 되던 봄, 4월에 길 건너 교동공립보통학교에 입학하게 된 것이다(교동초등학교 100년사).[21]

서정주의 경우도 이와 비슷하다. 일곱 살에 서당에 들어갔는데 처음엔 『천자문』과 『추구推句』(오언명구를 가려 편찬한 조선시대 초학 교재) 등을 익혔다. 이곳은 그의 생가가 있던 질마재 마을 위의 '서당몰'이었는데, 훈장이 마음에 들지 않아 송현松峴 마을(지금 현재 미당의 산소가 있는 마을이다) 서당으로

---

20 김경자·김민경·김인전·이경진, 앞의 책, 160쪽 참조.
21 앞의 책 161쪽에서 재인용.

옮긴다.『통감』을 익힌 게 바로 이곳이다.[22] 당대 서당의 보편적인 학과목으로 미루어 보아 어린 서정주는『천자문千字文』,『동몽선습童蒙先習』,『추구推句』,『소학小學』,『명심보감明心寶鑑』,『당률唐律』,『통감通鑑』등을 익혔으리라 추정된다.[23]

비록 어린 나이지만 상당한 교양의 온축이 있었다고 보아도 무방하다. 그가 비록 보통학교 학력에 그쳤다 해도, 대시인으로 성장할 수 있었던 주요한 동인 중의 하나가 바로 한문에 자연스럽게 접근할 수 있었던 교육환경 덕분이었다. 서정주가 줄포학교(5년)와 중앙고보(2년) 중퇴 학력만으로 많은 한적漢籍들을 쉽게 접했다고 보기는 어렵다.[24] 어릴 적 서당교육의 두터운 훈습이 바탕이 된 것이다. 요컨대 당시 기준으로 보면, 서정주는 이미 어린 나이에 전통 교육의 탄탄한 기초 위에서 현대식 교육을 받았던 셈이다.

⑥ 보호자: 서광한, 농업, 서광한의 장남. 이 관계는 자서전 기록 이외에 특별

---

22 "일곱 살에 서당이라는 데 들어가긴 했으나 서당은 내겐 재미가 없었다. 처음에『천자』,『추구』등을 배우던 곳은 선생이 쩡쩡보고 쿨룩이인 데다가 매질까지 안 할 때 하고 하여 질색이었고, 둘째 번에 송현에 가서『통감』을 배울 때의 선생은 뿔관도 쓰고 제법 점잖았으나 남색男色을 손윗놈들이 강요해 걱정이었다.", 서정주,「질마재」,『미당 서정주 전집』6(유년기 자서전), 은행나무, 2016, 43쪽 참조.

23 "서당교육의 내용은 강독講讀, 제술製述, 습자習字의 세 가지였다. 강독의 교재는 기초적인 동몽교재인『천자문』,『동몽선습』,『통감절요』및 사서삼경과 부교재 격인『사기』,『당송문』,『당률』등이었는데 대개는『통감절요』정도에서 그쳤다. 조선시대 중엽 이후로는 우리나라의 독자적인 동몽교재의 개발과 보급이 이루어져 서당에서 교육용으로 사용되기도 하였다. 제술로는 오언절구, 칠언절구, 사율, 고풍, 십팔구시 및 작문 등이 있었는데 훈장의 자질에 따라 제술이 전혀 제외된 곳도 있었다. 습자는 해서를 위주로 하였으나 학습 정도의 진전에 따라 행, 초서체를 익히기도 하였는데 이는 훗날 편지글을 익히려는 실용적인 의도에서이다.", 권오석,「서당교재에 관한 서지적 연구」,『서지학연구』10, 한국서지학회, 1994 참조.

24 서정주는 비록 중등교육을 제대로 이수하지 못했지만, 방황기에 일본 신조사판『세계문학전집』을 독파한 바 있고(보통학교에서 익힌 일본어가 활달했기 때문에 가능했다.) 석전 박한영 대종사의 문하에 들어 잠시 머리를 깎고서『능엄경』한 질을 한분 원진으로 읽은 경험도 있다. 특히 한적에 대한 이런 독서 경험은 후일『삼국사기』나『삼국유사』에 대한 탐독으로 이어져서 '신라정신'의 미적 이상을 추구하는 계기가 되기도 한다.

한 자료가 없다. 서광한이 실제 농사를 지은 게 아니라 호남의 대부호 인촌 김성수 가문의 농감 노릇을 했다는 기록이 그의 자전에 있다. 농지관리인 혹은 집사의 성격이다. 맏아들 여부 확인도 주목할 만하다. 형제 서열로 보면 장남이지만 동생 서정태의 증언에 따르면 부친 서광한과 모친 김정현 사이에 재엽이라는 첫 아이가 있었으나 영아 사망했다고 하며, 그 후에 서정주가 태어났다고 한다. 실제로 장남은 아니라는 증언이다.

⑦ 교과목과 학업 성적: 서당에서 당나라의 명시를 암송하고 중국 역사를 배워 나갔던 서정주는 줄포공립보통학교에 진학해 새로운 교육을 받게 된다. 그는 자신의 의지와 상관없이 강화된 일본어 교육 시수[25]의 첫 번째 그룹에 속하는 학령기 아동이 된다. 서정주의 일본어 과목은 조선어 과목과 함께 최고 점수를 기록한다. 전 과목에서 우수한 성적을 보이고 있지만 특히 언어 쪽 평가가 높다. 줄포학교에서 배운 5년간의 일본어 기초공부는 소년기 독서 활동에 결정적 도움을 준다. 근대화에 일찍이 눈을 떠 서양의 문화를 전폭적으로 수용하기 시작한 일본은 이미 활발한 번역 활동을 통해 '탈아입구脫亞入歐'의 기치를 높이 들고 있었다.

이런 맥락에서 서정주는 서양의 주요한 저작들, 특히 문학의 일본어 번역을 효율적으로 내면화한 경우라고 보면 된다. 그리스 로마 신화, 프랑스 문학과 러시아 문학, 니체 사상, 다다이즘과 초현실주의 등과 같은 최근 조류를 수용하게 됨으로써 '세계문학'의 범주와 수준에 자연스럽게 근접하게 된 것이다.

말하자면 소년 서정주에게 일본어는 세계를 바라볼 수 있게 해준 '창문'과 같은 것이어서 서정주 문학관 형성기의 귀중한 질료였다는 점을 인정

---

25 1차 교육령 체제하에서 일본어 교수 시수는 전 학년 총계 60, 조선어는 30이었으나, 2차 교육령 체제에 접어들어서는 64 : 20으로 바뀐다.

해야만 한다. 그가 중앙고보와 고창고보에서 연이어 퇴학당하고 난 뒤 일정한 방황기를 거쳐 동국대학교의 전신인 중앙불교전문학교에 들어가게 된 이유가 일본어 실력 때문이라는 점은 잘 알려져 있지 않다.

조선 불교계의 큰어른이자 중앙불전의 교장이었던 석전 박한영이 오갈 데 없이 방황하는 서정주를 중앙불전에 입학시킨 주요한 이유 중의 하나가 바로 일본어를 잘하지 못하는 중앙불전 소속 승려들의 교육 문제였던 것이다.[26] 지금에 빗대어 표현하자면 '국제화'에 필요한 과외교습 역량을 인정받았다는 뜻이다.

서정주 문학관 형성기의 또 다른 중요한 한 축은 조선어 학습 역량인데 이 역시 최고 수준에 이르고 있다. 그러나 서정주의 유려한 모국어 구사 능력이 전적으로 줄포학교의 교육과정 덕분이라고 단정하기는 어렵다. 이야기 구술에 특별한 재능을 보였던 외할머니, 기억력이 뛰어난 혈통, 향토어와 풍습에 대한 민감한 감수성 등이 복합적으로 작용한 결과인데, 이 모든 요인들이 대시인을 만들어내는 역사적·문화적 환경이 되고 있다는 관점을 세워봄 직하다.

서당교육을 통해 동양문화의 전통을 일찍이 습득했다는 점, 일본어를 잘함으로써 세계문학 탐독이 가능했다는 점, 조선어의 매력도 충분히 내면화하면서 성장했다는 점, 보통학교만 졸업한 채 정규학력 없이 방황했지만 오히려 자유롭게 사색하고 독서했다는 점, 시대의 문제를 고민하면서도

---

[26] 여기에도 재미나는 사연이 있다. 애초에 박한영은 서정주를 중앙불전에 입학시키려 한 게 아니라, 자신의 문중 제자인 세묵世默과 세진世震이 중앙불전 입학 예정자인지라, 이들에게 일본어를 교육시킬 요량으로 자기 문하에서 벗어나 방황하고 있던 서정주를 재차 불러들였다. 당시의 서정주는 승려들의 일본어 보조교사였던 셈이다. 그런데 이듬해인 1935년 봄이 되자 이 두 입학 예정자가 사정이 생겨 입시를 연기하게 되자 '그 대신' 서정주가 입학하게 된다. 물론 서정주는 1년 만에 중퇴하지만 이 일이 인연이 되어 후일 동국대학교 교수를 하게 된다. 1936년 동아일보 신춘문예를 통한 시인 등단도 애초에 생각지도 않았던 일반 투고 작품이 어찌어찌 '대신' 선정된바, '대신' 입학해서 교수가 되고 엉뚱한 투고가 '대신' 시인의 길을 열어주게 되는 것이다. 여기에 대해서는 서정주, 「단발령」, 『미당 서정주 전집』 7(문학적 자서전), 은행나무, 2016, 31쪽 참조.

예술적 독창성을 매우 중시했다는 점 등등이 이런 환경의 영역들일 터다.

　이 중에서 줄포공립보통학교의 환경이 차지하는 비중을 가늠해보는 일은 흥미로운 연구 영역이다. 학적부가 발견됨으로써 그 과정은 더욱 쉬워졌고 매력적인 것이 될 가능성이 커졌다. 이와 관련한 연구가 전무한 상황이므로 더욱 그렇다. 1928년까지, 질마재와 줄포의 역사문화적 환경은 장차 대시인이 될 한 소년의 원형적 바탕을 풍성하게 제공하지 않았을까? 그의 학적부는 바로 이러한 판단의 근거가 될 수 있다.

⑧ 기타: 학적부와 관련하여 흥미로운 부분은 3학년, 4학년 기간 중 질병으로 인한 결석 일수가 많았다는 점과 신체 발육상황에 대한 정보다. 질병에 관한 것들은 서정주의 자전 기록과 비교해 보면 신빙성이 높다. 이는 역으로, 서정주의 자전 기록의 정직성을 입증해주는 지표기도 하다는 뜻이다. 발육상황을 기록한 도량형도 관심거리다. 신장과 가슴둘레의 경우는 3학년 때까지 척尺을 사용하다가 4학년부터 센티미터cm로 바뀌며, 같은 기간 체중은 관貫에서 킬로그램kg으로 바뀐다. 5학년 때의 신장과 체중으로 보면 오늘날 초등학교 3학년 여학생 수준 정도다.[27]

27　2005년도 충북도교육청 자료에 따르면 초등학교 3학년 여학생의 평균 키는 132.5cm, 몸무게는 29.8kg으로 나타났다. 2006년 7월 13일(목) 노컷뉴스 참조.

표 1 2차 교육령(1922) 이후 6년제 보통학교 교과 과정 및 매주 교수 시수[28]

	1학년	2학년	3학년	4학년	5학년	6학년
수신	도덕의 요지(1)	좌동	좌동	좌동	좌동	좌동
국어	발음, 가나, 일상수지의 문자, 근이한 보통문의 독법, 서법, 철법, 화법(10)	가나, 일상수지의 문자, 근이한 보통문의 독법, 서법, 철법, 화법(12)	일상수지의 문자, 근이한 보통문의 독법, 서법, 철법, 화법(12)	좌동(12)	좌동(9)	좌동(9)
조선어	발음, 언문, 일상수지의 문자, 근이한 보통문의 독법, 서법, 설법, 화법(4)	언문, 일상수지의 문자, 근이한 보통문의 독법, 서법, 설법, 화법(4)	일상수지의 문자, 근이한 보통문의 독법, 서법, 설법, 화법(4)	좌동(3)	좌동(3)	좌동(3)
산술	백 이하 수의 세기, 쓰기, 이십 이하 수 범위 내의 가감승제(5)	천 이하 수의 세기, 쓰기, 백 이하 수 범위 내의 가감승제(5)	통상의 가감승제(6)	좌동 및 소수의 호법, 서법, 간이한 가감승제 (주산가감)(6)	정수, 소수, 제동수 (주산가감)(4)	분수, 보수합산 (주산가감 승제)(4)
일본역사					일본역사의 대요(2)	전 학년의 계속(2)
지리					일본지리의 대요(2)	전 학년의 계속, 만주, 기타 외국지리의 대요(2)
이과				식물, 동물, 광물급 자연의 현상, 통상 물리화학상의 현상(2)	좌동(2)	좌동, 인체 생리의 보조(2)
도화	단형, 간단한 형체	좌동	좌동	간단한 형체(1)	간단한 형체(남2 여1)	좌동
창가 체조	평이한 단음창가, 체조, 교련, 유희(3)	좌동(3)	좌동(3)	좌동(1) 체조, 교련, 유희(남3 여2)	좌동(1) 좌동	좌동(1) 좌동
재봉				운침법, 보통의류의 봉법, 선법(2)	통상의류의 봉법, 선법(3)	통상의류의 봉법, 제법, 선법(3)
수공	간단한 세공	좌동	좌동	좌동	좌동	좌동
계	23	25	27	남 29 여 30	남 29 여 30	남 29 여 30

28 김경자·김민경·김인전·이경진, 앞의 책, 80쪽 참조.

03 ___ 다이쇼 기호 체계 속의
　　　　조선 소년

　　서정주는 1915년생이다. 학적부에는 1914년생으로 되어 있지만 서력 기원후 기호는 당대 조선인의 의식 속에 없었다. 시간을 파악하는 공적인 체계 자체가 일본천황 요시히토嘉仁(1879년생. 1912~1926 재위)의 연호인 '다이쇼[大正]'라는 점은 오늘의 연구자들에게 낯설게 느껴진다. 서정주의 보통학교 학적부에 숙명의 화인火印처럼 박혀 있는 '다이쇼'라는 기호는 오늘날 연구자가 무심결에 간과하기 쉬운 '역사 상호조화주의'의 중요성을 상징적으로 보여주고 있다.

　　당대인들의 환경과 상황, 그들의 의식구조 등을 후대의 역사가나 연구가들이 단순한 객관적 재료로서만 다룬다거나(랑케) 아니면 역사 상대주의에 입각하여 당대의 기준을 가지고 과거를 주관적으로 판단하는 일(크로체, "모든 역사는 현재의 역사다")의 위험성을 E. H. 카는 일찍이 지적했다. 과거와 현재는 끊임없이 대화해야 한다고 그는 역설했다.

　　이런 맥락에서 보면 서정주의 줄포공립보통학교 학적부를 관장하고 있는 '다이쇼'라는 낯선 기호는 오늘날 우리로 하여금 역사와의 진정한 대화를 권유하고 있는지도 모른다. 새로운 자료의 발견은 지적 호사가들의 호기심을 자극하면서 소년 서정주를 둘러싸고 있던 당대의 행정체계, 교육환경, 학업 내용 구성과 그 평가, 평가결과가 후일에 미치는 영향에 대한 전반적인 조명을 요구한다.

　　10살 때부터 "하낭아 사끼마시다. 모모노하낭아 사끼마시다.(꽃이 피었습니다. 복사꽃이 피었습니다.)"[29]를 읊어대던 소년. 12살 때는 일본인 여교사인 요시무라 아야꼬吉村綾子로부터 일본어 글쓰기와 동요 짓기에 격찬을 받았던 시골 소년. 칭찬에 감격해 더 좋은 글을 쓰려고 분투노력했던 식민지 소년. 그럼에도 불구하고 한문학 전통 및 조선어의 향토성과 미묘한 울림을 주체적으로 내면화해 나갔던 소년. 이른 나이부터 3개 언어의 자연스러운 습득이 가능했던 '역사의 독특한 틈바구니'에 끼인 소년. 이 소년의 의식 속에서 뒤범벅이 된 한문과 일본어와 조선어가 후일 새롭고 개성적인 문학을 향한 열망으로 변해 폭발하는 상황은 시인 서정주 생애의 중요한 원형을 규명하는 일과 관련이 깊다.

  1924년부터 1928년까지의 줄포공립보통학교는 서정주에게 신문물에 대한 충격, 질서와 규범에 대한 훈련, 자연친화적 감각의 발견, 기억력과 학습능력에 대한 자신감, 글쓰기에 대한 성취욕의 체험 등등을 제공함으로써 교양의 기틀을 마련케 한다. 이런 맥락에서 그의 자전 기록을 참고할 만하다. 여기에는 학적부가 기록하지 않은 자료들이 풍성하다.

    1924년 이른 봄에 우리 식구는 줄포로 이사갔는데,
    이 봄 조기철 한동안은
    학교 학생들의 점심 도시락에서까지
    구워 넣은 굴비 냄새가 온 교실에 넘쳐서
    봄 줄포의 냄새는 이것이로다 했더니만,
    이것 말고도 내게는 난생처음의 신기한 냄새들이 났으니
    그 첫째는 코에 싸한 그 왜 내음새라는 것이었네.
    (중략)

---

29 서정주, 「줄포」, 『미당 서정주 전집』 6(유년기 자서전), 은행나무, 2016, 168쪽 참조.

우리들이 '짱골라'라고 불렀던
중국 사람 호떡집 냄새도,
비단 장사 왕서방네 가게에서 나는 냄새도
새것이랴, 나는 날마다 맡아 보러 나가고,
또 이곳 합승 자동차부의 차에서 나는
휘발유 냄새도
호기심으로 맡아보곤 지냈지만
그중의 매력은 역시나 그 왜 내음새였네.

—「줄포 1」[30]

    소년 서정주가 신문물을 받아들이는 모습은 특이하다. 그는 '풍경'이 아닌 '냄새'를 통해서 '난생처음의' 감각을 강렬하게 경험한다. 새로운 세상은 인지의 대상이 아니라 느낌의 대상이었으며 후각에 호소하는 특성을 가진다. 세계를 향한 이런 감각적 수용이 후일 그의 시 세계 형성과 어떤 관련을 가지게 되는지 탐구하는 일은 흥미로운 과제다.

    아마 이때까지도 어머니 버선발을 에워싸고 있던 것은 육날 메투리였을 것이다. 오는 도중엔 오 리쯤이나 거의 되는 개안[浦內] 바다가 있어, 마침 조금 때라 발들을 빼고 그 진펄을 더듬어 건너, 언덕 밑 생수구멍에서 발의 개흙들을 씻었는데, 그때 그 옆 산 언덕배기의 솔빛과 솔 소리가 살아나던 일은 커서도 가끔 내 힘이 된 기억의 하나다.
    나는 이때를 처음으로 해서 소년 시절을 자주 이 개안 바다를 건너다니며 이 생수에 발을 씻는 걸 즐겼지만, 그 생수가 내 두 발을 얼싸안자

---

30 서정주, 『미당 서정주 전집』 4(시), 은행나무, 2015, 122~123쪽.

별일도 없던 옆의 술 무데기가 히히덕이며 금시에 눈들을 뜨고 내 가슴 속을 종달새 웃기듯 하며 가까워 오는 것은 참 희한한 효과였다.[31]

자연친화적 감수성과 뛰어난 기억력이 감각의 체험으로 촉발되고 있는 사례다. 고향 선운리에서 새로 이사한 줄포까지 이르는 길의 특성이 어떻게 내면화되고 있는가를 잘 보여준다. 대상으로서의 자연과 육체의 감각들이 강력하게 결합하고 있으며 그 효과가 지속되고 있다. 정의적이고 심미적인 영역이다. 이 두 영역의 발달은 서정주의 교양 온축 과정에서 중요한 토대를 이룬다.

우수한 학업이수 능력과 그것만으로 만족하지 못하여 규범적 교육 바깥의 창의적 성찰을 증언하는 경우도 있다. 성애에 대한 관심과 경험이 대표적이다. 교사에서 갈보에 이르기까지, 소년의 사랑은 서툴고 무모했으나 그만큼의 열정을 발견하고 훈련시키는 계기가 되기도 한다. 『화사집』(1941)에 나타나는 성애 풍경들의 개인사적 기원으로 볼 수 있다.

나는 그래 아주 어려서부터 만든—심심한 데 짝할 수 있는 성질과 서당에서 이룬 참는 데 길든 덕택으로 셈본의 수를 헤아리는 것과 아울러 이걸 남보단 잘 한 학기씩 외어 가지고 있긴 하였으나, 맛은 정말 싱거웠다.

이 싱거움은 교실 안에서만 그랬던 게 아니라 운동장의 체조 시간에도 마찬가지였다. 무얼 재미나게 시키는 게 아니라 할 때마다 똑같은 머리 운동, 팔 운동, 허리 운동, 다리 운동뿐. 그래 김중배 선생의 독특한 파격의 연구인 듯한—발을 앞으로 올리면서 하던 전진쯤이 겨우 그중 재미진 걸로 기억되어 있다.

31　서정주, 「줄포」, 『미당 서정주 전집』 6(유년기 자서전), 은행나무, 2016, 132~133쪽.

내 재미는 역시 여느 아이들과 마찬가지로 교과 밖의 밧곁으로 쏠려 있었다.

그러나 내 밧곁은 이때부터도 행동하기 위한 것이기보다는 더 많이 주의해 보기 위한 것이었던 것만은 사실이다.[32]

"학생 이름은 뭐라고 혔제?"

내 귀에다 입을 간지러울 만큼 바짝 갖다 대고 그는 물었다.

"정주……"

내가 상당히 기에 눌린 소리로 대답하니

"응, 좋아. 이름은 몰라도 좋아. 그렇지만 또 놀러 와야 히여 인이…… 밤보단도 낮에…… 낮에는 손님이 별로 많지 않은개…… 이리 가만히 찾어오면 히여……"[33]

후일, 시인의 길을 가는 데 보다 직접적인 영향을 미친 것은 작문 학습이었다. 3학년 담임교사였던 요시무라 아야꼬와의 관계는 인지적·정의적·심미적 전 영역에 걸쳐 있었다. 그녀는 서정주와는 비록 한 해 동안만 인연을 맺었으나 글쓰기 지도에 열렬했다. 나중에는 글벗 역할까지 했다.

처음 쓴 이 무렵의 글 제목이 무엇이었던가는 잊었으나, 그것은 아침 안개 속에서, 멀리 뻗친 길로부터 안개를 헤치고 나무장수들이 등에 마른 솔잎나무들을 지고 연달아 나오고 있고 또 그걸 팔곤 빈 지게로 연달아 아득히 사라져 가고 있는 것을 쓴 것이었는데, 이것도 말하자면 멀리 멀리 뻗치기 비롯한 내 꿈같은 그리움을 담은 것이었다.

---

32 서정주, 앞의 책, 169쪽.
33 서정주, 앞의 책, 282쪽.

이것의 점수를 놓아 가지고 온 시간, 요시무라 선생은 몇몇 점수가 높은 글 속에 이것도 넣어 아이들한테 읽어 주면서

"참 기맥히겐 꿈같은 글도 다 봤어……" (중략)

그래 나는 그 뒤부터 죽어라고 일본 말 공부에 힘을 다하기 시작했다. 더욱이 그 작문에는 유달리 애를 썼다. 하여, 나는 선생의 붉은 글씨들의 수효를 줄여 가다가 드디어 갑과 갑상만을 획득하는 데 도달했다. (중략)

"정말은…… 나…… 참말로 불쌍한 사람이다……"

하고 그의 음성은 목메인 것이 돼 왔다.

깜짝 놀라 쳐다보니 그의 두 눈에는 눈물도 글썽글썽하였다.

그래 나는 다시 내 속에 소생해 있던 기쁨을 바꾸어 바로 그걸로 설움의 옹달샘을 만들어야 했다. 내 눈에서도 싸늘한 눈물이 흘러내리어 두 볼을 적시었다.

"……세상에 외톨로 혼잣몸이니…… 벌써 서른네 살이나 먹었지만 애들도 남편도 아무도 없어." (중략)

그에게서는 한 달에 한 번이나 두 달에 한 번큼씩 내게 만리장서의 긴 글발을 보내 왔다. 기소 산중의 꾀꼬리새 소리로부터 시나노의 가을 강물에 이르기까지 거기에는 선생을 에워싼 계절의 모양들이 자세히 있었고 또 선생의 외로운 마음이 내 어린 마음을 한숨짓게 하고 있었다. 그는 거기에서 언제나 한 번씩은 꼭 나를 그립다고 해 왔다.[34]

서정주의 줄포공립보통학교의 학적기록부는 그의 자전 기록의 신빙성을 뒷받침하는 중요한 자료다. 쇼와[昭和] 시대를 거치는 동안 시인으로서 혹은 지식인으로서의 특히 우수한 어문학 능력의 기초가 이 무렵에 마련되었다

---

34 서정주, 앞의 책, 241~288쪽.

는 점이 그의 생애사 연구에서 중요하며, 이번에 발견된 학적부가 이런 주장을 뒷받침할 만한 자료라는 점에서 그 의의가 있다. 이 학적부가 온전한 의미에서 서정주에게 남아 있는 유일한 학적부이기 때문에 더욱 그렇다. 게다가 이 학적부는 서정주 자전 기록의 신빙성을 검증할 수 있는 구체적인 실증자료라는 점에서 가치가 있다. 기억의 착오에 의한 실수가 혹간 있지만, 그의 자전 기록이 사실에 근접한 정직한 자기 고백록임을 입증하는 지표들이 풍성한 것이다.

04 ___ 요약과 과제

이상의 논의를 요약하면 다음과 같다.

줄포공립보통학교 재학 시절, 서정주는 신문물에 대한 충격, 질서와 규범에 대한 훈련, 자연친화적 감각의 발견, 기억력과 학습능력에 대한 자신감, 글쓰기에 대한 성취욕의 체험을 하게 된다. 일련의 경험들은 자전 기록을 통해 확인이 가능하다. 그러나 '기억의 사사로운 복원'이라는 문제점을 여전히 안고 있다.

새로 발견된 학적기록부는 이런 점에서 그의 유소년기를 재구성하는 데 도움이 된다. 무엇보다도 이 자료는 서정주 자전 기록의 신빙성을 입증하는 데 일정 정도 기여하고 있다. 서당엘 다녔다든가, 5·6학년 과정을 1년에 마쳤다든가, 질병으로 인한 결석이 많았다든가 하는 정보들을 고스란히 확인할 수 있다.

게다가 이수 교과목, 성취수준 등을 일별해 보면 우수한 어문학 능력의 기초가 확인된다. 한문과 일본어와 조선어에 대한 기초 훈련은 서정주 문학관 형성기의 특별하고 귀중한 질료다. 학적기록부가 공개됨으로써 향후 이 분야에 대한 관심이 높아질 수 있다. 식민지 시대를 살아오면서 세 가지 언어의 습득이 가능했던 상황은 역설적으로 '역사의 독특한 틈바구니'가 서정주 개인에게 선사하는 축복일 수도 있다.

그는 입학 전 경력인 한문교육을 통해 동양의 전통문화에 대한 기초이해가 가능한 세대였다. 뜻도 모른 채 소리로써 당나라 시를 암송하던 서당 경험은 근대 학교에서의 동요 짓기 재능과 무관하지 않다.

또한 그는 능숙한 일본어를 통해 세계문학의 범주와 수준에 근접하게 되는데, 줄포에서의 학업이 아니라면 설명이 불가능하다. 당대의 세계문화를 향한 국제화, 개방화의 기초가 이 시기에 마련되었다고 본다.

 최고 수준에 이르는 조선어 학습 역량 역시 줄포의 교육과정을 통하여 확인할 수 있다. 그러나 서정주의 유려한 모국어 구사 능력이 전적으로 줄포학교의 교육과정 덕분이라고 단정하기는 어렵다. 이야기 구술에 특별한 재능을 보였던 외할머니, 기억력이 뛰어난 혈통, 향토어와 풍습에 대한 민감한 감수성 등이 복합적으로 작용한 결과인데, 이 모든 요인들이 대시인을 만들어내기 위한 역사적·문화적 환경이 되고 있다는 관점을 세워봄 직하다. 이는 후일의 과제다.

2장 『화사집』의 문체 혼종 양상

서정주 『화사집』의 문체 혼종 양상에 대하여:
일상구어와 한자漢字 에크리튀르écriture의 문제를 중심으로,
『한국문학연구』 44, 동국대학교 한국문학연구소, 2013.

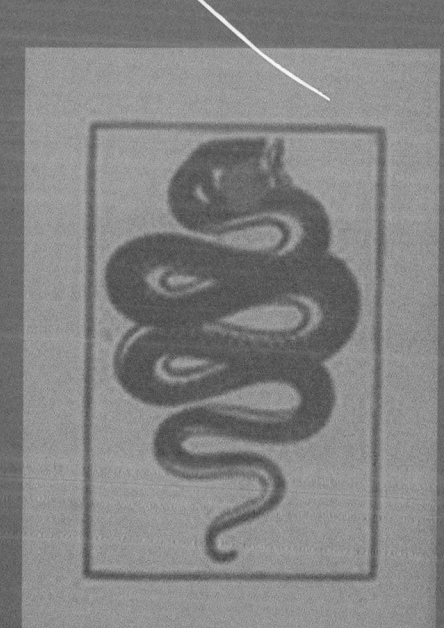

01 ___ 『화사집』 언어의 혼종성과 대위법적 구도

　서정주의 첫 시집인 『화사집』은 내용상 복잡한 혼종성을 보여준다. 일견 '혼란스러운 무질서'의 느낌을 주는 이 특성은 세밀하게 살펴보면 '중층적인 대위 구조'에 가깝다. 서구 지향과 전통 지향, 미와 추, 울음과 웃음, 탈향과 귀향, "지나치게 건강하고 또 지나치게 병적이기도 하였던 생명",[1] "절망한 그리스도"[2]와 "자는 관세음",[3] 닫힌 '벽'(벙어리)과 열린 '바다'(절규), 슬픔의 '심연'과 광기의 '산정山頂'과 같은 다양한 층위의 의미 대립쌍들이 역동적으로 뒤엉켜 있는 모양새다.

　이런 관점은 기존 논의들이 견지해온 "원죄의식",[4] "지성과 윤리와 미학이 결핍된 강력한 육체적 정열",[5] "뜨거운 피의 고뇌",[6] "저주받은 시인",[7] "동물적 상상력"[8] 등에서 한 걸음 나아가 보다 균형감 있게 『화사집』을 바라보고자 하는 노력의 소산이다. 이는 시인 스스로가 『화사집』의 성격을 "고열한 생명 상태의 표백"[9]으로 밝힌 이래 '생명 탐구'를 바라보는 새로운 시각들

1　서정주, 「나의 시인 생활 약전」, 『미당 서정주 전집』 11(산문), 은행나무, 2017, 26쪽.
2　서정주, 「속 나의 방랑기」, 『미당 서정주 전집』 8(산문), 은행나무, 2017, 64쪽.
3　『화사집』 수록 23번째 시 「서풍부西風賦」 참조.
4　조연현, 「원죄의 형벌」, 『문학과 사상』, 세계문화사, 1949.
5　송욱, 「서정주론」, 『문예』 18, 1953. 11.
6　천이두, 「지옥과 열반」, 『시문학』, 1972. 6.~9.
7　황동규, 「탈의 완성과 해체」, 『현대문학』, 1981. 9.
8　김화영, 『미당 서정주의 시에 대하여』, 민음사, 1984.
9　서정주, 「현대조선시약사」, 『현대조선명시선』, 온문사, 1950.

이 조금씩 늘어나고 있는 상황과 무관하지 않다.

"성리학의 계몽주의적 전통 속에서 형성되어 왔던 문학 개념과는 질적으로 구별되는 새로운 세계"[10]에서 나아가, "서구적인 것에 심취했지만 근대적인 것에 매료된 것은 아니"[11]라는 입장, 서정주의 모든 텍스트가 "생의 긍정과 의지를 통해 존재의 동일성과 삶의 지속을 의도하는 적극적인 생명의식이라는 점에서는 전혀 동일하다"[12]는 관점으로 발전하면서 『화사집』의 성격을 보다 폭넓게 조명하려는 시도들이 이어지고 있다.

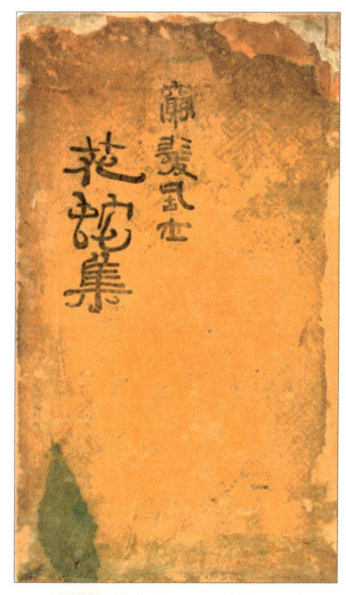

그림 1 『화사집』(1941) 병제본 표지
선배 시인 정지용 필체[궁발거사 화사집]

내용상의 혼종성 못지않게 형식상의 혼종성 또한 『화사집』의 독특한 특성이다. 『화사집』의 담론을 관장하는 주도적인 형식은 이질적인 언어의 대립과 혼입이다. 일상구어와 한자 어휘가 다양한 층위로 뒤섞여 있는 문체의 혼종 양상이 대표적인 사례다.

이 글은 『화사집』의 문체에 대한 보다 진전된 관심[13]을 위해 기획되었다. 특히 예술적 창의가 구현되는 일상구어들과 한자 어휘들이 다양한 방식으

---

10 서재길, 「『화사집』에 나타난 시인의 초상」, 『관악어문연구』 27, 서울대학교 국어국문학과, 2002, 347쪽.
11 김수이, 「1930년대 시에 나타난 자연 인식 양상 고찰」, 『현대문학이론연구』 23, 현대문학이론학회, 2004, 37쪽.
12 최현식, 『서정주 시의 근대와 반근대』, 소명출판, 2003, 21쪽.
13 『화사집』의 어휘나 문체에 대한 연구는 다음을 참조하라.
주세훈, 「서정주 시의 감탄어 연구」, 한국교원대학교 석사학위논문, 1994.
홍예영, 「서정주 시의 시어 연구」, 동국대학교 석사학위논문, 2000.
강혜경, 「서정주 시의 어휘 연구」, 조선대학교 석사학위논문, 2004.
유현미, 「서정주 초기 시의 문체적 특성 연구」, 연세대학교 석사학위논문, 2004.
이희중, 「『화사집』의 다중진술 연구」, 『한국언어문학』 50, 한국언어문학회, 2003. 5.

로 배치·결합되는 양상에 대한 검토가 그 중심을 이룬다. 이는 일찍이 유종호가 언급한 '언문일치운동의 모순과 역설'[14]의 사례로 손꼽을 만하다. 또한 김동리가 언급한 "뇌락불기磊落不羈(뜻이 커서 작은 일에 구애받거나 얽매이지 않음)한 인격人格과 자유분방自由奔放한 시혼詩魂"[15]이 호명하는 언어의 다성적 속성에 대한 문체론적 규명에도 일정 정도 기여할 것이다.

『화사집』의 경우, 시어로서 한자의 문제는 흥미롭다. 서정주의 모든 시집 가운데 과도할 정도로 많이 등장할 뿐만 아니라, 우리의 문어가 한문에서 한자를 거쳐 한글로 정착되어 가는 과정을 다채롭고 상징적으로 보여주고 있기 때문이다. 이는 한국문학 근대화 과정의 '쓰기문화'의 거대한 흐름과 관련이 깊다는 점에서 역사적 속성을 점검해야 하는 문제기도 하다. "지배적인 담론의 흐름과 그것으로부터 배제된 언어들 사이의 관계"[16]를 조명하는 방식이 바로 이런 경우다. 『화사집』의 한자 시어들을 개인 문체의 문제가 아닌 역사적 산물로서의 글쓰기 개념인 에크리튀르écriture 문제로 접근해야 할 까닭이 여기에 있다. 다음을 보자.

내가 한동안 붙잡힌 것이 정지용류의 형용사의 수풀이었다. '무엇처럼', '무엇 모양' 유의 수식의 허영에 한동안씩 사로잡힌 것은 비단 나 혼자만도 아닐 것이다. 그러나 마침내 나는 이러한 가식의 화원花園에 싫증이 났다.

그 뒤부터 나는 일부러 형용사들을 피했고, 문득 구투가 떠오른다 하

---

14 "말하듯이 쓰련다는 언문일치운동의 이상이 보다 쉽고 신축성 있는 일상언어로의 지향을 부분적으로 구현하는 한편 외래한자어를 포함한 외래어의 도입에 있어 무제한 개방 성향을 드러내어 일상생활에 있어서의 말의 실상과 큰 괴리를 빚어냈다는 것은 언문일치운동의 모순이요 역설이었다.", 유종호, 「시와 토착어 지향」, 『동시대의 시와 진실』(유종호 전집2), 민음사, 1995, 15~16쪽 참조.
15 김동리, 「발사跋辭」, 『귀촉도』, 선문사, 1948, 65쪽 참조.
16 문혜윤, 「1930년대의 국문체 형성과 문학적 글쓰기」, 고려대학교 박사학위논문, 2006, 15쪽.

여도, 내 상념의 세계로부터 이것들을 추방하기에 노력하였다. 직정언어直情言語—수식 없이 바로 사람의 심장을 건드릴 수 있는 그러한 말들을 추구하는 것이 당시의 내 이상이었다. 그 결과로서 형용사 대신에 좋든 언짢든 행동을 표시하는 동사의 집단이 내 시에 등장하게 되었음은 물론이다. (중략) 현재 나는 시를 우리말의 일상어에서 찾으려는 한 사람이다. 상념을 표현하기에 조급할 것 없이 몇 년이라도 꾸준히 간직하고 기다리며 거기 적합한 일상의 말들이 스스로 모여들기만을 노력으로 바라보는 한 사람일 따름이다.

조선의 시는 인제부터의 문제이기 때문이다.[17]

시인 자신의 회고에 따르면 '사람의 심장을 건드릴 수 있는 말', '동사의 집단', '구투(옛 문체)를 피하는 우리말 일상어'에 민감하게 반응하고 있음을 알 수 있다. 그런데『화사집』에서 '사람의 심장을 건드리는 직정언어'가 나타나는 양상은 형용사 대신 동사를 지향하는 창작정신으로만 설명될 수 없다. 이것은 한국어 품사의 문제가 아니라 보다 광범위한 민족어 에크리튀르의 문제와 관련이 있는 것이다.

서정주가 술회하는 '구투 피하기'는 선배 시인의 영향 피하기 즉 정지용식 언어기교의 극복에만 한정되지 않는다. 그것은 10대에 집중적으로 실험했던, 그러나 전부 불태워버렸던, "향토애의 경지"를 추구하던 "유치한 30여 편"[18]에 대한 자기극복일 수도 있고, 한문이나 한자로 구축된 전통 문어체 글쓰기로부터 벗어나 '몇 년이라도 꾸준히 간직하고 기다리며 거기 (스스로 모여드는) 적합한 일상의 말들'을 간구하는 예술적 열망일 수도 있다.

---

17 서정주,「나의 시인 생활 약전」, 앞의 책, 27쪽 참조. 이 글은 원래『백민』(1948. 1.)에「나의 시인 생활 자서自序」로 발표된 것인데 쓰기는 1947년으로 기록되어 있다.

18 서정주, 앞의 책, 24~25쪽 참조.

인용문은 『화사집』에 대한 자기비판으로 읽어도 무방하다. '상념의 조급한 표현', '적합한 일상의 말들이 스스로 모여들지 못하고 있다는 상황' 파악이 그 증거다.[19] 이런 맥락에서 『화사집』의 태생적 배경 속에 '적합한 일상의 말들' 대신 '문어체 한자어의 과도한 도입'이 있었다는 점을 주목할 필요가 있다. 서정주가 어려서 서당엘 다녔으며 『통감절요』를 마친 정도의 한문 교양의 소유자였음은 그의 자전 기록을 통해 확인이 가능하다.[20] 뿐만 아니라 중앙고보 퇴학 이후 대원암의 석전 박한영 문하에 들어 '스님 수업'을 하는 중 『능엄경』을 한문 원전으로 읽어낼 정도의 독해력이 발달했다는 점에서 한문의 세계는 서정주 지식체계의 중요한 영역이었다.[21]

문제는 『화사집』 속에 한문이나 한자에 대한 교양인의 문화기억이 과도하게 수용된다는 점이다. 그것은 그가 열망하던 '구투 피하기'와는 다르게 한문교양으로부터 여전히 자유롭지 못한 상황을 암시한다. 창작이념과 표현현실 사이의 간극을 잘 보여주는 경우다. 그리하여 『화사집』에는 일상구어와 한문문어의 대위법적 구도가 문체상으로 다양하게 드러난다.

---

19 『화사집』에 대한 이런 자기비판은 『현대시집Ⅲ』(서정주·조지훈·박목월 3인시집, 1950. 3.)과 『서정주시선』(1956)에도 이어진다. 두 시집에는 『화사집』 시편들이 일부 재수록되는데 '무잡'하기도 하고 '자유분방'하기도 한 「도화도화」, 「웅계(상)」, 「웅계(하)」, 「문」 등은 제외된다.

20 서정주, 「절마재」, 『미당 서정주 전집』 6(유년기 자서전), 은행나무, 2016, 43쪽 참조. 서정주의 유소년기 한문 수학에 대한 보다 상세한 연구는 윤재웅, 「서정주의 줄포공립보통학교 학적기록에 대한 고찰」, 『한국시학연구』 27, 한국시학회, 2010 참조.

21 서정주, 「영호 종정 스님의 대원암 강원」, 『미당 서정주 전집』 4(시), 은행나무, 2015, 170~173쪽; 「단발령」, 『미당 서정주 전집』 7(문학적 자서전), 은행나무, 2016, 19~20쪽 참조.

02 ── 「부활」의 정착 과정이 보여주는 상징성

「부활」은 『화사집』의 문체 연구에서 흥미로운 시사점을 던져준다. 이 텍스트에서 가장 중요한 요소는 '인물'이다. 어린 시절 죽음의 기억으로 존재하던 소녀는 줄기차게 반복되는 시적 주체의 호명 형식 속에서 '臾娜'의 기표로 다시 탄생한다. 주인공 소녀는 "부르는 소리"('내 부르는 소리 귓가에 들리드냐')의 주인공이기 때문에 '문자' 요소보다 '소리' 요소가 더 강하다. 이 같은 형식은 다음 시집인 『귀촉도』(1948)의 첫머리를 장식하는 「밀어」에도 똑같이 적용된다. "순이야. 영이야. 또 도라간 남아"는 구어 음성을 문자로 옮겨놓은 경우다.

'臾娜'의 기표는 그러므로 굳이 표의문자일 필요가 없다. 이 시의 극적 요소를 생각하면 주인공을 호명하는 간절한 발화행위로서의 '소리'가 중요하지 그 호명의 '의미'는 부차적이다. '臾娜'의 음가는 '유나'이지만 이는 "오랄리티의 대용이라기보다는 그 자체의 그래픽 비주얼로서의 기록문자"[22]의 성향이 강하다. 즉 '臾娜'는 '말해진 언어'가 아니라 '쓰여진 언어'다. '臾娜'는 특수한 읽기교육을 통해서 '훈독'을 배운 계층들만이 '유나'라는 소리로 바꿀 수 있는 기표인 것이다. '잠깐 동안 아리땁다' 또는 '잠깐 동안 한들한들거리는 모양'이라는 기의는 유학 교양인들 사이의 호사 취미일 수는 있어도 '우리말 일상어'와는 거리가 멀다.

---

22 Sakai Naoki, *Translation and Subjectivity*, Minesota Univ, 1997, 26쪽. 황호덕, 「한국 근대 형성기의 문장 배치와 국문 담론」, 성균관대학교 박사학위논문, 2002, 51쪽에서 재인용.

그림 2『화사집』속지 뱀 그림

또한 '臾娜'는『화사집』의 한자 어휘를 다루는 이 글의 시각에서 보면 매우 상징적이다.「부활」텍스트의 정착 과정을 보면 한층 더 흥미롭다. 조선일보(1939.7.19.),『화사집』(1941.2.10.),『귀촉도』(1948) 발사를 쓴 김동리의 인용문(1948.4.1.),『서정주시선』(1956.11.30.) 등을 보면 '순아'(조선일보) → '臾娜'(『화사집』) → '叟那'(『귀촉도』 발사) → '순아'(『서정주시선』)의 변화를 보이고 있다.

처음에 '순아'로 기록했던 시인이 왜 '臾娜'로 바꿔 표기했는가가 관심사일 수밖에 없다. 그리고 그의 절친한 친구였던 김동리는「부활」의 주인공 이름을 왜 '叟那'로 기억하고 있으며,[23] 마지막 개작과정을 거친『서정주시선』에는 시인이 왜 또 '순아'로 바꾸어 원래대로 돌아왔는가 하는 게 흥미롭다. 이는『화사집』의 한자 어휘 수용의 전반적인 배경을 살펴보는 데 시사점을 준다.

여러 가지 정황으로 보아 '臾娜(유나)'는 '叟那(수나)'의 오식일 가능성이 높은데,[24] '순아'가 '叟那(수나)'로 바뀌었다면 '말해진 언어'로서의 소리를 기본적으로 중시하되 기표는 특수한 방식을 선택했으며[25] 그 선택은『화사집』

---

23 "전광電光 휘황輝煌한 종로鍾路 네거리에서도 해빛이 눈부시는 산마루 위에서도,「수나叟那」는 얼마든지「참 많이 오는」것이어서「순이 영이 또 돌아간 남이야」들은「정鄭도령」아닌「서도령徐道令」의 가슴 위에「숨돌아오는 열두가지 꽃닢을 문질러」그를하여금「무슨 꽃으로 문질르는 가슴이기에 나는 이렇게도 살고싶으냐」하고 소리치며 이러나게 하였다.", 서정주,『귀촉도』, 선문사, 1948, 66쪽.

24 여기에 대해서는 이남호(2003), 최현식(2003)을 참고하라. '유종호는「유나와 수나와 김동석」(조선일보, 2003.2.22.)에서『화사집』판본을 존중해 '유나'가 맞다고 주장하고 있다.

25 소리글 '수나'를 한자로 바꾸는 조합은 다양하겠지만 '叟那'라는 선택은 그 기의상으로도 '쌀 씻는 소리의 아름다움'이 되어 시의 분위기와 잘 어울리게 된다. 이남호(2003)이 이 문제를 처음으로 지적했다. '叟那'가 '臾娜'로 오식될 가능성은 농후하다. '물어뜯어라. 원통히무러뜯어'(「화사」), '서녁에서 부러오는 바람속에는(1연) (…) 서녘에서 부러오는 바람속에는(4연)'(「서풍부」) 등『화사집』자체 내에도 표기법에 대한 오식이 산재한다.

전반을 지배하는 어떤 에크리튀르의 원리에 영향받았다는 점에서 주목할 필요가 있다.

본고는 『화사집』이 개화기 이래 조선의 문사들이 고심해왔던 한자 에크리튀르의 국어화 과정의 담론투쟁[26]이 일정 정도 재현되고 있다는 관점으로 이 문제를 접근하고자 한다. 고상하고 난해한 한자 어휘가 일상구어와 다양한 방식으로 결합되는 양상을 보이는 것은 서정주 전체 시력에서 오직 『화사집』뿐이다. '此一篇', '瓦家千年', '正午天心', '丁丑年榴夏', '蒼生 初年의 林檎', '瀟洒' 등이 '애비', '어매', '개가죽 방구', '늬발톱', '머잖어 봄은 다시 오리니' 등과 같은 토착어나 일상구어들과 혼란스럽게 뒤섞여 있는 게 『화사집』이다. 이것은 청년 서정주의 내면에서 두 가지 문제, 즉 일상구어와 한문문어의 세계가 불안정하게 소용돌이치고 있다는 뜻이기도 하다. 『귀촉도』(1948)나 『서정주시선』(1956)으로 오면 일상구어가 점차 안정적으로 수용된다.

그런 점에서 『화사집』은 개화기 이후 우리의 문체 변혁사를 압축적으로 보여주는 한 사례로 기억할 만하다. 이는 '한문이라는 문어에 대한 조선어라는 구어로의 전환'[27]을 주창한 독립신문 창간호(1896.4.7.)의 '죠션 국문'의 선언 이래 외교문서나 신문기사나 근대문학을 비롯한 각종 인쇄매체 등에서 벌어진 한 세대 동안의 '문어—구어'의 대결 양상이 한 젊은 시인의 의식 속에 압축적으로 재현되고 있다는 관점이다. 이를 『화사집』 문체 혼종 양상의 역사적 성격으로 불러도 좋다.

---

26 여기에 대해서는 다음의 자료들을 참조하라.
    황호덕, 「한국 근대 형성기의 문장 배치와 국문 담론: 타자·교통·번역·에크리튀르, 근대 네이션과 그 표상들」, 성균관대학교 박사학위논문, 2002.
    신지연, 「근대적 글쓰기의 형성과 재현성: 1910년대의 텍스드를 중심으로」, 고려대학교 박사학위논문, 2005.
    문혜윤, 「1930년대 국문체의 형성과 근대적 글쓰기」, 고려대학교 박사학위논문, 2006.
27 문성환, 『최남선의 에크리튀르와 근대·언어·민족』, 한국학술정보(주), 2009, 40쪽.

'臾娜'가 짝사랑 열병을 앓던 '임유나任幽羅'와 동일인이라는 주장도 있다.[28] 이는 '臾娜'가 오식이 아니라 실존인물의 이름소리를 존중해서 텍스트에 반영한 창작기교라는 입장이다. 하지만 이런 생각은 '임유나'가 실존인물이기는 하되 본명이 '임순득'인 점을 미루어 보면 그 실존성이 무색해지고 만다. 서정주가 실존인물 '任淳得'을 '任幽羅'(「속 나의 방랑기」, 1940.4.)로 바꾸고, 이를 다시 '(任)臾娜'로 바꿨다는 것은 가설이다. 1939년 조선일보에 발표된 최초 판본의 '순아'가 '임순득'의 영향 때문에 '유나'로 변개했다는 주장인 셈인데 이는 '臾娜'가 오식이 아니라는 전제에서만 가능한 이야기다. 설사 가능하다 할지라도 텍스트의 정착과정 전체를 보면 '순아(조선일보, 1939) → 유나(臾娜)(『화사집』, 1941) → 순아(『서정주시선』, 1956)'의 구조가 된다. 그토록 중요한 소녀의 호명이 혼란을 일으키게 되는 것이다.

이런 관점보다는 오식의 관점으로 설명하는 게 조금 더 설득력이 있다. '臾娜' 앞뒤의 텍스트가 모두 '순아'로 되어 있다는 점, 절친한 친구 김동리의 기억도 '叟那'라는 점,[29] 소리 중심의 창작 성향의 태동[30]이라는 가설을 조심스럽게 제시해 볼 수 있다. 즉 '叟那'라는 기표가 먼저 떠오른 게 아니라 '순아'(1939)의 기표가 호명의 실제상황을 중시하는 '수나'로 바뀐 다음, '수

---

28 김윤식, 『미당의 어법과 동리의 문법』, 서울대학교 출판부, 2002, 1~2장 참조. 김윤식은 서정주의 '任幽羅'를 인용하면서 '임유나'로 읽고 있다. 그러나 이 음은 '임유라'로 읽어야 마땅하다. '幽羅'의 음독을 '臾娜'와 맞추기 위해서 '유나'로 읽고 있으며, 그리하여 「부활」 속의 주인공을 짝사랑 실존인물과 일치시킴으로써 다음과 같은 주장을 하게 된다. "「속 방랑기」에 보이는 임유나任幽羅와의 시적 결별이 유나臾娜로 변형되어 시적 변모를 보이고 있다. (…) 서정주는 실연 사건을 시적으로 전위시킴으로써 시인으로 구제될 수 있었는데", 김윤식, 앞의 책, 23쪽 참조.
29 김동리는 「부활」의 소녀를 '수나叟那'로 기억하면서 매우 흥미로운 맥락을 숨겨 말하고 있다. 그것은 『화사집』(1941)과 『귀촉도』(1948) 사이의 '부활' 모티프를 연관시키고 있다는 점이다. 김동리에 따르면 서정주의 '부활'은 '심연에서 정상으로, 타나토스에서 에로스로, 지상에서 천상으로'의 문법을 가지고 있으며 「밀어」, 「무슨 꽃으로 문지르는 가슴이기에 나는 이리도 살고 싶은가」와 연관이 깊다는 것이다. 예컨대 '순아야. 영이야. 또 돌아간 남아'에 나오는 호명은 죽은 소녀들을 부르는 소리이며, 이것이 꽃피는 행위를 통해서 모든 부활의 표상으로 되살아나는 방식이라는 점을 숨겨서 말하고 있다. 그러므로 '수나'는 고향 마을에서 쉽게 보는 '순', '순이'를 부르는 소리(연음 효과)로 변형된 시적 장치라는 암시를 강하게 풍긴다.

나'라는 어휘를 음성으로 그대로 전사할 경우 국어의 생소함을 극복하기 위해 한자 어휘로 되돌아갔을 가능성이다. 그런데 '쌀 씻는 소리의 아름다움'이라는 기의를 가진 멋스러운 '哽那'가 그만 '臾娜'로 옮겨져서 '수나'로 읽을 수 없는 상황이 벌어진 것이다. 『화사집』에는 '유나'만 있을 뿐이다.

본고는 '순아'(1939)가 '臾娜' 혹은 '哽那'로 바뀌는 상황을 『화사집』 전반에 나타나는 한자 어휘의 문제와 관련시켜 접근하고자 한다. 그러므로 이 과제는 '쓰여진 언어'로서의 한자와 일상 구두어의 배치 상황 전체를 조명함으로써 보다 풍부한 증거를 확보해야만 한다.

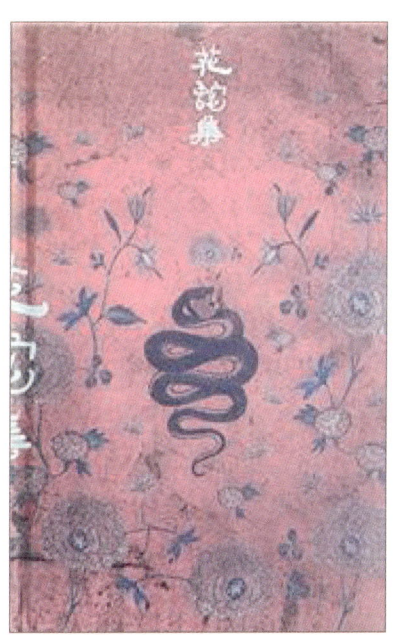

그림 3 은행나무 출판사에서 새로 만든 『화사집』(2019)

---

30 이는 표기법 문제와 밀접하다. 『화사집』의 실제 창작 시기는 1935년부터 1940년까지인데, 이때는 조선어 표기법이 막 확정되는 전후였다. 최초의 조선어 사전이 1938년 10월에 간행되었다. 따라서 서정주에게 국어 표준이에 대한 생각이 확고하게 자리한 것은 아니었다. 이런 증거가 그의 시집 도처에서 발견된다. '밤이기퍼도. 오지않았다'(「자화상」), '꽃처럼 붉은 우름을 밤새 우렀다'(「문둥이」), '서녁에서 부러오는 바람속에는'(「서풍부」), '내가 혼자서 종로鍾路를 서러가면'(「부활」) 등을 보면 표준어 규정을 지키기보다 소리나는 대로 적는 경향이 나타난다. 이는 이후에도 지속되어 '소리 중심의 창작 성향'이라는 독특한 시적 개성으로 발전한다.

03 ___ 『화사집』의 한자漢字
에크리튀르écriture 양상

'에크리튀르'는 원래 "프랑스어로 '쓰다'를 의미하는 동사 'écrite'의 파생어다. 이 말은 '쓰는 것', '쓰여지는 것'뿐만 아니라 '문자'나 '필적', '문체' 등의 의미로까지 널리 사용되고 있다. 영어로는 'writing'이나 'script' 등으로 번역되기도 하나 일본어에서처럼 외래어로서 그대로 사용되는 경우도 많다."[31] 또한 개인적 차이를 드러내는 문체style와 달리, 에크리튀르는 시대에 의해 결정되는 역사적 산물을 의미한다는 점에서 주목할 만한 용어다.

훈민정음 창제 이전만 해도 우리에게는 한문漢文·한자漢字가 지식의 구성 재료였다. "쓰는 것, 쓰여진 것, 쓰여진 지知로서의 에크리튀르의 모든 것은 한자1한문"이었고, "지의 모든 것은 한자1한문에서 성립되었으며, 그것이 바로 세계의 전부"[32]였다. 그것은 다시 말해 단순히 표의문자ideograph거나 표어문자logograph[33]로서가 아니라 일종의 '문화기억'이라는 점에서 세계인식의 중대한 방편이었다.

그러나 한글 문자는 전통적인 '지知=앎'의 체계에 혁명적 변화를 일으키게 된다. 앎의 단위로서의 문자는 원천적으로 추방되고 음소들의 결합에 의해 문자가 완성되며 이 문자들이 다시 결합하여 실재를 재현한다. 예컨

---

31 노마 히데키, 김진아·김기연·박수진 옮김, 『한글의 탄생』, 돌베개, 2011, 226쪽. 본고에서도 이 용어를 그대로 사용한다.
32 앞의 책, 같은 곳.
33 표어문자는 글자 하나하나가 '의미'가 있는 최소 단위morpheme의 역할을 한다고 보는 관점이다.

대 전통적인 '지'는 '산山'이라는 '문자=한자'를 단위로 성립되지만 한글은 '산山'을 'ㅅ, ㅏ, ㄴ', 's, a, n'으로 해체함으로써 전통적인 '지'를 붕괴시킨다. "형태소는 음소로 해체하면 의미를 실현하지 못하게 되는"[34] 원리 때문이다.

한자가 구축해온 전통적인 '지'의 체계는 한글에 비해 역사적·문화적 두께의 차이가 날 수밖에 없다. 실제로 한자는 "현재 사용되고 통용되는 의미를 넘어선 많은 의미가 집약되어 있고 표면으로 드러나지 않는 오래된 생각들이 축적된 일종의 살아 있는 화석"으로서 "신화, 상징, 이미지, 정신, 사유 양식, 믿음 체계, 행동 양식 등이 기입"[35]되어 있기 때문에 역사와 문화를 관통하는 공동체의 기억을 공유하게 된다. 그러므로 한자를 에크리튀르적 측면에서 살핀다는 것은 단순히 표기 방식의 문제가 아닌 역사와 문화의 측면에서 접근한다는 뜻이다.

한자가 중국만의 문자체계가 아니라 한국·일본·대만·베트남을 비롯한 동아시아와 인도차이나 동북부에 이르기까지 오랜 기간 지배적 문자체계로 자리했다는 것은 역사적 사실이다. 그러나 근대 이후 한자 문화권역이 서구 표음문자의 도전에 의해 거대한 변화에 휩쓸리면서 그 위상은 축소되어 간다. 우리의 경우, 15세기에 '훈민정음'이 창제·반포되긴 했으나 '정음'이 국어로서 권력을 잡기 시작한 것은 근대에 와서의 일이다. 이 언어 권력의 투쟁 과정은 간명하게 말하자면 '한문·한자 에크리튀르'와 '국문 에크리튀르'[36] 간의 지배담론 투쟁의 과정이다. 국한문체의 혼용을 거쳐 일상구어적 언문일치 표현이 정착되는 과정은 외교문서 및 신문기사를 비롯한 각종 인쇄매체 그리고 근대문학의 발전과정과 궤를 같이 한다. 이 과정을 한 연구가는 보다 정교하게 설명한다.

---

34 노마 히데키, 앞의 책, 244~245쪽 참조.
35 하영삼, 『한자와 에크리튀르』, 아카넷, 2011, 19쪽.

전혀 새로운 종류의 계몽의 공리가 당대를 지배하게 되면서, 한자가 가진 진리문자로서의 권위 역시 그 힘을 잃게 된다. 중국과 조선, 조선과 일본, 조선 내부에서 다루어야 하는 사안들은 폭발적으로 증가하는 새로운 어휘들에 완전히 노출될 수밖에 없었고, (중략) 한자 표상이 지배하는 세계에서의 문자중심주의─문자와 대상·진리의 하나 된 형태는 해소되고 있었으며 한자는 표상적·매체적인 자질로 전락했다. 도道와 하나 된 형태의 한자가 서구문명이라는 새로운 가치[文明]를 실어 나르는 그릇[器]으로 전락하게 된 것이다. 매체성으로 떨어진 한자 표상은 따라서 효율이라는 측면에 지배될 수밖에 없고 문자 개혁의 과정에 내몰리게 된다.[37]

우리의 근대문학이 한문·한자 문체의 추방 과정이라는 점은 굳이 긴 설명이 필요치 않다. 시의 경우로 보면 『아름다운 새벽』(1924), 『진달래꽃』(1925), 『님의 침묵』(1926)이 보여준 국문체 쓰기는 지배담론 투쟁 과정의 정점을 보여주는 사례들이다. 민중들의 일상구어나 토착어로 이 정도의 체계와 미적 완성도를 보여준 경우는 전대의 우리 시문학에서 찾기 어렵다. 뒤이어 참신한 기법의 『정지용시집』(1935)이 나오긴 하였으나 백석의 『사슴』(1936)이

---

36 '한문·한자 에크리튀르'에 정확하게 대응하는 개념은 '정음 에크리튀르'다. 이것이 바로 훈민정음 창제의 정신이며, 훈민정음 해례본 정인지 후서後序에 나오는 것처럼 천지자연의 소리를 모방하는 문자의 위대함이다(바람이 부는 소리도, 멀리서 학이 우는 소리도, 여명을 고하는 닭의 소리도, 그리고 개가 짖는 소리까지도 어느 것 하나 '정음'이 나타낼 수 없는 것이 없다). 한문·한자 에크리튀르의 '구폐狗吠'는 개가 짖는 '모습'으로서 실제의 소리를 재현하지 못한다. 그러나 정음 에크리튀르는 '멍멍멍' 또는 '컹컹컹', '월월월' 등 실제의 '소리' 자체를 모방함으로써 '일상생활의 편의'를 지향하는 진정한 '나랏말씀=조선어=일상구어'의 탄생을 입증하게 된다. 일상구어를 소리 나는 형태대로 쓸 수 있다는 경험이 민족어 지배담론의 투쟁 과정에서 점차 정착되면서 오늘에 이르게 되었다. 『화사집』은 서정주의 모든 시집 가운데서도 이런 투쟁의 모습이 유일하게, 그리고 두드러지게 드러난다는 점에서 우리 문체 변혁의 역사적 특성을 압축적으로 보여준다. '정음 에크리튀르'는 일본의 한글 연구가인 노마 히데키의 용어며 이를 '국문 에크리튀르'로 바꾼 것은 조선이 근대국가로 변모하는 과정의 거대한 지평 전환에 '나라[國體]'의 개념이 핵심적으로 자리했기 때문이다. 노마 히데키에 대해서는 앞의 각주를 참고하라.

37 황호덕, 앞의 글, 57~58쪽 참조.

표방한 민족어 쓰기에 비하면 그 혼종성이 훨씬 강하다. 한자, 한글, 새로운 외국어 표기 등이 복합적으로 뒤섞여 있는 게 『정지용시집』이다. 이런 점에서 보면 『화사집』의 문체 혼종성은 『정지용시집』과 유사한 측면이 있다. 시인 자신은 정지용으로부터 애써 벗어나고자 하였으나 일정 정도 그 혼종 문체의 자장으로부터 영향을 받고 있었던 것이다. 이제 『화사집』 전편을 구성하는 한자 어휘들을 살펴보자.

표1 『화사집』 전편을 구성하는 한자 어휘들

번호	제목	한문漢文 한자漢字 에크리튀르	발표지면 및 년도
1	自畵像	甲午年 / 外할아버지 / 八割 / 罪人 / 天痴 / 詩의 이슬 / 此一篇昭和十二年丁丑 歲仲秋作. 作者時年二十三也	『시건설』 1939.10. (1937년 작)
2	花蛇	麝香 / 薄荷 / 達辯 / 芳草ㅅ길 / 石油	『시인부락』 1936.12.
3	문둥이		『시인부락』 1936.11.
4	대낮	强한 / 阿片의 一種	『시인부락』 1936.11.
5	麥夏	黃土 / 罪 / 왜낫(鎌) / 山되아지	
6	입마춤	石榴꽃 / 山노루떼 / 江물 / 西天	『자오선』 1937.1.
7	가시내	山봐도 / 山보아도 / 蓮順이	
8	桃花桃花	裸體 / 에레미아書 / 毘盧峰上의 强姦事件들 / 休息 / 微熱	『인문평론』 1940.10.
9	瓦家의 傳說	年輪 / 瓦家千年의銀河물구비 / 靑蛇 / 天動 / 草籠 / 吐血 / 淑	
10	水帶洞詩	高句麗 / 서울女子 / 仙旺山 / 水帶洞 十四번지 / 長水江 / 曾祖하라버짓적 / 十年前 / 금女 / 三月 / 水帶洞	『시건설』 1938.6.
11	봄	아무병도없으면	『인문평론』 1939.11.
12	서름의 江물	薄暗의 江물 / 서름의 江물	『조광』 1940.4.(1936년 작)
13	壁	壁 / 時計 / 靜止	동아일보, 1936.1.3.
14	葉書	어느詩人 / 龜甲 / 李太白 / 兩班 / 福童 / 巴蜀	『비판』 1938.8.
15	斷片		
16	부흥이	어詩 / 表情 / 幽暗 / 呪符 / 暗夜	
17	正午의 언덕에서	地歸 / 濟州南端 / 一小島 / 神人 高乙那의 孫一族 / 麥作 / 從事 / 」丑年榴夏 廷柱 / 偶然 / 流謫 / 心身 / 傷痕 / 卽 / 片 (이상은 지귀도 시편 앞부분의 설명임) // 雅歌 / 哄笑 / 正午 天心 / 無限慾望 / 戰慄 / 巴蜀 / 樹皮 / 黃金太陽 / 沒藥 麝香 / 薰薰	『조광』 1939. 3.(이하 4편. 1937년 4월~6월까지 지귀도에 머물면서 쓴 연작시)

번호	제목	한문漢文 한자漢字 에크리튀르	발표지면 및 년도
18	高乙那의 딸	面前 / 醉眼 / 五色 珊瑚采 / 娘子 / 石壁 野生 / 石榴	『조광』 1939.5.
19	雄鷄(上)	赤途 / 꽃心地 / 銀河의 밤 / 嗚咽 / 齒 / 裸體 / 結義兄弟 / 誼좋게 / 國旗 / 地歸千年의正午	『시학』 1939.5.
20	雄鷄(下)	雲母石棺 / 心臟 / 薔薇 / 傲慢히 / 蒼生 初年의 林檎 / 瀟洒한가 / 絶頂 / 兩立 / 十字架 / 囚衣 / 愛鷄의生肝 / 頭蓋骨	『시학』 1939.3.
21	바다	往來 / 恒時 / 無言의 海心 / 心臟 / 沈沒 / 情熱 / 兄弟 親戚 / 東西南北 / 國土	『사해공론』 1938.10.
22	門	汪茫한 廢墟 / 屍體 / 時間 / 海溢한 神位 / 肺 / 離別 / 少女 / 눈瞳子 / 匕首 / 知慧 / 秘藏 / 荊棘의 門	『비판』 1938.3.
23	西風賦		『문장』 1940.10.
24	復活	臾娜 / 鍾路 / 몇萬時間 / 꽃喪阜 / 山넘어서 / 燭불 / 돌門 / 江물 / 住所	조선일보, 1939.7.19.

한자 어휘가 하나도 없는 작품이 3편이다. 나머지 21편엔 한자 어휘가 복합적 양상으로 나타난다. 한문 문장이 그대로 드러나거나 국어 통사 구문 속에 들어오는 경우, 한자가 강세 자질로 텍스트를 지배하는 경우, 한자와 일상구어가 균형감 있게 배치되는 경우, 한자가 국어에 종속되어 약세 자질로 편입된 경우 등이다.

「자화상」의 끝부분에 나타나는 '此一篇昭和十二年丁丑歲仲秋作. 作者時年二十三也'는 한문 에크리튀르다. 문장 구성방식 자체가 언문일치의 이념 실현과 무관하다. '애비는 종이었다'로부터 시작해 '스믈세햇동안 나를 키운 건 八割이 바람이다'를 거쳐 '병든 숫개만양 헐떡어리며 나는 왔다'고 마무리하는, 자신의 정체성에 대한 강렬한 예술적 개성의 선언에 값하는 국문 에크리튀르가 바로 『화사집』의 관문에 해당하는 「자화상」이다. 이런 에크리튀르 상황에 보란 듯이 마주하고 있는 '此一篇昭和十二年丁丑歲仲秋作. 作者時年二十三也(이 작품은 作者가 二十三歲 되던 一九三七年 仲秋에 지은 것이다.)'[38]의

---

38 이 표기는 『서정주문학전집』(1972)에 다시 수록된 것을 참조했다. 한문 에크리튀르가 국문 통사구조로 재구조화된 경우다.

서술자 논평을 어떻게 해석해야 하는가.

예술적 자아는 부재하는 '애비'의 권위에 종속되지 않으려는 국문 에크리튀르를 실현하지만, '군자君子의 도道'를 삶의 지침으로 내면화시켜 온 윤리적 자아는 선대의 '지知'의 표상인 한문 에크리튀르의 유산을 버리지 않고 있다. 이런 맥락에서 보면「자화상」은 두 에크리튀르가 격돌할 수밖에 없는 역사의 경계선상에 서 있음으로써 텍스트 전편을 지배하는 다양한 이율배반의 심리적 기저를 일찌감치 보여준다.

이것이 현실생활 속의 자국어 에크리튀르 수행과 유교 교양인으로서의 기품 있는 에크리튀르의 실연을 동시에 진행해야만 했던 서정주 혼종 언어체계의 중요한 성격이다. 텍스트를 진술하는 주체는 국문 에크리튀르를 개성적 소리글로 재현하고 있지만 텍스트에 논평을 하는 주체는 한문 에크리튀르를 규범적으로 진술함으로써 에크리튀르의 역사적·사회적 긴장을 유발시킨다.

지귀도 연작으로 불리는 일련의 시편들 앞부분의 설명글도 사정은 비슷하다. 다음과 같이 기록되어 있다. "地歸는 濟州南端의 一小島. 神人高乙那의孫一族이사러麥作에從事한다. 丁丑年榴夏, 廷柱가偶然地歸에流適하야 心身의傷痕을말리우며 써모흔것이 即이네片의詩作이다." 이런 국한문체 에크리튀르는 앞의 경우와는 조금 다르게 한문 통사법을 국문 통사 방식에 맞추어 넣은 경우라 할 수 있다. 이는 한문의 완전 해체가 아닌 한문을 자국어 어휘집 속에 종속시킴으로써 국문 에크리튀르의 영역을 자연스럽게 확장하는 경우다.

한문은 아니지만 한자 어휘가 강세 자질로 텍스트를 지배하는 경우는 「웅계(하)」, 「문」 등이 대표적이고, 두 에크리튀르가 비교적 균형감 있게 배치되는 경우는 「화사」, 「수대동 시」 등이다. 한자 에크리튀르가 약세로 등장하는 경우는 「입마춤」, 「가시내」를 꼽을 수 있다. 이 중에서 대표적인 두 가지

사례를 구체적으로 살펴보자.

어찌하야 나는 사랑하는자의 피가 먹고싶습니까
「雲母石棺속에 막다아레에나!」

닭의벼슬은 心臟우에 피인꽃이라
구름이 왼통 젖어 흐르나….
막다아레에나의 薔薇 꽃다발.

傲慢히 휘둘러본 닭아 네눈에
蒼生 初年의 林檎이 瀟洒한가.

임우 다다른 이 絶頂에서
사랑이 어떻게 兩立하느냐

해바래기 줄거리로 十字架를 엮어
죽이리로다. 고요히 침묵하는 내닭을죽여….

카인의 쌔빩안 囚衣를 입고
내 이제 호을로 열손가락이 오도떤다.

愛鷄의 生肝으로 매워오는 頭蓋骨에
맨드램이만한 벼슬이 하나 그윽히 솟아올라….

—「웅계(하)」

흰 무명옷 가라입고 난 마음

싸늘한 돌담에 기대어 서면

사뭇 숫스러워지는생각, 高句麗에 사는듯

아스럼 눈감었든 내넋의 시골

별 생겨나듯 도라오는 사투리.

등잔불 벌서 키어 지는데….

오랫동안 나는 잘못 사렀구나.

샤알·보오드레―르처럼 설고 괴로운 서울女子를

아조 아조 인제는 잊어버려,

仙旺山그늘 水帶洞 十四번지

長水江 뻘밭에 소금 구어먹든

曾祖하라버짓적 흙으로 지은집

오매는 남보단 조개를 잘줍고

아버지는 등짐 서룬말 졌느니

여긔는 바로 十年전 옛날

초록 저고리 입었든 금女, 꽃각시 비녀하야 웃든 三月의

금女, 나와 둘이 있든곳.

머잖어 봄은 다시 오리니

금女동생을 나는 얻으리

눈섭이 검은 금女 동생,

얻어선 새로 水帶洞 살리.

―「수대동 시」

「웅계(하)」는 성서 창세기와 신약 부분을 차용하여 시인 자신의 원죄의식을 강렬한 문체로 형상화한 것이다. 이는 희생제의라는 구체적인 사건을 다루는 문맥에서 자기처형이라는 극단적인 이미지를 만들어냄으로써 전통적인 언어관습에 새로운 충격을 제공한다. 문제는 이 충격이 내용의 이율배반적 이질성에만 있지 않고 그 형상화 방식으로서의 문체 대립 양상에도 상동적으로 나타난다는 점이다.

'傲慢히', '蒼生 初年의 林檎이 瀟洒한가', '愛鷄의生肝으로 매워오는 頭蓋骨에' 등은 국문 에크리튀르 상황에 이질적인 양상으로 맞선다. '傲慢히'라는 생경한 부사어 용례, '愛鷄의生肝으로 매워오는 頭蓋骨에'라는 이질적인 에크리튀르의 결합 형식 자체가 텍스트상에서 격돌하는 이율배반 심리를 표현하는 데 일정 정도 효과적으로 기능한다.

'蒼生 初年의 林檎이 瀟洒한가'의 경우는 난해한 국한문체여서 자국어의 용모를 거부하는 모양새다. '창생 초년蒼生 初年'은 아담과 하와가 등장하는 창세기 서사의 특정 시기를 나타내는 번역된 한자어고, '임금' 혹은 '능금'으로 읽는 '林檎'은 창세기의 선악과에 대응하는 과일로서 『본초강목』 같은 한적漢籍에도 수록된 전통 어휘다. '소쇄瀟洒'는 비가 온 뒤에 맑고 깨끗한 풍경이 드러나듯 사물이 뚜렷하게 보이는 모습 혹은 기분이나 몸이 상쾌한 상태를 가리키는 형용어로서 '소쇄瀟灑', '쇄락灑落, 洒落'과 같은 의미다. 그러므로 이 국한문체를 국문체로 재구조화하면 '오만한 모습으로 사방을 휘둘러 본 닭아, 네 눈에는 창세기의 능금이 (비에 씻긴 듯이) 깨끗하게 보이는가' 정도가 된다. 즉 욕망의 대상이 된 금단의 열매(그리하여 원죄와 저주의 모티프가 되는 능금)이 아닌 순진무구의 도덕성innocence을 강조하는 맥락인데 아무래도 국한문체를 뒤섞은 문맥의 표현이 자연스럽지 않고 낯설다. 이러한 낯선 모습은 내용상의 낯선 국면을 부각시키는 데 효과적일지는 몰라도 일상에서 멀어진 한문교양의 과도한 노출일 뿐이다.

「수대동 시」는 한자 어휘가 좀 더 순화된 경우다. 고유명사 위주로 기표되고 있으며 국어와 자연스럽게 결합하는 방식도 선보이고 있다. '서울女子', '曾祖하라버짓적', '금女' 등의 기표가 그렇다. 이는 '서울 여자', '증조하라버짓적', '금녀'라 해도 무방하다. 그럼에도 불구하고 혼종 결합의 어휘로 귀착되는 것은 '탈향과 귀향의 모티프'의 언어적 재현과 일정 정도 관련이 있다. 집 떠나 '샤알·보오드레―르처럼 설ㅅ고 괴로운 서울女子'를 만나 방황하다가, 다시 고향에 돌아와 '내넋의 시골'과 '별 생겨나듯 도라오는 사투리'를 생각하는 청년 시인의 내면 풍경을 '쓰여진 언어'로 어떻게 표현할 수 있을까 하는 문제로 풀어보면 한자 에크리튀르와 자국어 에크리튀르 사이의 적절한 균형이 예사롭지만은 않다.

결국 이런 혼종 에크리튀르의 의의를 어떻게 바라보느냐가 관건이다. 그것은 '전통과 근대의 경계 충돌'을 비롯한 텍스트상의 다양한 대립적·이율배반적 심리를 드러내는 데 일정 정도 기여했다고 볼 수 있다. 그러나 결국 과도한 한자 어휘의 도입이 '무제한한 개방 성향을 드러내어 일상생활에 있어서의 말의 실상과 큰 괴리'[39]를 빚었다는 점도 분명하다. 이것이 앞서 제기한 '뇌락불기한 인격과 자유분방한 시혼이 호명하는 언어의 다성적 속성에 대한 문체론적 규명'의 한 관점이다. 또 다른 관점은 '사투리'와 '한문―문화기억'의 구도로 『화사집』을 바라보는 경우다.

---

39 유종호, 앞의 글 참조.

04 ___ '사투리'의 매혹과
'한문―문화기억' 상속의 유혹

> 내 이름은 徐廷柱가 아니라 본래는 「큰놈」이다. 글 쓰는 同志의 선비들 가운데서도 「李退溪」의 宗孫이라든가 「金庾信」百代孫이라든가 하여 그런 族譜를 아직도 內心 조금씩 생각하고 있는 사람들은 행여 나와 同座에 앉지 말기를[40]

인용문은 한자 및 자국어 글쓰기에 대한 서정주의 의식의 단면을 볼 수 있는 자료다. '徐廷柱'와 '큰놈' 사이, 즉 한자 글쓰기와 자국어 글쓰기 사이에서 시인은 '끼어' 있다. 시기상으로도 『화사집』 창작 연대와 매우 가깝다. 후일 「천지유정」(『월간문학』, 1968.1.~3., 1969.1.~1971.5.)이란 이름으로 자서전을 쓸 때의 상황과 다르다. 한 세대쯤 지난 후에 서정주는 적정한 시간적 거리감을 가지고 당대의 자신을 차분하게 기억하고 있지만 위의 인용문은 '본래는 큰놈'이라는 민중의식과 몰락한 양반 후예로서의 서당출신 '徐廷柱'가 이종교배된 듯한 혐오스러운 자의식이 지배하고 있다.

이런 자의식이 사실은 『화사집』 전반에 문체 혼종의 거대한 그늘을 드리우고 있는 요인 중의 하나다. 예컨대 그가 10대 소년 시절에 흠모했던 주요한의 민요풍 자국어의 매혹은 『화사집』 전반에 깊이 침윤되어 있다.[41]

---

40 서정주, 「속 나의 방랑기」, 『인문평론』, 1940.4., 68쪽.

강남 제비 오는 날
새 옷 입고 꽃 꽂고
처녀 색시 앞뒤 서서
우리 누님 뒷산에 갔네.

가서 올 줄 알았더니
흙 덮고 금잔디 덮여
병풍 속에 그린 닭이
울더라도 못 온다네.

섬돌 위에 봉사꽃이
피더라도 못 온다네.
　　　　— 주요한, 「가신 누님」, 『삼인시가집』(1929)에서[42]

가시내두 가시내두 가시내두 가시내두
콩밭 속으로만 작구 다라나고
울타리는 막우 자빠트려 노코
오라고 오라고 오라고만 그러면

　　　　　　　　　—「입마춤」 중에서

---

41 서정주는 한 글에서 주요한의 민요풍 시편(『삼인시가집』(1929)에 수록된 주요한의 「가신 누님」을 인용하면서)을 10대 시절에 좋아했다고 고백하고 있는데, 그 이유가 "당시 무잡한 감정이나 연설이나 서투른 의미 개념 전달에만 멎기가 예사였던 우리 대다수의 시편"들 속에서 주요한의 시편들은 "의미만이 아니라 선택된 정"과 "언어 중에선 제일로 정리된 것", "우리 민족의 짙이 잘 배어 있는 전통적 어풍"의 미덕이 있다고 보았기 때문이다. 자세한 내용은 시정주, 「내 시와 정신에 영향을 주신 이들」, 『미당 서정주 전집』 11(산문), 은행나무, 2017, 47쪽 참조.
42 이 텍스트는 현대식 표기법으로 바뀐 서정주의 인용문에서 옮긴 것이다. 서정주, 「내 시와 정신에 영향을 주신 이들」, 앞과 같은 곳.

서녁에서 부러오는 바람속에는

오갈피 상나무와

개가죽 방구와

나의 여자의 열두발 상무상무

노루야 암노루야 홰냥노루야

늬발톱에 상채기와

퉁수ㅅ소리와

―「서풍부」 중에서

    인용시에 보이는 자국어의 아름다운 울림은 '큰놈' 글쓰기가 암시하는 소리글 중심의 기층 생활어의 예술적 재현이다. '가시내두', '작구', '막우', '늬발톱', '상채기'의 어휘들은 표준어 규칙에 아랑곳하지 않는 일상구어의 시적 탄생으로서 손색이 없다. 이것이 바로 「수대동 시」의 '시안詩眼'이기도 한 '별 생겨나듯 도라오는 사투리'의 매혹이기도 하다.

    『화사집』 전체 맥락에서 보면 '사투리'는 표준어에 대한 방언이라는 의미보다는 한자 에크리튀르에 대항하는 자국어로서의 토착어나 일상구어 개념에 가깝다. 그것은 밤하늘의 별이 같은 방식으로 돌아오듯 조상 대대로 사용해 오던 생활어며 그렇기 때문에 초시간적 연관에 대한 종속 개념으로 '고구려'가 등장하게 되는 것이다. 조상의 언어, 겨레의 언어, 민중의 생활 소리글이 바로 '사투리'의 개념에 근접한다. 그러나 이와 동시에 서정주는 유교 교양인으로서의 한자 에크리튀르에 대한 유혹도 떨쳐낼 수 없었다.

보지마라 너 눈물어린 눈으로는….

소란한 哄笑의 正午 天心에

다붙은 내입설의 피문은 입마춤과

無限 慾望의 그윽한 이戰慄을….

— 「정오의 언덕에서」 중에서

無言의 海心에 홀로 타오르는

한낮 꽃같은 心臟으로 沈沒하라.

— 「바다」 중에서

'哄笑의 正午 天心'과 '無言의 海心'은 '사투리' 정신에 정면으로 위배되는 '쓰여진 언어'로서의 에크리튀르다. 게다가 두 구절은 일종의 대립쌍 이미지를 가진다. '天心(천심)'은 '하늘의 한가운데'며 '海心(해심)'은 '바다의 한가운데'라는 뜻이다. 이는 일상생활어가 아닌 형이상학적 개념어로서의 세계다. '天心'은 태양이 하늘 한복판에 왔을 때의 절정감의 도취를 재현하는 문맥에서 작동한다. 이 시어는 그러므로 단순하게 '하늘 한가운데'라는 기의를 나타내는 기표가 아니라 그 자체로 새로운 개성의 세계를 창안한 경우다. '海心'은 어둡고, 깊고, 소리가 사라진, '밤과 피에 젖은' 시의 '국토'로서의 '바다 한복판'이다. 이때의 바다는 실제의 바다라기보다는 추상의 바다며 시인이 바라보는 세계 즉 고해苦海의 환유다. 그런 점에서 이 시어 역시 형이상의 관념을 개성적으로 재현하는 데 기여한다.

본고는 이를 '한문—문화기억' 상속의 유혹 입장으로 본다. 한자 에크리튀르가 온존시켜 온 전통 세계의 두터운 배후를 의도적으로 빌려 쓰려는 노력의 산물로 본다. 이것이 바로 이태준이 말하는 "교양인의 사고나 감정을 표현하려면 도저히 속어만으론 만족할 수 없다"[43]는 문맥이다. 일상구어만

---

43 이태준, 『문장강화』, 창작과비평사, 1988(1999), 70쪽.

으로 표현하기 어려운 상황을 재현하는 데에는 부득이 서당에서 배운 실력을 발휘해야만 했던 것이다. 혈기 방장한 젊은 패기에 자신에게 온축되어 있던 한자 에크리튀르를 과시하려는 심리를 완전히 배제하기는 어렵다. 하지만 서정주는 자신의 사상과 관념을 드러낼 수 있는 '쓰여진 언어'가 필요했다. 이는 비단 서정주만의 문제는 아니었다.

> 새로운 사상, 인식, 제도, 문화 등에 대한 체험이 거듭되었던 1930년대에는 이 새로움의 양상들을 지목하고 언급하기 위한 새 말들이 요구되고 있었다. 그러나 급변한 현실의 양태들과 조선어의 어휘 목록 사이에 대응이 이루어지지 않음으로써 '조선어의 어휘가 부족하다'는 일반적인 관념이 퍼지게 되었다. 따라서 문학작품 속에 작가 자신의 언어 감각에 의존한 외래어와 새로 도입된 한자들이 다량으로 들어가기도 하였다.[44]

한문—문화기억의 상속만이 아니라 새로운 문물과 문화 유입에 대한 새로운 어휘의 개발은 1930년대의 서정주에게도 과제였다. '내 살결은 樹皮의 검은빛/黃金 太陽을 머리에 달고'(「정오의 언덕에서」), '雲母石棺속에 막다아레에나', '蒼生 初年의 林檎이 瀟洒한가'(「웅계(하)」) 등은 기독교 문화의 유입에 대응하는 언어발굴로서의 한자 에크리튀르의 문제와 직결된다. 이는 '사투리'의 매혹으로서 해결할 수 없는 현실적인 난제였다.

---

44 문혜윤, 앞의 글, 179쪽.

05 ___ 경계선상의 에크리튀르

『화사집』에 과도하게 나타나는 한자 어휘를 에크리튀르의 측면에서 분석하는 이 글의 내용을 정리하면 다음과 같다.

거시적 측면에서 보면 『화사집』은 민족어가 한문에서 한자를 거쳐 한글로 분화되어 가는 과정을 다채롭고 상징적으로 보여준다. 한문 에크리튀르가 그대로 노출되어 있는 경우부터 한자 에크리튀르로 변화하는 경우, 자국어 에크리튀르가 우세한 경우 등 복잡한 혼종 양상으로 전개된다.

『화사집』은 개화기 이후 우리의 문체 변혁사를 압축적으로 보여주는 한 사례로 기억할 만하다. 이는 독립신문 창간호(1896.4.7.)의 '죠션 국문'의 선언 이래 외교문서나 신문기사나 근대문학을 비롯한 각종 인쇄매체 등에서 벌어진 한 세대 동안의 '문어―구어'의 대결 양상이 한 젊은 시인의 의식 속에 압축적으로 재현되고 있다는 관점이다. 이를 『화사집』 문체 혼종 양상의 역사적 성격으로 불러도 좋다.

『화사집』의 과도한 한자 어휘 도입으로 인한 문체 혼종 양상은 '전통과 근대의 경계 충돌'을 비롯한 텍스트상의 다양한 대립적·이율배반적 심리를 드러내는 데 일정 정도 기여하지만 결국 '무제한한 개방 성향을 드러내어 일상생활에 있어서의 말의 실상과 큰 괴리'를 빚었다는 점도 분명하다.

또한 『화사집』은 '사투리'의 매혹과 '한문―문화기억' 상속의 유혹 사이에 시 일어나는 팽팽한 미적 긴장의 형식을 보여줌으로써 경계선상의 에크리튀르 성격도 가진다. 한편에선 조상의 언어이자 겨레의 언어인 일상구어가 재현되지만 다른 한편에선 한자 에크리튀르가 온존시켜 온 전통 세계의 두터운 배후를 의도적으로 빌려 쓰려는 노력, 혹은 1930년대에 범문단적으로 요구되는 새로운 시대의 '언어 발굴'의 노력이 겹쳐진다.

3장 『화사집』에 나타난
체험과 창작의
상관관계

서정주 『화사집』에 나타난 체험과 창작의 상관관계:
중앙불전 재학 및 해인사 체류 시절을 중심으로,
『국어국문학』195, 국어국문학회, 2021.

01 ___ 『화사집』 연대기 재구성의 필요성

　『화사집』에 수록된 24편의 시 대부분이 시인의 실제 체험의 산물이다. 이는 평생토록 이어지는 서정주 시 창작의 주요한 특성이기도 하다. 한국 역사를 다룬 시(『학이 울고 간 날들의 시』, 1982)나 세계의 산들을 다루는 시편들(『산시』, 1991)을 제외하면 서정주 문학의 역사는 자기체험의 문학적 형상화라고 말해도 무방하다. 시인이 그만큼 체험을 중시했다는 뜻이며 이때의 체험은 감동을 동반한 경험이란 함의를 가진다.[1]

　이 글은 그의 첫 시집인『화사집』수록작과 시인의 자기체험의 관련성을 추적하는 연구의 한 부분이다. 삶과 시의 연대기가 어떻게 조응하고 발전해 나가는지를 살펴봄으로써『화사집』이 체험과 창작의 긴밀한 관련성을 입증하는 선례임을 밝히는 데 목표가 있다.

　시인이 어떤 환경과 상황 속에서 시를 쓰게 되었는지를 생애 탐구를 통해 복원할 수 있는 이런 작업은『화사집』논의 과정에 전면적으로 시도되지 않았다는 점에서 연구의 의의가 있다.[2] 탐구와 복원은 창작 당시 시인의 심

---

[1] 이와 관련해서는 시인의 다음 글을 참조하라. "나는 시를 제대로 하기 시작한 뒤 지금까지 늘 그래 왔듯이, 내 인생 경험을 통해 **실제로 감동한 내용 아니면 절대로 시로서 다루지 않은** 그 전력을 앞으로도 꾸준히 지켜 갈 것이다.", 서정주, 「나의 문학 인생 7장—등단 60주년 기념 특집」,『시와 시학』, 1996년 가을호,『미당 서정주 전집』11(산문), 은행나무, 2017, 85쪽. 감동의 중요성에 대한 또 다른 글로는 다음을 참조하라. "**감동의 표현이야말로 시인이 가져야 할 덕목 중 가장 중요한 것입니다.** 시라는 것은 새로운 감동으로 '발견'이 토대가 되어 쓰여져야 합니다. **감동의 발견은 곧 인생의 발견이고, 매력 있는 인생을 만드는 것이 시인의 임무입니다.**", 서정주, 「문학을 공부하는 젊은 친구들에게」,『문학사상』, 1997. 5.,『미당 서정주 전집』11(산문), 376쪽.

[2] 최현식의 「서정주 시 텍스트의 몇 가지 문제」가 여기에 대한 문제를 부분적으로 제기한 바 있다. 최현식,『서정주 시의 근대와 반근대』, 소명출판, 2003, 312~336쪽 참조.

리상태와 환경에 대한 섬세한 접근에서 출발해야 한다. 『화사집』의 뜨거운 열광과 시적 방황은 같은 시기의 산문들에도 비슷하게 나타나며[3] 이 모든 리터러시가 체험의 반영임을 성찰하는 게 중요하다.[4] 이 시기의 시와 산문들은 청년 시인의 문학세계를 이해하는 데 상호 보완 관계에 있지만 아쉽게도 이 과정에 대한 정밀한 접근이 이루어지지 않고 있다. 시인의 체험과 창작을 통해 『화사집』 연대기를 재구성해 보면 이 시집이 가지는 서정주 생애사적 의의가 보다 잘 드러난다.

---

3   자서전 시라고 불리는 『안 잊히는 일들』(1983), 『팔할이 바람』(1988)에도 중요한 정보들이 많다.
4   그렇다고 시인의 산문에 나타난 자기체험이 시 해독의 '금과옥조'는 아니다. 시 분석 과정에 참조하면 도움이 된다는 게 이 글의 기본 입장이다.

02 ── 창작 시기가 밝혀진 체험의 연대기

그의 산문들을 살펴보면 창작 당시의 환경과 심리상태 등이 자세하게 드러난다. 특이한 점은 『화사집』 출간 직전까지 탈향과 귀향 체험이 반복된다는 사실이다.[5] 관련 자료를 정리하면 다음과 같다.

표1 창작 당시 환경과 체험이 명시된 작품

시기	체류 장소	체험이 소개된 작품	비고
1935년 가을	경성(서울)	「벽」	등단작 투고
1936년 4월~7월	해인사 원당암	「도화도화」, 「문둥이」, 「화사」, 「대낮」, 「노래」, 「입맞춤」, 「맥하」[6]	등단, 실연, 탈향
1936년 7월~9월	고창 월곡리	「서름의 강물」, **「귀촉도」**	귀향
1936년 9월~1937년 4월	경성(서울)	『시인부락』 간행	탈향
1937년 4월~6월	제주도	「정오의 언덕에서」, 「고을나의 딸」, 「웅계」, 「웅계(상)」	탈향
1937년 6월~1940년 9월	고창 월곡리, 노동, 경성(서울)	「자화상」, 「바다」, 「부활」, **「역려」, 「밤이 깊으면」, 「행진곡」**	귀향, 결혼

굵은 글씨체는 『화사집』에 수록되지 않고 『귀촉도』(1948)에 수록된 작품들이다. 「도화도화」(『인문평론』, 1940.10.)의 발표 시기는 『화사집』 출간 직전이

---

[5] 본고는 서정주 젊은 날의 이런 체험이 후일 『떠돌이의 시』(1976), 『떠돌며 머흘며 무엇을 보려느뇨』(1980), 『늙은 떠돌이의 시』(1993), 『80소년 떠돌이의 시』(1997) 등과 같은 '떠돌이 의식'의 미적 체험으로 발전해 나가는 주요한 동력이 된다고 본다.

[6] 「입맞춤」과 「맥하」는 『자오선』(1937.1.)에 발표한 것으로 보아 해인사 체류 시절의 작품이거나 해인사에서 돌아온 뒤 고창 월곡리 체류 기간의 작품이다. 시인은 이 기간의 창작품에 대해 명시해서 언급하고 있지만 위의 두 작품이 기억에서 누락된 듯하다. 시의 성격으로 보아서 해인사 체류 시절의 작품일 가능성이 크다.

지만, 쓰기는 1936년 봄 해인사에 가기 직전이었던 듯싶다. 「벽」과 「문둥이」 사이에 쓰였고 발표 시기만 시집 출간 직전으로 조정되었다.[7]

　이상으로 창작 시기가 밝혀진 체험의 연대기를 간략하게 구성해 보았다. 『화사집』 수록 작품 중 발표 지면이 밝혀진 작품들을 이 사이사이에 넣으면 서정주의 창작과 체험을 통해 본 『화사집』 연대기의 재구성이 완성된다. 이 작업은 단일 논문으로 진행하기에는 논의 분량이 많기 때문에 이 글은 『화사집』 수록 작품에 영향을 미친 가장 이른 시기의 체험에 한정하여 논의하고자 한다. 본고가 주목하는 시기와 대상은 1935년 가을부터 1936년 여름 사이의 체험과 작품과의 관련성이다. 그 이후의 시기와 창작 체험에 대해서는 간결한 언급으로 대체한다. 「서름의 강물」과 「귀촉도」의 창작 체험은 해인사에서 고창 월곡리로 돌아와 밤마다 듣는 소쩍새 울음에서 촉발되는 경우다.

　　이런 것은 육체의 건전한 돌진으로 모든 비극을 이겨 내려던 내 시집 『화사집』 속의 일련의 시들과는 또 다른 한 방향을 이루는 것이지만, 이런 불치의 슬픔의 대하大河가 내 속에 열릴 때마다 그 해인사의 솥작새의 울음의 쏘내기는 늘 다시 살아나 불을 밝혔다.
　　해인사에서 고창의 내 대숲 속 초당으로 돌아와 몇 달 묵는 동안 썼던 이 「서름의 강물」과 전후해서 여기서 쓴 「귀촉도」에도 물론, 그 솥작새의

7　"내가 아는 어떤 노총각 하나는 1936년 늦봄인가 초여름의 어느 날 해 어스름 서울 근교의 무성한 풀밭에 나와 같이 산책을 나와 앉았다가 문득 금강산 이야기가 나오자 "나는 비로봉에서 여자를 하나 우연히 만나 건드려 보려다가 그만 실패한 일이 있어" 하고 이야기를 꺼냈다. (중략) 그래서 이 이야기보다 두 해 전, 1934년 여름에 올랐던 내 금강산 비로봉의 인상에, 제절로 이 지인의 강간 미수 사건을 덧붙여서 생각하는 버릇이 생기게 되있고, 그러다 보니 그게 시의 한 구절로 뒤감해 나오게도 된 것이다.", 서정주, 「누고 온 성시」, 『빔륜』, 1972.10., 『미당 서정주 전집』 11(산문), 은행나무, 2017, 101~102쪽. 이 글은 「도화도회」에 보이는 '비로봉상의 강간 사건들'에 대한 독자의 의문을 풀어주는 맥락에서 진술되고 있다. 인용문에 나오는 노총각은 서정주의 외우이자 선배인 미사 배상기다.

울음은 많이 들어 있다. 이 「귀촉도」는 불전佛專의 동기 최금동이 1937년에 동아일보 신춘현상문예에 당선한 시나리오 「애련송哀戀頌」 속에 넣겠다고 해서 써준 것이라 1941년에 낸 내 처녀시집 『화사집』에는 그것의 가 앉은 푼수를 생각해 넣지 않고 빼놓았다가 1948년에 낸 둘째 시집 『귀촉도』 때 다시 생각해 보고 여기에 넣기로 했다.[8]

인용문은 「귀촉도」의 창작 시기와 관련 체험을 분명하게 밝혀주는 자료라는 점에서 가치가 있다. 해인사 소쩍새와 고창 소쩍새가 연결되고 '불치의 슬픔'이 이미지화되면서 「서름의 강물」은 『화사집』에 수록되고 「귀촉도」는 수록되지 못한 정황을 회고한다.

서정주가 최금동에게 주었다는 「귀촉도」의 최초 모습은 수수께끼다. 최금동의 시나리오는 「환무곡」인데 동아일보가 2백 원 현상공모를 한 영화소설이다. 동아일보 1937년 8월 31일 자 8면에 수상작 발표 기사가 나왔다. 10월 5일부터 12월 14일까지 총 50회 연재되었는데 이때 연재 영화소설의 이름이 「애련송」으로 바뀐다. 이 연재물에 「귀촉도」는 발견되지 않는다. 「귀촉도」는 첫 발표지가 『여성』(1940.5.)이고 『춘추』(1943.10.)에 재수록된다. 이 과정에서 2연의 3행 '이승에선 못 뵈올 님이시라면'(1940)이 '은장도 푸른 날로 이냥 베혀서'(1943)로 바뀐다.

「자화상」은 제주도에서 올라오자마자 1937년 추석 무렵에 고창 월곡리에서 썼다.[9] 「바다」 역시 비슷한 시기의 창작이다.[10] 「역려」와 「밤이 깊으면」과

---

8 서정주, 「조선일보 폐간 기념시」, 『미당 서정주 전집』 7(문학적 자서전), 은행나무, 2016, 50~51쪽. 인용문 속의 「애련송哀戀頌」은 「애련송愛戀頌」의 오식이다.

9 "하지만 이런 희랍신화풍의 신의 연습이라는 것도/오래 이어 하자면 매우 고단한 것이라,/제주도 체류 석 달 만엔가/마지막으로 또 한 번/정방폭포의 쏟아지는 물을 실컷 맞고는/다시 고향으로 돌아가는 배에 올랐나니,/집에 오자 그 피곤한 「자화상」이란/시를 쓴 걸 보면/나는 꽤나 지쳐 있었던 모양이야.", 서정주, 「제주도에서」, 『미당 서정주 전집』 4(시), 은행나무, 2015, 197~198쪽.

「행진곡」은 첫 시집 출간 이전에 쓰였지만 시집에 수록되지는 않는다. 「역려」는 산문 「배회」(조선일보, 1938.8.13.) 속에 삽입된 시인데 분위기상으로 보면 『화사집』 수록이 잘 어울린다. 그러나 이 시는 「밤이 깊으면」(『인문평론』, 1940.5.)과 함께 두 번째 시집인 『귀촉도』에 수록된다. 두 시가 모두 열정과 방황의 패기에 찬 목소리가 강하며 호흡이 길다는 특성을 공유한다. 긴 호흡 때문에 『화사집』의 성격에 어울리지 않았을 것이고 그래서 제외되었을 가능성이 크다. 「행진곡」은 1940년 8월 조선일보 폐간 기념시로 청탁받은 경우다. 객지를 떠돌다 돌아와 보니 이미 폐간이 되었다. 즉흥적으로 쓴 뒤 그해 11월 『신세기』에 발표한다.[11] 이상이 『화사집』 출간 직전의 체험이 소개된 주요 작품 개황이다.

흥미로운 점은 서정주가 『화사집』 출간 시기를 1938년으로 착각하고 있다는 것이다.[12] 남만서고의 주인이자 친구인 오장환에게 원고를 넘긴 해 역시 1938년으로 기억하고 있다.[13] 그러나 『화사집』에는 1939~1940년에 발표한 작품들도 부지기수다. 이러한 사실은 창작 시기와 발표 연대기가 2~3년의 오차가 난다는 사실로 귀결된다. 왜 이런 일이 일어났을까? 신빙성 있는 추정은 1938년에 시집을 낼 요량으로 오장환에게 원고를 넘겼을 가능성

---

10 「바다」(『사해공론』, 1938.10., 148~149쪽)가 수록된 지면 말미에 '정축丁丑가을. ―황해黃海에서―'라는 부기가 있다.

11 "조선일보도/동아일보도/이미 폐간된 지 며칠 지낸 뒤였네./끝난 뒤였지만, 그러나 역상逆上하는 내 느낌은/끝 길이 없어/다음 같은 시 한 수를 즉석에서 쓰고 있었지. (중략) 하여, 나는 마침내 숨막히는 이 강산을 떠나기로 하고/이해 가을 만주제국 간도성 연길이란 곳으로 갔는데", 서정주, 「큰아들을 낳던 해」, 『미당 서정주 전집』 4(시), 은행나무, 2015, 205~207쪽.

12 "여기 1938년 남만서고에서 낸 내 첫 시집 『화사』 이래 1972년 여름까지에 낸 『귀촉도』(1946년), 『서정주시선』(1955년), 『신라초』(1960년), 『동천』(1968년) 등의 시집과, 그밖에 지상에 발표해 온 시편들을 전부 정리해 수록했다.", 서정주, 「후기」, 『서정주문학전집』 1, 일지사, 1972, 481쪽. 이 기록이 후일 수많은 미당 텍스트에 영향을 미쳐서 그대로 답습된다. 『동천』을 제외하면 발간년도가 모두 착오를 일으켰다.

13 "1941년에야 발행된 내 첫 시집 『화사집』의 원고를 출판사에 전한 건 1938년 가을이었으니까.", 서정주, 「내 인생 공부와 문학표현의 공부」, 『서정주 문학앨범』, 웅진출판, 1993, 175쪽.

이다. 원고를 건넨 것을 출간으로 착각했을 수 있다. 이 무렵의 발표작들을 일별하면 다음과 같다. 굵은 글씨체는 두 번째 시집 『귀촉도』 수록작이다.

「지귀도—정오의 언덕에서」(『조광』, 1939.3.), 「웅계」(『시학』, 1939.3.), 「웅계(상)」(『시학』, 1939.5.), 「고을나의 딸」(『조광』, 1939.5.), 「부활」(조선일보, 1939.7.19.), 「자화상」(『시건설』, 1939.10.), 「봄」(『인문평론』, 1939.11.), 「서름의 강물」(『조광』, 1940.4.), **「귀촉도」**(『여성』, 1940.5.), **「밤이 깊으면」**(『인문평론』, 1940.5.), 「도화도화」(『인문평론』, 1940.10.), 「서풍부」(『문장』, 1940.10.), **「행진곡」**(『신세기』, 1940.11.)

시인의 기억 오류의 원인을 찾자면 1938년에 시집을 내리라는 마음을 먹고 오장환에게 원고를 건넨 것은 확실한 듯하다. 시집 출판이 연기되다 보니 그 안의 미발표작들을 먼저 발표했을 수 있다. '지귀도' 시편이 대표적이다. 이 작품들은 1937년 4~6월 제주도 체류 기간 또는 그 직후에 쓰인 작품들이다. 그런데 발표 시기는 1939년이다. 다른 작품들도 사정이 얼추 비슷하다. 아니면 출판사에 넘긴 작품 이외의 신작을 새로 발표했을 수도 있다. 원고를 건넨 시기에 대한 시인의 기억이 맞다는 전제하에서 보면 「부활」(조선일보, 1939. 7.19.), 「봄」(『인문평론』, 1939.11.), 「서풍부」(『문장』, 1940.10.)의 세 작품이 그럴 개연성이 있다. 이런 문제가 크게 중요한 것은 아니다. 그럼에도 불구하고 서정주가 1938년을 유독 강조하는 이유는 이해에 시집 출간에 관한 중요한 결정이 서정주와 오장환 사이에 공유되었을 가능성이 크기 때문이다.

「자화상」은 『화사집』의 첫머리에 수록된 시이며 이 시집의 근간이 되는 작품이다. 1937년 추석 무렵에 쓴 기록이 명확하다.[14] 1938년에 원고를 넘

---

14 작품 말미에 창작 시기를 다음과 같이 명기했다. "이 작품은 작자가 23세 되던 1937년 중추仲秋에 지은 것이다.", 서정주, 『미당 서정주 전집』 1(시), 은행나무, 2015, 28쪽.

졌다면 당연히 이 작품이 원고 뭉치 안에 포함되었을 것이다. 그런데 「자화상」은 『시건설』(1939.10.)에 발표된다. 미발표작을 시집 원고 뭉치 속에 넣어서 건넸다가 출판 사정이 여의치 않자 발표부터 한 것으로 생각해 볼 수 있다. 그러므로 실제의 창작 시기와 발표 시기가 약간의 차이가 나는 작품들이 많게 되는 것이다.

『화사집』은 출간일이 1941년 2월 10일인데 이때는 서정주가 만주에서 갖은 고생을 하다가 국내로 돌아온 직후다. 그러므로 만주로 떠나던 1940년 가을 무렵 이전에 시집 발간과 관련한 기획이 어느 정도 논의되었을 가능성이 높다. 이런 식으로 정리하면 『화사집』에 수록된 작품의 발표 연대기를 재구성할 수 있고 체험 순서도 재구성이 가능하다. 체험 순서가 발표 순서와 정비례하지 않는다는 게 주목할 만하며, 그 이유 중의 하나가 1938년 원고 뭉치를 건넨 사건과 관련된다. 이제 1935년 가을부터 1936년 여름 사이의 체험과 작품 사이의 상관관계에 대해서 살펴보기로 하자.

03 ___ 중앙불전 시절, 원통함의 해소와 심미적 형상화

『화사집』에서 연대기적으로 가장 앞선 시는 「벽」이다. 이 작품은 동아일보 신춘현상공모 당선작으로서 1936년 1월 3일 자에 발표되었으니 그 이전에 쓴 것이 확실하다. 신춘문예에 지원하려는 의도가 아니고 일반 투고를 하느라 종종 원고를 보내곤 했는데 그것이 신춘문예 공모작에 당선이 되는 사건이 일어났다. 의도치 않게 시인이 되었다는 뜻이다.

> 1935년 가을 「벽壁」이란 절망의 시 한 편을 써
> 동아일보 독자란에 투고했더니
> 겨울이 다 되어도 발표가 안 돼
> 또 몰서沒書로구나 단념했는데,
> 12월 어느 날 동아일보 등기편지가 와
> 펴 보니 그 「벽」이 신춘문예 당선이래나.
> 문화부 책상 위에서 딩굴어 다니다가
> 신춘현상 원고하고 범벅이 된 거겠지.
> 그래 이해엔 역작이 너무나 없어
> 그게 다 운 좋게 뽑혀 나온 것이겠지.
> 살다 보면 이런 운수도 있긴 있는 것이라.
> ─「시인 당선」[15]

---

15 서정주, 『미당 서정주 전집』 3(시), 은행나무, 2015, 265쪽.

1935년 가을에 썼다고 했으니 그때는 시인이 중앙불교전문학교 재학 중이었다. 서정주는 1935년 4월에 입학해 1년만 수학하고 그만두었지만 중앙불전에서 그는 불경 공부 외에 동서양 철학 등에 대해서도 공부하고 있던 참이었다.[16] 당시는 제도권 교육을 차분하게 받던 상황도 아니었고 청년 특유의 극심한 방황을 겪던 시기였으며 내적 갈등의 면모를 여실히 보여주는 여러 편의 시와 산문을 신문사에 투고하던 시기였다.[17]

그림 1 중앙불교전문학교 학생 시절(1935)

서정주가 신문사에 작품을 보내기 시작한 것은 1933년부터다. 이때는 중앙고보와 고창고보를 퇴학당한 후 방황하다가 개운사 대원암에 들어가 근대 불교계의 석학이자 대강백인 석전 박한영(1870~1948) 지도 아래 불경공부를 할 무렵이다. 서울에 올라와 살면서 겨우 마음잡아 절집 생활을 하던 시기에

---

16 "그 이듬해, 즉 내가 스물한 살 먹던 해 봄에 나는 다시 불교전문학교라는 데를 들어갔다. 명색이 전문학생이지 나는 벌써 기분만은 교수나 박사 뿌스레기의 할아버지가 되어 있었다. 철학사도 칸트도 불경 종류도 내 깐에는 혼자만이 알고 있었다. 나는 가끔 막걸리를 마시고 등교를 하였고 수업 시간의 3분지 2는 선생의 소리를 멀리 잉잉거리는 무슨 꿀벌의 소리같이 귓가에 흘리면서 혼자 속으로 명상을 하였다. 불전佛專 1학년 동안에 나는 도스토엡스키 전집 한 질을 완전히 독파하였다.", 서정주, 「나의 방랑기」, 『인문평론』, 1940. 3., 『미당 서정주 전집』 8(산문), 은행나무, 2017, 58~59쪽. "1935년 11월부터 이듬해 4월까지 6개월 동안 나는 확실히 절망한 그리스도였다. 관수교 다릿목 같은 데 우두커니 서서는 속으로 가만히 생각해 보는 것이었다―원통하다! 원통하다! 교모는 비록 쓰지 않았으나, 아직도 단추가 두 갠가 달린 그 사립 종교학교의 쓰메에리 교복을 숙명처럼 입고 다니며, 나는 서울 장안의 자전거 방울이란 자전거 방울을 모조리 따 먹어 버리고 싶은 밤이 한두 번이 아니었다.", 서정주, 「속 나의 방랑기」, 앞의 책, 64쪽. 서정주의 중앙불전 시절은 사상적으로 불교와 기독교와 서양철학이 혼란스럽게 뒤엉킨 상태였으며 심리적으로도 불안증을 안고 지내야 했다. 위의 인용문에 보이는 '원통하다!'의 근원은 중앙불전 재학 당시의 회중시계 도난 사건의 범인으로 오인된 사건과 관련이 있는 것으로 보인다. 여기에 관해서는 「나의 방랑기」, 앞의 책, 59쪽 참조. 등단 작품 「벽」은 이런 환경과 심리상태에서 나왔다.

17 산문 「죽방잡초」와 「필바라수초」를 특히 주목해서 보면 좋다. 이 산문들은 『화사집』의 뜨거운 열기와 방황의 근원을 짐작하게 하는 청년 시인 서정주의 내면을 살펴보는 데 유익하다. 「죽방잡초(상)―방/오수午睡 깨인 때」(동아일보, 1935. 8. 31.), 「죽방잡초(하)」(동아일보, 1935. 9. 3.), 「필바라수초(상)―비밀」(동아일보, 1935. 10. 30.), 「필바라수초(중)―길거리」(동아일보, 1935. 11. 1.), 「필바라수초(하)―필바라수」(동아일보, 1935. 11. 3.), 「필바라수초」(동아일보, 1935. 11. 5.).

첫 투고 작품이 1933년 12월 24일 자 동아일보에 실린다. 「그 어머니의 부탁」이다.[18] 미적 완성도가 높지 않아 『화사집』에 수록되지는 않았으나 서정주의 첫 발표작이라는 기록은 변하지 않는다.

1933년부터 1935년까지, 서정주는 여러 편의 시와 산문을 투고하는 아마추어 문학청년이었다. 그 무렵 그는 개운사 대원암에서 6개월쯤 지냈고 금강산을 유람하다 돌아와서 방황하던 중 다시 석전의 부름을 받고 전문학교 공부를 하게 된다. 「벽」은 바로 중앙불교전문학교 재학 시절에 쓴 작품이다.[19] 사방 닫힌 갑갑한 벽은 청년 서정주가 바라보는 세계의 상징이며, 그 벽을 차고 나가 울어보겠다는 심사는 '말 못하는 장애'를 가진 이의 통한의 몸부림이다.

덧없이 바래보든 벽에 지치어
불과 시계를 나란이 죽이고

어제도 내일도 오늘도 아닌
여기도 저기도 거기도 아닌

꺼져드는 어둠 속 반딧불처럼 까물거려
정지한 '나'의
'나'의 서름은 벙어리처럼……

---

18 이 작품은 일본에 간 아들에게 편지를 대신 써 달라는 종남 엄마 이야기를 다룬다. 시적 화자는 그 어머니의 부탁을 받고 편지를 대신 써 주게 되는 상황을 진술한다.
19 동아일보(1936.1.4.) 신춘문예 당선자 소개란에 다음과 같이 나와 있다. "신시(당선). 서정주. 전북 고창출생. 금년22세. 중앙·고창고보중도퇴학, 현재 불경공부중, 중앙불전생도."

이제 진달래꽃 벼랑 햇볕에 붉게 타오르는 봄날이 오면

벽 차고 나가 목메어 울리라! 벙어리처럼,

오— 벽아.

—「벽」[20]

이 작품은 기본적으로 두 개의 대립적 세계를 보여준다. '벽—불—시계—죽음—어둠—정지—서름—참음, 진달래꽃—밝음—햇볕—야외—봄날—개방—목메어 울음—터짐'이 그것이다. '어둠'에서 '밝음'으로, '정지'에서 '움직임'으로, '참기'에서 '크게 울기'로 발전한다. 억압된 울분과 상처를 해소하려는 목소리가 강렬하다. 「행진곡」이 그런 것처럼 크게 보면 식민지 상황에 대한 강렬한 저항의 포즈를 읽을 수 있다.

좀 더 흥미로운 문제는 대립적인 두 세계에 대한 착안이 『화사집』 전반으로 확산된다는 점이다. 아름다움과 징그러움(「화사」), 웃음과 울음(「입맞춤」), 새벽과 정오(「웅계 1」), 사랑과 죽음(「웅계 2」), 침몰과 질주(「바다」)의 대립쌍들이 시집 도처에 자리하고 있다. 그러므로 「벽」에서 드러나는 '벙어리'의 '말 못함과 절규'는 청년 서정주의 대립적 세계관을 형성하는 최초의 중요한 체험이 되는 셈이다.

1935년 늦가을, 중앙불전 1학년 2학기를 다니는 서정주는 시계를 잃어버린 동급생으로부터 시계 절도범 오해를 받는다. 본인이 범인도 아닌데 공연히 의심을 받게 되자 서정주는 그 친구에게 화를 내게 되고 이 일로 인해 다른 급우들에게도 오해를 산다.

20 서정주, 『미당 서정주 전집』 1(시), 은행나무, 2015, 47쪽.

"작자, 제가 가져가지 않았으면 그만이지 웬 딴전이야?"

"이상한데…… 다, 가만히 있는데, 이상해……"

"제 발이 저리니까 그러는 거 아냐?"

이런 말들이 다는 안 들리나 몇 마디씩 들리는 단어로 짐작될 만큼 나직이 몰려와서는 내 쇠약한 신경을 짓이겨 댔다.

그래 만 이십 세의 문학청년 나는 이 무렵부터 학교를 많이 빼먹기 시작하다가 이어 시의 조직의 세계에 몰입해 가면서 학교를 아주 나가지 않고 말아 버린 것이다.[21]

이로 보면 「벽」의 창작 배면에 '회중시계 도난 사건에 따르는 원통함'이 있다는 추정이 가능하다. 실제로 서정주는 이 시의 첫 두 구절을 인용하고 난 뒤에 **시계**를 굵은 글씨체로 인쇄하고 그 아래 괄호 속에 '강조 부분을 보라. 독자들은 고소苦笑해 주기 바란다'라고 쓰고 있다.[22] 동료로부터 상처받은 마음을 추스르지 못해 힘들었던 체험이 '벙어리'의 이미지를 통해 '말하고 싶어도 하지 못하는' 보편적 원통함으로 발전하는 경우다. 독자들이 자신의 시계 트라우마를 비웃을 수도 있지만 「벽」은 그 트라우마가 촉발시킨 작품이라는 점을 밝히고 있는 것이다.

이는 서정주 시 창작 과정에서 체험과 창작 사이의 비밀을 제공하는 중요한 단서가 된다. 사사로운 개인 체험을 텍스트에 직접 반영하기보다는 보편적 상황으로 확장시키는 점이 그것이다. 『화사집』 수록작 속의 많은 시편들이 기본적으로 이런 원리를 따른다. 「화사」, 「문둥이」, 「부활」 등이 대표적이다. 이들 작품들은 창작 과정상의 분명한 촉발 동기가 있음에도 불구하고 그것을 감춘 채 보편적인 심미 구조를 만드는 데 주력한다. 재미있는 점은

---

21 서정주, 「해인사」, 『미당 서정주 전집』 7(문학적 자서전), 은행나무, 2016, 35~36쪽.
22 서정주, 「속 나의 방랑기」, 『미당 서정주 전집』 8(산문), 은행나무, 2017, 65쪽.

시인이 주요 작품의 창작 동기를 자신의 체험과 관련시켜 진술하고 있는 것이다. 그것이 바로 그의 산문들이다. 그러므로 이 산문들은 시의 독해 과정에 흥미로운 참조가 된다. 보편적 심미 구조 이면에 있는 사사롭고 특별한 체험에 대한 고백이다. 적어도 표현론적 관점에서 문학 텍스트에 접근하는 연구는 이런 자료들의 수집과 정리가 중요하다.

04 ─ 해인사 시절, 실연과 성적 충동 체험의 보편적 구조화

연대기상으로 그다음 작품은 중앙불전을 작파하고 1936년 봄 해인사 원당암에 머물며 해인사의 사설강습소였던 인근의 해명학원에서 임시 교원생활을 하던 무렵에 쓴 것들이다.[23] 그는 네 편의 작품을 여기서 지었는데[24] 절간에 머물며 지은 시편들은 아이러니컬하게도 리비도의 충동으로 열병을 앓는 상태였다. 산독사 떼와 원색의 꽃과 나체로 뛰어드는 시냇물 속의 체험이 영약인지 극약인지 헷갈리는 상황이었노라고 시인은 회상한다.

심산에는 심산의 명령과 이에 복종해야 하는 짐승들의 법칙이 있을 뿐이다. 나는 이 지극한 정적 속에 며칠 밤을 눈뜨고 지내는 동안에, 강렬한 향기 밑에 이루어지는 혈족 화간和姦의 비극 같은 걸 아득히 상상해 보곤 하였다. (중략) 해인사는 또 물이 맑기로도 유명한 곳이다. (중략) 이 유수의 근원지를 찾아서 올라가는 길은, 본사까지는 그래도 자전거를 끌고 다닐 만은 하지만 본사에서부터는 완전히 오솔길이다. 이름도 모를 기괴한 잡초 속에 두 발이 파묻히는, 말하자면 길의 형적밖엔 없는 그러

---

23 김동리의 소개로 4월부터 7월 초까지, 약 3개월간 교원생활을 한다. 월급은 17원. 오전에만 그리스 로마 신화 등 소년학동들에게 흥미로운 이야기들을 들려주고 오후엔 자유 시간이었다.
24 "해인사에 산 3개월 동안에 나는 네 편의 시작을 맘그랐다.「문둥이」와「화사」와「대낮」과「노래」", 서정주,「속 나의 방랑기」,『인문평론』, 1940. 4.,『미당 서정주 전집』 8(산문), 은행나무, 2017, 70쪽.「문둥이」는『시인부락』 1집(1936. 11.)에,「화사」와「대낮」은『시인부락』 2집(1937. 1.)에 수록되었다.「노래」는 같은 제목의 시가『화사집』에 없으나「절망의 노래─부흥이」(『시건설』, 1936. 11.)일 가능성이 많다.

한 길을 혼자 헤치고 가면서 평균 20분만큼씩에 꼭꼭 만나는 것은, 몸 서리치는 산독사의 떼였다. 오히려 정지한 것 같은 세월의 햇빛 속에, 그 진땀 나는 오후의 햇빛 속에 좌우에 뵈는 것은 짙은 그 원색의 꽃들이었다. (중략) 그 많은 옻나무와 산독사와 원색의 꽃 속에서 깨끗이 나체가 되어 가지고 내가 뛰어드는 그 여울물—마치 전산全山의 수목과 거기 서식하는 동물 전체의 무슨 액즙의 총합과 같이만 생각이 되는 그 여울물이, 나에게 정말 영약이었는지 극약이었는지를 나는 모른다. 그러나 매일과 같이 행하였던 이 오후의 목욕을 나는 그때 일종의 제전처럼 생각하고 있었다.[25]

자기 시에 나타나는 '징그러움'의 근원이 해인사 체류 시절의 기괴한 분위기 속에 뻗쳐오르던 육체의 번열이었다는 술회다. 영약과 극약의 대립은 '지나친 건강'과 '지나친 병'만큼이나 이율배반적이다. 이를테면 청년 시인 서정주는 신성神性과 수성獸性, 영성과 관능, 지옥과 열반 등과 같은 두 극단의 세계를 오가며 몸부림치고 있었다. 그것은 식민지 지식인 청년이 겪는 불안증과 무기력증을 치유하는 고대 그리스적인 양명한 육체의 힘, 니체의 자라투스트라에서 보이는 초인정신의 감화이기도 했고, 보들레르나 노자의 '화광동진' 사상에서 보이는 '현실 밑바닥 참여'의 모습이기도 했다.[26] 그렇기 때문에 영혼과 육체의 충돌, 성속의 양립과 같은 극한의 병존이 『화사집』의 주요한 성격을 이룬다.

---

25 서정주, 「속 나의 방랑기」, 앞의 책, 69~70쪽.
26 서정주, 「나의 처녀작을 말한다」, 『미당 서정주 전집』 11(산문), 은행나무, 2017, 89~96쪽 참조.

절로 또 들어간 걸 보니 불교로 다시 돌아갔느냐고? 아니다. 절밥을 먹고 지낸 걸 생각하면 미안한 일이지만, 이때의 나는 일테면 그리스 신화 속의 아폴론 신 같은 거나 구약의 솔로몬의 노래 속의 사내 비슷한 무엇 그런 데 가까우려는 것이 하나 되어 있었다. 그런데 그것도 불교에서 무명無明이라 하는 혼돈과 암흑과 또 식민지 조선인의 역경의 시름 그것을 잔뜩 짊어지고 말이다. 그러나 역시 나는 무엇보다도 육체부터 먼저 싱싱히 회복되어야겠다고 생각했다. 18, 9세 때 읽은 니체의 『짜라투스트라』가 많이 마음속에 다시 얼씬거렸다. 비극의 조무래기들을 극복하고 강력한 의지로 태양과 가지런히 회생하고 싶었던 것이다.[27]

무명無明과 혼돈과 역경의 시름은 '비극의 조무래기들'이었으며 이의 회복과 회생을 위한 방편이 '육체의 싱싱한 건강'이었다는 술회는 곧 '지나친 병'이나 '지나친 건강'의 이미지 혹은 극약과 영약의 이미지로 대체된다. 냉탕과 열탕을 오가는 극심한 내면의 충동이 젊은 시인의 심리상태였으며 시인의 내면에는 '아웃트—로'와 '에피큐리언'이 공존하고 있었다.[28]

1. 「문둥이」

해와 하늘빛이
문둥이는 서러워

---

[27] 서정주, 「해인사」(이 글은 연재물 「천지유정」의 두 번째 산문이다.), 『미당 서정주 전집』 7(문학적 자서전), 은행나무, 2016, 44쪽.
[28] "내 속에는 한 사람의 '아웃트—로'와 한 사람의 '에피큐리언'이 의좋게 살고 있다.", 서정주, 「나의 방랑기」(1940), 『미당 서정주 전집』 8(산문), 은행나무, 2017, 60쪽 참조. 자기 진단으로서의 '아웃트—로'와 '에피큐리언'의 동거는 체제이탈자out—law와 쾌락주의자의 면모를 동시에 지닌 성격을 강조하는 것이다.

보리밭에 달 뜨면

애기 하나 먹고

꽃처럼 붉은 울음을 밤새 울었다.

—「문둥이」[29]

해인사 시절의 작품 중 「문둥이」는 그 이전의 실연 체험이 밑바탕이 되었다. 서정주가 신춘문예 당선 이후에 고창 월곡리에 살던 전 주인(당시는 서정주 부친에게 집을 팔고 전주에 가서 살고 있었음)의 딸을 만나게 되었는데 그녀 역시 서정주처럼 문학소녀였다. 서정주의 일방적인 짝사랑이어서 관계가 진전되지 못했다. 여기와 관련한 글이 네 종류 있다. 「속 나의 방랑기」(『인문평론』, 1940.4.),[30] 「해인사」(「천지유정—내 시의 편력」, 1968.11.), 「ㅎ양」(『안 잊히는 일들』, 1983), 「해인사에서」(『팔할이 바람』, 1988) 등이다. 「해인사」와 「해인사에서」는 실연 시기가 1935년 가을로, 「속 나의 방랑기」와 「ㅎ양」은 1936년 정초부터 초봄까지의 일로 술회된다.

---

29 서정주, 『미당 서정주 전집』 1(시), 은행나무, 2015, 33쪽.
30 "유라幽羅! 임유라! 너는 왜 하필 이런 때를 가리어서 내 앞에 나타났느냐. 불 꺼진 너의 창문 앞에 전신주를 기대어 섰던 그 많은 밤을, 나는 사실인즉 불치의 천형병자였다. 능구렝이었다. 익사하려는 슬픔이었다. (중략) 그러나 그 여자는 내 것은 되지 않았다. 그에게는 달리 사내가 있었던 것이다. 전신주 밑에 서서 밤을 밝히다가 금강주를 몇 고뿌 연이어서 마신 다음에, "유라!" 그렇게 부르고 들어가면 "여, 어디서 이 지독한 술 냄새가 나?" 하고는 낄낄거리고 웃는 이빨이 날카로운 박성춘이가 있었다. 나는 꼽박 사흘인가를 걸려서 소위 러브레터라는 것을 모다 다섯 줄인가 써서 보냈다. 그 편지는 동리가 갖다 주었다. 그러나 아무런 회답도 주진 않았고, 한번 픽 웃더라는 것이었다. 픽! 그렇게. 동리는 나더러 되도록이면 빨리 단념하기를 권고하였다. 아무리 권고해도 소용이 없는 것을 알자, 내종에는 내 손목을 잡고 "네가 그렇게 헐값이거든 어서 죽으라"는 것이었다.", 서정주, 「속 나의 방랑기」, 『미당 서정주 전집』 8(산문), 은행나무, 2017, 64~67쪽. 이 산문에 보이는 유라의 실제 모델은 임순득(1915~?)이다 그녀는 서정주와 동향인 고창 출생으로서 이화여고보에 진학하여 동맹휴학을 주도한 혐의로 퇴학당하고, 이후 사회주의운동과 여성해방운동에 힘쓰다가 광복 후 월북했다. 1950년대 중후반에 숙청된 것으로 알려졌다. 임순득에 대해서는 이상경, 『임순득—대안적 여성 주체를 향하여』, 소명출판, 2009 참조.

나는 기름때가 번지르한 껌정 세루의 학생 정복에 발뒤꿈치를 기운 양말을 신고 이 여자의 하숙을 찾아가서는 우두머니 장승처럼 서서 이 여신을 질투하고 사랑했지만, 말은 영 한마디도 하지를 못했다. 그러다가 몇 줄의 연애편지라는 걸 써 놓았는데, 그건 '나는 당신의 옷고름 하나에도 감당하지 못할 버러지 같은 겁니다' 어쩌고 한 그런 것이었던 듯하다. 김동리가 마지못해 이걸 갖다가 전하긴 한 모양인데 물론 한마디의 대답도 오지 않았다.

이런 내 꼴은 도스토옙스키의 『백치』의 무슈킨보단도 훨씬 더 바보고 처참하다는 것을 그때에도 똑똑히 의식하면서도 웬 지랄인지 어쩌지를 못하고 한동안 이 여자의 둘레를 헤매고 다녔다. (「문둥이」 전문 인용) 그때 쓴 이 작품에서도 보이는 것같이 지독한 문둥이와 같은 격리감 속에 그 질투와 사랑의 맑은 숙제를 풀지 못해 헤매고 다녔다. 그러고는 내가 쓴 시들을 정서精書해서 그 여자한테 보냈다.[31]

위의 자료와 달리 가장 이른 시기의 산문인 「속 나의 방랑기」(1940)에는 신춘문예 당선 이후 해인사 가기 직전까지 실연 체험을 겪는 것으로 술회된다.[32] 자전 시집인 『안 잊히는 일들』에도 시인 당선 이후로 기록되어 있

---

31 서정주, 「해인사」, 『미당 서정주 전집』 7(문학적 자서전), 은행나무, 2016, 39~40쪽. 이 글에서는 실연 시기가 1935년 가을로 기록된다. 1935년 가을 체험은 '시계 도난 사건 → 실연 사건 → 「문둥이」 창작 → 시인 이상과 만남' 순으로 기록되어 있다. 자전 시 「해인사에서」(『팔할이 바람』, 1988)에도 실연 체험이 1935년 가을로 되어 있다. "사실은 전해 가을에 어느 여대생에게/나는 당신의 옷고름 하나에도 당하지 못할/미물만 같습니다 하는/내 일생에서 처음이고 또 마지막인 연정의 편지 몇 줄을 써 보냈는데/답장은 영 없고만 말아/그 번열기煩熱氣도 식히러 가는 길이었다.", 서정주, 『미당 서정주 전집』 4(시), 은행나무, 2015, 185쪽.
32 서정주, 「속 나의 방랑기」, 『미당 서정주 전집』 8(산문), 은행나무, 2017, 64~67쪽.

다.³³ 「속 나의 방랑기」가 1940년에 작성된 것으로 보면 해당 사건 직후의 기록이 더 정확할 것으로 생각된다.

서정주와 임순득의 사랑에 대해서는 서정주의 기록 외에는 참고할 게 없어서 서정주의 진술이 오류일 경우 판정하기가 쉽지 않다. 두 사람은 집안 끼리도 아는 사이며 젊은 시절엔 사회주의운동에 관심이 있었다는 점도 비슷했다. 서정주가 사회주의에 회의를 느껴 결별하고 난 뒤 두 사람은 이념적으로 가까워질 수 없는 사이였다.

여러 정황을 고려하면 「문둥이」와 관련한 실연 시기는 1936년 벽두부터 봄 사이로 보인다. 시계 사건으로 학교 공부가 심드렁해진 데다가 신여성을 향한 사랑의 숙제가 중앙불전을 아예 그만두게 하는 요인이 되었을 수 있다.

그는 이 숙제를 해결하지 못한 채 해인사까지 끌고 와서는 「문둥이」 창작으로 해소하였던 것이다.³⁴ 문둥이의 지독한 격리감과 서러움의 기원은 짝사랑 여인을 향한 열병과 '헐값'으로 울어대는 자기 모멸의 체험이었다.

이런 산문에 대한 선행 독서 없이 「문둥이」를 읽으면 「벽」의 벙어리처럼 통한으로 절규하는 소외된 체제이탈자out-law의 이미지가 떠오른다. 원인과 계기가 어떻든 간에 시 창작의 결과는 보편적 심미 구조를 갖추고 있어서 뭇 사람의 심금을 울린다. 실감나는 체험이 없었다면 감동적인 시의 구조는 나오지 않는 게 서정주 시 창작의 비밀이다.

---

33 제목이 「ㅎ양」인데 내용으로 보면 동일인물 동일사건에 대한 실연 체험이다. 「시인 당선」과 「해인사, 1936년 여름」 사이에 편집된 걸 보면 두 체험 사이에 실연 사건이 있었음을 짐작할 수 있다. 서정주, 『미당 서정주 전집』 3(시), 은행나무, 2015, 265~268쪽.

34 가슴앓이 체험을 창작을 통해 해소하고 극복하는 사례는 서정주 시력詩歷에 자주 등장한다. 이는 서정주 문학에서 체험과 창작이 또 다른 관계를 보여준다. 즉 체험상의 어려움을 극복하는 방안으로 창작을 택하는 것이다. 서정주의 창작은 삶의 실제적 어려움을 해소하는 방편으로 좋은 기능했다는 뜻이나. 전쟁의 참화를 이겨내고자 했던 『서정주시선』(1956) 속의 많은 시편들, 짝사랑 여대생에 대한 사련邪戀을 달래기 위한 『동천』(1968) 속의 시들(10편)이 대표적이다. 서정주의 '사련'과 관련해서는 서정주, 「내가 가진 루비니 뭐니 그런 것들」, 「내 연정의 시 「동천」과 윌리엄 포크너와의 인연」, 『미당 서정주 전집』 7(문학적 자서전), 은행나무, 2016, 359~378쪽 참조.

2.「화사」

「화사」와 관련된 체험은 세 가지 정도다. 해인사 산골짜기에서 만난 산독사 떼 체험과 원당암에 머물면서 박쥐를 잡아 책형을 하던 체험 그리고 원시의 삶을 동경했던 폴 고갱의 그림에 나오는 뱀의 이미지 등이 영향을 미쳤다.

> 개울물 한켠의 보리밭 저쪽 끝에선
> 모란꽃이랄까 접시꽃 같은 젊은 아내를 데불고
> 진땀 뭉치같이 억센 사내가 밭일을 하고 있었는데,
> 미안해. 밤에 내가 이 여자를 생각하며
> 숨어 수음을 한 건
> 정말로 시방도 미안해.
> 때로는 내 이 수궁극락水宮極樂의 바짝 곁으로
> 울긋불긋한 꽃뱀이 사르르 미끄러져 가기도 했지만
> 폴 고갱의 '뱀하고도 같이 사는' 그림에
> 눈 익어 온 내겐 그리 어려운 일은 아니었네.
>
> —「해인사에서」[35] 중에서

이것을 쓴 때는 내가 해인사 원당이란 암자에 있던 여름의 어떤 밤이었는데 조그만 박쥐 새끼 한 마리가 열어 놓은 창틈으로 날아들어 와 방 안을 퍼덕거리며 수선을 떠는 것을 잡아서 내 양말 깁기용 큰 바늘로 벽에 꽂아 놓고 나서, 이 여름 구상해 오던 이것을 술술 써냈다. 육체를 중요시하는 자의 감각은 고대 그리스나 로마인들이 흔히 했던 것처럼 일종

---

35 서정주, 『미당 서정주 전집』 4(시), 은행나무, 2015, 187~188쪽.

의 잔인을 또 자초하는 것인 모양이지.[36]

 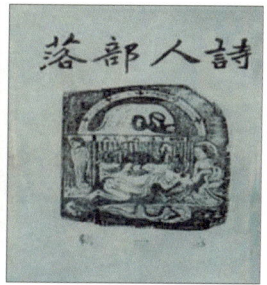

그림 2 폴 고갱의 목판화 〈Te Atua(The Gods)〉(좌),
『시인부락』 1집(1936.11.) 표지화(우)

위의 자료들은 「화사」 창작의 배경에 대한 중요한 시사점을 제공한다. 성경에 나오는 인류의 타락 이야기의 주인공인 뱀의 이미지를 해인사 체류 체험에서 발견하는 정황이다. 육체의 쾌락에 눈뜨는 이야기, 그로 인해 원죄의 형벌을 받는 이야기, 아름다움과 징그러움, 신성함과 원통함이 공존하는 심미적 직관이 해인사 수풀 속의 꽃뱀과 연관이 있다는 술회는 체험이 창작에 미치는 영향이 얼마나 중요한지를 단적으로 보여준다.

폴 고갱의 '뱀하고도 같이 사는' 그림은 그전부터 미리 보아 익숙하다는 뜻인데 『시인부락』 창간호(1936.11.) 표지를 장식했던 타이티풍 판화일 가능성이 높다.[37] 성경의 독서 체험과 폴 고갱의 작품 체험 그리고 해인사 꽃뱀 체험이 결합하여 「화사」의 주요 이미지가 만들어졌다고 보면 된다.

이에 비하면 박쥐를 잔인하게 괴롭히는 체험은 훨씬 내면적이고 복잡한

---

36 서정주, 「해인사」, 『미당 서정주 전집』 7(문학적 자서전), 은행나무, 2016, 48쪽.
37 〈Te Atua(The Gods)〉(1898~1899)라는 제목의 목판화다. 미당의 세계 방랑기에도 참고할 만한 자료가 있다. "1936년 11월, 내가 편집인 겸 발행인이 되어서 낸 시 잡지 『시인부락』 창간호 표지에는 내 그때의 취미로 폴 고갱의 타히티풍의 판화를 찍어 넣었던 것을 멀리 돌이켜 생각해 보며, 천천히 천천히 이 원화들이 걸려 있는 방들을 돌아다니는 것은 내게는 적지 않은 감동이었다.", 서정주, 「자유의 여신상과 메트로폴리탄 미술관」, 『미당 서정주 전집』 14(방랑기), 은행나무, 2017, 98쪽.

형태로 작동한다. 귀찮게 한 것에 대한 징벌, 징그러움에 대한 경멸, 박쥐의 고통을 즐기는 잔인한 심리는 '인류 원죄'의 대리체험으로 작동하고 이는 곧 「화사」 속의 "바늘에 꼬여 두를까 부다"라는 가학성 이미지로 발전한다.

바늘에 꼬여 두를까 부다. 꽃다님보단도 아름다운 빛……

크레오파트라의 피 먹은 양 붉게 타오르는
고은 입설이다…… 스며라! 배암.

우리 순네는 스물 난 색시, 고양이같이 고은 입설…… 스며라! 배암.
―「화사」[38] 중에서

스물 난 색시, 고양이같이 고운 입술의 주인공 '순네'는 실제 체험은 아니고 '마음속의 도가니'일 뿐이었다.[39] 「입맞춤」, 「가시내」, 「부활」 등도 크게 차이가 없다. 특정인물에 대한 경험이라기보다 시인의 내적 환상이 만들어낸 '현실에 있을 것만 같은' 인물이자 사건들이다. 그런 점에서 에로스와 관련된 시집 속의 여성 인물들은 시인의 욕망이 만들어낸 이미지일 가능성이 높다. 그러나 아무리 마음속 도가니일지라도 이를 촉발시키는 체험이 없었던 것은 아니다. 젊은 청년의 주요 일과 중의 하나였던 해인사 계곡물 속의

---

38 서정주, 『미당 서정주 전집』 1(시), 은행나무, 2015, 31~32쪽.
39 "여자에 대해서는 나는 여전한 숙맥이었다. x라는 성을 가진 여류화가가 이곳에 와 한동안 있으면서 장발청년 나를 발견하고 그녀의 여관으로 놀러 오라고 초대해 주었지만, 나는 그 서구 귀부인풍의 사치한 옷차림과 그 비단옷처럼 사치스런 살결과 내 기름때 묻은 학생복을 비교해 보곤 그 방문을 그만 단절하고 말았다. 반 고흐라는 화가도 니체가 그렇게 역시 여자에 숙맥이었던가. 나도 아마 그랬던 모양이다. 그러니 만치 내 시 속에 여자 냄새는 꽤 많이 나는 편이지만 그것은 거의 내 생각 속만의 것이다. (「화사」 전문 인용) 이런 따위의 육감이라 할 수 있는 것도 별다른 실제의 경험도 없는 마음속의 도가니 속만의 일이었으니 말이다.", 서정주, 「해인사」, 앞의 책, 46~48쪽.

나체 목욕은 『화사집』에 나타나는 성적 충동과 관능적인 미의식의 주요한 기원이 된다는 점을 고려해야 한다. 그의 산문에서 '육체의 제전'[40]이라는 이름으로 호출된 에로스는 '스며라! 배암'을 위시해 시집 곳곳에 열광과 도취의 형태로 나타난다.

3. 「대낮」

「대낮」은 해인사 체류 시절의 첫 작품이지만[41] 특별한 체험의 산물은 아니고 욕망의 들끓는 그 무렵의 여러 정황들이 복합적으로 작동했을 가능성이 높다. 개울 건너 보리밭에서 일하는 젊은 아낙을 보고 밤에 몰래 수음을 하는 체험이 그 하나다.[42] 몸이 달아 열광으로 달려가는 모양새다.

따서 먹으면 자는 듯이 죽는다는
붉은 꽃밭 새이 길이 있어

핫슈 먹은 듯 취해 나자빠진
능구렝이 같은 등어릿길로,
님은 달아나며 나를 부르고……

---

40 서정주, 「속 나의 방랑기」, 『미당 서정주 전집』 8(산문), 은행나무, 2017, 70쪽.

41 "18, 9세 때 읽은 니체의 『짜라투스트라』가 많이 마음속에 다시 얼씬거렸다. 비극의 조무래기들을 극복하고 강력한 의지로 태양과 가지런히 회생하고 싶었던 것이다. (「대낮」 전문 인용) 이것이 이때 해인사에 와서 맨 처음으로 쓴 것이다. 이런 마음이니, 페스탈로치가 제대로 되어질 리도 없었다. 이이듣하고는 산수니 일본 말이니 그런 공부보난도 신화 얘기를 더 즐겨 했고, 그보다도 더 즐긴 것은 해인사에서 더 깊숙이 들어간 계곡의 맑은 물속에 숫 나체로 가만히 들어앉아 있는 일이었다.", 서정주, 「해인사」, 앞의 책, 44~45쪽.

42 "미안해. 밤에 내가 이 여자를 생각하며/숨어 수음을 한 건/정말로 시방도 미안해.", 서정주, 「해인사에서」, 『미당 서정주 전집』 4(시), 187쪽.

강한 향기로 흐르는 코피

두 손에 받으며 나는 쫓느니

밤처럼 고요한 끓는 대낮에

우리 둘이는 온몸이 달어……

—「대낮」[43]

또 다른 체험의 사례는 동네 사람들의 간통 이야기 듣기 체험이다.

> 때는 또 마침 기울어지는 봄이 아니냐. 절 옆 골째기에 길이 넘게 우거진 보리밭이, 밥 짓는 공양주가 그날 밤 찾아와서 들려주는 누구의 여편네는 누구와 붙고 누구의 여편네는 누구와 붙었다는 그런 이야기가, 그 눈물이 그렁그렁해 가지고 사람을 원망하는 것같이만 들리는 너무 진실한 경상도 말소리까지가, 모다 요괴스럽게만 생각이 되는 것이었다.[44]

절간 마을에서 듣는 간통 소문에 대한 정서적 반응은 요괴스럽다는 것이다. 금기에 대한 발설 안에 원망이 들었으니 절간 마을 분위기치고 이상스러웠을 것이다. 이런 그로테스크한 분위기가 사실은 『화사집』 저변에 짙게 드리워져 있다. 「맥하」, 「입맞춤」에 나타나는 상호모순적 이미지의 병치와 기괴한 공포 분위기가 대표적이다. 본고는 이 두 작품도 해인사 체류 시절의 작품으로 본다. 시의 분위기와 호흡이 비슷한 면모를 보인다.

황토 담 너머 돌개울이 타

---

43 서정주, 『미당 서정주 전집』 1(시), 은행나무, 2015, 34쪽.
44 서정주, 「속 나의 방랑기」, 앞의 책, 69쪽.

죄 있을 듯 보리 누른 더위—
날카론 왜낫 시렁 우에 걸어 놓고
오매는 몰래 어디로 갔나

바윗속 산되야지 식 식 어리며
피 흘리고 간 두럭길 두럭길에
붉은 옷 닙은 문둥이가 울어

땅에 누어서 배암 같은 계집은
땀 흘려 땀 흘려
어지러운 나—ㄹ 엎드리었다

—「맥하麥夏」[45]

「맥하」에서 보이는 황토 담과 붉은 옷의 대비는 그 자체로 욕망의 격렬한 충동을 암시한다. 시적 주체는 과도한 관능의 힘에 이끌려 어지럼증을 호소하고 이는 곧 「대낮」에 보이는 아편의 일종인 '핫슈' 먹은 상태와 직결된다.
 「대낮」과 「맥하」는 육체 중시의 본능적 욕구가 고스란히 드러나는데, 이런 욕구가 아름답고 격렬한 리듬 속에 형상화되는 또 다른 사례가 「입맞춤」이다. 공격적인 동사와 반복되는 유혹의 목소리가 이르는 곳은 울음과 웃음이 공존하는 짐승 상태의 원시적 성충동의 세계다.

---

45 서정주, 『미당 서정주 전집』 1(시), 은행나무, 2015, 35쪽.

가시내두 가시내두 가시내두 가시내두
콩밭 속으로만 자꾸 달아나고
울타리는 마구 자빠트려 놓고
오라고 오라고 오라고만 그러면

사랑 사랑의 석류꽃 낭기 낭기
하누바람이랑 별이 모다 웃습네요
풋풋한 산노루 떼 언덕마닥 한 마리씩
개구리는 개구리와 머구리는 머구리와

굽이 강물은 서천西天으로 흘러나려……

땅에 긴긴 입맞춤은 오오 몸서리친,
쑥니풀 질근질근 이빨이 히허옇게
짐승스런 웃음은 달더라 달더라 울음같이 달더라.

—「입맞춤」[46]

그로테스크한 에로스가 근대 시문학사에 처음 나왔다는 점에서 『화사집』은 당대 문화충격의 진원지가 되었다. 이것이 시인의 체험의 반영이라는 점을 강조함으로써 텍스트의 불확정적인 틈을 메우는 게 본고의 의의이기도 하다. 중앙불전 1학년 서정주는 시계 절도범의 누명을 못 견뎌했다. 이때, 시 쓰기가 구원의 통로였다. 사랑을 고백했던 여인에게 실연을 당하자 격심한 고립감 속에서 절집을 찾게 되었는데 번열을 다스리려던 청년 시인

---

46 서정주, 앞의 책, 36쪽.

에게 오히려 육체의 열광이 찾아왔다. 계곡에서 벌거벗고 목욕하는 체험, 꽃뱀과 박쥐 체험, 수음 체험, 간통 이야기를 들으며 서러움과 흥분이 공존하는 체험 등이 창작에 영향을 미쳤다.

　시인의 체험은 사사로운 것들이지만 텍스트는 보편적 심미성을 추구하는 쪽으로 형상화되었다. 또한 그의 창작은 종종 자기체험의 어려움을 해소하고 극복하는 방편으로 기획되었다. 이것은 『화사집』 시절에 구축된 서정주의 체험과 창작 구성의 중요한 원리로서 이후로도 꾸준하게 그의 시 창작에 적용된다. '체험—감동—인생'의 창작방법론이 그것이다.[47]

그림 3 해인사 해명학원 교사 시절(1936)[48]

47　'체험—감동—인생'의 창작방법론은 다른 지면을 통해 상세히 다루고자 한다.
48　"1936년 동아일보 신춘현상문에 시부詩部에 졸작「벽」이라는 것이 당선되자 학교는 접어 두고, 어디 산수 좋은 자리에 놓여 마음을 좀 가다듬어 보고 싶어 합천 해인사로 갔다. 나보단 한걸음 앞서, 이 절을 경영하는 해냉학원이란 학당에서 수장巡長 노릇을 하다 온 김동리가 소개장을 해 주어서 그 뒤물림 노릇을 해 보며 숙식을 의탁하게 되었던 것이다. (중략) 아이늘하고는 신수ㅣ 일본 말이니 그런 공부보단도 신화 얘기를 더 즐겨 했고, 그보다도 더 즐긴 것은 해인사에서 더 깊숙이 들어간 계곡의 맑은 물속에 순 나체로 가만히 들어앉아 있는 일이었다.", 서정주, 『미당 서정주 전집』 7(문학적 자서전), 은행나무, 2016, 44~45쪽.

05 ___ 체험과 창작의 연관

이 글은 서정주 첫 시집인 『화사집』에 영향을 미친 시인의 체험을 탐구하고자 했다. 체험과 창작을 통한 『화사집』 연대기의 재구성이 원래의 의도였으나 논의 분량이 길어져서 가장 이른 시기의 체험만을 중심으로 다루었다. 이는 다른 시기의 체험에 적용해도 되는 사례라는 점에서 방법론적으로 규범성을 가진다.

본고는 시인이 어떤 환경과 상황 속에서 시를 쓰게 되었는지를 생애 탐구를 통해 복원한다는 점에서 생애사와 연관된 텍스트 해석의 분야에 속한다. 대체로 시인의 기억이나 기록 자료를 활용하기 때문에 "절반의 성실"[49]이라는 한계를 안고 있다. 짝사랑 실연 시기에 대한 논란이 대표적이다. 시인 스스로 기록한 자료에도 상호 불일치가 있다.

그러나 체험이 창작과 어떻게 연관되는가 하는 문제를 다루는 작업은 『화사집』 논의 과정에 전면적으로 시도되지 않았다는 점에서 새로운 연구 분야이기도 하다.[50] 이 글은 시인의 관련 산문을 가능한 모두 조사해서 다

---

49 앙드레 지드의 이야기다. "회고록이 아무리 열심히 진실을 말하려고 노력한다 해도 그것은 언제나 절반만 성실할 뿐이다.", 필립 르죈, 윤진 역, 『자서전의 규약』, 문학과지성사, 1998, 61쪽 참조.
50 미당의 체험과 창작과의 상관관계에 대한 논의는 그의 산문 있는 그대로 옮겨와서 창작시에 대입하는 과정만으로 만족할 수 없다. 이런 문제점이 심사과정에서 거론되었다. 당대 현실과의 갈등과 길항, 다양한 사상적 편력, 그와 연관된 독서 체험 등을 다룰 것을 권고했다. 이는 단독 논문의 분량으로 쉽지 않다. 간략하게 언급하면 당대 현실과의 갈등과 길항은 학교 퇴학 이후의 정신적 방황과 불안 요인이 크고, 다양한 사상적 편력은 독서 이력의 영향 때문이다. 서정주는 기본적으로 한문 습득력이 있었고 여기에 일본 신조사판 『세계문학전집』을 탐독한 바 있다. 게다가 그리스 로마 신화, 니체 사상, 성경의 세계관이 뒤엉켜 있었으며, 고흐나 고갱의 뜨거운 여름 같은 그림에 영향을 받았다. 중앙불전에서는 서양철학과 동양철학을 비교해서 읽는 경험을 했다. 『화사집』 시절의 체험과 그 정신적 배경에 대해서는 추후 다른 논의로 보완하기로 한다.

루었다. 『화사집』의 숨 가쁜 호흡과 시적 방황은 같은 시기의 산문들에도 비슷하게 나타나기 때문이다. 이 모든 리터러시가 대체로 체험의 반영이라는 점은 『화사집』의 성격을 규정하는 데 중요한 시사점을 준다. 체험의 내용과 감동의 경험을 창작의 대상으로 삼는 태도가 첫 시집에서부터 비롯되었으며 이런 태도가 평생을 이어진다는 성찰이 중요하다.

4장 「국화 옆에서」의 창작 배경

서정주 「국화 옆에서」의 창작 배경에 대한 고찰:
관련 산문을 중심으로,
『한국시학연구』 66, 한국시학회, 2021.

01 ___ 「국화 옆에서」 독해를 위한
산문 자료

「국화 옆에서」는 서정주의 대표작이다. 미적 완성도 측면에서는 논란이 있을 수 있지만, 교과서에 수록되어 많이 알려져 있고 독자들 사이에 인지도가 높다는 점에서는 대표작으로 손꼽아도 무방하다.[1]

「국화 옆에서」를 읽는 방법은 다양하다. 자유로운 감상이나 비평, 특정 문학이론을 적용한 연구 등 각양각색의 읽기가 가능하지만[2] 고난과 시련과

---

1 한 조사에 따르면 서정주와 관련한 검색 데이터에서 가장 많은 검색량을 보인 작품은 「자화상」과 「국화 옆에서」다. 최도식, 「빅데이터를 통해 본 한국 현대시인 인지도 및 평판 분석」, 『탈경계인문학』 24, 이화여자대학교 이화인문과학원, 2018, 17쪽.

2 그간의 대표적인 논의를 정리하면 다음과 같다. "풍부하고 민감한 정념이 거창한 형이상학적 우주관을 지탱해 내고 있는 시"(김춘수, 「전후 15년의 한국시」, 『한국전후문제시집』, 신구문화사, 1961, 302쪽), "괴로움과 혼돈이 꽃피는 고요에로 거둬 들여진, 화해의 순간을 상징하는 꽃"(김우창, 「한국시와 형이상」, 동국문학인회 편, 『서정주 연구』, 163쪽), "동양 전통의 바탕 위에서 피어난 생명의 꽃"(김학동, 「서정주 시인론」, 『서정주 연구』, 새문사, 2005, 144쪽), "관조의 자세"(천이두, 「지옥과 열반」, 『서정주 연구』, 동화출판공사, 1975, 229쪽), "정서적인 이력서를 뒤적거리며 전통적인 서정의 세계로 돌아오는 귀환"(송욱, 「서정주론」, 『미당 연구』, 민음사, 1994, 22쪽), "불교의 인연관에 토대를 둔 격정과 고뇌의 성숙"(김인환, 「서정주의 시적 여정」, 『미당 연구』, 108쪽), "생의 성숙 또는 정신화해 가는 삶의 모습"(김재홍, 「미당 서정주: 대지적 삶과 생명에의 비상」, 『미당 연구』, 180쪽), "방황과 예고된 귀환"(황현산, 「서정주, 농경사회의 모더니즘」, 『미당 연구』, 489쪽), "불교적 연기법과 윤회전생에 바탕을 둔 존재의 대연쇄"(윤재웅, 「서정주 시에 나타난 삶과 죽음의 문제: 꽃의 상상력을 중심으로」, 『한국문학이론과비평』 26, 한국문학이론과비평학회, 2005, 194~195쪽), "시인과 자연, 그리고 우주와의 대립과 화해를 모색하는 작품"(장창영, 「서정주의 「국화 옆에서」의 분석 시론」, 『현대문학이론연구』 8, 현대문학이론학회, 1997, 243쪽), "서투른 시인이 밤잠을 설치는 노작 끝에 자신의 아니마를 발견하고 익숙한 시인으로 거듭나는 모습을 그린 시"(김홍년, 「'국화꽃'의 이미지 연구: 미당의 「국화 옆에서」를 중심으로」, 『인문논총』 30, 경남대학교 인문과학연구소, 2012, 67쪽), "고통과 고뇌 속에서 살아내고자 하는 누님의 의지가 순수라는 거울을 통해서 자기 자신을 아름답게 변용시킴으로써 올림포스적인 환상을 탄생시키는 이미지"(김익균, 「서정주의 체험시와 '하우스만—릴케 니체—릴케'의 재구성」, 『한국문학연구』 46, 동국대학교 한국문학연구소, 2014, 174쪽) 등이다.

인내 끝에 성취를 이룬다는 평가가 대종을 이룬다. 본고는 시인이 어떤 의도와 맥락에서 이 작품을 창작하게 되었는지를 집중적으로 탐구하고자 한다. 표현론에 관련된 연구인 만큼 창작 과정이나 배경에 대한 시인의 진술을 연구 대상으로 다룬다. 이는 문학연구나 문학교육에서의 기본 자료 검토라는 점에서도 중요하다.[3] 기존 연구들은 관련 자료를 면밀하게 검토하지 않은 채 해독하는 경우가 많아서 여기에 대한 보완이 텍스트 독해에 도움이 되리라 생각한다.[4]

「국화 옆에서」와 관련한 서정주의 산문은 네 종류가 있다.[5] 이들을 일별해 보면 시인의 창작 의도를 살펴볼 수 있고 텍스트를 보다 풍요롭게 해석할 수 있는 참고 서지로도 활용 가능하다. 시인의 사사롭고 복합적인 경험이 반영되어 있는 이 자료들은 향후 연구에도 활용되는 게 바람직하다. 이 글은 「국화 옆에서」와 관련된 산문을 소개하고 이를 토대로 시인의 창작 의도와 배경을 살펴봄으로써 텍스트 연구와 비평에 도움이 되도록 하려는 데 그 목적이 있다.

---

[3] 예컨대 정지용의 「유리창 1」의 경우, 창작 당시의 상황을 전하는 다음의 해설문은 시 이해에 중요한 도움이 된다. "그는 그의 사랑하는 어린아들을 일흔것이다.", 박용철, 「을해시단 총평」, 동아일보 (1935.12.27.) 참조.

[4] 「국화 옆에서」와 관련한 가장 이른 시기의 산문인 「시작 과정―졸작 「국화 옆에서」를 하나의 예로」를 면밀하게 검토한 논문으로는 김익균, 「서정주의 체험시와 '하우스만―릴케 니체―릴케'의 재구성」, 『한국문학연구』 46, 동국대학교 한국문학연구소, 2014, 173~211쪽을 참조하라. 이 글은 서정주 문학에 미친 비교문학적 영향을 다룬다는 점에서 당대 문학계의 흐름을 세밀하게 조망하는 장점이 있다. 본고가 주목하는 것은 이런 점 외에 국화를 통한 민족기원 의식, 유년 시절 체험의 주요한 촉매로서의 국화 이미지 등이다.

[5] ①「시작 과정―졸작 「국화 옆에서」를 하나의 예료」(『시창작법』, 선문사, 1949), ②「노랑 저고리의 어여쁘신 누님」(『세대』, 1964.4., 일지사본(1972) 『서정주문학전집』 4, 94~97쪽에 「국화 I」로 재수록), ③「국화Ⅱ」(『서정주문학전집』 4, 98~99쪽), ④「국화Ⅲ」(『서정주문학전집』 4, 100~101쪽).

02 ___ 창작 의도와 배경에 대한 검토

「국화 옆에서」는 1947년 11월 9일 경향신문 지면에 처음으로 발표되었다. 이듬해 4월 1일 자로 간행되는 두 번째 시집 『귀촉도』에 수록되지 않고 세 번째 시집인 『서정주시선』(정음사, 1956)에 재수록된다. 또한 이 작품은 국어과 국정교과서에 수록됨으로써 서정주가 '국민시인'이 되는 데 중요한 기여를 한다.[6]

그림 1 「국화 옆에서」(1947) 창작 배경이 된 공덕동 자택 뜰에서(1960년대 중반)

---

6   이 작품의 교과서 수록 현황은 다음과 같다. 교수요목기(1946.11.~1954.3.) 대한민국 정부수립 이후 최초 국어교과서(문교부, 중등국어4, 1949), 6·25 사변기 고등학교 국어교과서(문교부, 고등국어1, 1953) / 제1차 교육과정기(1955~1963) 제외 / 제2차 교육과정기(1963~1973, 문교부, 인문계 고등학교 국어2, 1968) / 제3차 교육과정기(1973~1981, 문교부, 인문계 고등학교 국어2, 1975) / 제4차 교육과정기(1981~1988, 한국교육개발원, 인문계 고등학교 국어2, 1985). 이후 교육과정기부터는 국정 체제 교과서에 수록되지 않고 검인정 교과서 체제 속에 간헐적으로 수록된다. 국정 체제하에서는 주제가 공통적으로 '생명 탄생의 시련'이다. 바람직한 인성 함양을 위한 교육적 목적으로 이 작품을 바라보았다고 할 수 있다. 서정주의 '국민시인' 지위는 해방 이후 약 40년간 국정교과서 체제 속에 이 작품이 수록된 상황과 무관하지 않다. 교과서에 최초로 수록된 시기(1949)는 좌익 문인들이 모두 제외된 상태였으며, 한국전쟁의 참화와 시련을 극복하는 과정을 형상화하는 『서정주시선』(1956) 이후 그는 비로소 반공정신과 전통주의를 결합한 대한민국 대표시인의 표상이 된다. 서정주의 '국민시인' 논의에 대한 보다 상세한 자료는 다음을 참조하라. 김춘식, 「자족적인 '시의 왕국'과 '국민시인'의 상관성: 서정주의 '현재의 순간성'과 '영원한 미래, 과거'」, 『한국문학연구』 37, 동국대학교 한국문학연구소, 2009, 336~337쪽, 김익균, 「서정주의 신라정신과 남한 문학장」, 동국대학교 박사학위논문, 2013, 97~112쪽.

1972년 일지사에서 간행한 『서정주문학전집』의 구성을 살펴보면 1권이 시 영역인데 그 배치를 '동천'(1968)→'신라초'(1961)→'국화 옆에서'(1956)→'귀촉도'(1948)→'화사'(1941)→'예시禮詩'→'근작시편'→'질마재 신화'로 구성하고 있다. 역대 출간시집을 역순으로 배치한 다음 여러 지면에 발표한 다양한 축시들을 넣고 『동천』(1968) 이후에 발표한 시편들[7]과 후일 『질마재 신화』(1975)에 상재할 시편 일부를 배치한 것이다.

이 편집에서 나타나는 '국화 옆에서'는 『서정주시선』(1956)을 가리키는데 이는 수록 작품 목록을 대조하면 분명해진다. 『서정주시선』은 『화사집』과 『귀촉도』에 수록했던 26편을 재수록하고 신작 20편을 더하여 출간한 일종의 선집이었는데 이런 이유로 '시선'의 이름이 가능했다. 일지사 전집에 넣으려면 신작 20편만 수록이 가능했던 것이다. 그러므로 '서정주시선' 이름이 전집 체제와 맞지 않아서 불가불 다른 제목으로 대체해야 했다. 그것이 바로 20편의 신작을 대표하는 '국화 옆에서'였던 것이다. 이로 미루어 보면 서정주는 이 작품을 『서정주시선』[8] 전체를 대표하는 미적 표상으로 생각한 듯하다.

왜 그랬을까? 「국화 옆에서」는 『화사집』(1941), 『귀촉도』(1948)와 『신라초』(1961) 사이에서 어떤 미적 전회를 보여주었던 것일까? 이것은 「국화 옆에서」가 서정주 시력詩歷에서 어떤 의미를 가지는가 하는 질문과도 이어진다. 가장 먼저 짚어야 할 점은 자작시 해설의 대상으로서 창작 과정에 대한 자기

---

[7] '예시' 16편, '근작시편' 38편, '질마재 신화' 10편 중 「밤에 핀 난초꽃」 1편만 포함시키면 전체 55편이 개별 시집에 수록되지 않은 작품이다('질마재 신화' 10편 중 9편은 후일 간행되는 『질마재 신화』 시집 속에 재수록된다). 일지사 전집이 아니면 단행본 형태로 보기 어렵다. 은행나무 전집(2015)에는 물론 포함되어 있고, 같은 출판사에서 개별 시집으로 묶이기도 했다. 이 시집은 시인이 특별히 이름을 붙이지 않았으므로 편집위원들이 고심한 끝에 『내 데이트 시간』(2019)으로 정했다.

[8] 20편만을 골라서 시집을 엮기가 곤란해서 이전 시집의 좋은 작품을 골라서 함께 묶었으므로 이런 이름이 가능했다. 그것은 정음사 출판 기획의 일환이기도 했는데 당시 정음사는 『작고시인선』, 『영랑시선』, 『조지훈시선』 등의 선집을 출간하고 있었다.

분석이 시작되었다는 점이다. 「국화 옆에서」는 「부활」과 함께 자기 시의 창작 비밀을 술회하는 가장 이른 시기의 작품이었다.[9] 이는 작시 과정에서 체계를 부여하기 시작했다는 의미이기도 하다. 김익균의 주장처럼 비교문학적 영향으로 볼 수도 있고, 『화사집』 시절부터 겪어오던 자기체험의 연장선으로 이해할 수도 있다. 이를테면 서정주의 체험시는 하우스만이나 릴케적 영향만으로 볼 수 없고 내발적인 요소도 다분히 강하기 때문이다.

다음으로 생각해 볼 문제는 '고난과 시련의 극복'이라는 추상적 관념을 소쩍새와 천둥, 꽃과 여성이라는 친근한 감각적 이미지로 형상화함으로써, 『화사집』의 방황과 『귀촉도』의 사적 전통성으로부터 벗어나 보편적이고 통시적인 질서의 세계로 들어섰다는 점이다. 이 작품이 전쟁의 참화와 아픔을 극복하는 『서정주시선』(1956)의 대표작이 되는 이유도 이런 맥락에서 고려해 볼 만하다. 누님의 원숙미는 결국 서정주 시력의 원숙미와 직결된다. 서정주의 산문들은 본고의 이런 관점을 뒷받침하는 실증자료들이다.

1. 창작 과정의 술회

「국화 옆에서」는 1947년에 처음으로 발표되고 1948년 6월 『동국』 창간호에 재수록된 다음 『민성』(1949.8.)에 시작 과정에 대한 자기 해설을 수록한다. 제목은 「시작 과정—졸작 「국화 옆에서」를 하나의 예로」며, 이 자작시 해설은 그해 연말에 조지훈·박목월과 함께 공저 형태로 간행한 『시창작법』(선문사, 1949.12.)에 재수록된다. 미당은 이 글에서 창작의 과정을 소상하게 밝혔는데 크게 세 가지 이야기로 구성된다.

---

9 이 두 작품에 대한 해설이 『시창작법』(1949)에 나란히 소개되어 있다.

① 3연: 여성 이미지를 먼저 만들다.

② 1, 2연: 색채와 음향을 조화시키다.

③ 4연: 실제 경험을 통해 구체화하다.

그림 2 시화 「국화 옆에서」(1985)
박노수 화백 작품의 미당 친필 붓글씨
고창 미당시문학관 소장

　시인은 창작 과정에 대한 첫 번째 진술에서 내면에 정돈되지 않는 상태로 있던 여러 느낌과 이미지들이 여성 이미지를 중심으로 엉기기 시작하다가 공덕동 집[10] 마당의 국화꽃을 보면서 마침내 형상화의 과정이 시작되었다고 말한다. 3연을 먼저 써놓았다는 고백은 주목할 만하다. 중심인물에 대한 몰입이 먼저 이루어지고 자연 대상물을 연계시키게 되었다는 진술이다.

　이 「국화 옆에서」를 쓸 무렵에는 어느새인지 거기에서도 한 서릿발 속에 국화꽃에 견줄 만한 여인의 미를 새로 이해하게 된 것도 서상한 바와 같은 것들의 많은 되풀이, 되풀이의 결과임은 물론입니다.

10　공덕동 301번지. 이 집은 부친 사후(1942) 유산을 정리하여 흑석동에 자그마한 오두막 하나를 사서 기거하다 그마저 팔아버리고 해방을 맞아 오갈 데 없이 된 서정주가 일본인 시인이 세 들어 살던 집을 들어가게 됨으로써 이른바 공덕동 시절의 중심 공간이 된다. 1945년부터 1970년 3월까지 25년간 기거했다. 1960년대 말 이웃집 철공소 소리가 많이 시끄러워 관악구 사당동(현 남현동)으로 이사하는 원인이 되기도 했다. 바람 불면 수숫대 사운거리는 소리가 들린다 해서 '청서당聽黍堂'이라 불렸다. 조선 말엽의 하급 기와집 형태이고 마당에 여러 종류의 꽃이 있었다.

그래서 내가 어느 해 새로 이해한 이 정일靜逸한 사십대 여인의 미의 영상은 꽤 오랫동안—아마 2, 3년 그 표현의 그릇을 찾지 못한 채 내 속에 잠재해 있다가, 1947년 가을 어느 해 어스름 때 문득 내 눈이 정원의 한 그루 국화꽃에 머물게 되자, 그 형상화 공작이 내 속에서 비로소 시작되었던 것입니다.

국화는 물론 내가 어려서부터 많이 보아 온 꽃이고, 가끔 꺾어서 책상 위에다 꽂아 놓기도 했고, 또 '아름답다'고 말해 본 적도 한두 번은 아니었지만 이때처럼 그 여인—소복하고 거울 앞에 앉아 있던 그 여인과 같다'고 이해된 이때처럼 질실하게 가깝고, 그립고, 알 수 있고, 까닭 없이 기쁘게 느껴진 적은 그 전엔 없었습니다.

'이것을 시로 쓰리라' 작정하고 책상머리에 와서 앉아, 내가 맨 먼저 기록해 놓은 것은 제3연뿐이었습니다.

이것을 써 놓고 몇 시간을 누웠다 앉았다 하는 동안 제1연과 2연의 이미지가 저절로 모여들었습니다. 이것은 마치 내게는 오랫동안 어느 구석에 잊어버렸다가 찾아내서 쓰게 되는 낯익은 옛 소지품을 사용하는 것과 같은 감개였습니다.[11]

'인제는 돌아와 거울 앞에 선 내 누님같이 생긴 꽃'의 이미지가 구성된 데에는 '서상한 바와 같은 것들의 많은 되풀이, 되풀이의 결과'라고 한다. 미당이 이 글의 앞 단락에서 진술한 내용은 생태 에너지 순환과 같은 개념인데 불교 교리적으로는 연기법이나 윤회론에 해당하는 경우이다.

'저 우리 이전의 무수한 인체가 사거死去하여 부식해서 흙 속에 동화된

---

11 서정주, 「시작 과정—졸작 「국화 옆에서」를 하나의 예로」, 『미당 서정주 전집』 12(시론), 은행나무, 2017, 62쪽.

골육은 거름이 되어 온갖 풀꽃들을 기르고, 액체는 수증기로 승화하여 구름이 되었다가 다시 비가 되어 우리 위에 퍼부었다가 다시 승화하였다가 한다'는 상념이라든지, '한 개의 사람의 음성에는 그것이 청하건 탁하건 절실하면 절실할수록 반드시 저 먼 상대上代 본연의 음향이 포함되리라'는 상념이라든지, '저 많은 길거리의 소녀들은 사거한 우리 애인의 분화된 갱생이리라'는 환상이라든지—이런 것들입니다.[12]

'인제는 돌아와 거울 앞에 선' 여성은 많은 고난과 시련을 겪고 무수한 되풀이 과정을 거친 윤회전생의 축약된 이미지에 가깝다. 그것은 시인의 마음속에 오래 자리 잡고 있던 여성들의 다양한 모습 가운데서 걸러진 새로운 이미지이기도 하다. 시인은 여인들의 다양한 이미지를 '새로 자라오르는 보리밭 위에 뜬 달빛과 같은 애절한 여인', '오월의 아카시아 숲을 보고 그 향기를 맡는 것 같은 신선한 여인', '이집트의 여왕 클레오파트라와 같이 오만하고 요염한 여인', '산악과 같이 든든하고 건실하고 관대히 아름다워 우리가 그 무릎 아래 가서 포근히 쉬어 보고 싶은 여인', '성모마리아와 같이 다수긋하고 맑고 성스러운 여인', '황진이와 같이 스스로도 멋지고 또 고차원의 온갖 멋을 이해할 수 있는 여인' 등을 사례로 든다. 그리고 이러한 여인들에 대한 미적 체험들이 반복되면서 여인들의 미에 대한 새로운 이해를 가져온다고 말한다.[13]

이것은 여인들의 미에 대한 새로운 이해가 시인의 내면에서 탄생하는 과정을 밝히는 대목이다. '새로운 이해'란 하우스만과 릴케의 체험시를 적용하는 창작방법론적 측면과 전통적 문화상징의 변혁이다. 서정주가 『화사집』(1941) 시절부터 체험을 중시한 시인이라는 점은 명백하지만, 미적 방법

---

12 서정주, 앞의 글, 60쪽.
13 서정주, 앞의 글, 61쪽.

론으로서 하우스만이나 릴케의 체험시에 관심을 가지고 접근하는 경우는 「국화 옆에서」가 본격적이며 이 작품의 시작 과정을 '창작 과정에 대한 통찰'로 접근하는 산문이 바로 「시작 과정—졸작 「국화 옆에서」를 하나의 예로」다. 그러므로 「국화 옆에서」는 자기 창작 과정에 대한 통찰의 결과물이라는 점에서 주목할 필요가 있다.[14] 이것은 서정주의 시 창작 본질이 체험에 바탕하고 있다는 판단을 뒷받침하는 중요한 예증이다.

'새로운 이해'의 또 다른 국면은 문화상징의 변혁이다. '소복하고 거울 앞에 앉아 있는 여인―노란 국화꽃'은 우리 문학사에서 한 번도 미적으로 형상화된 적이 없는 이미지다. 노란 국화의 전통적 이미지는 '군자'며 이는 남성의 정치적 지조와 절개를 표상하는 윤리적 가치를 대변한다.[15] 서정주의 국화는 이런 패러다임을 일거에 바꾼 문화상징의 혁명이다. 군자가 누님으로, 윤리적 가치가 심미적 가치로 전환하는 데에는 「국화 옆에서」를 제외한 다른 요인이 없다. 한 편의 시가 국화의 문화상징을 바꾼 것이다. 이런 시각은 시인의 의도와 상관없이 이루어진 문학 문화사의 주요한 사건으로 평가할 만하다.

여성의 이미지에서 무수한 되풀이 이미지를 떠올리는 방식은 초시간적 연관 사유가 익숙한 신화적 상상력에 바탕을 둔 것이다.[16] 일찍이 「수대동

---

14 여기에 대해서는 김익균, 앞의 논문 참조. 김익균(2014)는 서정주의 체험시를 박용철의 소개로 알게 된 하우스만과 릴케의 영향으로 진단한다. 이 부분에 대해서는 최현식도 비슷한 주장을 하는데, 모두가 1940년 전후 무렵의 당대 문단 상황을 고려하고 있다. 이 점은 「국화 옆에서」를 전통의 맥락만으로 설명하기 어렵다는 주장으로 이어지게 한다. 최현식, 「사실의 세기를 건너는 법: 1940년 전후 미당 산문과 릴케와의 대화」, 『한국문학연구』 46, 동국대학교 한국문학연구소, 2014, 131~171쪽 참조. 본고는 서정주 시력의 자체 문법 내에서 설명하는 방법을 택한다.
15 여기에 대해서는 이동재, 「한국 한시에 나타난 국화의 의미」, 『동방한문학』 56, 동방한문학회, 2013, 247~277쪽 참조.
16 지나간 시간을 환기하여 현재에 의미를 부여하는 모든 문학적 표현 방식으로서 '인간의 모든 행위에 대한 중요한 범례'인 신화의 속성을 일컫는다. 괴테가 『파우스트』에서 노래한 '오늘날 일어나는 일은 모두 빛나는 조상 때의 슬픈 여운'이라는 구절이 대표적이다. 괴테, 박덕환 옮김, 『파우스트』(하), 범우사, 1995, 151쪽. '인간의 모든 행위에 대한 중요한 범례'에 대해서는 M. Eliade, *Myth and Reality*, N.Y. 1968, 168쪽 참조. 여기에 대한 상세한 맥락은 윤재웅, 「서정주 시 연구」, 동국대학교 박사학위 논문, 1996, 89~103쪽 참조..

시」(『시건설』, 1938.6.)에서 표방한 바 있는 '아스름 눈 감었든 내 넋의 시골'이나 '별 생겨나듯 돌아오는 사투리'의 이미지 속에, 또는 '종로 네거리에 뿌우여니 흩어져서, 뭐라고 조잘대며 햇볕에 오는 애들. 그중에도 열아홉 살쯤 스무 살쯤 되는 애들. 그들의 눈망울 속에, 핏대에, 가슴속에 들어앉어 순아! 순아! 순아! 너 인제 모두 다 내 앞에 오는구나.'(「부활」, 조선일보, 1939.7.19.)의 이미지 속에서 실험된 바 있다. 이 실험이 보다 진전되어서 '시간의 경계를 넘어가는 존재의 항구성에 대한 동경'의 양식으로 구체화되기 시작한 경우가 바로 해방 직후에 발표한 「꽃」(『민심』, 1945.11.)이다.

가신 이들의 헐떡이든 숨결로
곱게 곱게 씻기운 꽃이 피었다.

―「꽃」[17] 중에서

꽃이 피는 이유가 '가신 이들의 헐떡이든 숨결' 때문이라는 미적 자각은 「부활」이 보여주는 생사 초월의 재생 이미지가 한층 진화한 경우에 속한다. 사람과 사람 사이의 초시간적 연관이 사람과 꽃 사이에서도 일어나며 이는 곧 삼라만상의 연기緣起 문법으로 발전할 소지를 안고 있는 것이다. 그러므로 「국화 옆에서」(1947) 기원의 족보가 「부활」(1939)과 「꽃」(1945)으로 거슬러 올라갈 수 있다는 논의는 서정주 시력의 맥락에서 보면 자연스럽다.

이 「꽃」이라는 작품은 내 시작詩作 생활에 한 전기를 가져온 작품이다. 시집 『화사집』 속의 백열한 그리스 신화적 육체나 부엉이 같은 암흑이나 절망이나 그런 것들에서도 인젠 떠나서 죽음 저 너머 선인들의 무형화된

---

17 서정주, 『미당 서정주 전집』 1(시), 은행나무, 2015, 75쪽.

넋의 세계에 접촉하는 한 문을 이 작품의 원상原想은 잡아 흔들고 있는 것이다.[18]

위의 글은 『월간문학』에 연재되었던 「천지유정」이라는 문학적 자서전의 일부인데 초시간적 연관 사유의 성격을 드러낸다는 점에서 주목해야 한다. 인용문의 맥락을 존중한다면 '무형화된 넋의 세계'에 대한 이미지가 『화사집』 시절부터 이미 있었다는 새로운 해석이 가능하다. 미당은 이 표현을 자기 시작 생활의 전기를 마련해준 「꽃」에 대한 해설에서 처음 사용했지만, 형태 없는 에너지 순환 생태계에 대한 예술적 직감은 초기 시집부터 배태되었다는 게 본고의 관점이다. 『화사집』의 마지막을 장식하는 「부활」에서 보는 것처럼 고향 고창에서 어릴 적에 죽었던 소녀 수나가 청년이 된 지금 종로 네거리에서 수많은 소녀들의 모습으로 환생하는 환시 체험이 바로 전형적인 '무형화된 넋의 세계'이다.

이 모든 젊은 철의 흥분과 감정 소비를 겪고 인제는 한 개의 잔잔한 우물이나 호수와 같이 형이 잡혀서 거울 앞에 앉아 있는 한 여인의 미의 영상이 마련되기까지에는, 이와 유사한 많은 격렬하고 잔잔한 여인의 영상들이 내게 미리부터 있었을 것임은 물론입니다.[19]

다양한 여성 이미지—격렬하고 잔잔한 여인의 영상—들의 병렬적 연대로부터 '거울 앞 여인'의 이미지가 만들어지는 과정은 독서 체험과 실제 경험 및 상상 등의 요인이 복합적으로 작용하고 있지만 수없이 되풀이되는 프랙탈 이

---

18 서정주,「천지유정」,『미당 서정주 전집』 7(문학적 자서전), 은행나무, 2016, 128~129쪽.
19 서정주,「시작 과정—졸작 「국화 옆에서」를 하나의 예로」,『미당 서정주 전집』 12(시론), 은행나무, 2017, 61쪽.

미지의 문학적 번안 과정이기도 하다. 시인의 내면에 미리부터 자리하고 있는 많은 여성 이미지들에서 '거울 앞 여인'이 만들어지는 과정은 '무형화된 넋의 세계'가 지금 여기 꽃의 현존에 영향을 미치는 과정과 동일한 구조를 가진다. 그런 점에서 이 여인은 '존재의 연쇄'를 태생적으로 안고 있는 캐릭터다.

두 번째 과정인 '② 1, 2연: 색채와 음향을 조화시키다'는 이런 형이상학을 보다 친절하게 안내하기 위한 방책으로서 경험적 현실 세계의 사례를 부각시킨 것이다.

> 4연 중 맨 첫 연의 한 송이의 피어 있는 국화꽃의 색채와 향기의 배후에 봄부터 첫가을까지 계속되었던 저 솥작새의 울음의 음향을 참가시킨 이미지는 물론 색채와 음향을 조화시켜 보려는 표현적 의도에 의해서 결정을 보게 된 건 사실입니다마는, 이 한 개의 국화를 중심으로 하는 이미지가 고정되기까지에는 그 전에 이와 비슷한 많은 상념이 내 속에 이루어지고 인멸하고 다시 이루어지면서 은연중에 지속되어 왔던 것을 나는 기억합니다.[20]

'이와 비슷한 많은 상념이 내 속에 이루어지고 인멸하고 다시 이루어지면서 은연중에 지속'되는 과정은 이 작품의 내적 기원의 족보를 논한 「부활」과 「꽃」을 살펴보면 수긍할 만하다. 생명 현상의 무수한 되풀이, 생사 초월의 항구적 연관, 존재의 연쇄 등속을 경험세계의 감각적 이미지로 전환시키는 데에 동원된 것이 바로 봄 소쩍새의 울음과 여름 천둥소리인 것이다. 서리 맞은 국화의 노란 색채와 향기는 봄 소쩍새의 피 토하는 울음과 먹구름 속에서 울던 여름의 천둥과 조응함으로써 사물과 사물들이, 서로 다른

---

20 서정주, 앞의 글, 59쪽.

감각들이 연쇄적으로 영향을 미치도록 한다. 마치 우리가 미처 인지하지 못하거나 감각하지 못하는 '보이지 않는 질서'가 있는 것처럼 문학적으로 형상화하는 것이다. 그래서 '거울 앞 여인'에 대한 시가 존재의 연쇄를 암시하는 자연 질서의 시로 발전하게 된다. 그리움과 아쉬움, 젊음의 뒤안길의 험지에서 돌아와 거울 앞에 앉은 원숙한 여인은 곧 '가신 이들의 헐떡이든 숨결'로 핀 꽃이며 소쩍새가 울고 천둥이 울어 피워낸 연기법의 꽃이다. 이런 상동관계를 전통 국화 이미지에서 발견한 점이 이 시의 특별한 창의성이다.

마지막 연은 세 번째 과정에서 이루어지는데 한동안 마무리를 못하고 고심하다가 실제 경험이 반영되어 이룰 수 있다고 했다.[21] 국화라는 특별한 대상과 '거울 앞 여인' 이미지 그리고 삼라만상에 내재하는 존재의 연쇄 법칙은 구상을 마쳤는데 시적 주체와의 관계가 아직 구체화되지 않은 것이다. 그런 고민의 과정에 시인은 밤잠을 설치고 무서리가 내린 뒤 피는 마당의 국화꽃을 생각하게 되자 1~3연에서 제시한 형이상학이 경험의 구체적 실감으로 비로소 안착하게 된다.[22]

지금까지의 논의를 정리하면 시인의 내면에 오래 묵어 있던 다양한 여성 이미지들이 새롭게 만들어지는 과정에서 '거울 앞 여인'이 등장하게 되고, 이 이미지가 마당가의 국화꽃과 결합함으로써 한층 폭넓고 심원한 심미적 세계를 구성하게 되었다는 진술이다. 여기의 국화꽃은 「부활」과 「꽃」에서

---

21 "그러나 마지막 연만은 좀처럼 표현이 되지 않아, 새벽까지 누웠다 앉았다 하다가 그만 자 버리고 말았습니다. 그리하여 이것은 며칠 동안을 그대로 있다가, 어느 날 새벽 눈이 뜨여서 처음으로 마련되었습니다. 밖에선 무서리가 오는 듯한 늦가을의 상당히 싸늘한 새벽이었는데, '내가 안 자고 혼자 깨어 있다'는 호젓한 생각 끝에, 밖에서 서리를 맞고 있을 그놈을 생각하자, 용이히 맺어졌습니다. 그러나 이 결련結聯만은 그 뒤에도 많은 문구상의 수정을 오랫동안 계속했던 것을 말해 둡니다.", 서정주, 앞의 글, 62~63쪽.

22 이상이 「국화 옆에서」의 창작 과정을 시인이 직접 밝힌 '국화꽃의 비밀'이다. 이 시를 친일시로 바라보는 같은 제목의 저술도 있고 여기에 대한 반박 논의들도 있지만 본고는 이를 다루지 않는다. 문학 연구와 해석의 기본적 태도를 존중한다는 입장에서 이 글은 표현론 측면만을 한정해서 다루고자 한다. 시인의 관련 산문 자료가 성실하게 검토되고 이것이 학계에 공유되는 게 중요하다는 판단이다.

촉발된 '무형화된 넋의 세계'의 연장선으로 이해할 수 있으며 사람과 사람 사이의 초시간적 연관에서 벗어나 삼라만상 사이의 연기법으로 발전한다는 데 특징이 있다. 그리고 이러한 존재의 연쇄 과정에 시적 자아 역시 참여하게 됨으로써 나와 여인과 꽃과 새와 천둥의 관계가 유기적으로 조응한다는 해석이 가능해진다.

2. 민족기원 : 그리는 마음[home sick]

산문 「노랑 저고리의 어여쁘신 누님」은 『세대』(1964.4.)에 발표되고 『서정주 문학전집』(1972)에 「국화 I」로 재수록되었다. 이 산문의 핵심 내용은 '거울 앞에 선 누님' 같은 황국이 '무형화된 넋의 세계'의 심미적 이미지만이 아니라 역사의 사승자史乘者 이미지를 가지고 있다는 자각이다.

황국은 그 잠 다 깬 황금의 내부와 같은 빛깔이 어리지도 야野하지도 화려하잘 것도 없어서 그 빛깔이 첫째 낯익은 예쁘신 아주머니 같아서 남 같지 않은 게 좋지만, 그 냄새에서는 또 우리에게 늘 영원에의 홈 시크home sick를 느끼게 하는 시골다움이 배어 나와서 좋다. 단군 할아버지의 어머님께서 사람 노릇 하다 식품으로 삼았다는 그 시골 중의 시골의 풀—쑥과 한 계통의 냄새여서 좋다. 우리나라 사람들은 단군의 어머님을 본따서 그러는지 장미보다도 화려한 무슨 꽃 냄새보다도 이 시골뜨기 쑥이나 국화 냄새라야 안심이 돼 국화꽃을 따 말려선 베개를 만들어서 일 년 내내 그 냄새를 잠자리에서도 맡고 지내지만, 이것은 저 먼 옛 신시神市의 방향으로 향해서 우리를 늘 바로하기 위해서는 당연한 선택으로 생각된다.
그러나, 국화는 다만 부재와 영원에의 홈 시크를 우리에게 많이 일으키

어, 우리에게 긴 사승자史乘者의 자격을 일깨울 뿐만은 아니다. 그는 현
존하는 사람과 사람 사이에 다리를 놓아 거기 밸런스를 맞추는 데에도
아마 꽃 중에서는 능수能手가 아닐까 생각한다.[23]

이런 자각은 「국화 옆에서」의 창작 배경과 직접 연관이 있는 것은 아니다. 그러나 시 창작 17년 후에 발표되었다고 해도 「국화 옆에서」의 독해 과정에 참조할 만한 점이 있다. 민족의 역사의식 즉 역사공동체의 기원에 대한 자각을 '노랑 저고리의 어여쁘신 누님' 이미지에서 읽어낸다는 점이다. 역사공동체의 기원을 촉발하는 감각은 냄새인데 그것이 바로 쑥향이다. 쑥은 국화과에 속하는 다년생 풀로서 독특한 냄새를 풍긴다. 예로부터 약용이나 식용으로 활용해 왔는데 고조선 건국 이야기로까지 거슬러 올라간다. 곰과 호랑이가 마늘과 쑥을 먹으면서 사람이 되려는 통과제의 이야기 구조 속에 있다. 호랑이는 못 참고 달아나지만 곰은 잘 참아서 사람 여인이 되고 이 여인이 하늘에서 내려온 사람과 결혼하여 단군을 낳았다는 이야기이다. 쑥이나 국화 모두 그 냄새로서 민족의 고향집을 연상시키는 '영원에의 홈 시크'의 이미지를 가진다고 시인은 말한다.

이것은 국화가 단순한 꽃 또는 우주 연기의 법칙을 일깨우는 사물이 아니라 민족의 기원을 향한 그리움과도 관계가 깊은 역사 계승의식의 대상이라는 점에서 의미가 있다. 이 산문을 쓴 6년 뒤에 그는 공덕동에서 관악구 사당동(현재의 남현동)으로 이사를 하는데 그 택호가 봉산산방蓬蒜山房이다. 단군 설화의 핵심 이미지인 쑥과 마늘을 가져다 쓴 것이다. 풀어쓰면 '민족의 기원을 생각하는 집'이라는 뜻이다.

---

23 서정주, 『서정주문학전집』 4, 일지사, 1972, 96~97쪽. 이 인용문의 마지막 문장은 어릴 때 자기 집에 드나들던 침모針母의 국화 수놓는 솜씨를 찬양하기 위한 도입부다. 국화가 역사의 계승자일 뿐만 아니라 사람과 사람 사이의 관계도 좋게 만드는 이야기로 이어지는데 「국화Ⅲ」에 내용이 겹치므로 거기서 다시 다루기로 하겠다.

1970년 3월 10일

관악산이 눈앞에 바로 잘 바라보이는

사당 1동(현재의 남현동)이란 곳으로 이사하고

신축한 우리 집 이름을 봉산산방蓬蒜山房이라고 했으니

이 뜻은 우리 겨레의 맨 처음의 어머니께서

원래는 곰이었다가 쑥과 마늘만을 자시고 한동안 잘 참으셔서

좋은 처녀가 되어 우리 시조 단군을 낳으셨기 때문에

나도 이제부터는 쑥같이 쓰고 마늘같이 매운 일들을

더 잘 견뎌 내야겠다고

그 마음을 서약하여 붙인 것이다.

—「관악산 봉산산방」[24] 중에서

그림 3 1970년부터 2000년까지 살았던 서울 남현동 자택 봉산산방 원형이 유일하게 보존된 시인의 창작 산실이다.

그림 4 남현동 자택 2층 서재
각종 도자기와 시인의 손때 묻은 유품들이 가득하다.

---

24 서정주, 『미당 서정주 전집』 4(시), 은행나무, 2015, 325쪽.

그러므로 「국화 옆에서」의 맥락은 민족의 기원에 대한 생각으로 확장된다. 국화는 고향 그리는 마음을 불러일으키며 역사를 생각하게 해주는 동시에 '매운 일들을 더 잘 견뎌 내야겠다'는 마음의 서약으로 이어지게 하는 촉매다. '그립고 아쉬움에 가슴 조이든 머언 먼 젊음의 뒤안길에서 인제는 돌아와 거울 앞에 선' 삶의 어려운 역경들이 자연스럽게 겹친다. 이런 식의 독해는 「국화 옆에서」 해석의 맥락을 풍요롭게 하는 '새로운 읽기'의 가능성을 제공한다. 예컨대 「국화 옆에서」에서 '인내와 기다림'을 읽어내고 그것이 한국문화의 기억임을 주장하는 일반화된 논리[25]보다는 한층 더 구체적이고 감각적이다. 어려움을 견뎌 이긴다는 화소가 냄새에 의해 연상되는 쑥과 국화 이미지 속에 함께하기 때문이다. 쑥이나 국화가 외래적이지 않고 '정말 토종'[26]의 감각에 잘 어울리는 대상이라는 점도 주목할 만하다. 이는 하우스만이나 릴케의 체험시 창작방법론의 영향과는 또 다른 국면이다.

3. 문학적 상상력의 확장

『서정주문학전집』에 수록된 「국화Ⅱ」는 첫 수록 지면을 알 수 없다. 전집

---

25 Kim Sang Tae, *Aesthetics of Perseverance and Waiting: A Korean Cultural Memory*, 『비교문학』 29, 한국비교문학회, 2002, 235-246쪽.

26 '민족'이 이념적이라면 '정말 토종'은 감각적이다. '정말 토종'은 1942년 무렵에 서정주가 주목한 고향의 신 장수 소 생원의 이미지다. 이 인물은 "흔히 볼 수는 없는 일이나, 반도인의 얼굴을 일일이 점검하고 지나가면은, "흥, 이건 정말 토종이로구나" 하고 느끼어지는 사람이 만에 하나쯤은, 아니 적어도 10만에 하나쯤은 반드시 있다. 유사 이전에, 그러니까 지금 우리들의 형체와는 판이하게 다른 사람들이, 텡 비인 산골짜기에서 땅강아지나 오랑캐꽃들을 벗으로 칡뿌리나 뒤져 먹고살고 있었던"(서정주, 「신 장수 소 생원」, 『미당 서정주 전집』 8(산문), 은행나무, 2017, 106쪽 참조.) 느낌을 준다. 선주민의 혈통과 습속을 이어받아 살아가는 순수 토착인의 뜻이다. 이런 이미지의 식물적 전환 형태가 바로 쑥이고 국화다. 미당의 '국화'에서 일본 황실 문양을 읽어내고 이를 토대로 친일 성향을 언급하는 논의는 '정말 토종'과 정반대의 해석을 하는 경우다.

에 수록되었으니 1972년 이전에 쓴 것은 분명하다. 이 산문은 체험과 상상의 서사가 결합된 특수한 경우이다. 서정주는 고창군 부안면 선운리(질마재 마을)에서 태어나 거기서 10년을 살고 줄포로 이사 가서는 공립보통학교를 5년간 다녔다. 자연히 생리인 질마재 마을과 줄포 사이를 많이 오갔는데 10여 킬로미터의 거리를 걸어 다녀야 했다. 필자는 이 길을 '질마재―줄포 바다호수길'이라 부른다.[27]

> 국화꽃 속에는 기러기 날아가는 서리 찬 끝없는 하늘이 뻗쳐 있고, 그 밑을 서쪽으로 저승 쪽으로 한없이 걸어가고 있는 아버지의 하얀 옥양목 두루마기와, 그 두루마기 겨드랑이에 낀 호수와, 그 다 닳은 흰 고무신이 밟고 가는 모래알 소리가 아주 잘 들려오는 길이 있다. 그리고, 또 한 길은 내해의 바닷물이 실뱀처럼 가늘게 황토 언덕 사이를 기어 들어오는 언저리의 목교 너머 아버지를 작별하고 소년 내가 홀로 가게 북녘으로 뚫려 있다.[28]

소년의 체험에 따르면 바다호수길의 가장 인상적인 사물은 국화다. 이 국화는 '정말 토종'의 다양한 이미지와 유년 시절 즐겨 듣던 모험적인 서사와 결합되기도 한다. 기러기 날아가는 스산한 가을 하늘을 배경으로 소년의 걷기의 인문학은 세상에 대한 감각적 수용과 상상력의 확산 작용으로 풍요로워진다.

27　이 길은 서정주 문학에서 중요한 모티프들을 많이 제공한다. 기러기 바라보기 체험, 솔바람 소리 듣기 체험, 아버지와 함께 걷던 체험, 바다호수(곰소만)를 감각하던 체험 등은 후일 시와 산문으로 다양하게 형상화된다. 국화는 이 길에서 서정주 심미적 체험의 중요한 내용을 구성한다.

28　서정주, 「국화Ⅱ」, 『서정주문학전집』 4, 일지사, 1972, 98쪽.

내가 이 국화 속의 한 높은 산모퉁이를 새벽에 넘어섰을 때, 거기 개벽
처럼 열리던 신개지, 거기 하늘에 새 기력의 무성한 가지들을 치켜들던
느티나무, 그 느티나무 가지마다 앉아 울고 웃고 지저귀고 속삭이고 깔
깔거리던 꾀꼬리, 뻐꾸기, 까마귀, 까치, 때까치, 머슴새, 시집살이 며느리
새, 장끼와 까투리 들의 가슴속의 감성을 그대로 내 가슴에 옮길 수 있
는 그만한 감성만으로 나는 족했다.

그 국화 속의 느티나무의 뿌리께는 늙도록 잘 굶어 온 노신선이 하나
흰 수염을 늘이고 앉아서 내게 '굴풋하게 사는 진리'를 가르쳐 주었다. 건
빵 비슷한 무슨 마른 개떡 같은 것이었는데, 이것은 모든 진미의 상징이
니까 엄지손가락과 식지로 한번 떼어 한입에 담을 만한 분량만 배고프면
떼어 먹고, 나머지는 그저 될수록 많이 그립고 굴풋하게만 하라는 것이
었다. '무無'가 온통 새 창생의 새 꽃송이로 느껴지도록까지 한정 없이 굴
풋하라고 하는 것이었다. 그래서 국화야, 나는 네 속에서 할 수 없이 한
시인이 될 수밖에 없었다.[29]

인용부는 국화에 대한 체험과 상상이 결합하는 사례다. 커다란 느티나
무와 온갖 새들과 가난하게 사는 삶의 지혜를 시인의 운명으로 받아들이
는 태도를 보여준다. 노신선은 신선처럼 보이는 동네 노인을 칭한 것이다.
'될수록 많이 그립고 굴풋하라'는 마음껏 먹지 말고 허기를 남겨둔 채 살아
야 한다는 의미인데 그 어법이 선불교적이다. '무가 온통 새 창생의 새 꽃송
이로 느껴지는 때'는 번뇌가 열반이고 지옥이 극락이라는 '불이不二'적 사유
의 문학적 표현이다. 이런 사유를 촉발시키는 국화의 이미지는 배가 고파
무언가를 먹고 싶은 느낌을 늘 유지하는 수행의 태도와 유사하다. 시인은

---

29 서정주, 앞의 글.

무언가 부족한 표현을 보충하기 위해 늘 갈망해야 한다는 뜻으로 읽어도 무방하다.

> 바닷속에서 전복따파는 제주해녀도
> 제일좋은건 님오시는날 따다주려고
> 물속바위에 붙은그대로 남겨둔단다.
> 시의전복도 제일좋은건 거기두어라.
> 다캐어내고 허전하여서 헤매이리요?
> 바다에두고 바다바래여 시인인 것을……
>
> ―「시론」[30]

  바닷속의 제일 좋은 시의 전복을 따지 않고 남겨두는 게 시인의 운명이듯이, 바다에 두고 바다를 바라보는 게 시인의 태도이듯이, 시인은 한정 없이 굴풋해야만 새 창생의 새 꽃송이가 피어나는 기적을 체험하게 된다는 맥락이다.
  봄부터 소쩍새가 울고 천둥이 먹구름 속에서 우는 일련의 과정은 한정 없이 굴풋한 상황과 어법적으로 같은 구조 속에 있다. 이 산문 속의 '새 꽃송이'가 바로 '인제는 돌아와 거울 앞에 선 내 누님같이 생긴 꽃'이며 무서리를 맞고 피는 노란 국화꽃이다. 굴풋한 시인이 밤새 잠을 이루지 못하는 순간 국화 자체가 한 편의 시가 되는 것이다. 시 「국화 옆에서」와 산문 「국화 Ⅱ」를 함께 읽으면 이런 맥락을 발견하게 된다.
  국화 화소는 '질마재―줄포 바다호수길' 서사의 중요한 출발점이기도 하다. 드라마틱한 우물 속의 모험도 국회로부터 촉발된다. 원래 이 우물 모험

---

30 서정주, 『미당 서정주 전집』 2(시), 은행나무, 2015, 83쪽.

담은 질마재 소녀 서운니가 들려준 박진감 넘치는 공포괴담인데[31] 이 산문에서는 발화자가 느티나무 밑의 수염이 흰 할아버지로 바뀐다. 누님 구출 이야기는 서정주 문학의 풍요로운 서사의 기원에 해당하는데, 이는 구연담화가 가지는 현장성, 쌍방향성, 극적인 요소, 박진감 등을 고루 갖추고 있기 때문이다. 이런 미적 요소들이 자연스럽게 반영된 양식이 바로 『질마재 신화』(1975)라 할 수 있다. 그러므로 누님 구출 이야기는 서정주 서사의 주요한 관문에 해당한다. 이 문으로 가는 길, 풍요로운 상상력의 모험 세계로 떠나는 길로 안내하는 것이 바로 국화꽃이다.

> 나는 (중략) 이 국화꽃 속의 절벽 가의 한 옹달샘 가에 지금 와서 섰는데, 이건 이 국화꽃 속의 느티나무 밑의 수염이 흰 할아버지가 이 밑에 있는 도둑놈의 집 같은 데에 내 동생이던가 누님은 있을 듯도 하다고 일러 주었기 때문이다. 이 옹달샘은 대체 몇만 길이나 되는가. 이 마하대정적摩訶大靜寂의 깊디깊은 옹달샘을 내려가자면 하늘에서 내리는 단단한 동아줄이 있어야 한다고 하고, 그걸 타고 견디어 내려가도 또 열자列子 이상으로 풍화 잘하는 선수가 아니고서는 도둑놈의 집에 갇혀 있는 내 누님인지 동생을 빼내 오기는 어려운 일이라 한다.[32]

이 산문에서 보이는 국화는 소년기의 체험과 상상세계에서 자리 잡은 문학적 영감과 서사의 촉매제다. 시인이 「국화 옆에서」의 창작 과정 술회에서 밝힌 '되풀이, 되풀이되어 내 속에 잠재해' 있던 중심 이미지 중의 하나인 것이다. 「국화 옆에서」를 쓸 당시에는 인지하지 않았으나 국화에 관한 산문

---

31 우물 속 도적에게 잡혀간 누님 구출하는 이야기는 서정주, 「질마재」, 『미당 서정주 전집』 6(유년기 자서전), 은행나무, 2016, 68~79쪽 참조.
32 서정주, 「국화Ⅱ」, 앞의 책, 99쪽.

을 쓰다 보니 소년 시절의 추억이 떠오르면서 국화의 잠재의식이 자연스럽게 드러나게 된 것이다. 1924~1928년의 줄포시대의 체험들이 내면화되어 있다가 시와 산문 창작에 영향을 미친 것으로 볼 수 있다. 고난 뒤의 성취를 이루는 구조는 시와 산문이 다를 바 없다.

4. 소년 시절의 여성 캐릭터들

「국화 옆에서」가 소년 시절의 체험의 산물이라는 고백은 또 다른 산문을 통해 보다 분명하게 확인할 수 있다. 그것이 「국화Ⅲ」이다. 줄포공립보통학교 3학년 때 일본에서 온 여선생님과 자기 집에 드나들던 국화 수 잘 놓는 침모 대롱댁에 대한 추억담이다. 여선생님은 남편 죽고 아들도 잃은 서른네 살의 서러운 여인이었는데 1년 뒤 일본으로 돌아가고 말았다. 한국 체류 1년 동안 서정주의 작문 지도와 칭찬을 많이 해서 문학소년의 꿈을 키우게 했다. 소년 서정주는 선생님이 떠난 후 허전한 마음에 산돌을 주워 장독대에 모아 놓고 국화 모종을 얻어다가 그 사이 심어 물을 주어 기르기도 했다.[33] 이 추억은 팔십이 넘어 출간한 마지막 시집 속에도 반영되어 있다.

국민학교 3학년 때
나는 열두 살이었는데요.

---

[33] "나는 이분이 떠난 뒤 한동안 마음이 다시 편안치 않게 되어 학교가 파하면 마을 끝의 산 변두리를 쓸데없이 헤매다니는 아이가 되었다. 돌아다니면서는 무슨 영문이었던지 산속의 돌멩이들을 주워 모아 가지고 와서 뒤껻 장독대 앞에 쌓아 모았다. 그리고는 물을 주면 자란다 하는 그 수정 돌멩이란 것들에 닐마다 열심히 바가지로 물을 퍼다 먹였다. 그리고, 그 사 학년 때의 어느 여름날 누구한테던가 몇 포기의 국화 모종을 얻어다가 그 수정 돌멩이늘 새에 심이 놓았다. 물론 이보다 전에도 국화라는 꽃을 나는 보아 왔지만, 내 손수 심은 국화가 꽃을 피우는 것을 보기는 이렇게 해서 비롯했던 것이다.", 서정주, 「국화Ⅲ」, 『서정주문학전집』 4, 일지사, 1972, 100쪽.

> 우리 이쁜 여선생님을
> 너무나 좋아해서요.
> 손톱도 그분같이 늘 깨끗이 깎고,
> 공부도 첫째를 노려서 하고,
> 그러면서 산에 가선 산돌을 줏어다가
> 국화밭에 놓아두곤
> 날마다 물을 주곤 길렀어요.
>
> ―「첫사랑의 시」[34]

여기의 국화꽃은 '떠나버린 그리운 여성'을 연상하게 하는 객관적 상관물이다. 열두 살 소년에게 첫사랑 느낌으로 다가온 선생님인데 선생님을 향한 소년의 마음이 심미적이다. 그는 돌 중에서도 아름다운 돌인 수정 산돌을 주워다 국화 옆에 놓고서 날마다 물을 준다. 국화가 잘 크라고 줄 수도 있지만 수정 돌과도 같은 소년의 마음도 어서 자라라고 주는 심사로 읽을 수도 있다. 수정은 '순이 돋은' 것처럼 보여서 물을 주면 자란다는 속설이 있었다.

> 산에 가서 땀 흘리며 줏어온 산돌.
> 하이얀 순이 돋은 수정 산돌을
> 국화밭 새에 두고 길렀습니다.
>
> 어머니가 심어 피운 노란 국화꽃
> 그 밑에다 내 산돌도 놓아두고서

---

[34] 서정주, 『미당 서정주 전집』 5(시), 은행나무, 2015, 372쪽.

아침마다 물을 주어 길렀습니다.

―「국화와 산돌」[35]

위에서 보는 것처럼 국화는 서정주의 소년 시절부터의 중요한 심미적 대상이며 여성과 관계된다. 여선생님은 남편도 자식도 잃은 쓸쓸한 여인으로서 소년 서정주를 아들처럼 여겨주었으며 어머니 역시 온갖 고난스러운 삶을 살아온 억척 여성이었다. 국화꽃은 이런 이미지를 가지면서 소년의 마음속에 주요한 모티프로 자라나게 된다.

또 다른 여성은 침모 대롱댁이다. 그녀는 아기를 낳지 못해 남편에게 박대를 당하다가 다시 결합하여 남편과 잘 지내는데 그 이유를 수를 잘 놓는 그 참한 마음의 끈기 때문으로 본다는 이야기다.

국화가 그 맹랑하게 밝은 눈들을 떠서 피어나고 그 약 같은 냄새를 빚어내고 있을 때 내게는 또 우연처럼 좋은 친구가 하나 찾아왔다. '대롱댁'이라는 택호를 가진, 얼굴이 반 곰보인 마흔쯤 되어 보이는 아주머닌데, 아이를 못 낳아서 남편이 첩댁을 두고는 박대가 심하여 살 수 없어 나와 가지고 이집 저집 돌아다니며 바느질품을 팔아 살아간다 했다. 특히 그는 수를 잘 놓아, 이때, 이 아주머니는 우리 집에서 새로 만든 여러 개의 베갯모에 수를 놓아 주려 들렀던 것이다.

이 아주머니는 새끼를 낳은 원앙새의 수도 놓고, 또 모란꽃도 놓았지만 웬일인지 내가 새로 심어 놓은 그 국화꽃과 빛이 같은 그 눈부신 노랑의 국화꽃을 여러 개 바늘 끝으로 박아 내 놓았다. 이렇게 이걸 이분이 박아 내고 있는 것은 이때 내게는 아주 마음에 살 들이맞는 장단이어서 적지 아니 신기했는

---

35 서정주, 『미당 서정주 전집』 3(시), 은행나무, 2015, 222쪽.

데, 이 침모 아주머니는 어떻게 그렇게 됐는지 아주 사람을 잘 웃기는 이야기들과 웃음을 아울러 지니고 있어서 나도 어느새인지 그 수놓으시는 국화꽃과 그 너그러운 이야기와 웃음을 지켜보고 듣고 있는 동안 문득 쌩긋쌩긋 웃음을 터뜨리게 되었다. (중략) 그러고는 나는 한 이십 년 가까이 이 국화라는 꽃을 별로 가까이 한 적이 없었는데, 1945년 해방이 되어서 또 우연한 기회에 국화를 가까이 할 마련이 되었다. (중략) 1946년[36] 해방 이듬해의 가을 어느 날 밤 잠이 잘 안 오던 끝에 나는 뜰에 피어 있는 국화꽃들을 생각하며, 「국화 옆에서」라는 한 편의 시를 썼다. (중략) 이 한 편의 삼십 대의 사내의 시 속에는 소년 시절의 흔적이 역시 묻어 있는 것이다.[37] (강조는 인용자)

산문 「국화I」의 후반부에 보면 대룡댁의 만년이 술회되는데 국화의 심미적 이미지가 여기에 다음과 같이 활용된다.

이 침모가 남편한테로 다시 갔다는 기별을 들은 뒤 한참 지나서 들으니, 참 별일이지 공방이 활짝 풀려 춘향이 이도령 광한루에서 만난 것같이 아주 좋게 지낸단다 했다.
그러다가 이분은 수명이 별로 길지 못해 남편에게 돌아간 지 몇 해 되지 않아 세상을 하직하고 말았다.
그러자, 남편은 그 뒤 사뭇 연달아 홀아비로 지내면서 어떤 딴 여자에게도 다시는 한눈을 팔지 않았다.
이런 경우, 이 두 부부 사이의 최상의 조절자는 아무래도 그 베갯모에 많이는 놓여진 그 노오란 우리 국화 아니었겠는가? 현실의 사랑을 조절

---

36 실제로는 1947년으로 시인의 착오이다.
37 서정주, 「국화III」, 『서정주문학전집』 4, 일지사, 1972, 100~101쪽.

하곤 다시 영원으로……³⁸

　국화가 역사의 사승자 역할만이 아니라 사람과 사람 사이의 관계를 조절한다는 말의 참뜻이 여기에 있다. 시인은 불행했던 여인이 다시 행복하게 되는 이유가 베갯모에 수를 놓으며 기다리는 인내심 때문이라고 보는 듯하다. 그것은 「국화Ⅱ」에서 보았던 '홈 시크'이자 '매운 일들을 더 잘 견뎌 내야겠다'는 마음과도 상통한다. 그러므로 「국화 옆에서」의 여성 이미지 속에 어린 시절의 여선생님의 이미지와 침모 대롱댁의 이미지도 얼마간 내재해 있다고 보아도 좋다.

38　서정주, 「국화 Ⅰ」, 앞의 책, 97쪽.

03 ___ 해석의 새로운 맥락들

이 논문은 서정주의 「국화 옆에서」와 관련된 산문을 집중적으로 살피고자 했다. 관련 산문은 모두 네 편이다. 「시작 과정—졸작 「국화 옆에서」를 하나의 예로」는 이 시의 창작 과정을 시인 스스로 밝히고 있는 산문이다. 『민성』(1949.8.)에 수록했으니 관련 산문으로서는 가장 이른 시기의 것이다. 여기에서 시인은 3연의 여인 이미지를 오랜 기간 가다듬어 만든 다음에 1연과 2연을 작성하고 마지막 4연은 많은 고민을 가진 뒤 잠 못 이루는 실제의 자기 경험을 토대로 형상화했다고 밝힌다. '3→1, 2→4'의 창작 순서를 알려준다. 꽃이나 여인은 현실 이미지라기보다 「부활」(1939)과 「꽃」(1945)에서 보인 '무형화된 넋의 세계'에 대한 경도로 이해할 수 있다. 그래서 이 꽃과 여인은 수많은 고난과 어려움을 극복하고 원숙한 미에 이른다는 '성취의 표상'을 이룬다. 여기에 소쩍새의 울음과 천둥소리가 작용함으로써 국화꽃 한 송이 피는 과정 속에 우주 질서 전체의 연쇄의 법칙이 함축된다. 이것이 바로 이 시가 교육정전으로서 교과서에 오래 자리한 이유가 된다. 전체 시상 중 처음으로 작성한 3연의 여인 이미지—소복 입고 거울 앞에 앉은 40대의 중년 여인의 이미지는 경험상으로 보면 보통학교 여선생님과 소박맞은 침모 대롱댁의 이미지가 반영되어 있음을 살펴볼 수 있다.

'국화 누님'과 관련하여 특기할 만한 또 다른 점은 전통적인 문화상징의 변혁이다. 노란 국화의 전통적 이미지는 '군자'며 이는 남성의 정치적 지조와 절개를 표상하는 윤리적 가치를 대변한다. 서정주의 국화는 이런 패러다임을 일거에 바꾼 문화상징의 혁명이다. 군자를 누님으로, 윤리적 가치를 심미적 가치로 전환하는 데에는 「국화 옆에서」를 제외한 다른 요인이 없다. 한 편의 시가 국화의 문화상징을 바꾸었다는 점에서 주목할 만하다.

「국화Ⅰ」은 역사의 사승자에 관한 논의가 펼쳐진다. 즉 시의 맥락이 민족의 기원으로까지 확장된다. 국화는 역사를 생각하게 해주는 동시에 '매운 일들을 더 잘 견뎌 내야겠다'는 마음의 서약으로 발전한다. '그립고 아쉬움에 가슴 조이든 머언 먼 젊음의 뒤안길에서 인제는 돌아와 거울 앞에 선' 삶의 어려운 역경들이 역사의 어려움과 자연스럽게 겹쳐지는 것이다. 어려움을 견뎌 이기는 이미지가 쑥과 국화 속에도 함께한다.

「국화Ⅱ」는 문학적 상상력이 확장되어 국화가 서정주 문학의 풍요로운 감각세계와 상상세계 속으로 들어가는 기능을 촉발시키고 있음을 보여준다. 소년 시절의 '질마재―줄포 바다호수길'의 인문학적 걷기체험으로부터 배고픔을 견뎌 이기는 굴풋한 태도를 배우게 되는데 이는 곧 시련을 극복하고 꽃 피우는 가을 국화의 이미지와 상통한다. 시에서 보이는 봄부터 소쩍새가 울고 천둥이 먹구름 속에서 우는 일련의 과정은 산문의 '한정 없이 굴풋한' 상황과 어법적으로 같은 구조다. 이 산문 속의 '새 꽃송이'가 바로 '인제는 돌아와 거울 앞에 선 내 누님같이 생긴 꽃'이며 무서리를 맞고 피는 노란 국화꽃인 셈이다. 시 「국화 옆에서」와 산문 「국화Ⅱ」를 함께 읽으면 이런 점에서 해석의 새로운 맥락을 발견하게 된다.

「국화Ⅲ」은 소년 시절의 여성 캐릭터를 호명한다. 보통학교 3학년 때의 여선생님과 집안의 침모였던 대롱댁을 국화와 연관시킨다. 이들은 버려져서 삶의 어려움을 겪고 있다는 점에서 「국화 옆에서」 '누님'의 젊은 날과 비슷하다. 특히 대롱댁은 버려졌음에도 끈기 있게 국화 수를 놓으며 살아가다가 다시 남편에게 돌아가 행복한 삶을 산다는 점에서 '인내 뒤의 성취', '고난과 그 극복'이라는 「국화 옆에서」의 문법을 체현하는 인물이다. 두 여성이

「국화 옆에서」, '누님'의 원형이라고 단정할 수는 없다. 그러나 시인이 술회한 대로 내면에 여러 여인의 모습이 내재해 있다가 특정한 이미지로 형상화하기 시작했을 때 소년 시절에 만났던 두 여성의 성격이 일정 정도 반영되었다는 점을 부인하기는 어렵다.

「국화 옆에서」의 관련 산문들을 검토해 보면 시의 해독에 새로운 관점과 풍부한 맥락을 얻을 수 있다. 이런 점이 이 연구의 의의이기도 하다. 관련 산문을 검토하는 논의가 지속적으로 이어져서 보다 진전되고 보완된 연구 성과가 나오기를 기대한다.

5장 1942년의 고향 서사

서정주의 고향 서사에 대한 고찰:
1942년 산문을 중심으로,
『국어국문학』191, 국어국문학회, 2020.

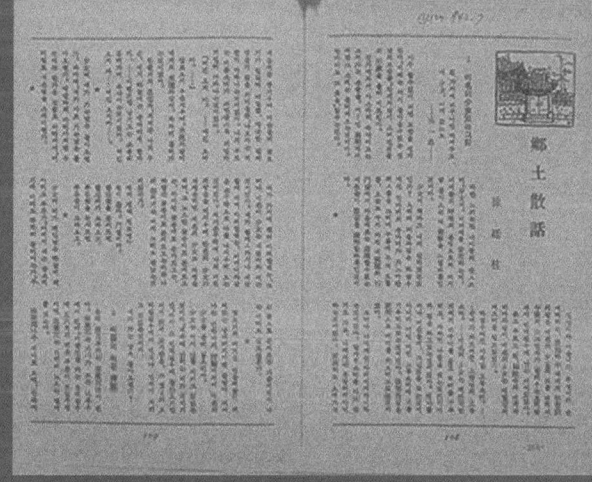

01 ___ 고향 이야기에 주목해야 하는 이유

　일제강점기 서정주의 고향 산문[1]에 대한 연구가 거의 없다. 만주 체험 (1940.10.~1941.1.) 이후 귀국하여 해방 직전까지 그는 주로 두 종류의 글을 썼다. 고향에 관한 산문과 11편의 친일작품이다. 서정주는 오장환이 운영하던 남만서고에서 첫 시집 『화사집』(1941.2.10.)을 발간하고 '일류시인' 평가도 받기는 했으나[2] 그의 삶과 문학의 길은 그리 순탄치 않았다. 경제적 곤궁은 시간과 함께 지나갔지만 친일작품을 써야 했고 이 이력은 두고두고 그의

1　'고향 산문'은 고향을 글감으로 다루는 산문을 가리킨다. 서정주는 고향 산문을 1942년에 집중적으로 발표한다. 이 산문에 대한 연구는 드물다. 최현식이 한 연구에서 부분적으로 관심을 보인 바 있다. 최현식, 「질마재」의 역사성과 장소성: 산문과 자전自傳의 낙차」, 『한국시학연구』 43, 한국시학회, 2015, 149~154쪽. 이밖에 서정주의 1940년대 산문에 대한 연구로 참고할 만한 경우는 허윤회(2008)과 김익균(2013)이 있다. 허윤회, 「1940년대 전반기의 서정주」, 『한국문학연구』 34, 동국대학교 한국문학연구소, 2008, 239~271쪽. 김익균, 「1940년대 전반기 서정주 시의 서구 지향과 동양 지향」, 『동서비교문학저널』 28, 한국동서비교문학학회, 2013, 75~96쪽.

2　서정주에 대한 초기의 평가(등단부터 해방 직전까지)는 10종 정도 조사되었다. 신춘문예 심사평(1936.1.11. 석간 5면)을 필두로 박용철, 윤곤강, 최재서, 김광균, 임화, 김종한 등이 참여했다. 이 중에서 본격적인 비평담론은 「현대의 서정정신」에 나타난 임화의 평가다. "우리 젊은 시단에서 씨와 어깨를 겨룰 사람은 그리 많지 아니하다.", "씨는 분명히 우리 젊은 시단 제일류의 시인이다.", 임화, 「현대의 서정정신」, 『신세기』, 1941.1., 72쪽. 이 글은 『화사집』에 대한 평가라기보다 『신세기』 1940년 11월호에 발표된 서정주의 「행진곡」에 대한 평가인데 당시 신체제의 젊은 시인들에 대한 언급 가운데 나온다. 「화사」, 「입맞춤」, 「맥하」 등을 분석하는 윤곤강(1940), '조선의 비용'으로 칭하는 최재서(1940)의 논의에 이어지는 임화의 평가는 서정주가 등단 초기부터 주목받는 시인임을 알게 해준다. 이에 대한 서정주의 증언도 흥미롭다. "내 처녀시집 『화사집』의 원고 뭉치도/비로소 우리 '시인부락'의 동인이자 남만문학국 주인이었던/무골호인 김상원의 온정을 만나 인쇄에 붙이게 되었고,/이 무렵의 유력한 인기 평론가였던 임화는/어디에선가 내 「행진곡」이라는 시를 들어/딱한 이 나라의 제일 시인은 서정주라고/추켜세워 놓기도 했어서/이때 이 귀향길의 서울 기류寄留는/내게는 참말 계면쩍을 정도의 호사한 일이었네."(서정주, 「뜻 아니한 인기와 밥」, 『미당 서정주 전집』 4(시), 은행나무, 2015, 214쪽.)

상처가 된다.

이 무렵 서정주 문학의 중요한 제재는 '고향'이고 대부분 산문으로 발표된다. 서정주의 고향 산문은 일제강점기 친일문학 생산 직전의 체념 서사인 동시에 저항 서사의 성격이 짙다.[3] 그가 산문으로 발표한 「네 명의 소녀 있는 그림」의 첫 구절에서 보는 것처럼, "아조 할 수 없이 되면 고향을 생각한다"[4]는 태도가 배회하는 청년 서정주를 '귀향'으로 이끌게 된다. 귀향의 구체적 형태가 바로 '고향 서사'다.

고향에 대한 이야기는 외형상 조선의 정체성과 언어·문화에 대한 성찰로 이어지면서 서정주 문학의 향토성을 구축하는 계기로 작동한다. 이 향토정신이 발전하여 후일 『질마재 신화』(1975)의 바탕이 된다. 그런 점에서 해방 직전 서정주의 고향 산문은 주요한 연구 대상이다.

『화사집』 이후 해방 전까지 시가 4편 발표[5]되는 점에 비추어보면 이 무렵의 고향 산문의 비중은 작지 않다. 『화사집』의 숨 가쁜 호흡과 결별하여 그가 돌아가고자 한 세계는 향토 공간으로서의 '고향'이다. 본고는 일제강점기 특히 서정주의 1942년 글감이 왜 '고향'인가의 문제에 주목하면서 고향 서사의 다양한 양상과 특성을 살펴보고자 한다.

---

3 조선일보 폐간 기념시로 쓴 「행진곡」이 내면의 강렬한 저항정신으로 많은 사람들에게 민족 감정을 불러일으키고 이로 말미암아 고창경찰서 유치장에 두 달 반이나 구속되는 것처럼, 그의 고향 산문 역시 일제 말기 모국어로 쓴 저항문학으로 해석할 수 있다. 표면상으로는 「행진곡」이나 고향 산문들은 체념의 문학으로 보인다.
4 서정주, 「향토산문―네 명의 소녀 있는 그림」, 『신시대』, 1942.7., 108쪽.
5 「문들레꽃」(『삼천리』, 1941.4.), 「살구꽃 필 때」(『문장』, 1941.4.), 「조금」(간조)(『춘추』, 1941.7.), 「거북이」(『춘추』, 1942.6.) 등이다.

02 ___ 1942년의 고향 서사에 대한 이해

당대 문단에서 '고향'의 등장은 서정주만의 특성은 아니고 1930년대 후반 한국시의 주요한 조류이기도 했다.[6] 많은 시인들이 시를 통해 고향을 집중적으로 형상화하는 방식과는 달리, 서정주는 산문 형상화의 길을 택한다. 『화사집』 직후의 주요한 문학적 관심이 고향이라는 점은 당대의 문학적 풍토에서 멀어지지 않으려는 태도로 이해할 수 있다. 이런 현상을 최현식은 "'고향'이 제공하는 정신의 활력과 안정, 이를테면 크게는 새로운 세계상의 창출과 관련된 미래의식의 앙양, 작게는 친밀감의 충족에 따른 자아의 안정과 위안 같은 정서적 효용성을 높이 산 때문"[7]이라고 분석한다.

본고는 서정주의 고향 서사가 '아조 할 수 없이 되면'이라는 상황에 대한 미학적 대안으로 본다. 이 상황은 포괄적이고 함축적이기도 한데 이를테면 고향 떠나 사는 삶의 곤궁함이 맞닥뜨리는 '견딜 수 없는 지경'일 수도 있고 문학적 탐색과 방황의 마지막 출구일 수도 있다. 서정주의 1942년 고향 서사에는 이 두 가지 요인이 다 있다고 본다.

중앙고보 진학(1929)으로부터 시작된 '탈향' 체험은 결혼(1938)에도 불구하

---

[6] 이명찬은 한 연구에서 1930년대 후반 우리 시의 '귀향' 성향을 과거로의 퇴행(서정주, 백석, 노천명, 김광균, 장만영, 유치환), 장소 이탈(김기림, 정지용, 박남수), 미래로의 투사(임화, 이용악, 오장환, 이육사, 윤동주) 등으로 유형화함으로써 1930년대 문학의 시대적 특성을 부각시킨다. 이명찬, 「1930년대 후반 한국시의 고향의식 연구」, 『1930년대 한국시의 근대성』, 소명출판, 2000, 20~21쪽 참조.

[7] 최현식, 『서정주 시의 근대와 반근대』, 소명출판, 2003, 96쪽.

고 가장 노릇도 못해 만주까지 진출해야 하는 극한 상황(1940)으로 이어진다. 가난을 벗어나고자 고향을 떠났지만 하는 수 없이 고향으로 다시 돌아올 수밖에 없는 상황을 자연스럽게 떠올릴 수 있다.

실제로 이들 고향 서사가 고향에서 창작된 것은 아니다. 그는 『화사집』 출간 이후 경성에서 요행히 직장을 얻는다. 사립 소학교인 동대문여학교 3학년 담임교사 자리다. 교사 자격증이 있는 건 아니지만 대부분의 교사가 조선인들이고 교장이 문학에 조예가 있어서 특별 배려의 대상이 된 덕분이다. 행촌동에 방을 얻어 고창에서 처자를 불러올린다.[8] 2학기 땐 다시 용두동에 있는 동광학교로 자리를 옮겨 한 달 급여 45원을 받는 '촉탁 훈도'가 된다. 그러나 비정규직 임시 교사 일도 오래하지 못하고 1942년 봄에 연희동 궁골로 이사하여 『옥루몽』 번역을 하며 지낸다. 가난하지만 세 식구가 단란하게 살던 시기다.[9]

서정주의 고향 서사는 이 시기 즉 연희동 궁골 셋방 시절의 작품이다. 그나마 구한 직장을 그만두고 '아조 할 수 없이 되어' 고향에 대해 생각한 결과가 이들 '고향 서사'의 형태로 발표된다. 몸은 경성에 있어도 마음이 '아조 할 수 없이 되어' 고향을 회상하는 경우라 하겠다. 동아일보와 조선일보가 폐간되고(1940.8.11.), 일본의 진주만 습격으로 인한 태평양 전쟁이 일어나며(1941.12.7.), 글쓰기로 존재의 의의를 이어나가던 문사들에게 조선말 사용은 자연스럽게 제한되는 상황이었다. 조선일보 폐간 기념시인 「행진곡」(1940.11.)은 그래서 모국어 최후의 비장한 저항시인 것이다.

---

8 『인문평론』 1941년 4월호 「문단일지」란에 『조선현대시집』(전 4권) 근간 예고 기사가 나온다. 서정주는 김광균, 이찬, 이용악, 오장환, 윤곤강, 장만영 등과 함께 제4권에 배치되어 '신세대' 시인으로 이미 평가받고 있음을 알 수 있다. 그 아래쪽에 시인 서정주의 이사 정보가 다음과 같이 나온다. "경성부 행촌정 141-1로 이선.", 『인문평론』, 1941. 4., 49쪽 참조.

9 『화사집』 발간 이후 서정주의 경성 생활상에 대해서는 그의 자서전을 참조. 서정주, 『미당 서정주 전집』 7(문학적 자서전), 은행나무, 2016, 82~130쪽.

잔치는 끝났드라.

마지막 앉어서 국밥들을 마시고,

빠알간 불 사루고,

재를 남기고,

포장을 걷으면 저무는 하늘

일어서서 주인에게 인사를 하자.

결국은 조끔씩 취해 가지고

우리 모두 다 돌아가는 사람들.

목아지여

목아지여

목아지여

목아지여

멀리 서 있는 바닷물에선

난타하여 떨어지는 나의 종소리.

—「행진곡」[10]

이 작품이 발표되는 시기에 그는 만주에 있었다. 직장을 구해 성공하기 위해서 고향과 조국을 떠났지만 여기의 상황도 여의치 않았다. 귀국하여 돌아오니 『화사집』이 발간되기 직전이었고 이런저런 인연의 덕으로 경성에

---

10 서정주, 『미당 서정주 전집』 1(시), 은행나무, 2015, 98쪽.

눌러앉아 일자리를 겨우 잡은 상황이었다. 악조건 속의 삶의 환경이 '아조 할 수 없이 되면 고향을 생각한다'는 의식으로 발전하는 것이다.

다른 한 요인은 문학적 표현 대상으로서 고향의 재등장이다. 이는 『화사집』을 주도적으로 지배하던 서양적 세계(그리스 신화, 성경, 보들레르와 도스토옙스키 문학, 니체 철학 등)와 결별한 후의 미적 대안이라는 뜻도 있고, 등단 이전에 힘써 추구했다가 불태워 버렸던 30여 편의 작품 속에 드러난 '향토애의 경지'에 대한 회귀일 수도 있다.[11] 향토애의 시 창작은 실패했지만 그에 대한 반대급부로 산문 창작을 시도해 본 것으로 이해하는 방식이다.

『화사집』이전의 10대 습작품의 시 세계는 당대 시인들의 주요한 관심사 가운데 하나인 '고향'이나 '향토애'를 다루는 것이었지만 보다 큰 차원에서 보자면 '조선적인 것의 정체성'을 탐구하는 문장파의 정신에 잇닿아 있는 것이기도 하다. 하지만 서정주는 문장파와는 거리를 둘 수밖에 없었다. 그의 문학적 후견인은 『문장』의 정지용이 아니라 『인문평론』의 최재서였으며 이 관계가 결국 그를 친일문학으로 기울게 하는 중요한 동기가 되기도 한다. 그러므로 서정주는 조선 정체성을 탐구하기는 하되 문장파와는 다른 방식을 택해야만 했다.

등단 무렵의 서정주는 학력자본이나 문화자본상으로 '프롤레타리아적 지식인'에 속했으며,[12] 이런 아비투스로서 문장파의 추종자가 되기를 거부

---

11 "내가 20 이전에—그러니까 지금으로부터 15년 전에, 최초에 봉착한 시의 세계는 일종의 향토애의 경지였던 것을 기억한다. 내가 호남의 시골뜨기요, 또 마침 처음 읽은 시집들이 주요한, 김동환 씨 등의 향토적인 것이었음에도 이유가 있었겠지만, 현재의 자기라는 것에 비추어볼 때 이 최초의 봉착은 오히려 내 본질에 속하는 것이 아니었던가 생각된다. 좌우간 나는 이 향토색을 위주로 30여 편의 습작을 모아 당시의 내 은사였던 홍순복이라는 이를 통해 소천 이헌구 씨에게 뵈었고, 그중에 몇 편은 동아일보엔가 발표된 일이 있었다. 대담했다면 대담했고 무모했다면 무모했다고도 하겠으나 그 유치한 30여 편을 나는 소각해 버린 지 오래니 과히 허물치 말기를 바란다.", 서정주, 「나의 시인생활 자서」, 『백민』, 1948.1., 90쪽.

12 프롤레타리아적 지식인은 부르디외의 개념이다. 부르디외는 '문학장이 복됩직 세계라는 믿음이 생겨날 때 그 세계에 대한 환상이 지방과 민중 출신의 가난한 젊은이들을 살어당긴다'고 한다. 피에르 부르디외, 하태환 옮김, 『예술의 규칙』, 동문선, 1999, 85~86쪽 참조. 피에르 부르디외의 아비투스 이론을 서정주 문학과 관련시켜 진행한 글은 김익균의 동국대학교 박사학위논문 「서정주의 신라정신과 남한 문학장」(2013) 참조.

하는 방식의 일환으로 '고향 서사'를 선택한 것으로 생각해 볼 수 있다. 고향 이야기를 하기는 하지만 10대 때 쓴 시의 방식이 아니라 새로운 시적 탐색을 하기 위한 과정으로 우선 산문으로 재현하겠노라는 심산인 것이다. 이는 문장파의 실질적 지도자였던 정지용과 다른 길을 가고자 했던 신진 시인의 새로운 선택으로 볼 수 있다. 이 선택의 가장 수승한 실현은 「네 명의 소녀 있는 그림」으로서 후일 시집 『귀촉도』(1948) 속에 「무슨 꽃으로 문지르는 가슴이기에 나는 이리도 살고 싶은가」라는 시로 정착된다.

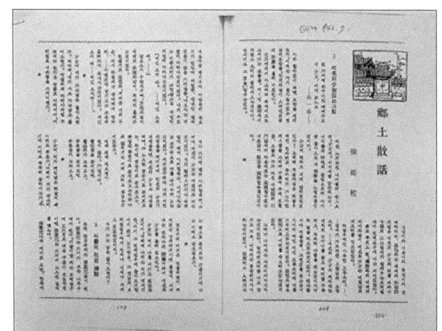

그림1 『신시대』(1942.7.)에 수록된 산문 「향토산화」
첫 번째 산문이 「네 명의 소녀 있는 그림」이다.
이 산문은 두 번째 시집 『귀촉도』(1948)에 「무슨 꽃으로 문지르는
가슴이기에 나는 이리도 살고 싶은가」라는 시로 재수록된다.

서정주 문학에서 '고향 서사'의 등장을 이해하는 또 다른 방식은 임화가 지적한 '모순 가운데서 생의 지표를 세우는' 예술가의 태도다. 임화는 1930년대 등장하는 신세대 시인들의 특징을 평가하면서 서정주의 새로움을 "현대에밖에 살 곳이 없음에도 불구하고 날마다 그의 마음을 사로잡는 것은 현대로부터의 별리"[13]라는 특성으로 파악한다. 즉 서정주가 속한 신세대 중에서도 서정주만이 생의 모순적 상황을 효과적으로 잘 보여준다는 점을 인정한다.

---

13 임화, 앞의 글, 73쪽.

1942년 봄부터 여름까지 연희동 궁골 셋방에서 그는 '고향 서사'를 만든다. 경성에 살면서 끊임없이 경성을 탈주한다. 이 새로운 탐색의 귀착지는 어디인가. '의지'와 '육신'으로서 생의 본체인 '무명無明'을 살아야 한다고 생각했던 방식[14]에서 벗어나 '사망한 사람 전체의 호흡이 정기가 되어 나를 에워싸고 있는 것 같은 의식'[15]의 세계에 도달하는 1943년 여름 흑석동 집에서의 혹독한 열병 직후의 상황이다.

「꽃」(1945) 창작의 배후가 되는 이런 와병과 치유의 경험은 초시간적 연관에 관한 구체적인 사례다. 『화사집』의 「수대동 시」에 보이는 '고구려에 사는 듯/아스럼 눈 감었든 내 넋의 시골' 이미지가 보다 분명하게 강화되고 체감되는 경우다. 본고는 이런 미적 경험이 후일 신라정신으로 발전한다고 본다. 1942년의 '고향 서사'는 그 중간 과정에 있는 과도기의 산물인 것이다. 천년 이상의 시간을 통으로 이어 현재화하는 방식에 도달하기 전에 그의 미적 경험은 공간 지평을 확대하여 고향을 다시 호명한다. 서정주에 대한 임화의 예지가 '새로운 지평을 세우는' 것으로 보았다면, 이 새로움은 시간 통합으로 나아가기 위한 공간 확장이라는 점에 있는 것이다.

공간 확장 방식은 고향 인물에 대한 형상화로 집약된다. 1942년의 고향 서사는 고향 인물 열전의 초기 형태다.[16] 서술자가 1인칭 주인공이 되는 일상 경험의 보고여서 수필 성격이 강하다. 열두어 명 정도의 인물을 다룬다. 『질마재 신화』처럼 특별한 사건의 주인공을 다룬다는 기준도 없다. 다만 종

---

14 『화사집』시절을 회고하는 서정주의 표현이다. 서정주, 「나의 시인 생활 자서」, 앞의 책, 91쪽.
15 서정주, 앞의 글.
16 고향 인물에 대한 이야기는 세계일보(1960. 1. 5.~6. 19.)에 41회에 걸쳐 연재한 「내 마음의 편력」에 본격적으로 등장힌다. 서정주는 이 자서전에서 고향 인물들에 대한 이야기를 여느 소설가 못지않은 입담으로 풀어낸다. 이야기꾼의 자질은 이 시기에 매력적으로 나타나는데 『질마재 신화』에 이르면 구연형 담화라는 새로운 양식의 출현으로 무르익게 된다. 그러므로 1942년의 고향 서사 속 인물들은 『질마재 신화』를 배태하는 출발점으로 보아도 무방하다.

합적으로 살펴보면 '심층의 생의 매력'[17]을 풍부하게 가진다는 점에서 '안 잊히는 사람들'[18] 양식의 연습본이랄 수 있다.

본고는 이들을 두 부류로 유형화하고자 한다. 큰 범주는 남성과 여성이다. 남성은 다시 심미적 인간과 제의적 인간으로 분류하고 여성은 생의 심층 매력을 호소하는 중년 여인과 소녀들로 나눈다.

---

17 서정주는 그의 고향 서사와 관련하여 이런 표현을 직접 하지는 않았다. 후일, 세계 방랑을 하면서 만난 사람들의 이야기를 가리키는 표현인데, 이는 곧 문학적 형상화를 위한 인물 선정의 기준을 뜻한다. 1942년의 고향 산문에 적용해도 크게 문제가 되지 않는다. "미국과 캐나다, 중남미 여러 나라들과 아프리카 몇 나라, 유럽 14개국과 근·중동과 호주와 동남아의 나라들을 이어 떠돌면서 각기 다른 진풍이속珍風異俗이나 세태인정世態人情, 자연과 문화의 특장점, 그런 것들을 우리나라 것과 대조하며 열심히 보고 듣고 다닌 점에서는 나도 물론 딴 여행객들과 마찬가지였지만, 특히 내가 독자적으로 눈독을 올려 찾기에 골몰하고 다닌 건 외국 사람들이 살고 있는 **심층의 생의 매력의 간절함**이었다. 물론 이것은 그들의 오랜 전통과 아울러서다.", 서정주, 『미당 서정주 전집』 2(시), 은행나무, 2015, 169쪽.

18 서정주의 본격적인 인물 열전이다. 처음에 연재할 때의 제목이 「내가 만난 사람들」(『월간중앙』, 1970.12.~1971.12.)이었으며, 이 중에 고향 마을 사람들로는 어머니 김정현, 아버지 서광한, 도깨비 마누라, 소도적 장억만 씨, 털보 소따라지 아재 등이 있다. 「안 잊히는 사람들」은 은행나무본 『미당 서정주 전집』 9(산문)으로서 「문치헌 일기초」에 등장하는 인물들과 편지로 교유한 사람들 및 '내가 만난 사람들'을 더 늘려 확장한 경우다.

03 ___ 심미적 인간과 제의적 인간

두 유형은 『질마재 신화』의 인물들을 분석하는 유효한 방식이기도 하다. 이 이야기 시집 속에 등장하는 대부분의 인물들은 이런 유형에서 크게 벗어나지 않는다. 심미성과 제의성은 고향 마을 사람들의 주요한 자질이자 특성이다.[19] 그리고 그것은 『삼국유사』 인물들의 속성이기도 하다. 이는 곧 사람을 바라보는 서정주의 '해석의 틀'이 1942년에 마련되기 시작해서 신라 탐구의 과정(1950~1960년대)을 거쳐 1970년대까지 지속된다는 의미다.

1942년의 고향 서사는 서정주 문학의 전개 과정에서 인물에 관한 형상화를 본격적으로 시도한다는 점에서 특별하다. 인물의 내력과 간난신고와 직접 마주쳐 얻은 경험과 세밀한 묘사력이 결합하여 이야기꾼의 재능을 발휘하기 시작한다. 『질마재 신화』 '인물 열전'의 초기 형태가 엿보인다는 점에서 서정주의 '사람 관찰하는 법'의 특성을 파악할 수 있다. 그는 사람에게서 심미적 태도와 제의 전통 체현을 비중 있게 바라본다. 이런 기준이 '심층의 생의 매력'의 주요한 토대가 된다.

---

19 고향 사람들의 성격에 심미성과 제의성을 부여할 수 있는 근거는 한 세대 이상의 시간이 지난 뒤 발간된 『질마재 신화』 캐릭터 분석의 결과다. 이 시집 속 캐릭터의 주요한 두 성격은 심미성과 제의성인데 이는 미당 스스로 마을 사람들의 유형을 '유자파, 심미파, 자연파'로 분류한 것과 다르다. 실제 문학작품으로 형상화된 유형들은 심미파(심미적 인간)와 자연파(제의적 인간)라는 뜻이다. 심미파는 비록 가난하지만 삶에서 미적 속성을 잃지 않으려는 이들이며 자연파는 초월적 세계에 대한 믿음이 강한 '신화적 인간' 유형들이다. 이 범주는 『질마재 신화』의 캐릭터 성격을 설명할 수 있는 효율적인 분류기준인데 본고는 그 초기 형태가 1942년의 '고향 서사'에 나타난다는 점을 주목한다. 자세한 내용은 윤재웅, 「심미적 인간과 제의적 인간」, 『내러티브』 9, 한국서사학회, 2004, 176~200쪽 참조.

「질마재 근동 야화」[20]의 첫 번째 이야기인 「중운이와 같이」에 등장하는 '중운이'는 뱃사람이다. 서정주가 방황하던 스물 한두 살 무렵, 1934년에서 1936년 사이 고향 마을에 잠시 머무는 동안 서해안에 주꾸미 낚싯배를 같이 타고 나간 서너 살 손위 총각이다. 중운이의 가장 큰 매력은 이야기책 『춘향전』을 읽는 낭랑한 목소리다. 서정주는 중운이의 낭랑한 낭독 소리에 '눈이 극도로 밝아지는 순간'을 체험할 뿐만 아니라 춘향이가 '생생한 혈액의 향내를 풍기우며 바다에 그득히 살아나는' 체험까지 하게 된다. 그리고는 로댕이 이야기했다는 '비너스는 바다의 수심과 파도에 살찌고 연마되어 탄생했느니라'의 의미를 비로소 온전히 이해하는 경험을 한다.[21] 그런 점에서 중운이는 실제의 삶과 예술 표현 사이의 거리를 없애주는 특별 교사다.

텍스트 속의 캐릭터가 현실에서 감각적으로 살아나 다가오는 경우는 특별한 심미적 경험이다. 춘향이의 '생생한 혈액의 향내'를 바다에 그득하게 되살리는 낭독은 방황과 좌절에 빠져 있던 젊은이에게 고전 캐릭터의 부활을 경험하게 하는 소리로 다가온다. 중운이는 목소리 자체도 좋았을 테지만 이야기책의 정감을 살려가며 잘 읽었을 것이다. 순간순간의 감정과 분위기를 살려 책 속의 인물을 현실로 호출했을 것이다. 요즘 기준으로 보면 아마도 훌륭한 성우였을지 모른다. 그는 텍스트의 아름다움을 자기화할 줄 알 뿐만 아니라 타인에게도 공감시키는 심미적 인간으로 짐작할 수 있다.

서정주는 이 경험을 오래 잊지 못하고 중운이에게 감사하지만 얼마 뒤 중운이는 늦봄 폭풍의 바다에서 운명을 달리한다.[22] 서정주는 1940년 무렵 고향으로 내려갔다가 중운이의 '불귀' 소식을 듣고 안타까워한다. 건장

---

20 매일신보, 1942. 5. 13.~21. 「중운이와 같이」, 「민며느리와 근친觀親」, 「동채와 그의 처」 세 편이 수록되었다.
21 서정주, 『미당 서정주 전집』 8(산문), 은행나무, 2017, 86쪽 참조.
22 서정주는 이 글에서 중운이가 바다에서 죽은 해를 정축년으로 기억한다. 정축년은 1937년이고 그해는 서정주가 제주도를 떠돌다가 집으로 돌아와 「자화상」을 탈고한 해기도 하다.

한 청년의 바다 침몰을 역설적으로 '장할진저'라고 표현하면서 다음 해 다시 내려가서는 중운이의 환영을 만나는 체험을 한다. 민물과 바닷물이 만나는 장수강에서 망둥이 낚시를 할 무렵 밀려오는 만조의 바닷물 소리 속에서 중운이가 고함치는 소리를 듣는 것이다.

> 작년 여름에도 잠깐 질마재에 들렀다가 아무래도 망둥이 낚시질을 그만두고 올 수가 없어서 비가 아조 개이지 않음에도 불구하고 나는 란닝구 샤쓰에 사루마다만 입고 앞바다에 나갔다.
> 비는 멎을 듯하더니 다시 쏟아지며 개울이 합해 흘러내리는 육수 때문에 망둥이는 한 마리도 내 낚시를 물지도 않고 할 일 없이 비에 척척히 젖어 있으려니까 어느 사이 밀려오는 만조 때가 되었음인지 멀리서 바다가 고함을 치는 것이었다.
> 우— 우— 우— 우— 중운이같이 고함을 치는 것이었다.[23]

생의 극적 순간과 죽음 뒤의 재생의 느낌을 함께 다루는 이 산문은 사람의 아름다운 소리와 자연의 소리를 합치시키는 심미적 태도가 특별하다. 심미적 인간 중운이는 생사를 초월하여 시인에게 다가온다. 『화사집』의 「부활」에서 죽은 소녀 '수나'가 재생하는 방식, 또는 『질마재 신화』의 「해일」에서 만조의 밀물 속에서 바다에 나가서 죽은 외할아버지가 돌아오는 환영을 보는 외할머니의 홍조 띤 얼굴에 대한 시인의 이해도 같은 원리로 구성된다. 생사를 초월하는 아름다움에 대한 포착이 서정주 고향 서사의 주요한 특성이랄 수 있겠다.

같은 지면의 세 번째 이야기인 「동채와 그의 처」에 등장하는 '박동채' 역시 심

---

23 서정주, 앞의 책, 87쪽.

미적 인간이다. 동채는 중운이보다 훨씬 앞서서 서정주에게 이야기의 재미와 아름다움을 일러준 '하늘이 준 선생님'이다. 동채는 70호도 채 안 되는 질마재 마을에서 제일 어진 사람이다. 신분은 '우리 집 머슴'이지만 사건을 아름답게 만들어 전하는 이야기꾼의 재능을 통해 어린 정주에게 깊은 영향을 미친다.

> 별이 똥을 싸서 밭에 누어 놓으면 그게 누깔사탕이 된다는 이야기라든가(나는 그해에 동채가 장에 가서 사다 주는 누깔사탕을 처음 먹어 보았으므로), 우렁은 2천5백 년씩 잔다는 이야기라든가, 뻘경 병을 깨트리면 뻘경 바다가 나오고 누런 병을 깨트리면 누런 바다가 나오고 푸른 병을 깨트려야 비로소 푸른 바다가 나온다는 이야기라든가(지용의 시), 진달래꽃은 솥작새(자규)하고 서로 무슨 아는 사이라든가, 논바닥에 기는 거이를 항상 나한테 잡아 주어서 소살이를 시켰고, 산에 가면 머루 다래 토끼똥 꿩알들을 늘 얻어다 주면서 그 멀고도 아득한 이야기들을 『추구』 읽는 틈틈이 들려주던 동채는 확실히 하늘이 나한테 마련한 선생님이었다.[24]

서정주가 후일 고향 사람들을 회상하는 다른 글에서 분류한 것처럼 그는 심미파면서 자연파였다.[25] 1922년부터 듣기 시작한 '멀고도 아득한 이야기'는 외할머니로부터 듣는 이야기책 스토리와 더불어 어린 미당의 상상력을 키우는 주요한 바탕이 된다. 궁벽한 시골 마을에 태어나 신춘문예를 통해 문사의 반열에 오른 1930년대 신세대 시인 서정주의 어린 날 머슴 선생

---

24 서정주, 앞의 책, 91~92쪽.

25 서정주는 질마재 마을 사람들을 유자파, 자연파, 심미파로 나눈다. "가만있자. 마을 사람들은 대개 무슨 마음 무슨 마음으로 살고들 있었던가—인제는 그것을 생각해 볼까. 인제 와 풀이해 보니, 그들의 정신을 대개 세 갈래의 유파로 나눌 수 있을 것 같다. 첫째는 유자儒者, 둘째는 자연주의, 셋째는 뭐라 이름을 붙였으면 좋을진 모르겠으나 노래 잘하고 춤 잘 추고 소고·장구·꽹과리 잘 치고 멋 내길 좋아하고 또 건달패이기도 했던 사람들—일종의 심미파審美派라고나 할까.", 서정주, 『미당 서정주 전집』 6(유년기 자서전), 은행나무, 2016, 56쪽.

님 박동채. 학력자본도 문화자본도 이렇다 할 것 없는 '프롤레타리아적 지식인' 서정주에게는 고향 마을 사람들이 바로 문화자본의 원천이 된다. 박동채는 내러티브와 상상력의 개인교사였으며 경험현실 너머의 초월적 세계에 대한 동경을 교육하는 안내자였다.

또 한 사람의 예인은 '종구'로서 「향토산화」[26] 속 세 번째 삽화인 「객사 동대청에서 피리 불던 청년」의 주인공이다. 이 산문 역시 어린 시절의 추억을 되살리는 형식이다. 질마재 생가에서 고개를 넘어 20리쯤 이르는 홍덕 고을의 이모집에 갔을 때의 체험이 주요 내용이다. 옛날 현감이 있던 시절의 형장으로 쓰던 빈집에 와서 퉁소 불던 청년에 대한 회상기인데, 이 사람 또한 심미적 인간의 전형이다. 종구에 대한 정보는 이모가 이웃집 아낙에게 하는 담화 속에서 간접적으로 제시된다.

"참 별 빌어먹을 녀석도 다 있어라우. 성씨도 번듯한 녀석이 항상 재인놈들허고만 놀고. 제 에미가 고사리 낱 뜯어서 먹고살다가 죽은 것도 부족해서, 예편네는 또 오죽이나 굶겼으면 도망갔을라고…… 항상 그놈의 피린지 급살인지만 불면 배가 부른지 몰라" 하고는 "하도 듣기 싫어서 저이 삼촌들 동생들이 집에 있지도 못하게 하니까, 밤마닥 귀신도 안 무서운지 동대청 마룻바닥에 가 지랄을 허고는, 거기 쓰러져서 잔단다" 하고, 마지막으로 나에게 일러 주었다.

나도 그때는 이모와 동감이어서 '빌어먹을 녀석'이라고 생각하였다. 그러나 후에 나도 음악이라든가 예술이라든가 하는 것의 가치를 나대로는 조끔 알게 되어서, 그러니까 물론 그때는 벌써 태고도 오사한 후에 이모

---

26 『신시대』, 1942. 7. 「내 명의 소녀 있는 그림」, 「씨름의 작은 삽화」, 「객사 농대청에서 피리 불던 청년」세 편 중에서 「씨름의 작은 삽화」는 이 글에서 다루지 않는다. 추석 씨름판의 새미나는 시권에 대한 서술인데, 장소에 대한 세부 묘사와 당대 민속 풍경의 재현 등은 가치가 있으나 인물 형상화 방식은 유머나 풍자에 가깝다. 심미성이나 제의성과 거리가 멀어 이번 연구에서 제외한다.

네 집에 들렀다가 우연히 들으니 종구는 드디어 흥덕에서 살지를 못하고 홀몸이 어데론지 쫓기어 갔다고 한다.

종구는 확실히 아직도 어디에 살아서 피리를 불고 있을 것이다. 종구와 같은 사람이 그렇게 쉽게 죽었을 리는 만무한 것이다.[27]

어린 시절의 친구 태고는 이종형으로서 미소년이었는데 문둥이가 되어 객사했다고 술회되는 인물이다. 인용문은 덧없는 인생사에 대한 감회처럼 보이지만 피리를 통해 생에 몰입하는 예인에 대한 각별한 반응에 주목할 필요가 있다. 객사 동대청은 귀신이 나올듯한 허름하게 무너져 가는 옛집이다. 그곳에서 나 홀로 피리를 부는 예술가의 고독이 으스스한 분위기 속에 재현되고 있다.

이때의 심미적 인간은 아름다움의 재현이 아닌 운명의 형식으로 나타난다. 삶의 간난신고를 무릅쓰는 몰입의 재능이 바로 그것이다. 종구는 중운이와도 다르고 박동채와도 다른, 쓸쓸한 뒤안길의 예인으로서 깊은 여운을 남기는 인물로 각인된다. 그럼에도 불구하고 종구는 예술로서 영생하는 믿음을 주는 인물이기도 하다. 이 무렵의 퉁소 체험이 슬그머니 스며들어 「서풍부」(1940)와 「내 아내」(1969)에 나타나는 걸 보면 종구 역시 서정주의 문화자본으로서 심미성을 기르는 데 일정 정도 영향을 주었다고 볼 수 있다.

노루야 암노루야 홰냥노루야
늬 발톱에 상채기와
퉁수 소리와

—「서풍부」[28] 중에서

---

27 서정주, 『미당 서정주 전집』 8(산문), 은행나무, 2017, 104~105쪽.
28 서정주, 『미당 서정주 전집』 1(시), 은행나무, 2015, 64쪽.

내 남루와 피리 옆에서

삼천 사발의 냉수 냄새로

항시 숨 쉬는 그 숨결 소리.

그녀 먼저 숨을 거둬 떠날 때에는

그 숨결 달래서 내 피리에 담고,

— 「내 아내」[29] 중에서

종구의 '피리'는 초현실주의 시풍의 「서풍부」에서는 상처 많은 내 여자의 자질적 속성으로 드러나고,[30] 「내 아내」에서는 나의 남루와 피리로 재탄생한다. 피리는 시인의 상징이자 가난(남루)에도 굴하지 않는 예인 기질이다. 그것은 사람의 심금을 울려 그 몸에 오래도록 살게 한다. 피리의 예인은 소리로 영생한다. '종구 같은 사람이 그렇게 쉽게 죽었을 리는 만무한 것'이라는 진술은 실제로 그의 문학 속에서 재생함으로써 입증된다.

고향 사람들에 대한 기억의 호출 코드 중에는 제의적 인간상도 있다. 「고향 이야기」[31]에 나오는 신 장수 소 생원이 대표적이다. 질마재 마을 유일의 신발 장수인 소 생원에 대한 묘사 부분이 주목할 만하다.

> 흔히 볼 수는 없는 일이나, 반도인의 얼굴을 일일이 점검하고 지나가면은, "흥, 이건 정말 토종이로구나" 하고 느끼어지는 사람이 만에 하나쯤은, 아니 적어도 10만에 하나쯤은 반드시 있다.

29　서정주, 앞의 책, 378쪽.
30　'상채기'와 병립하는 '퉁소 소리'는 내가 사랑하는 여자의 존재본석 특성이다. 그녀는 열두 발 상모를 돌리는 예인의 모습으로 짐작되지만 징역시간과 정신병의 이미지로부터 유추할 수 있는 혼란스러운 시적 자아의 다른 모습일 수도 있다.
31　『신시대』, 1942. 8. 「신 장수 소 생원」, 「선봉이네」 두 편이 수록되었다.

유사 이전에, 그러니까 지금 우리들의 형체와는 판이하게 다른 사람들이, 텡 비인 산골짜기에서 땅강아지나 오랑캐꽃들을 벗으로 침뿌리나 뒤져 먹고살고 있었던 것이라고 생각할 수는 없을까. 척 한번 보아서 어쩐지 그렇게만 느껴지는 사람이 어찌다간 있다. (이건 혹 나의 감관의 오해일는지도 모르겠으나.)

신 장수 소 생원도 웬일인지 그렇게만 보이는 사람 중의 하나이었다.[32]

시인은 근대문화에 물들지 않은 오래 묵은 옛날 사람 이미지를 소 생원에게 가져다 붙인다. 소 생원은 우리와는 판이하게 다른 '유사 이전'의 사람처럼 느껴진다. 이야기는 부인에 대한 묘사로도 이어지고 어린 시절 새 신발 맞추러 가는 체험이 재현되는 방식으로 진행된다. 이 부부는 어찌 되었건 기능인으로서의 예인이고 신발을 아름답게 만드는 심미적 인간이기도 하다.

이야기의 반전은 소 생원의 특별한 의례에 관한 엿보기 체험을 통해서 일어난다. 어린 서정주는 은밀하게 치성을 드리는 소 생원의 모습을 우연히 목격하게 된다. 거기서 받은 인상은 지극정성의 힘, 즉 간절함이다. 단순한 기능인처럼 묘사되던 인물이 어느 순간 제의적 인간으로 재탄생한다. 더구나 그는 지금과는 동떨어져 '유사 이전'에 살던 인간의 표상으로 묘사됨으로써 사람의 치성 행위의 장구한 전통을 자연스럽게 환기시키기도 한다.

선운사라는 절로 가는 길의 낭떠러지 선바위 아래 일어섰다가는 엎드리어 절을 하고, 절을 하고는 다시 일어서고, 이러한 짓을 쉬지 않고 되풀이하는 사람이 있는 것이 소나무 사이로 희끗희끗 보이어서, 가 보니까 그게 소 생원이었다.

---

32 서정주, 『미당 서정주 전집』 8(산문), 은행나무, 2017, 106쪽.

먼빛으로 볼 때에는 소 생원에게도 무슨 절할 못둥이 다 있어서 우리처럼 성묘를 왔는가 생각했더니, 바짝 옆에 가서 보니까 못둥이 있는 것이 아니라, 바로 그 선바위에다 대고 그렇게 지극히도 절을 해 쌓았다. 닭이 물을 마시듯 하늘 한 번 우러러보고는 절을 하고, 절을 하고 하는 것이었다.[33]

버섯같이 생긴 쓰러져 가는 집과 물컥물컥 노린내가 나는 인물 특성이 우세하게 드러나다가 마지막에 치성 행위를 보여줌으로써 소 생원의 인물 성격을 보다 분명하게 형상화한다. 그는 서정주의 작품 연대기에서 '신비한 육체'를 지닌 '정말 토종' 인간으로 각인된 최초의 질마재 사람이다. 신화적 성격을 가진 이런 인물들은 후일 『질마재 신화』에 이르면 본격적으로 나타나는데,[34] 그 기원이 바로 1942년의 소 생원이다.

'정말 토종'은 1942년 고향 서사의 주요한 영역이다. 그것은 고향의 시간성과 역사성에 대한 자각의 징표다. 고향이 단순히 공간이나 장소의 개념만이 아닌 것이다. 이것은 혈족 정체성에 대한 탐구이면서 근대의 태제에 대항하는 새로운 대안으로 미당의 내부에서 솟아나온 것이다. '아조 할 수 없이 되었을 때' 돌파할 수 있는 방법으로서 그는 '유사 이전' 사람을 당대로 불러온다.

이런 기획은 그 후 치열하게 진전되지는 않았지만 『석사 장이소의 산책』(1973)이라는 소설에서 부분적으로 시도되기는 한다. 소설의 서술자이자 내포 작가인 장이소는 스스로 '제1한국인'이 되기를 꿈꾸면서 질마재 마을을 무대로 다양한 경험을 한다. 이때의 '제1한국인'의 개념 속에 '정말 토종'이

---

33 서정주, 앞의 책, 110쪽.
34 '소자 이 생원네 마누라님', '이삼만', '단골 무당네 머슴아이', '신선 재곤이', '석녀 한물댁', '소×한 놈' 등이 대표적이다.

들어 있다고 본고는 본다.

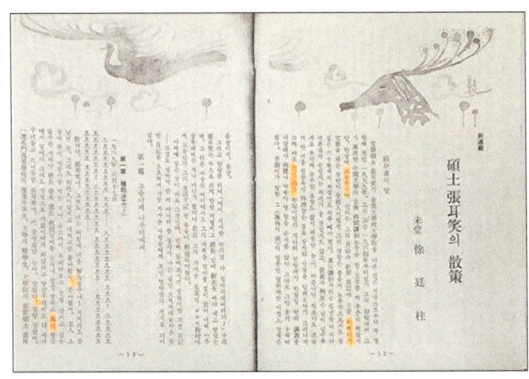

그림 2 『현대문학』(1973~1974)에 연재된 장편소설
「석사 장이소의 산책」

자, 그런데, 나, 이것, 이렇게 쓰다 보니 도스토엡스키 조박糟粕의 무슨 소설가 비슷한 연습이나 하고 있는 것 같군. 이런, 그래서야 안 되지. 그런 것도 영 않기로 단단히 작정했으니 그래선 안 되고말고…… 제1한국인이 되기로 단단히 작정한 난데 이런 수다 이것도 안 되고말고. 안 되고말고.[35]

'제1한국인'은 소설의 주인공이자 서술자가 지향하고자 하는 캐릭터인데 작품 속에서 모호하게 형상화되고 있다. 또한 제1한국인은 고향과 전통에 관한 서정주의 중요한 미학적 기획임에도 불구하고 연구가 전무한 상황이어서 추후 과제기도 하다.

'정말 토종' 소 생원의 우세한 자질은 제의성이다. 그는 마을 사람들에게 알려진바 '신 장수'지만 지극정성으로 치성을 드리는 태도가 내면화되어 있

---

35 서정주, 「석사 장이소의 산책」, 『미당 서정주 전집』 18(소설·희곡), 은행나무, 2017, 46쪽 참조.

는 인물로 묘사된다. 소 생원 치성의 '심층의 생의 매력'은 무엇인가. 선돌을 향해 절을 하고 또 하는 민간신앙의 체현자는 기능인으로서의 사회적 존재라기보다는 타임머신을 타고 날아온 과거의 토종 조상으로서 일종의 신화적 인간이다.

 서정주는 1942년의 고향 서사에서 어떻게 이런 인물을 창안한 것일까. '아조 할 수 없이 되었을 때' 시인은 왜 신화적 인간의 이미지('유사 이전' 인간)를 불러내려는 것일까. 우리는 여기에서 서정주 문학의 공간 확장이 시간 통합을 위한 예비 단계라는 진단을 조심스럽게 해볼 수 있다.

04 ── '심층의 생의 매력' 여인, 선봉이네와 네 명의 소녀

미당이 말한 '심층의 생의 매력'은 학술적인 개념으로 바꾸기가 여의치 않지만 심미적, 성찰적, 초월적인 인식과 태도가 매력적 행위로 드러나는 경우로 제한해서 사용할 수는 있다. 심미성과 제의성은 기본적으로 이 매력의 영역에 속한다. 1942년의 고향 서사에 등장하는 남성 캐릭터들은 기본적으로 심미적 속성과 제의적 속성을 가진다. 고향의 여인들 역시 심미적이고 제의적인 성향이 강하다. 그러나 이들은 심미와 제의의 개념으로 분류하기 어려운 측면을 가진다. 그래서 두 개념을 포괄하는 '심층의 생의 매력' 측면에서 접근하고자 한다. '선봉이네'와 '네 명의 소녀'들을 중심으로 살펴보겠다.

선봉이네는 선봉이의 처를 가리킨다. 이들 부부는 기구한 사연을 안고 질마재 마을에 흘러와 술집을 하고 지낸다.[36] 남편은 낚시질이나 다니는 한량이지만 부인은 억척 생활인인 동시에 심미적 인간이다. 그녀의 심미성이 드러나는 대목은 두 가지인데 그 하나가 동백꽃 사건이다. 조화치 나룻목 가는 언덕 아래 길가의 선봉이네 집 뒤뜰에 있는 동백나무에서 어느 날 꽃잎이 뚝뚝 떨어진다. 어린 서정주는 여기서 특별한 미적 체험을 한다.

---

36 선봉이 처의 본래 남편은 동학 때 토벌군에게 잡혀 처형 직전에 있던 갑돌이였다. 그녀는 토벌군을 찾아와 남편을 살려주는 조건으로 토벌군 선봉이의 아내가 된다. '범연치 않은 미모' 덕분에 남편 갑돌이를 살리고, 대신 토벌군 선봉이의 아내가 되는 기구한 운명의 주인공이다. 이 에피소드는 본서사의 말미에 부록처럼 밝혀진다. 본서사는 대체로 심미적 인간으로서의 선봉이네의 면모가 부각된다.

이 여인의 이야기를 적을 수 있는 게 나는 기쁘다. (중략) 동백나무 우에선 빠알간 동백꽃이 크으다란 여인이 머언 바다를 내어다 보며 눈을 끔적이는 사이만큼 사이를 두고 조용히 조용히 낙화하는 것이었다.
　나는 무심코 돌아다니며 그것들을 줏어 모았다. 모아서는 선봉이네에게 갖다 주었다. 두 손으로 그득히 갖다 주어도 선봉이네의 손바닥으론 하나밖에 되지 않았다. 선봉이네는 조용히 앉아서 한 손을 벌리며 오래간만에 가느다란 입술을 벌려 웃어 보이었다. 아무 말도 없이 흰 치마에다 끄리었다. 선봉이네의 항시 쉬어 있는 두 손과 좀 넓은 듯한 손톱들이 오히려 나는 예쁘다고 생각하였다.[37]

　미당은 유년 시절부터 여인에게 꽃 건네주는 체험을 한다. 후일 『서정주 시선』(1956)의 아름다운 한 편을 차지하는 「나의 시」 속의 동백꽃 주워 여인에게 드리는 원체험이 선봉이네임을 확인할 수 있다. 물론 「나의 시」 속의 여인은 자신의 장모라고 밝히기도 했지만 사십의 아름다운 여인과 아홉이 채 되지 않은 소년 사이의 심미적 교감은 서정주에게 오래 머물러 있었던 모양이다.
　서정주가 선봉이네에게서 본 심미적 인간의 또 다른 국면은 남편 병구완하는 대목이다. 선봉이가 열병을 앓으면 그 처가 지극정성으로 간병을 하는데 평소와는 다르게 얼굴에 화기花氣가 돈다. 마을 이 집 저 집 돌아다니며 접시꽃 뿌리와 앵속각을 구해와 남편에게 달여 먹인다. 꽃의 유사 전이 현상이 그녀에게 일어난다고 해석할 수 있다.
　그러나 미묘한 점은 남편이 다 낫고 나면 그녀의 얼굴에도 화기가 사라지는데, 이때의 화기는 붉은 도홧빛으로 묘사된다. 도화桃花를 도화살桃花煞

37　서정주, 『미당 서정주 전집』 8(산문), 은행나무, 2017, 111~112쪽.

의 줄임말로 보면 여인의 바람기다. 남편을 향한 지극한 성실함 이면에 바람기가 함께 있다고 서정주는 관찰하고 있는 것이다. 이 서사의 재미는 여인의 아름다움에 대한 양가가치의 발견이라는 데 있다. 또 한편으로, 서사의 말미에 펼쳐지는 선봉이네의 내력과 관련하면 남편 외의 남자와 인연을 맺을 수밖에 없는 인과를 설명하는 데 유효하기도 하다.

그렇잖아도 붉은 얼굴이 유체 버얼겋게 달아 가지고, 엷은 홑이불을 쓰고 방 아랫목에서 선봉이가 앓고 있을 때는 안해는 평시와는 완연히 딴사람이 되었다. 웬일인지 자기의 얼굴도 약간 붉어져 가지고는 (이상한 일이나 선봉이가 병을 앓을 때에만 선봉이네의 얼굴에는 화기花氣가 돋았다) 마을 아는 집으로 돌아다니며 접시꽃 뿌리와 앵속각을 구해 오는 것이었다.

접시꽃 뿌리를 끓인 물을 사기대접으로 하나 그득히 들고 들어와서는 선봉이의 머리맡에 공손히 앉아서, 곱다고 하기보다는 차라리 훌륭한 그의 손으로 선봉이의 이마를 고요히 짚으며 가만히 소곤거렸다.

"좀 일어나서 잡수아 보시오 예" 손수 그릇을 들고 입에다가 마시어 주며, "어찌서 그러시오 예? 어찌서 그리라우?" 혼잣말처럼 물어보면서, 역시 양 볼은 붉혀 가지고 선봉이가 완쾌하여 일어나기까지는 그 옆을 떠나지 아니하였다. 그것은 항용 우리들의 안해에 비겨 본다면 안해 이상의 성실이었다. 좀 자세히 볼 줄 아는 사람의 눈에는 일종의 의무와 같이 보일 수도 있는 것이었다.

그러나 선봉이가 아조 나으면 선봉이의 안해의 얼굴에서도 붉은 도홧빛이 스러졌다. 그러고는 여전의 상태로 돌아갔다.[38]

---

38 서정주, 앞의 책, 114~115쪽.

선봉이네는 비록 기구한 운명의 주인공이지만 심미적 인간의 한 전형으로서 1942년 고향 서사에 등장하는 여인이다. 그 아름다움은 꽃의 이미지와 연관되며 이는 비슷한 시기에 쓴 「네 명의 소녀 있는 그림」 속 소녀들과 연관된다. '떨어진 동백꽃 주워 건네기 체험'과 '여인 얼굴의 화기花氣 관찰 체험'이 왜 이 서사의 주요한 모티프가 되고 있는가를 생각하면 강한 생명력과 죽음을 초월하는 재생 이미지의 포착과 관련이 깊다. 이것이 어린 서정주가 그녀로부터 느끼는 심층 생의 한 국면이다.

'심층의 생의 매력'의 진정한 조건은 간절한 태도다. 이 태도는 심미적, 성찰적, 초월적 영역에 두루 이른다. 재생과 영속의 세계로 나아가려는 간절함이 그녀는 물론 어린 소년에게 내면화되어 있다. 이러한 간절함은 「네 명의 소녀 있는 그림」에서 절정에 이른다.

「네 명의 소녀 있는 그림」은 「향토산화」[39] 속에 들어 있긴 하지만 산문이라기보다는 시에 가까워서 제2시집 『귀촉도』(1948)에 재수록되기도 한다. 이 서사는 내용 자체가 신비롭다. 정령이 된 네 명의 소녀들이 나의 상처를 치유하는 재생의 문법이 기본 구조다. 가슴에 꽃을 문질러 죽은 애인을 살려내는 '원이 설화'가 여기 삽입되어 재생과 치유의 이중 구조를 가지고 있다.

이 소녀들은 심미적 인간이기도 하고 제의적 인간이기도 하다. 이들은 저승과 이승을 오가는 정령이며 '머언 유명幽冥'에서 숨소리와 속삭임으로 시인에게 찾아온다. 고향으로의 공간 확장과 시간 통합에 뒤이어 생사 통합이 이 서사를 통해 이루어진다. 미학적으로 볼 때 서정주의 1942년 고향 서사의 완성판이다. 다른 시인들의 고향과도 판이하다.

섭섭이와 서운니와 푸접이와 순네는 누구인가. '하늘 위 상제님의 아득한 고동 소리'를 전해주는 이들은 누구인가. 하늘의 고동 소리가 단순히 민간

---

39 각주 26) 참조.

전승의 한 모티프라면 서정주 문학에서 그것은 어떻게 변용되는가. 이런 문제의 해명은 쉽지 않다. 서정주가 방황하던 젊은 날 간절하게 찾던 '영혼의 파촉'이나 '시의 고향'으로 접근해 볼 수 있다. 이 개념들은 시어가 아니라 관념어다. 그는 「배회」(1938)라는 산문에서 이 관념을 창안했고,[40] 그 문학적 형상화의 가능성을 '하늘의 고동 소리' 이미지에서 찾으려 했을 수 있다. 그렇다면 「네 명의 소녀 있는 그림」 서사의 핵심은 공간으로서의 고향과 시간 통합으로서의 고향을 넘어 생사 통합을 꿈꾸는 고향, 즉 '시의 고향' 이미지로 발전해 가는 셈이다.

새끼손구락에 나의 어린 핏방울을 적시우며 한 명의 소녀가 걱정을 허면 세 명의 소녀도 걱정을 허며, 그 노오란 꽃송이로 문지르고는, 하이연 꽃송이로 문지르고는, 빠알간 꽃송이로 문지르고는 하든 나의 상처기는 어찌 그리도 잘 낫는 것이었든가.

정해정해 정도령아
원이왔다 문열어라.
빨간꽃을 문지르면
빨간피가 돌아오고.
푸른꽃을 문지르면
푸른숨이 돌아오고.

---

[40] "오늘도 하로의 방황 끝에 내가 피곤한 다리를 끌고 어느 빈터의 풀밭이거나 하숙집 뒷방에 돌아와 쓰러져 있을 때 왼갖 권태와 절망과 암흑한 것 가운데 자빠져 있을 때 문득 어딘지 먼 지역에서 지극히 고운 님이 손 저어 나를 부르는 듯한 기미. 귀 기울이면 바로 거기 있는 듯한 기미. 내 방황의 중심에 내 절망과 암흑의 중심에 결국은 내 심장의 중심에 그 중심의 중심에 칠졸수해七拙水海의 내원內圓의 강물처럼 고여서 있는 듯한…… 그 침묵하는 것. 그 유인하는 것. 내 심장에 더워 오는 것. 그것을 나는 편의상 내 **영혼의 파촉**이라 하리라. **시의 고향**이라 하리라. 나는 언제나 이 부근을 배회할 뿐이리라.", 서정주, 『미당 서정주 전집』 8(산문), 은행나무, 2017, 35쪽.

소녀여 비가 개인 날은 하눌이 왜 이리도 푸른가. 어데서 쉬는 숨소리 기에 이리도 똑똑히 들리이는가. 무슨 꽃으로 문지르는 가슴이기에 나는 이리도 살고 싶은가.[41]

네 소녀는 질마재 마을 경험세계 속의 실제 주인공일 가능성이 많다. 이들 중 그 죽음이 확인되는 경우는 서운니밖에 없지만 다른 세 명의 소녀 역시 어려서 먼저 돌아간 일반적인 소녀들로 생각하면 큰 무리가 없다. 여인이 채 되지 못하고 죽은 소녀들. 이들은 '원이 설화' 속의 주인공처럼 특별한 방법으로 소생하고자 한다. 그 방법이 바로 가슴에 꽃을 문지르는 행위를 통해서다.

이들은 구원의 화신인 동시에 시의 여신이기도 하다. 서정주는 시의 여신들이 가슴에 꽃을 문지르는 행위를 통해서 자기 치유만 하는 게 아니라 죽은 이들마저 되살리고자 한다. 붉은 꽃과 푸른 꽃은 아름다운 꽃이고 재생의 꽃이며 그 전통은 「바리데기」 서사무가의 뼈살이꽃, 살살이꽃, 숨살이꽃으로부터 온다.[42] '아조 할 수 없이 된' 상황에서 깊숙한 토종 서사의 모티프를 통해 1942년을 돌파하고자 한다. 「행진곡」이 조선말 최후의 비장한 저항이라면 「네 명의 소녀 있는 그림」은 공간과 시간과 생사를 초월하는 영원한 생명의 이야기다. 이 문학은 이미 '체념 서사'와 '저항 서사'도 훌훌 벗어 버린다.

---

41 서정주, 「네 명의 소녀 있는 그림」, 앞의 책, 96~97쪽.
42 뼈살이꽃, 살살이꽃, 숨살이꽃 이야기를 제주도 신화이자 서사무가인 「이공본풀이」와 관련시킨 논의도 있다(노홍주·전한성, 「한국신화의 문학교육 내용 구성의 한 방향」, 『우리말교육현장연구』 12-1, 우리말교육현장학회, 2018, 161쪽 참조). 꽃을 통한 재생 모티프를 다룬다는 점에서 「바리데기」 이야기와 비슷하다. 이들 고대 서사무가가 「무슨 꽃으로…」에 차용된다는 점이 주목할 만하다.

05 ___ 공간의 확장과 시간의 통합

본고는 1942년 서정주의 고향 서사의 의미 해명에 주목하는 글이다. 연구 대상 산문은 8편이지만 6편을 집중적으로 다루었다. 그의 고향 산문에 일제강점기의 저항 서사의 성격이 짙게 있다고 보았다. 이는 당대의 창작 상황을 고려한 경우다. '아조 할 수 없이 된 상황'에 대한 문학적 대안 기획이라는 의미다.

또한 고향 서사는 서정주 문학의 향토성을 구축하는 주요한 계기로 작동하면서 후일 『질마재 신화』(1975)의 바탕이 된다고 보았다. 『질마재 신화』에 등장하는 인물 특성들이 이 무렵의 고향 서사에 등장하기 시작한다. 주요 유형은 심미적 인간과 제의적 인간이다. 서정주가 형상화한 고향 사람들은 각각의 개별적 속성을 가지거나 두 속성을 함께 가진 경우가 많다. 증운이, 박동채, 종구는 예술가적 기질이 강한 심미적 인간이고 신 장수 소 생원은 제의적 성향을 강하게 보여준다. 여성 인물의 경우는 이 유형으로 분류하기보다는 두 성격을 함께 지닌 보다 상위 개념인 '심층의 생의 매력'을 지닌 인물로 이해할 수 있다.

1942년의 고향 서사는 서정주 문학의 전개 과정에서 인물에 관한 형상화를 본격적으로 시도한다는 점에서 특별하다. 인물의 내력과 간난신고와 직접 마주쳐 얻는 경험과 세밀한 묘사력이 결합하여 이야기꾼의 재능을 발휘하기 시작한다. 『질마재 신화』 '인물 열전'의 초기 형태가 엿보인다는 점에서 서정주의 '사람 관찰하는 법'의 특성을 파악할 수 있다. 그는 사람에게서 심미적 태도와 제의 전통 체현을 비중 있게 바라본다. 이런 기준이 '심층의 생의 매력'의 주요한 토대가 된다.

고향 서사의 기본 특징은 문학 공간의 확장이다. 이는 문학 제재의 지평이 고향 공간으로 집중된다는 뜻이다. 그다음은 고향 이미지에서 시간의 통합성을 꿈꾼다. 여기의 고향은 단순한 향토가 아니라 '유사 이전'의 인물이 살아 숨 쉬는 특별한 곳이다. 대표적 인물이 '신 장수 소 생원'이다. 그는 가난한 신 장수이기도 하지만 선돌을 향해 간절하게 치성을 드리는 제의적 인간의 전형으로 부각된다. 전통 저 깊은 곳의 신화적 인간으로 호명되어 나오는 것이다.

선봉이네는 꽃과 관련한 심미적 경험과 태도를 환기해주는 여인이다. 그녀와 관계되는 삽화 속에서 꽃은 생명력과 재생의 모티프로 나타난다. 이런 특성은 「네 명의 소녀 있는 그림」에서 보다 분명하게 드러난다. 이 소녀들은 공간과 시간과 생사를 초월한 진정한 시의 여신들로 재탄생한다. 또한 이 소녀들은 전통 서사무가의 모티프를 이어받음으로써 토종문학의 전통 승계를 강화하는 데 기여한다.

6장   『질마재 신화』에 미친 『삼국유사』의 영향

서정주 『질마재 신화』에 미친 『삼국유사』의 영향에 대하여:
'신이神異' 개념의 문학적 변용 문제를 중심으로,
『한국시학연구』 62, 한국시학회, 2020.

01 ── 『삼국유사』와『질마재 신화』, 민중 중심 민족지民族誌의 사례집

서정주가 '신라정신'을 탐구하여 자신의 문학세계에 반영했다는 점은 두루 알려져 있다.[1] 또한 '신라정신'의 중요한 진원지로서의『삼국유사』에 대한 논급은 서정주 자신만이 아니라 많은 연구자에 의해서 진행되어 왔다.[2] 이들 논의는『삼국유사』서술의 본질적 측면과『질마재 신화』와의 구체적 상관관계를 다루지 않았다는 점에서 보완된 논의를 기대하게 한다.[3]

---

1   서정주,「내 시정신의 현황」,『문학춘추』, 1964. 7.,「내가 아는 영원성」,『현대시학』, 1974. 10. 참조.

2   '신라정신' 진원지로서의『삼국유사』와『질마재 신화』의 관계를 흥미롭게 연구한 대표적인 사례는 유종호와 조은정이다. 유종호는『질마재 신화』를 '질마재 유사遺事'로, 조은정은 '미당 유사遺事'로 바라보았다. "신라 시편들은 구체적 경험을 상상력과 서지적書誌 참조와 자의적 해석이 대체하고 있는데 바로 그 때문에 모호한 신비화로 빠져들고 그만큼 지상적인 삶의 실감과는 멀어져 있다. 같은 부족 방언 마술사의 솜씨임에도 신라 시편과 질마재 시편 사이에서 발견되는 거리와 낙차는 현실 관찰과 경험 그리고 자의식 구축 사이의 거리와 낙차라고 생각된다. 자의적, 상상적 구축에서는 신神도 거기에 깃들여 있다는 세목이 얼마쯤 허황된 것으로 드러난다. 그것은 신라정신이라는 약점을 압도하며 비판하고 있다. 그러한 의미에서 산문적인 지칭으로서는『신라초』야말로 '서라벌 신화'라고 해야 할 것이다. 거짓의 함의가 있는 신화란 말이 거기 어울린다면『질마재 신화』는 일연의 어법을 따른 '질마재 유사遺事'가 더 어울릴 것이다."(유종호,「서라벌과 질마재 사이」,『서정적 진실을 찾아서』, 민음사, 2001, 166쪽 참조.), "『신라초』가 문헌설화를 수용하여 시로 압축한 시기라면『질마재 신화』는 압축된 '신라정신'을 그만의 독창적인 설화로 풀어내는 시기이다. 그는 아득한 신라 시대 대신 현대의 질마재를 배경으로 삼고, 신비로운 행적으로 위대함을 보인 인물이 아닌, 잘난 것 없는 평범한 이웃들을 주인공으로 삼는다.『질마재 신화』는 그가 처음 '신라정신'을 발견했던『삼국유사』의 풍부한 세계를 회복하고 자기만의 신라, 자기만의 '유사遺事'를 창조해내려는 시도이다."(조은정,「『삼국유사』의 시적 수용과 '미당 유사'의 창조」, 연세대학교 석사학위논문, 2006, 71쪽 참조.) 유종호는 '질마재'라는 장소성을, 조은정은 '미당'이라는 예술가의 독창적 브랜드를 강조한다. 본고는『질마재 신화』속 인물과 삶에 대한 시인의 이해 방식이『삼국유사』의 '신이 담론'의 특성을 승계했다는 관점에서 접근한다.

3   서정주 자신은 '신라정신'에서 '영통'과 '혼교'를 주요한 본질로 보았지만, 이는 일연의 역사관의 본질은 아니다. 일연이『삼국유사』를 통해 뼈대를 세운 우리 민족의 신이 사관은 성과 속이 둘이 아니라는 불교의 '불이론不二論'을 삶 속에 적용하여 민중들 내면의 잠재력을 불러일으키려는 국가 차원의 의식혁명 운동이다. 영통과 혼교는 신이의 하위 개념이다.

이 글은 서정주의 『질마재 신화』에 미친 『삼국유사』의 영향에 대한 탐구를 목적으로 한다. 『질마재 신화』가 시인의 고향 마을 이야기인 '전라도 고창 질마재 마을 풍속사'를 다루는 '지역문학'이 아니라 『삼국유사』 세계관의 현대적 변용이라는 '전통의 계승과 창달 문학'이라는 관점을 중시한다.

그림 1 시집 『질마재 신화』(1975)

『삼국유사』의 세계관은 '신이神異'를 중시하는 대안代案 역사관이다.[4] 이 글은 대안 역사로서의 '신이'가 『질마재 신화』의 미학 형성에 중요한 영향력을 미친다고 본다. 신이는 '신기하고 괴이한 이야기'라는 표면적 의미만을 가지지 않는다. 신이의 핵심 개념은 '평범한 사람들의 내면에 잠재되어 있는 신성(신명)의 발현'이다. 원리나 이치적으로는 성스러움과 속됨, 생사와 열반 등과 같은 양극단의 경계가 무너지는 불교의 불이론不二論 경지와 비슷하다.

---

4 『삼국유사』의 세계관을 '신이'로 접근하는 방법은 소동일의 견해를 참조했다. 조동일, 「『삼국유사』의 기본 특징 비교 고찰」, 『일연선사와 삼국유사』(일연학연구원 국제학술발표대회 자료집), 2006, 13~44쪽 참조.

역사의 흐름을 신이로 보는 '신이 사관'은 신과 영웅과 왕권 중심의 중세 질서에 새로운 정치·종교적 담론을 끌어들인다. 그것은 '민중민족주의의 보편화'로 부를 만하다. 이는 고타마 싯다르타가 일찍이 꿈꾸었던 세계이며 몽골의 침략에 시달리던 고려 말엽의 상황이 요구하던 시대정신이기도 하다.

『삼국유사』는 '민중이 중심이 되는 민족지民族誌의 다양한 사례집'으로 부를 만하다. 미천한 계집종(욱면), 하층민 신기료장수(광덕), 화전민(엄장) 등이 불성佛性을 발현하여 보살이 되는 세상이 펼쳐진다.

이러한 방식이『질마재 신화』에도 적용된다.『질마재 신화』의 인물들은 피폐한 농촌마을에서 궁상을 체현하는 캐릭터라기보다 신명神明의 혈족 정체성을 지닌 후예들로 현대를 살아간다. 이들에게 중요한 것은 당대 체제의 모순에 대한 고발이나 저항이 아니다. 시인은 이들에게서 '밑바닥 삶'을 성스럽게 만드는 사유의 전회를 부각시킨다. '역사의 예술화'[5]가 반드시 퇴행적이지는 않다. 역사를 초월하는 보편성을 발견하면 퇴행과 진보의 구별이 무화되는(퇴행이 곧 진보라는) 역설의 미학을 보여줄 수 있다.

『질마재 신화』는 하층민의 속된 삶에서 성스러움을 발견하는『삼국유사』의 이야기 문법을 옮겨온다. 질마재를 신라와 등치시키는 이런 방식을 '역사의 은유화'[6]라 한다. 신라와 현재를 함께 보는 방식이다. '역사 은유화' 패턴 속의 인물들은 성격을 공유하기도 한다. 비관을 낙관으로, 고난을 승리로,

---

5 김윤식,「역사의 예술화」,『현대문학』, 1963.10., 182~192쪽 참조. 이 개념은 미당의 '신라정신'을 비판하기 위한 맥락에서 사용된다. 김윤식은『삼국유사』를 역사와 시가 미분화된 상태의 기술물로 보았다. 이런 세계에서는 서술자의 허구적 상상력이 풍요롭게 참여할 수 있기 때문에 역사와 시가 분절되지 않는다. 서정주의『신라초』(1961)에 대한 비평인데, 선덕여왕이나 처용에 대한 몇 조각의 작은 정보를 가지고 시적 상상력을 발휘하여 역사에 허구적 상상력을 입히는 미당의 방식을 공격한다. 그 공격의 주요 지점은 '현대의 불안을 스스로 대결하지 못하고 과거 속으로 도피하려는 욕망'이다. 그러므로 '역사의 예술화'는 과거로의 퇴행 개념이다. 이 개념이『질마재 신화』에는 적용되지 않는다.『질마재 신화』에는 '역사의 예술화' 과정만 있는 게 아니라 '역사의 은유화' 과정도 있다.

6 '역사의 은유화'는 과거를 현재와 결합시키는 방식을 가리킨다. 여기에 대해서는 윤재웅,「『질마재 신화』에 나타나는 '액션' 미학」,『동악어문학』61, 동악어문학회, 2013, 378~384쪽 참조.

미천한 신분을 고귀한 신분으로 바라보는 불이ㅈ二와 역설의 관점이다. 이런 세계를 이해하는 데에는 보다 포용적인 시각, 즉 이념 지향성을 보완하는 시각이 필요하다.[7]

『삼국유사』와 『질마재 신화』는 무엇이 진정한 민중민족주의인가의 문제를 공유한다. 이 글은 『질마재 신화』의 인물들의 삶에서 『삼국유사』의 신이 속성을 살펴봄으로써 두 텍스트 사이의 연관성을 규명하는 데 기여하고자 한다. 『질마재 신화』의 인물들이 전라도 고창이라는 공간성을 구현하는 인물들이 아니라 초시간적 연관의 삶을 살아가는 시간성을 구현하는 인물들임을 밝히고 이 시집의 성격이 당대 현실을 비판하는 이념 서술보다는 민족의 원형적 속성을 살피려는 보편담론의 탐구라는 점에 주목하고자 한다.

---

7 이런 점에서 유종호가 보여준 입장은 선도적이다. 그는 1970년 당대의 어느 민중문학보다 『질마재 신화』가 훨씬 더 민중문학의 본질에 가깝다고 평가했다. "기층민에 대한 공간적 자세를 주조로 한 작품들이 편향된 시각이나 선입견으로 말미암아 있는 그대로 그리지 못한 기층민의 실상을 시인이 『질마재 신화』를 통해 보충하고 제시하고 있다는 것은 역설적인 사태이다.", 유종호, 「소리 지향과 산문 지향」, 『문학의 즐거움』(유종호 전집5), 민음사, 1995, 34쪽 참조.

02 ____ 고향 서사의 출발

『질마재 신화』(1975)의 기본 성격은 '고향 서사'다. 고향에 대한 서정주의 각별한 관심은 이야기의 형식으로 재현되는데 그의 생애사를 일별해 보면 1940년대 초반부터 다양한 산문을 통해 발표된다는 점을 확인할 수 있다. 이 무렵의 미당 산문에 대한 연구는 초기 단계며, 『질마재 신화』와의 상관성도 검토되기 시작한다.[8] 서정주의 초기 산문을 일람하면 다음과 같다.

표1 서정주의 초기 산문

1	죽방잡초	동아일보	1935.8.31./1935.9.3.
2	필바라수초	동아일보	1935.10.30./1935.11.1./1935.11.3.
3	고창기	동아일보	1936.2.4./1936.2.5.
4	배회	조선일보	1938.8.13.
5	랭보의 두개골	조선일보	1938.8.14.
6	칩거자의 수기	조선일보	1940.3.2./1940.3.5./1940.3.6.
7	나의 방랑기	인문평론	1940.3.
8	속 나의 방랑기	인문평론	1940.4.

8 최현식, 「질마재의 역사성과 장소성」, 『한국시학연구』 43, 한국시학회, 2015, 139~175쪽. 박옥순, 「서정주의 초기 기행시와 '신라—질마재'의 발견」, 『인문과학연구』 52, 강원대학교 인문과학연구소, 2017, 49~80쪽. 김봉재, 「『질마재 신화』에 나타난 탈근대적 성격」, 『한국문학연구』 52, 동국대학교 한국문학연구소, 2016, 41~79쪽. 최현식의 논문은 미당 초기의 산문을 질마재와 관련하여 언급한 초기 논문이며, 박옥순은 질마재 창작의 시공간적 기원이 1930년대 경주라는 점을 주목한 경우다. 질마재에 배태된 신라정신과 고향의식의 연원이 1930년대 후반부터 40년대 초반 무렵에 형성되었다는 점에서 주목할 만하다. 김봉재는 『질마재 신화』를 유년기 자서전인 『도깨비 난 마을 이야기』(1977)와 비교해서 검토하는데 사실 이 자서전의 원전은 1960년 세계일보에 연재된 「내 마음의 편력」이므로 70년대 산문이 아니라 60년대 산문이다. 유년기 자서전은 이른 시기의 고향 산문이 『질마재 신화』에 어떻게 반영되는가를 검토하는 맥락에서 중요하다.

9 「증운이와 같이」, 「민며느리와 근친覲親」, 「동채와 그의 처」 등 세 편의 산문이 수록되어 있다.

9	만주일기	매일신보	1941.1.15.~1.21.
10	질마재 근동 야화[9]	매일신보	1942.5.13.~5.21.
11	향토산화[10]	신시대	1942.7.
12	고향 이야기[11]	신시대	1942.8.

이 자료들은 청년 서정주의 자의식을 검토하는 데 중요하다.『화사집』(1941) 연구 과정에 적극적으로 활용할 필요가 있다.[12] 고향에 대한 탐구는 「만주일기」에서부터 싹트기 시작해서 귀국 직후 본격적으로 시도된다.[13] 특별한 사람이나 인상적인 사건들을 다룬다는 점에서『질마재 신화』의 초기 형태로 볼 수 있다.

고향 이야기가 문학적 관심의 대상으로 부각되는 사정을 정리하면 다음과 같다. 광주학생운동 지지 시위로 중앙고보를 퇴학(1930)당한 후 방황하던 서정주는 고창고보와 중앙불교전문학교(1935) 등을 잠시 거쳤으나 공부에 마음을 붙이지 못한다. 등단(1936) 이후에도 방황이 계속되자 부친의 적극 개입으로 결혼(1938)하지만 마땅한 일거리도 없어 만주로 취직하러 떠난다(1940). 하지만 만주에서도 오래 있지 못하고 변변한 자금 마련도 없이 고향으로 돌아온다(1941). 그의 젊은 날은 실패와 좌절의 연속이다.

「질마재 근동 야화」, 「향토산화」, 「고향 이야기」 등은 이러한 실패와 좌절의 직후에 시도된 대안 글쓰기로서 격정의『화사집』이후의 변화상을 보여준다. 고대 그리스의 신화, 성서의 세계관, 니체 철학과 보들레르의 저주받

---

10 「네 명의 소녀 있는 그림」(이 산문은 시집『귀촉도』(1948)에 「무슨 꽃으로 문지르는 가슴이기에 나는 이리도 살고 싶은가」로 수록된다.), 「씨름의 작은 삽화」, 「객사 동대청에서 피리 불던 청년」 등 세 편이 수록되어 있다.

11 「신 장수 소 생원」, 「선봉이네」 등 두 편이 수록되어 있다. 이상의 산문들의 특징은 기구한 삶을 살아가는 고향 마을 사람들에 대한 기록으로 정리할 수 있다. 서정주 초기 산문 자료는『미당 서정주 전집』8(산문), 은행나무, 2017, 15~116쪽 참조.

12 「나의 방랑기」와 「속 나의 빙궁기」를 제외하면 위의 초기 산문들 대부분이 참조되지 않고 있다.

13 「만주일기」의 주요 내용은 가난을 벗어나고자 떠나온 고향의 가족에 대한 염려와 객지에서의 성공 다짐이다. 그런 점에서 고향은 '흙으로 바람벽한' 가난한 터전으로 환기된다.

은 시인 의식의 영향을 받던 문학세계와의 결별은 시인의 거듭된 탄생으로 이어진다.

그림 2 생가 사진 1

그림 3 생가 사진 2
초가를 헐고 슬레이트 지붕을 얹음.
현재의 생가는 다시 초가지붕으로 복원했다.

문학적 관심이 고향으로 이동한다는 것은 전통 세계로의 경도, 향토 정서로의 귀환 등으로 설명이 가능하지만 고향 서사에 대한 관심의 촉발이라는 점에서 『질마재 신화』의 기원에 해당한다는 게 본고의 관점이다. 고향에 대한 애착, 청년기의 방황을 품어 안아줄 미적 대안으로서의 '고향 사랑' 의식이 후일 『질마재 신화』 탄생으로 이어진다고 보는 것이다.

「거북이」(『춘추』, 1942.6.)는 이 무렵에 쓴 유일한 시다.[14] 이 작품이 서정주 문학세계에서 중요한 이유는 '획기적 전회'의 산물이기 때문이다.

거북이여 느릿느릿 물살을 저어
숨 고르게 조용히 갈고 가거라.
머언 데서 속삭이는 귓속말처럼
물니랑에 내리는 봄의 꽃니풀,

---

14 1942년부터 해방까지, 친일작품 발표 시기에 함께 발표한 신작시는 이 한 편뿐이다. 「여름밤」, 「감꽃」(『조광』, 1942.7.), 「귀촉도」(『춘추』, 1943.10.)는 개작 후 재수록한 작품이다.

발톱으로 헤치며 갔다 오너라.

오늘도 가슴속엔 불이 일어서
내사 얼굴이 모다 타도다.
기우는 햇살일래 기울어지며
나어린 한 마리의 풀버레같이
말없는 사지만이 떨리는도다.

거북이여.
구름 아래 푸르른 목을 내둘러,
장구를 쳐줄게 둥둥그리는
설장구를 쳐줄게, 거북이여.

먼 산에 보랏빛 은은히 어리이는
나와 나의 형제의 해 질 무렵엔,
그대 쇠먹은 목청이라도
두터운 갑옷 아래 흐르는 피의
오래인 오래인 소리 한마디만 외여라.

―「거북이에게」[15]

『화사집』 시절의 '헐떡거리며 달려오던 병든 수캐'의 자의식은 조용히 숨 고르며 '물살을 저어 갈고 가는 거북이'의 이미지로 바뀐다. 거북이는 '끈질기고 유유하게 난세의 물결을 헤치고 살아 나가야 하는 표상'으로서 어지러운 시

---

15 첫 발표 제목은 「거북이」, 지면은 『춘추』(1942.6.)였다. 위 텍스트는 『미당 서정주 전집』 1(시), 은행나무, 2015, 72~73쪽.

대를 견디게 하는 자기 치유의 이미지다.

이 작품이 가지는 서정주 생애사에서의 미적 전회성의 의의는 그의 친일 작품들과 대비될 때 더욱 잘 드러난다. 번열기의 격정을 잠재우고 새롭게 모색한 문학적 대안이 '돌아온 고향'에 관한 관심과 몰입이었다면, 11편의 친일작품(시 4편, 소설 1편, 산문 6편) 발표는 외적 환경으로 인한 수치스러운 이 존책의 문학이었다.

『화사집』 이후 발표된 「문들레꽃」(『삼천리』, 1941.4.), 「살구꽃 필 때」(『문장』, 1941.4.), 「조금」(「간조」, 『춘추』, 1941.7.)을 필두로 「질마재 근동 야화」(매일신보, 1942.5.), 「향토산화」(『신시대』, 1942.7.), 「고향 이야기」(『신시대』, 1942.8.) 유의 고향 서사는 1944년 12월까지 약 1년 6개월간 그의 친일문학과 공존한다.

이러저러한 맥락에 대한 고려도 없이 친일 성향의 작품을 썼으면 무조건 죄악시하는 '적발 평가'의 문제를 우리 학계나 문화계가 광정한다면 해방 직전의 서정주 문학에 대한 세심한 비교평가가 가능해질 것이다. 1940년대 초반 서정주의 고향 서사는 『화사집』의 몸부림치는 번열을 넘어 숨 고르기를 하는 새로운 시적 탄생임과 동시에 일본 제국주의의 패권적 질서를 수용하는 수치스러운 친일문학과 공존한 '모국어 최후의 저항 서사'[16]이기도 했다.

「거북이에게」는 서구의 휴머니즘에서 동양사상 또는 신라주의로 돌아오는 길목 입구의 안내판이다. 이러한 정신의 귀환이 구체적 형태로 탐구되었던 담론이 바로 '고향 서사'다. 거북이가 느릿느릿 물이랑을 헤치며 난세를 견디어 나가듯 서정주는 숨 가쁜 방황과 탈향의 세계를 정리하면서 고향 서사를 통해 『화사집』의 세계와 비로소 결별하게 된다. 그런 점에서 1940년대 초반 서정주의 고향 서사는 결별의 서사인 동시에 회귀의 서사이기도 하다.

---

16 1942년에 집중적으로 발표된 산문의 특성을 이렇게 평가할 수 있는데, 이는 또 다른 과제로 남겨둔다.

그리하여 드디어는 도조 히데키 정권은 독일 히틀러의 나치스 정권과 이탈리아 무솔리니의 파시스트 정권과 삼각동맹을 맺으면서, 우리나라의 모든 젊은이들은 일본에 충성을 다하는 일본 군인으로서 병역 의무를 지킬 것과, 병역 연령을 넘어선 청장년들은 전쟁터나 군수생산의 일꾼으로 징용한다는 명령이 내려졌고, 방년의 처녀들은 잡아들여서 전쟁터로 압송하는 사태에까지 이르게 되었다.

이런 판국이 되매 내 인생관과 시정신에도 암암리에 변화가 일어나고 있었으니, 요점을 간단히 말하면 '거북이처럼 끈질기고 유유하게 이 난세의 물결을 헤치고 살아 나가야 한다'는 것이었다.

이와 아울러서 이조 백자의 빛과 모양의 새삼스런 발견도 나의 이때의 마음에는 큰 도움이 되었다. 그 한정 없는 체념 속의 달관의 빛과 모습의 영향에 대해서는 이미 딴 글에서 자세히 표현한 적이 있기에 여기서는 생략하거니와, 이것 역시 내가 또다시 돌아오게 된 노자나 장자 등의 동양사상과 아울러 아조 중요한 마음의 양식이 되었다. 여기서 '돌아오게 되었다'고 한 것은 노자의 『도덕경』 등은 이미 전문학교 때 배운 교과서의 일종이기도 했었으니 말이다.

이렇게 해서 나의 동양사상에의 회귀는 1945년의 해방 뒤에도 한동안 내 인생관과 시정신의 가장 중요한 것이 되었으니, 가령 1947년 가을에야 새로 쓴 「국화 옆에서」 같은 작품에서도 독자들은 그것을 알아차리기에 어려울 건 없을 것이다.[17]

사상적으로는 동양으로, 공간적으로는 고향으로 회귀하는 지점에서 탐구되던 결정적 이미지 중의 하나는 '꽃'이다.

---

17 서정주, 「나의 문학 인생 7장」, 『미당 서정주 전집』 11(산문), 은행나무, 2017, 78쪽.

가신 이들의 헐떡이든 숨결로
곱게 곱게 씻기운 꽃이 피었다.

흐트러진 머리털 그냥 그대로,
그 몸짓 그 음성 그냥 그대로,
옛사람의 노래는 여기 있어라.

―「꽃」[18] 중에서

『민심』(1945.11.)에 발표된 「꽃」은 동양 및 고향 회귀의 결정판이라 볼 수 있다. 꽃은 곧 옛사람의 숨결이요, 머리털이요, 음성이요, 노래다. 우리가 쉬어가야 할 곳은 '크낙한 꽃 그늘'이므로 곧 우리가 선인들과 하나가 되는 '역사 은유화' 과정으로 들어간다. "선인들의 무형화된 넋의 세계에 접촉"[19] 하려는 시도는 곧 고향 마을의 민속을 바탕으로 한 산문 「네 명의 소녀 있는 그림」의 일반화 과정이기도 하다.[20] 그러므로 그의 고향 서사에서 중요한 것은 질마재라는 특정 공간의 성격 외에 선인들의 삶의 방식 중 특별하다고 생각되는 모습의 재현이다. 이 글은 그 재현 양상이 『삼국유사』의 '신이'에서 비롯된다고 본다.

---

18 서정주, 『미당 서정주 전집』 1(시), 은행나무, 2015, 75쪽.
19 서정주, 「흑석동 시대」, 『미당 서정주 전집』 7(문학적 자서전), 은행나무, 2016, 129쪽.
20 『귀촉도』(1948)에 「무슨 꽃으로 문지르는 가슴이기에 나는 이리도 살고 싶은가」로 수록되는 이 산문은 질마재 마을의 유년 체험을 바탕으로 만들어진 자기 치유와 재생의 이야기 구조를 가지고 있다. 꽃을 가슴에 문질러 죽은 소녀 '원이'를 살려내는 정도령 이야기를 차용하는 형식이지만 실은 죽은 소녀들을 그리워하는 소년의 병증을 스스로 치유하고자 하는 갱생의 서사다. 이 서사 속에 '신이'의 성격이 배태되어 있다고 해석할 수 있다. 그러므로 「네 명의 소녀 있는 그림」(1942)부터 「꽃」(1945)에 이르는 동안, 고향 서사의 신이적 성격이 어느 정도 만들어지기 시작한다. 시인은 '신이'를 언급한 적이 없지만 '접촉'이라고 표현함으로써 '역사 은유화' 과정의 필수 개념인 초시간적 연관의 중요성을 감지한다. 풍류나 신명에 대한 언급은 그의 글에 많이 보인다. 이를 신이와 연관시켜 해석한다면 독자적인 연구 영역이 될 수도 있다.

03 ___ '대안사서代案史書'와 '대안미학代案美學'

서정주는 『삼국유사』와 『삼국사기』를 비롯한 동양 고전에 대한 탐구를 6·25 전쟁 직후의 혼란상을 극복하기 위한 방편으로 시도했다고 고백한 바 있는데[21] 이는 신라문화와 불교철학에 대한 특별한 관심이라고 보면 된다. 어려서 서당 공부를 했으므로 한문 리터러시는 기초가 잘 되어 있었고 중앙불전 재학 중에 동서양 철학을 어느 정도 수용한 상태였다. 물질 너머의 비가시적 세계, '보아도 안 보이고, 들어도 안 들리지만, 보이는 것마다 붙어 떼어낼 수 없는' 세계에 대한 '접촉'은 『삼국유사』 공부를 통해 더욱 촉발된다.

이 저작은 정신적으로나 환경적으로 피폐한 상황에 있던 서정주에게 중요한 미학적 대안을 제공한다. '평범한 사람들의 내면에 잠재되어 있는 신성(신명)의 발현'이라는 '신이 사관'과의 조우는 대안미학의 탐구와 내면화라는 자기극복의 과정으로 나아간다.[22] 『삼국유사』의 신이한 성격은 일연의 일

---

21 "또 나는 『삼국유사』와 『삼국사기』 속의 이야기들하고도 눈이 잘 맞아 그것들을 한문 재수 겸해서 이쁜 카드들에 한 이야기씩 한 이야기씩 또박또박 정성을 다해 가는 글씨로 옮겨 베끼고는 특별히 마음에 드는 구절엔 붉은빛의 관주를 쳐 갔다. 여기서 이렇게 시작하여 만들어 지니고 다닌 이 카드 다발이 뒤에 내가 하게 된 그 신라의 기초가 된 것이다. 그리고 이때 내가 읽은―읽은 게 아니라 흡수한 공자의 『논어』와 『중용』 속에서 지금까지 제일 마음에 남아 있는 구절은 그 귀신 이야기 속에 나오는 '보아도 안 보이고, 들어도 안 들리지만, 보이는 것마다 붙어 떼낼 수 없는 것이다視之而弗見 聽之而弗聞 體物而不可遺'고 하신 부분이다.", 서정주, 「무등산 밑에서」, 『미당 서정주 전집』 7(문학적 자서전), 은행나무, 2016, 308쪽 참조.

22 서정주가 6·25 전쟁의 참화를 극복하는 방식은 전주와 광주 등지의 피난생활 기간 동안 만난 '자연의 아름다움'과 '고전의 지혜'였다. 그는 시 쓰기를 통해 삶에 닥친 어려움을 극복한 독특한 시인이었으며 그런 점에서 문학치료적 의미에서의 시 쓰기의 효용성을 입증할 수 있는 좋은 선례이기도 하다. '자연의 아름다움'이 형상화된 경우는 『서정주시선』(1956)이고 '고전의 지혜'가 형상화된 경우는 『신라초』(1961) 이후다. 『질마재 신화』(1975)는 그 지혜를 독특한 방식으로 형상화시킨 '이야기 양식 도입을 통한 경험세계의 부활'이다.

관된 역사관이었으며, 저자는 서문에서부터 이 점을 확실하게 밝히고 있다.

> 기이紀異권제일, 서왈叙曰, 모름지기 옛 성인은 예악으로 나라를 일으키고 인과 의로 가르침을 베풀었으므로 괴력난신怪力亂神에 대하여는 말하지 않았다. 그러나 제왕이 일어날 때는 부명符命에 응하고 도록圖籙을 받아 보통 사람과는 다른 점이 있다. 그런 뒤에 능히 큰 변화를 일으키고 큰 그릇을 잡아 대업을 이룰 수 있는 것이다. (중략) 그러므로 삼국의 시조가 모두 신이함에서 나왔다는 것이 무슨 괴이한 일이랴. 이 기이紀異가 모든 편목[諸篇] 첫머리에 실린 것은 그 뜻이 여기에 있는 것이다.[23]

'신이'가 비범한 인물이나 사건을 뜻하고, 이 서사를 역사 서술의 근간으로 삼겠다는 천명이라는 점에서 '예의禮儀'를 기준으로 삼았던 『삼국사기』의 사관과 차이점을 알 수 있다. 그런 점에서 『삼국유사』는 정통 역사서라기보다 '대안사서代案史書'다. 이야기의 서술 구조가 제왕, 승려, 민중의 순서로 짜여 있다. '신이'는 모든 사람에게 적용되는 현상으로서 건국신화에서 잠시 나왔다가 사라지지만 승려나 보통 사람들에게도 발현하여 새로운 차원으로 진보해 간다고 기술한다. 그리고 신이를 추동시키는 핵심 동력이 불교라는 점을 일연은 강조한다. 이것이 『삼국유사』의 기본 성격이다.[24]

『삼국유사』에 등장하는 보통 사람들의 신이 체험을 일별하여, 이 인물들이 1940년대 초반 서정주의 고향 서사에 등장하는 인물들 및 『질마재 신화』 속 인물들과 어떤 연관성이 있는지를 살피는 일은 이 글의 주요한 연구 방법이다.[25]

---

23 일연, 최남선 편, 『삼국유사』, 서문문화사, 1987, 33쪽.
24 이상의 내용은 조동일(2006)을 참조하여 재정리한 것이다. 조동일, 앞의 글, 16~17쪽 참조.
25 이 글은 『삼국유사』와 『질마재 신화』 속 인물의 신이 성격을 비교하는 데 한정한다.

하층민 민중의 성스러움이 발현되는 이야기는 『삼국유사』 편목의 중후반부에 집중된다. 그것은 '신이'를 핵심 개념으로 파악한 이 대안사서가 '왕→승려→보통 사람'의 순서로 사건을 배열했기 때문이다. 『질마재 신화』의 이야기 구조는 기본적으로 『삼국유사』의 '보통 사람들의 신성 발현담' 구조를 닮았다. 성과 속의 양극단이 없어지는 불이不二의 세계, 시인 스스로 '현실의 밑바닥 참여'라고 부른 '화광동진和光同塵'[26]의 세계와도 관련성이 깊다.

어스름 저녁, 산에서 수행하는 수도자에게 한 여인이 찾아와 하룻밤 묵게 해달라고 한다. 북쪽 판잣집에 사는 달달박박은 거절하지만 남쪽 돌집에 사는 노힐부득은 자비심으로 받아들인다. 여인은 알고 보니 해산 직전의 만삭 상태다. 수행자에게 아기까지 받아달라고 부탁한다. 아기를 받고 나니 이번에는 아이 씻은 물에 목욕을 같이 하자고 한다. 그 물에 목욕을 하니 몸이 금빛으로 변한다. 여인은 자신이 관세음보살의 응신이라고 말하면서 대사로 하여금 대보리를 이루게 하려 왔다고 말하며 사라진다.

여인을 내쫓은 달달박박은 노힐부득이 파계했을 거라 예상하면서 그의 집으로 찾아온다. 금불로 변한 노힐부득을 보자 놀란다. 달달박박도 그 물에 몸을 담그자 무량수를 이루어 성인이 된다. 두 성인은 놀라서 찾아온 사람들에게 설법을 하고는 서쪽 하늘로 날아간다(「남백월이성 노힐부득 달달박박」).

---

26 "그러나 신화적 헬레니즘만이 당시의 내 정신을 추진하고 있는 힘의 전부는 아니었다. 샤를 보들레르의 영향으로 '현실의 밑바닥 참여'에 대한 의지도 있었다. 이것은 해인사에 오기 전에 이미 중앙불교전문학교의 동양철학 중심의 문과에서 배워 동감한 노자의 '화광동진和光同塵'의 의미와도 일치하는 것이어서 '보들레르야말로 참 골보는 헌실을 꿰고 산 시인이다' 감탄하며 그의 시정신의 기미들에 친애감을 느꼈다. 특히 때 묻고 이지러지고 내던져진 유신들의 밑바닥에까지 자진해 놓여 몸부림하는 정신을 괭상한 책임김으로 느껴겼다.", 서정주, 「나의 처녀작을 말한다」, 『미당 서정주 전집』 11(산문), 은행나무, 2017, 94~95쪽. 보들레르와 노자에게 배웠던 청년 서정주의 이런 정신이 『삼국유사』의 '민중 신성 발현담'을 만나면서 『질마재 신화』로 옮겨가게 된다는 게 본고의 관점이다.

수행자 시험담론인 이 이야기는 보살이 언제든 민중의 모습으로 주변에 함께 있다는 대승불교의 가르침을 재미있게 꾸민 것이다. 중생 구제의 소중한 가치를 이해시키는 데 도움이 된다. 벼 베는 연인, 개짐(생리대) 빠는 여인이 관세음보살임을 알지 못하고 지나치는 원효 스님 이야기(「낙산 이대성 관음 정취 조신」)도 마찬가지다. 청년 서정주의 '현실의 밑바닥 참여'와 같은 맥락이면서 『도덕경』의 '화광동진'과도 같다.[27] 불교에서는 보살이 아라한의 독선의 자리를 고집하지 않고 자신의 재지才智를 숨겨 세속과 더불어 중생 속에 화동하는 삶의 자세를 의미한다.

열두 살이 되도록 말도 제대로 못한 채 기어 다니는 '뱀아기[蛇童, 蛇福]'가 알고 보니 원효의 전생 도반이며 상相에 얽매이지 않는 성자였다는 이야기(「사복불언」)도 비슷하다. 사복은 전생에 경전을 싣고 다니던 소였던 과부 어머니가 임종하자 생사윤회의 괴로움에서 벗어나기를 기원하면서 땅속의 연화장 세계로 들어간다. 그러고는 땅이 닫혀버리는 신기한 현상이 일어난다. 이 이야기는 생사와 열반이 둘이 아닌 이치[不二]를 전한다. 가장 극적인 민중 신성 발현담은 「욱면비 염불서승」(욱면이라는 여종이 부처가 되기를 염원하여 서쪽 하늘로 날아가다)이다.

경덕왕 때 강주(지금의 진주)의 신심 좋은 남자들이 미타사를 창건하고 만일萬日 동안 계를 하기로 했다(신자들에 의한 민간 결사. 우리나라에만 있음. 만일 염불결사는 교단의 부패와 승려의 기강문란 등에 대한 자각과 반성으로 조직되어 평생 동안 신앙의 동지로 서원을 하고 가입하여 결성된 신앙공동체임. 필자 주). 아간 귀진이라는 사람의 집안에 욱면郁面이라는 여자 노비가 있었는데 그 주인을 따라 절

---

27 "도는 속이 비어 있어서 그것을 쓰되 늘 가득 차는 법이 없다. 깊은 샘과 같아서 만물의 뿌리인 듯하다. 날카로운 것을 무디게 만들고 어지럽게 얽힌 것을 풀어내며, 빛을 부드럽게 하여 속세의 티끌과 함께한다(필자 역). 道沖而用之, 或不盈. 淵兮似萬物之宗. 挫其銳, 解其紛, 和其光, 同其塵.", 노자, 『도덕경』 4장, 김경수 역주, 『노자역주』, 문사철, 2009, 67쪽 참조.

에 와서 염불을 하였다. 주인은 그가 일을 잘 하지 않는 것을 미워하여 곡식 2석을 하룻저녁에 찧게 하였는데 여종이 초저녁에 다 찧고 절에 와서 염불하며 정진했다. 뜰 좌우에 긴 말뚝을 세우고 두 손바닥을 뚫어 노끈으로 꿰어 말뚝에 매고 합장하여 좌우로 흔들며 스스로 격려하였다. 그때 공중에서 부르기를, '욱면 낭자는 당에 들어가서 염불하라.' 주위 사람들이 이 소리를 듣고 여종에게 당에 들어가서 정진하게 했다. 얼마 지나지 않아 하늘의 음악이 서쪽에서 들려오더니 여종이 몸을 솟구쳐 지붕을 뚫고 서쪽으로 날아갔다. 교외에 이르러 육신을 버리고 부처의 몸으로 변하여 연대에 앉아 대광명을 발하면서 천천히 가니 음악소리가 공중에서 그치지 아니하였다.[28]

여자 노비 욱면의 재탄생 이야기는 보통 사람들의 내면에 있는 불성佛性 발현의 대표적인 사례다. 『삼국사기』와 달리 이런 유의 이야기를 집중적으로 편집·배치하는 게 '대안사서'로서의 『삼국유사』다. 서정주는 『삼국유사』를 읽으면서 신라정신의 탐구를 심화시켰으며 『신라초』(1961)와 『동천』(1968)을 거쳐 새로운 미학적 대안을 마련하게 된다. 이는 1970년대 민중 개념의 이데올로기적 성격에 대응하는 '미학적 대안'이라는 점에서 주목할 만하다.
『질마재 신화』는 신동엽의 장편 서사시 「금강」(1967), 김지하의 담시 「오적」(1970), 신경림의 서사시 『새재』(1979) 등과 같은 당대의 서사시가 체제 모순과 시대 부조리 문제를 다루는 방식과 확연히 다르다. 『질마재 신화』 속 인물들은 신이담으로서의 『삼국유사』 인물들과 유사한 '신라—질마재' 종족들이고, 정치·역사적으로는 퇴행적 인물들이지만 종교·미학적으로는 역설적인 성향을 보인다는 점에서 양가치적이다.

---

28 일연, 최남선 편, 앞의 책, 217~218쪽 참조.

『질마재 신화』는 표면상으로 보면 시인의 유년 시절을 중심으로 한 고향 이야기 구술이지만 심층적으로 보면 『삼국유사』의 핵심 개념인 신이담의 계승과 그 변용으로 볼 수 있다. 서정주는 '신화'를 "하늘 밑에서는 거의 없는 일"[29]이라는 '희귀한 사건'의 의미로 쓰고 있는데 그 이면에 '성속불이聖俗 不二'의 '신이 사관'이 일관되게 깔려 있다는 것이 본고의 입장이다.

---

29 "이것도 아마 이 하늘 밑에서는 거의 없는 일일 테니 불가불 할 수 없이 신화의 일종이겠습죠?", 서정주, 「눈들 영감의 마른 명태」, 『미당 서정주 전집』 2(시), 은행나무, 2015, 34쪽.

04 ___ 신이神異의
　　　　발현 양상

『질마재 신화』는 가난에 굴하지 않는 사람들의 건강한 활력에 주목하거나 밑바닥 삶을 성인의 경지로 역전시키는 전도적 상상력을 보여주는 데 주력한다. 인물, 사건, 배경 등이 대체적으로 이런 원리에 의해 선별되고 기술된다. 종교적으로 보면 미천한 하층민의 삶도 빛날 수 있다는 '중생 구제'의 불교철학이 녹아 있는 경우고, 문화적으로 보면 『삼국유사』의 신이담을 승계한 '문화 원형의 재현'이며, 문학적으로 보면 '역설의 미학'을 통해 삶의 의미를 풍부하게 만드는 스토리텔링이다.

　　신부는 초록 저고리 다홍치마로 겨우 귀밑머리만 풀리운 채 신랑하고 첫날밤을 아직 앉아 있었는데, 신랑이 그만 오줌이 급해져서 냉큼 일어나 달려가는 바람에 옷자락이 문돌쩌귀에 걸렸습니다. 그것을 신랑은 생각이 또 급해서 제 신부가 음탕해서 그 새를 못 참아서 뒤에서 손으로 잡아다리는 거라고, 그렇게만 알곤 뒤도 안 돌아보고 나가 버렸습니다. 문돌쩌귀에 걸린 옷자락이 찢어진 채로 오줌 누곤 못 쓰겠다며 달아나 버렸습니다.

　　그리고 나서 사십 년인가 오십 년이 지나간 뒤에 뜻밖에 딴 볼일이 생겨 이 신부네 집 옆을 지나가다가 그래도 잠시 궁금해서 신부 방 문을 열고 들여다보니 신부는 귀밑머리만 풀린 첫날밤 보양 그대로 초록 저고리 다홍치마로 아직도 고스란히 앉아 있었습니다. 안쓰러운 생각이 들어 그 어깨를 가서 어루만지니 그때서야 매운재가 되어 폭삭 내려앉아 버렸습니다. 초록 재와 다홍 재로 내려앉아 버렸습니다.

—「신부新婦」[30]

첫날밤에 버림받은 신부 이야기다. 시집 제일 앞에 수록되어 의도적 배치라고 볼 수 있다. 질마재 마을 고유의 이야기라기보다는 만주 체류 중에 동포로부터 전해 들은 조선의 이야기다.[31] 당대 조선 땅에서 널리 구연되던 전설이라는 뜻이다. 산문은 난삽하고 미적으로 다듬어지지도 않는 이야기 재료에 불과하지만 시는 빼어난 이야기 구조를 갖추고 있다. 반전에 반전을 거듭한다. 첫날밤 신부의 가슴 설레는 기대감은 어처구니없게 무너진다. 그

---

30 서정주, 앞의 책, 27쪽.

31 1940년 10월 29일 『만주일기』를 참조해보자. "1. 첫날밤에 신랑이 변소엘 가는데 함 장식에 도포 자락이 걸린 걸 신부의 경솔과 음탕인 줄 오해하고 버렸더라. 10년 후에 돌아와 보니 신부는 거기 10년의 첫날밤을 여전히 앉았더라. 오해가 풀렸거나 말았거나 손목을 잡아 보니 신부는 벌써 새카만 한 줌의 재였다. …… 신랑은 출세를 할까. 그러나 신랑은 벌써 웃을 수가 없는 것이다. 2. 비밀히 처는 바람벽을 뜯어 먹고 있었다. 불쌍하였다. 그러나 처는 벌써 중인衆人의 제물이었다. 나는 재상宰相이 되었다. 그러나 나는 벌써 웃을 수가 없는 것이다. —이하 략. 이정규 군의 아버지는 실로 이상한 이야기를 잘한다. 조선 사람은 실로 이상한 이야기를 잘하는 것인가. 회령 수달피의 아버지가 청태조의 아버지라든가…… 그런 이야기를. 묘한 광망이 보이는 것 같은데 이게 무얼까.", 서정주, 『만주일기』, 『미당 서정주 전집』 8(산문), 은행나무, 2017, 74~75쪽. 이 산문의 내용은 「정조」(『여원』, 1959.1.)라는 시(신년 권두시) 양식으로 재구성되어 발표되고, 『현대문학』 1972년 3월호에 「신부」로 다시 개작된다. 「정조」와 「신부」는 모티프만 같을 뿐 작품 수준은 현격하게 차이가 난다. 「신부」를 산문으로 다룬 자료로는 『시문학원론』(1969) 속에 수록된 「정조의 시」를 참조할 만하다. 이는 시 텍스트의 내용과 흡사하다. "이야기를 하나 할까. 옛날 어떤 남아가 결혼을 하는데, 첫날밤에 신랑이 바쁘게 뒷간엘 가다가 옷자락이 돌쩌귀에 걸렸다고 한다. 그것을 신랑은 신부가 음탕하여 뒤에서 옷자락을 잡아당기는 것으로 오해하여 그길로 나가서는 30년인가 40년인가를 돌아오지 않았다. 그러다가 긴 세월이 지나간 어느 날 신랑이 우연히 이 집을 지나가게 되어, 그 신방 문을 열어보니 신부는 녹의홍상에 첫날밤 그대로 앉아 있어 손을 들어 매만지니 비로소 폭삭 한 줌의 재가 되어 버리더라는 이야기다. 이 이야기에 나오는 신부의 감정이 바로 우리 과거 동양 사람의 흔한 정조 그것이다. 정조니, 열녀니, 선비의 지조니 하면 말이 쉽지 사실상 그 심도를 실제로 측정하는 것은, 우리 같은 변화하는 감정 세계에서만 길든 사람들에게는 거의 불가능한 일이 아닐까 생각한다.", 서정주, 『미당 서정주 전집』 12(시론), 은행나무, 2017, 141쪽. 「신부」의 정착과정을 살펴보는 것도 흥미로운 연구과제다. 「만주일기」(1940), 「정조」(1959), 「정조의 시」(1969), 「신부」(1972)는 하나의 이야기가 문학적으로 형상화되는 과정의 발전상을 잘 보여준다.

리스 비극처럼 '급전急轉'의 구조를 가진다. 그 상태로 세월이 오래 흐르고, 버려진 여인은 버린 남자에 의해 스킨십을 받는다. 다시 급전이 일어난다. 꼿꼿하게 앉아 있던 그녀는 재가 되어 무너진다. 여기에서, 한 차원 더 높은 놀라운 급전이 마련된다. 이야기꾼은 무너지는 '재—신부'에게 초록과 다홍색을 빼앗지 않는다.

첫날밤의 신부가 초록재와 다홍재로 무너지는 경지는 인간으로서의 설움과 증오를 초월한 해탈의 상징이자 '심미적 도약'을 암시하는 지표기도 하다. 보기에 따라서는 여성 수난에 대한 보고일 수도 있고 지조와 절개를 지키는 여성 미덕에 대한 찬양일 수도 있다. 하지만 시집 전체의 구조로 보면 버려진 사람도 얼마나 아름다울 수 있는가를 조용히 속삭이는 역설의 목소리를 들을 수 있다. 지독스럽게도 운 없는 여인이 신부의 상징인 '초록 저고리 다홍치마'의 색깔을 잃지 않은 채 재로 변한다는 진술은 여자 노비 욱면이 지붕을 뚫고 솟아올라 부처의 몸이 되는 것만큼이나 극적인 변화다. 아무리 미천한 신분이라도 변치 않는 불성을 간직하고 있는 것처럼 신부의 초록색과 다홍색이 재가 되어서까지 간직된다는 시적 상상력은 신부의 아름다움과 고결함을 부각시키는 기능만을 하지 않는다. 그것은 인간 내면에 깊이 간직되어 있는 신성 발현의 문학적 재현 방식이다. 첫 마음, 본성, 본래의 마음자리로 바꾸어도 똑같다. 「신부」를 『삼국유사』식 문법으로 읽으면 이렇게도 독해가 가능하다.

『질마재 신화』 33편의 시 속에는 이런 이야기들이 즐비하다. 한 달에 보름은 바람피우는 과부 알뫼댁은 사람들에게 손가락질받지만 바람을 피우지 않는 때에는 맛난 떡을 만들어 사람들에게 칭찬을 받는다. 도덕적 비난과 심미적 감동의 양면성을 함께 가지는 여인. 그녀는 혼자 사는 과부이기에 불행하고 쓸쓸하지만 시인의 시선은 양극단을 나란히 보여줌으로써 편벽된 이해를 경계하라는 메시지를 던진다. 삶의 모순되는 양면성을 함께 보여주는 데 작동하는 원리는 역설이다.

이도 다 빠져 잇몸밖에 남지 않은 깡마른 여든 살짜리 '눈들 영감'이 마른 명태 한 마리를 통째로 우물거려 먹는 장면을 묘사하는 「눈들 영감의 마른 명태」는 노인의 건강한 생명력에 주목하는 경우다. 뼈다귀밖에 남지 않은 노인네와 그가 '자시는' 딱딱한 마른 명태의 병치는 이야기를 재미있게 만드는 장치다. 해학이 시의 전반적인 분위기를 지배하지만 다 죽어가는 노인네의 불가사의한 생명력에 주목한다는 점에서 보면 역설의 원리도 강하게 작동한다.

욕쟁이 여인 '소자 이 생원네 마누라님'도 알고 보면 오줌 기운 때문에 무를 크게 키우는 건강한 여인이다. 시인은 『삼국유사』 속 지도로대왕이 배필을 구할 때의 이야기를 슬쩍 빌려와 질마재 마을의 가난한 여인을 신라 왕후의 반열에 올려놓는다. 민가의 속된 여인은 건강한 생명력 하나로 신라 왕후와 동일시된다. 성속불이 문법의 문학적 형상화가 천의무봉 솜씨로 구현된다.

소자小者 이 생원네 무우밭은요. 질마재 마을에서도 제일로 무성하고 밑둥거리가 굵다고 소문이 났었는데요. 그건 이 소자 이 생원네 집 식구들 가운데서도 이 집 마누라님의 오줌 기운이 아주 센 때문이라고 모두들 말했습니다.

옛날에 신라 적에 지도로대왕은 연장이 너무 커서 짝이 없다가 겨울 늦은 나무 밑에 장고만 한 똥을 눈 색시를 만나서 같이 살았는데, 여기 이 마누라님의 오줌 속에도 장고만큼 무우밭까지 고무시키는 무슨 그런 신바람도 있었는지 모르지. 마을의 아이들이 길을 빨리 가려고 이 댁 무우밭을 밟아 질러가다가 이 댁 마누라님한테 들키는 때는 그 오줌의 힘이 얼마나 센가를 아이들도 할 수 없이 알게 되었습니다. "네 이놈 게 있거라. 저놈을 사타구니에 집어넣고 더운 오줌을 대가리에다 몽땅 깔기어 놀라!" 그러면 아이들은 꿩 새끼들같이 풍기어 달아나면서 그 오줌의 힘이 얼마나 더울까를 똑똑히 잘 알밖에 없었습니다.

—「소자 이 생원네 마누라님의 오줌 기운」[32]

대부분의 캐릭터들이 이런 식으로 형상화된다. 『질마재 신화』가 가지는 문학사적 가치가 있다면 '개인 주체의 신성성 발현'이라는 『삼국유사』 핵심 개념을 현대에 승계하고 있다는 점이다. 여인들의 힘든 가사노동을 암시하는 외할머니네 뒤안 툇마루의 '손때'는 얼마나 지극정성으로 오래 문질렀는지 사람 얼굴도 비치는 '때거울 툇마루'로 바뀐다. 때가 거울이 되는 이런 구조가 바로 신명 발현의 원리에서 유래한다고 본다. 마을 제일의 소리꾼 '상가수'는 배설물조차 성스럽게 만드는 전도적 상상력의 압권을 보여준다.

질마재 상가수의 노랫소리는 답답하면 열두 발 상무를 젓고, 따분하면 어깨에 고깔 쓴 중을 세우고, 또 상여면 상여머리에 뙤약볕 같은 놋쇠 요령 흔들며, 이승과 저승에 뻗쳤습니다.
그렇지만, 그 소리를 안 하는 어느 아침에 보니까 상가수는 뒷간 똥오줌 항아리에서 똥오줌 거름을 옮겨 내고 있었는데요. 왜, 거, 있지 않아, 하늘의 별과 달도 언제나 잘 비치는 우리네 똥오줌 항아리, 비가 오나 눈이 오나 지붕도 앗세 작파해 버린 우리네 그 참 재미있는 똥오줌 항아리, 거길 명경明鏡으로 해 망건 밑에 염발질을 열심히 하고 서 있었습니다. 망건 밑으로 흘러내린 머리털들을 망건 속으로 보기 좋게 밀어 넣어 올리는 쇠뿔 염발질을 점잖하게 하고 있어요.

---

32 서정주, 『미당 서정주 전집』 2(시), 은행나무, 2015, 30쪽.

명경도 이만큼은 특별나고 기름져서 이승 저승에 두루 무성하던 그 노랫소리는 나온 것 아닐까요?

—「상가수上歌手의 소리」[33]

똥오줌 배설물이 거울로 바뀌는 순간은 여자 노비 욱면이 부처님 몸으로 다시 탄생하는 방식과 구조적으로 같다. 특별나고 기름진 똥오줌 거울에 몸단장을 하는 상가수. 그 기운을 받아서 이승과 저승을 두루 감동시키는 노래가 나온다고 시인은 너스레를 떤다. 인간의 배설물이 하늘의 별과 달을 비치는 명경이 되는 질마재 마을(「소망(똥깐)」). 성속불이의 경지가 궁벽한 촌마을 일상 삶 속에 재현된다. 미당의 산문 자료를 보면 상가수는 미당 집안의 머슴 신분이지만 천지를 감동시키는 일류 예술가이기도 하다.[34] 배설물과 명경, 머슴과 일류 예술가의 양극단이 무화되는 불이의 경지가『질마재 신화』의 세계다. 성속불이의 역설의 세계를 보여주는 또 다른 작품은 「소×한 놈」이다.

원 마을에서도 품행 방정키로 으뜸가는 총각놈이었는데, 머리숱도 제일 짙고, 두 개 앞니빨도 사람 좋게 큼직하고, 씨름도 할라면이사 언제나 상씨름밖에는 못하던 아주 썩 좋은 놈이었는데, 거짓말도 에누리도 영할 줄 모르는 숫하디숫한 놈이었는데, '소×한 놈'이라는 소문이 나더니만

---

33 서정주, 앞의 책, 29쪽.

34 "또 장구 잘 치고 노랫소리 좋은 '상곤이' 같은 사람을 좋아했으니 말이다. 이 상곤이는 매우 가난해서 한때는 우리 집에 머슴살이를 하고 있었는데, 그의 주머니 속에는 망건 밑으로 흐트러져 내리는 머리털을 맵시 있게 망건 속으로 가지런히 집어넣는 데 쓰는 쇠뿔제의 예쁜 염발이라는 것이 하나 늘 들어 있어, 이걸 그는 자주 애용하고 있었다. 아침에 들밭에 똥오줌을 퍼낼 때에도 손거울이 없는 그는 얼굴을 소망이라 부르는 그 똥오줌통에 비추어 보며 연신 염발질을 하고 있었다. 그래 나는 아주 신기하게 그의 그런 짓을 눈여겨보고 있었던 것인데, 이런 영향들이 어린 때에 은연히 쌓여 내가 뒷날 심미가라는 것이 되게 한 것인듯도 하다.", 서정주, 「내 문학의 온상들」, 『미당 서정주 전집』 11(산문), 은행나무, 2017, 39쪽 참조.

밤사이 어디론지 사라져 버렸다. 즈이 집 그 암소의 두 뿔 사이에 봄 진달래 꽃다발을 매어 달고 다니더니, 어느 밤 무슨 어둠발엔지 그 암소하고 둘이서 그만 영영 사라져 버렸다. "사경四更이면 우리 소 누깔엔 참 이쁜 눈물이 고인다"고 누구보고 언젠가 그러더라나. 아마 틀림없는 성인聖人 녀석이었을 거야. 그 발자취에서도 소똥 향내쯤 살풋이 나는 틀림없는 틀림없는 성인 녀석이었을 거야.

—「소×한 놈」[35]

마을의 품행 방정한 총각에게 수간獸姦 소문이 돈다. 짐승과 벌이는 변태 성행위의 주인공으로 지목되자 그는 마을에서 사라진다. 진실은 아무도 모른다. 마을의 앉은뱅이 재곤이가 어느 날 갑자기 사라진 이유에 대해서 아무도 모르는 것처럼(「신선 재곤이」), 이 품행 방정한 총각이 자기 암소와 함께 사라진 이유는 밝혀지지 않는다. 다만 소문의 형식으로, 누군가의 입을 빌려서, '숫하디숫한' 총각을 리비도 상태의 몰지각한 '짐승—인간'으로 만든다.

흥미로운 부분은 이야기꾼—시인의 논평이다. 자기 집 암소를 너무나 사랑하는 총각. 얼마나 소를 사랑하면 그 똥에서 향내를 다 맡을까. 이야기꾼도 낮잡아보아 하대하는 '녀석'인데 그 앞에 붙는 수식어가 '성인聖人'이다. '성인 녀석'은 '소똥 향내'와 짝을 이루면서 상반되는 세계를 합치시키는 모순적 형용의 역설을 보여준다. 성과 속이 다르지 않고 지옥이 극락이며 생사가 곧 열반이라는 불이의 세계관과 똑같은 구조다.

---

35 서정주, 『미당 서정주 전집』 2(시), 은행나무, 2015, 71쪽.

05 ── '불이'와 '역설',
   '신이'의 문학적 변용

    이 글은 서정주의 『질마재 신화』가 『삼국유사』의 '신이神異' 성격을 원리로 하여 창작되었음을 밝히려는 시도다. 신이는 '신기하고 괴이한 이야기'라는 의미 외에 '평범한 사람들의 내면에 잠재되어 있는 신성(신명) 발현'의 뜻도 있음을 주목하고 두 텍스트에 나타나는 사례들을 비교하는 방식으로 진행하였다.

    또한 신이는 성과 속, 생사와 열반 등과 같은 양극단의 경계가 무너지는 불교의 불이론不二論 경지와 비슷할 뿐만 아니라, 미당의 젊은 시절의 주요 경험이었던 '현실 밑바닥 참여'나 노자로부터 배운 '화광동진'과도 유사함을 논증하고자 하였다. 이 과정에서 '신이'의 문학적 변용을 '불이不二'와 '역설 paradox'로 정리하였다.

    1940년대 초반의 고향 관련 산문들을 '고향 서사'라 명명하였으며 이 고향 사랑 의식이 후일 『질마재 신화』의 기원이 되었다고 보았다. 그러므로 1940년대 초반 서정주의 고향 서사에 대한 연구는 『질마재 신화』의 발생론적 서사라는 점에서 천착이 필요한 과제임을 주목했다.

    『질마재 신화』의 인물들은 대부분 가난하지만 가난을 전경화하거나 체제 모순에 대한 고발 같은 이데올로기적인 측면으로 형상화되지 않는다. 질마재의 인물들은 미천한 사람도 성스럽다는, 『삼국유사』 속 인물들과 같은 '신라―질마재' 종족으로 형상화된다. 종교적으로 보면 미천한 하층민의 삶도 빛날 수 있다는 '중생 구제'의 불교철학이 녹아 있는 경우고, 문화적으로 보면 『삼국유사』의 신이담을 승계한 '문화 원형의 재현'이며, 문학적으로 보면 '역설의 미학'을 통해 삶의 의미를 풍부하게 만드는 스토리텔링이다.

첫날밤에 소박맞은 신부가 수십 년간 정절을 지키다 마지막 순간에 초록재와 다홍재로 내려앉는 이야기(「신부新婦」)는 인간 내면에 깊이 간직되어 있는 신성 발현의 문학적 재현 방식으로 볼 수 있다. 도덕적 비난과 심미적 감동의 양면성을 함께 가지는 여인 '알묏댁'(「알묏집 개피떡」), 불가사의한 식탐을 가진 '눈들 영감'(「눈들 영감의 마른 명태」), 신라 왕후와 동급인 욕쟁이 여인 '소자 이 생원네 마누라님'(「소자 이 생원네 마누라님의 오줌 기운」), 손때 묻은 마루를 '때거울 툇마루'로 바꾸는 여인들(「외할머니의 뒤안 툇마루」), 배설물조차 신성한 거울로 만드는 성속불이의 '상가수'(「상가수上歌手의 소리」), 자기 집 암소를 사랑하는 역설의 '성인 녀석'(「소×한 놈」) 등은 『삼국유사』 속 신명 발현의 인물들과 같은 성격을 가진다. 이 대안사서代案史書 속에는 미천한 계집종(욱면), 하층민 신기료장수(광덕), 화전민(엄장) 등이 불성佛性을 발현하여 보살이 되는 세상이 펼쳐진다. 민중민족주의 태동으로 평가할 만한 이런 역사관이 『질마재 신화』에도 적용된다. 그 주요한 특성이 바로 '신이'의 문학적 변용인 '불이'와 '역설'이다.

Close reading

자세히 읽기

7장 「자화상」

8장 「웅계」 연작

9장 「도화도화」

10장 「낮잠」

11장 「시론」

7장 「자화상」

『화사집』 자세히 읽기 1,
『한국문학연구』 22, 동국대학교 한국문학연구소, 2000.

01 ─ 『화사집』 전편 분석을 위한 시론

　서정주의 『화사집』에 있는 24편의 텍스트를 정밀하게 분석하는 것이 이 글의 목표다.[1] 이 시집이 한국 현대문학사의 중요한 선취를 이루고 있음에도 불구하고 온전한 전체로서의 텍스트 분석은 이상하게도 이루어지지 않고 있다. 몇몇 개별 텍스트에 대한 논의는 그동안 세밀하게 진행되어 온 편이다.

　전체 텍스트를 개별적으로 분석하는 일은 특별한 경우가 아니라면 큰 의미가 없다. 텍스트들은 저마다 자율적이고 개성적이다. 심미적 대상(무카로프스키)으로서의 그것들은 일사불란한 유기적 연관성을 가지지 않으며 구조의 요소들로써 서로 간에 호명하지도 않는다.

　하나의 전체 텍스트로서의 『화사집』은 서사 텍스트의 경우처럼 세부 요소들의 결합에 의해 플롯을 만들어 나가는 방식으로 짜이지 않는다. 자율적인 개체로서의 부분들이 모여 전체를 형성하는 것이 텍스트로서의 시집이 가지는 일반적인 성향이다. 부분들은 내부적으로 반드시 상호 연관성을 가지지 않고 독립적으로 출현한다. 이런 까닭에 부분 텍스트들을 전체 텍스트와의 상관성 측면에서 다루게 될 경우 기능상으로 우열이 생기게 된다. 그것들은 분석 작업에 있어서 취사선택의 대상이 되기 쉽다.

　가치를 중시하는 입장에서 보아도 그렇다. 심미성이 탁월하다거나 문제성

---

[1] 「『화사집』 자세히 읽기」는 시집 수록작 24편 전체에 대한 세밀한 분석을 위해 기획되었고, 그 첫 작업으로 「자화상」이 선택되었다. 다른 작품들은 단독 논문 형태로 아직 만들어지지 않았다.

이 있는 텍스트 외에 소박한 소품에 지나지 않는 텍스트도 더러 있게 마련이다. 이런 텍스트들은 좀처럼 분석의 지평에 오르기 어렵다. 분석의 효율성은 일관성에 있다. 예컨대 일정한 연구 주제를 중심으로 텍스트를 호명하는 것이 일반적이다. 그러므로 모든 텍스트가 분석 대상이 되지는 않는다.

이 글을 비롯한 일련의 연속 논문들은 이런 입장을 보완하려고 한다. 일정한 주제를 지향하지 않으며 개개의 텍스트들이 가지고 있는 특성을 가능한 한 전체 틀과의 관련 속에서 정밀하게 분석하고자 한다. 모든 텍스트를 호명함으로써 텍스트의 다양한 층위를 있는 그대로 보여주는 것이 이 글이 지향하는 바다.

맥락에 유기성의 개념이 있는지에 대해서는 단정하기 어렵다. 맥락은 텍스트 내부의 요소들 사이의 관계이기도 하고 외부와의 교섭적인 양태이기도 하다. 그 속에는 리듬, 상징, 어법, 이미지, 주제, 배열순서 등만이 아니라, 환경, 영향, 이데올로기 등과 같은 텍스트 외부적인 요인들도 포함된다. 그러므로 이 글은 텍스트에 관계하는 맥락의 다양한 범주들을 고려하면서 진행된다.

 애비는 종이었다. 밤이 깊어도 오지 않았다.
 파뿌리같이 늙은 할머니와 대추꽃이 한 주 서 있을 뿐이었다.
 어매는 달을 두고 풋살구가 꼭 하나만 먹고 싶다 하였으나…… 흙으로 바람벽한 호롱불 밑에
 손톱이 깜한 에미의 아들.
 갑오년이라든가 바다에 나가서는 돌아오지 않는다 하는 외할아버지의 숱 많은 머리털과
 그 크다란 눈이 나는 닮었다 한다.

스물세 해 동안 나를 키운 건 팔할이 바람이다.

세상은 가도 가도 부끄럽기만 하드라.

어떤 이는 내 눈에서 죄인을 읽고 가고

어떤 이는 내 입에서 천치를 읽고 가나

나는 아무것도 뉘우치진 않을란다.

찬란히 티워 오는 어느 아침에도

이마 우에 얹힌 시의 이슬에는

몇 방울의 피가 언제나 섞여 있어

볕이거나 그늘이거나 혓바닥 늘어트린

병든 숫개마냥 헐떡어리며 나는 왔다.

* 이 작품은 작자가 23세 되던 1937년 중추仲秋에 지은 것이다.

—「자화상」[2]

그림 1 「자화상」이 처음 수록된 『시건설』(1939.10.) 표지

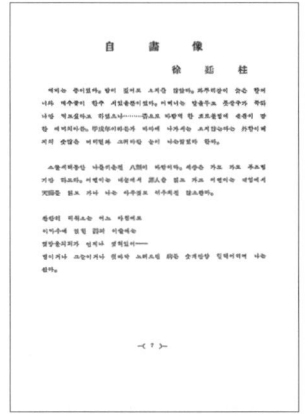

그림 2 「시건설」 수록작 『화사집』 수록작과 표기가 다른 곳이 많다.

---

2   서정주, 『미당 서정주 전집』 1(시), 은행나무, 2015, 27~28쪽.

02 ___ 텍스트의 순서

「자화상」은 제일 앞에 있는 텍스트다. 이것은 전체 텍스트의 성격을 암시한다. 시인의 자기 동일성은 가족의 계보에 종속되어 있으며, 그 가족은 넓은 의미에서의 수난의 백성[3]이다.

『화사집』이 고대 그리스의 강건하고 양명한 육체의 아름다움에 대한 경도를 바탕으로 보들레르적 미학을 탐구하고 있다는 견해들은 그동안 별다른 이의 없이 받아들여져 왔다. 그러나 이런 이유 때문에 『화사집』이 모더니즘적 성향을 표방한다고 하는 주장은 동아시아의 근대화 과정에서 받아들여진 '서양의 충격'을 문학적으로 변용한 것이 모더니즘이라고 주장하는 것과 똑같다. 모더니즘이 동아시아의 전통적 가치를 전복시키는 것이며 도시, 시민, 부르주아, 자본주의 등의 이름으로 동양의 공간을 점령하는 제국주의의 위용을 확인하는 구체적 양식으로 정의된다면 위와 같은 주장은 설득력이 없다. 서양 문화 전통의 추수와 그것에 대한 경도가 곧 모더니즘이라는 견해와 전통에 대한 혁신적 전회가 모더니즘이라는 견해는 엄연히 다르다. 서정주에게 근대성의 미학이라는 표찰을 달아줄 수 있다면 차라리 후자 쪽을 택해야 한다. 적어도 『화사집』에서는 그렇다.

---

3 '백성'은 서정주가 잘 사용하지 않은 용어다. 그럼에도 불구하고 이 용어는 당대에서 다분히 민속적 혹은 민족주의적인 내포를 가진다는 점에서 가장 서정주적인 특성을 가진다. 이 텍스트 속의 가족은 근대성에 눈을 뜨는 도시의 '보통 사람들'의 이미지와는 거리가 멀다. 이상李箱의 수필 「산촌여정 성천 기행 중」에 나타나는 '백성'이 바로 이 텍스트 속의 가족이 확장된 개념이다 이상 텍스트에서의 '백성'의 개념에 대해서는 다음을 참조하라. 월터 K. 류(Walter K. Lew), 「이상의 '산촌여정 성천 기행 중의 몇 절'에 나타나는 활동사진과 공동체적인 동일시」, 『역易 트랜스trans』 창간호, 한국예술종합학교 영상원, 2000, 122~136쪽.

그러나 『화사집』에 근대성이 있는가 그렇지 못하는가에 대한 논란은 텍스트를 이해하는 데 결정적인 요인이 아니다. 『화사집』에 보이는 강렬한 토속성 때문에 외래의 모더니즘에 항거하는 정치적 민족주의가 내재해 있다고 볼 수도 있다. 또한 전통적 의미에서의 농경 공동체를 탈피하고(반드시 그런 것은 아니지만) 독특한 개성을 확립함으로써 '자기 몰두의 미학'과 같은 전통으로부터의 새로운 기원을 이루었다고 말할 수도 있다. 요컨대 고질적인 이분법(전통성과 근대성)을 고집하는 한 『화사집』 이해도 난관에 봉착한다는 점을 직시할 필요가 있다.

24편의 텍스트들은 이 두 가지 국면들이 여러 요인들의 영향을 받으면서 서로의 관계를 재조정하고자 하는 움직임을 보여준다. 그것들은 이를테면 온존시킬 수 없는 전통을 일방적으로 흠모하거나 향수하고 혹은 타파하는 방식은 취하지 않는다.

'한국 현대문학사상 가장 강렬하고 새로운 개성'[4]으로 등장하는 화자 역시 농경 전통의 표상으로서의 공동체를 완전히 떨쳐내지 못한다. 「자화상」의 전반부가 이를 선명하게 보여준다. 시인의 가족들은 여전히 조선적인 의미에서, 혹은 식민지 시대의 궁핍한 민족의 일원[5]이라는 점에서 백성이다. 또한 그런 점에서 전통과 민족주의 이데올로기의 소산이기도 하다. 텍스트의 맥락상 이런 점이 부인되거나 간과될 수는 없다. 그것은 텍스트를 이해하는 데 있어서 우세한 요소이자 자질이다.

시인이 자기 정체성을 확인하는 '죄인'과 '천치'는 '나'만의 것이 아니다. '나'

---

4 이 용어는 『화사집』을 이해하는 데 있어서 중요한 관점들 중의 하나다. 「화사」, 「입맞춤」, 「정오의 언덕에서」, 「부활」 등에서 나타나는 비관과 생명을 향한 격렬한 의지의 양가적 감정의 병치는 이전의 문학에서는 발견되지 않는다.

5 "마을 사람들은 모두 한결같이 가난해 김성수 씨의 아버지인 동복 영감의 전답을 소작하거나, 아니면 합자해 쪼그만 배로 어업을 하거나, 밖엣사람이 와 경영하는 소금막에서 노동을 하거나 또 아니면 질마재를 넘어 다니며 어물 행상을 하였다.", 서정주, 「질마재」, 『미당 서정주 전집』 6(유년기 자서전), 은행나무, 2016, 21쪽.

는 가족과 연관적이며 여기서의 가족은 '날카론 왜낫 시렁 우에 걸어 놓고'(「맥하麥夏」) 바라보는 당대의 보통 사람들인 백성의 서정주적인 환유다. 그러므로 이 텍스트는 스물세 살 난 한 청년의 자의식과 함께 당대의 시대정신을 부조浮彫하고자 하는 서정주의 특별한 발화를 확인케 하는 텍스트다. 특별한 발화란 수궁과 선언, 곧 아무것도 뉘우치지 않겠다는 천명闡明이다. 천명의 형식을 가짐으로써 이 텍스트는 전체 텍스트를 바라볼 수 있는 일종의 창틀을 제공한다.

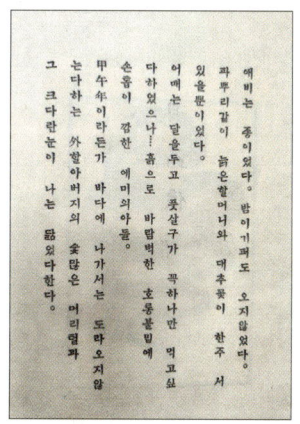

그림 3 『화사집』 수록작 일부

텍스트 끝의 집필 시기에 대한 기록(此一篇昭和十二年丁丑歲仲秋作。作者時年二十三也)은 중요한 기호다. 단기나 서기가 사라진 1937년의 한가윗날을 가리키는 쇼와[昭和] 12년이라는 연표의 비극성과 시간에 대한 전통적인 기록법은 서정주가 봉착하고 있는 혼란의 와중에 대한 기호로서 기능한다.

서당에서 당음唐音을 읊던[6] 어린 소년이 스물 셋이 되었을 때 그의 조국의 시간은 쇼와가 장악하고 있었고 유교적 교양을 나타내는 전통적인 기호

---

6 서정주, 「질마재」, 앞의 책, 44~45쪽 참조.

들은 중대한 도전을 받고 있었다. 식민지와 근대성의 경험은 질적인 면에서나 양적인 면에서 전통에 길든 백성을 압박하는 가장 강력한 외부적 요소였다.

일찍이 황매천(1855~1910)이 목숨을 끊으며 괴롭게 토론한 '식자인識字人의 어려움'[7]은 이 무렵에 와서 절정을 맞게 된다. 민족어 말살정책이 시작되고 조선의 이데올로기는 남루한 도포자락과 함께 근대의 기차에 밀려 노을 속으로 사라진다. 『화사집』은 이러한 배경 속에서 출현한 것이며 「자화상」은 마치 압축파일처럼 전체 텍스트의 분위기를 제시한다.

마지막 텍스트인 「부활」과 비교해 보면 첫 번째의 순서 배치는 의미심장하다. 죽은 소녀가 부활하는 판타지는 아무것도 뉘우치지 않겠다는 선언을 극적으로 고양시킨 결과다. 그 사이에 있는 많은 텍스트들은 이러한 결과에 도달하기 위한 열정과 광기와 방황의 산물들이다. 자기 직시 혹은 백성의 직시에서 부활의 판타지까지, 흙으로 바람벽한 궁벽한 고창의 질마재에서 전차가 달리는 경성의 종로까지, 혹은 '어려운 주소'에서 '내려오는 무지개'까지가 『화사집』의 드라마다.

「부활」에 나타나는 '어려운 주소'는 물론 타나토스를 지시하지만 맥락적으로는 「자화상」에서 토로하고 있는 배경으로서의 가족 또는 백성들의 삶이다. 그것이 무지개로 부활하는 과정은 막연한 민족주의적 자존심과 애국심 때문이 아니라 '이마 우에 얹힌 시의 이슬'을 통해서 보는 '별 생겨나듯 돌아오는 사투리'(「수대동 시」) 때문이다.

---

7 그의 유명한 절명시絶命詩 4수 중 3수의 결구이다. 3수는 다음과 같다.
鳥獸哀鳴海岳嚬 새짐승 슬피 울고 강산도 시름
槿花世界已沈淪 무궁화 이 세상은 가고 말았네.
秋燈掩卷懷千古 책 덮고 지난 역사 헤아려 보니
難作人間識字人 글 아는 사람 구실 어렵군 그래.
이병주 역주, 『한국한시선』, 탐구당, 1981, 244~245쪽 참조.

'사투리'는 「수대동 시」에서 자세히 다루겠지만 전라도 방언이라는 국지적 기호가 아니라 초시간적 연속에의 종속을 수긍케 하는 최초의 강력한 기호다. 또한 그것은 개체와 계통을 연결하고, 시간을 단절하지 않으며, 영속을 꿈꾸는, 시의 순수한 상징이다. 난세를 견디어 건널 수 있는 다리며 곧 판타지로서의 무지개를 가능케 하는 힘이다. 이것이 바로 피가 섞인 채 이마 위에 얹혀 있는 시의 이슬이 가지고 있는 맥락이다.

그러므로 「자화상」의 메시지는 간명하다. 화자는 부끄러움에 안주하지 않고 또한 뉘우침의 기제로부터 벗어나기 위해 '나는 시를 쓸 수밖에 없다'고 처음부터 천명하는 것이다. 비록 피가 섞여 있긴 하지만 시의 이슬만이 유일한 구원이기 때문이다.

03 ___ 가족─봄의 기호와
       시간 종속의 계보 기호

텍스트상 가족의 특성을 가장 분명하게 분류한 결과는 부재하는 남성들과 지배소로서의 여성들이다. 아버지는 '밤이 깊어도 오지 않았'고 외할아버지는 '바다에 나가서는 돌아오지 않는다 하는' 주인공이다. 이에 비해 남아 있는 사람은 궁상맞게 늙어 가는 할머니와 해산달을 앞에 둔[8] 가난한 어머니다. 이들 여성들은 사실상 전체 텍스트에 걸쳐 여러 가지 변형된 모습으로 나타나며 이후의 텍스트들에서도 마찬가지다. 모든 서정주 텍스트에서 지배적 요소로 등장하는 젠더로서의 여성의 기원은 「자화상」 속의 '늙은 할머니'와 '어매'다.

'파뿌리'의 관습적 상징은 장수長壽지만 여기서는 복합적이다. 한 그루만 외롭게 서 있는 대추나무집의 어른이자 '종'의 어머니인 그녀는 몰락과 수난을 표상하는 기호다. '뿐이었다'라는 진술이 이를 확인해준다. 그것은 '유일하게 남아 있다'는 정황에 대한 심리적 반응이다.

'파뿌리'와 '대추꽃'은 한 통사 내에서 계열적 관계에 있다. '한 주'의 '대추꽃'과 '파뿌리'는 유사한 의미체계다. 몰락, 수난, 가난, 과부 등이 그 내포다. 그것은 어머니의 경우도 같다. 부성의 부재로 인한 이 결과는 조국祖國과 모국母國의 차이를 보다 분명하게 드러낸다. 『화사집』 텍스트에 민족주

---

[8] '달을 두고'의 '달'의 문맥은 moon이 아니라 month이며, 이때의 month는 '아이를 배어 낳을 달이 되다'라는 뜻을 가진 '달이 차다'의 관습적 어법의 주어다. 달이 찬 것을 만삭이라 하고 마찬가지로 해산 직전의 둥그런 배를 만삭이라 한다. '달', '여성', '배[腹]', '생명' 등은 둥근 상상력을 함께 가진다.

의 이데올로기보다 토속적 정감이 더 우세하게 나타나는 사정도 이와 관련이 있다. 그가 백성의 일원으로서 생각하는 것은 아버지 나라의 이데올로기가 아니라 어머니의 입을 통해 배워 온 모어母語, mother tongue다. '사투리'로 바뀌어 나타나는 모어는 몰락과 수난의 터전 위에서도 본성[9]을 잃지 않는다. 그것이 바로 서정주를 '생명파'라고 부를 때 환기되는 생명의 한 속성이다. 생산의 이미지가 이 속에 있다.

남아 있는 가족으로서의 여성들은 농경의 전통 속에 있는 전형적인 생산 기호들이다. 몰락과 수난의 표상으로서의 '파뿌리'도 사실은 생산이나 노동과 관계가 깊다.[10] 나무의 수를 나타내는 '주'라는 단위가 '대추꽃'으로 전이된 이유도 흥미롭다. 시인은 '대추나무가 한 주 서 있을 뿐이었다'라고 말하지 않고 '대추꽃이 한 주 서 있을 뿐이었다'라고 말한다. 대추나무에 꽃이 피고 있음을 암시하는 것이다. 계절 배경이 봄이라고는 말하지 않는다. 보릿고개에 시달리는 허기진 시절이라고도 말하지 않는다. 이런 정보들은 교

---

9 이 맥락에서의 모어의 본성은 부성의 특성인 '위엄'과 '치산治産'의 미덕을 지닌 '근조近朝'의 유학儒學이 아니라 어머니 쪽의 '신라류의 자연주의적 전통'을 뜻한다. 즉 '책으로' 배우는 것이 아니라, '실생활을 통해 자자손손 흘러 내려온' 것이다. 여기에 대해서는 서정주, 앞의 책, 26~58쪽 참조. 그러나 서정주의 텍스트에서 '자연주의적 전통'이 반드시 우세하지는 않다. 사상적으로 보면 유·불·선 삼교가 통합된 양식인데 이는 어느 정도 자기 목소리가 정돈된 이후에 이루어진다. 여기에 대해서는 다음을 참조하라. 허세욱, 「도잠과 이백과 미당 사이」, 『서정주 연구』, 동화출판공사, 1975. 필자는 『화사집』을 사상 특성 이전에 성의 특성으로 접근하는데 여기에 따르면 유학 이데올로기의 표상인 남성·부성의 측면보다는 실생활과 심미성의 표상인 여성·모성의 특성이 더 강하게 드러난다. 이 점에 대해서는 그의 자전적 기록을 중심으로 해서 논의를 펼치는 김선영의 경우도 같다. (김선영, 「미당 산, 광활한 정신의 숲」, 『서정주 문학앨범』, 웅진출판, 1993 참조.) 그러나 서정주 텍스트의 전반적인 성격을 유가적인 입장에서 접근하는 경우도 있다. 여기에 대해서는 윤석성, 「미당 시의 유가적 측면」, 『동악어문학』 34, 동악어문학회, 1999 참조.
10 뿌리는 근원적으로 낮고, 깊고, 질긴 상상력이다. 그것은 생명과 생산의 원천적인 이미지로서 모성 혹은 여성의 상상력인 대지와 관계한다. 다음을 보라. "인젠 우리 할머니 이야기를 하지, (중략) 소싯적에는 무장의 해안 일대에서도 평판 있는 미인이었다는데, 언제부터 그리되었는지 늙은이가 영머리에 빗을 대는 일이 없었다. 그야말로 쑥대머리였으나 이 쑥대머리는 황무지가 아니라 또 우리 집에서도 제일 센 상머슴이었다. 무슨 날쌘 연장이 이분 같았으리오. 여러 마지기의 밭일로부터 시작해서, 부엌일만 빼놓고는 집 안팎의 일에 손 안 대는 것이 거의 없었다.", 서정주, 앞의 글, 28~29쪽 참조.

묘하게 감추어져 있다.

한창 꽃이 피어나고 있는 대추나무가 있는 집안의 어머니는 또 어떤가. 그녀는 산달을 앞에 두고 풋살구를 먹고 싶어 하는 배역이다. 물론 그녀의 희망은 이루어지지 않는다. 궁벽하기 때문이다.

그럼에도 불구하고 시인의 가족을 이끌어 가는 주체는 바로 이들이다. 이들은 봄의 여인들이다. 대추꽃이 피고 풋살구가 열리는 계절의 주인공들이며 생명을 태동시키는 기호들이다. 텍스트는 남성들을 부재로 처리하고 여성들을 등장시킴으로써 출발한다. 봄으로부터 시작한다.

농경의 전통에서 봄은 솟아나고 일어서는 상상력을 가진다. 그것은 「자화상」의 시인을 탄생시키는 마법의 상상력이며 동시에 『화사집』을 추동시키는 근원적인 에너지다. '순네'(「화사」), '님'(「대낮」), '오매'와 '계집'(「맥하」), '가시내'(「입맞춤」), '연순이'(「가시내」), '계집애'(「와가의 전설」), '금녀'(「수대동 시」) 등등 여성 지향 심리는 도처에서 발견된다.

여성은 『화사집』을 탄생시키는 동력이다. 부재하긴 하지만 가족의 일원으로서의 할아버지도 친할아버지가 아니고 외할아버지인 이유는 이런 맥락에서 살필 수 있다. 시인이 친할아버지가 아닌 외할아버지와 닮았다는 정보는 그의 정체성이 모계 혈통에 더 가깝다는 것을 암시한다. 예컨대 '에미의 아들'의 자질은 손톱이 까맣다는 것인데 이 역시 모계 혹은 여성적인 성향에 속한다.[11]

『화사집』을 관류하는 약동하는 생명력의 리듬, 텍스트상에 공격적이고 거친 목소리로 충만된 리듬의 뜻이 아닌 원형과 모티프가 드러나는 방식으로서의 리듬은 그 연원이 완전히 여성적인 것이다. 「자화상」에서 그것은 봄

---

[11] "아버지는 좀 미남자였던 것 같다. 어머니와 할머니가 손톱 밑에 때를 잘 안 빼고 사시던 데 비해 아버지의 손톱 밑의 줄포 동복 영감 집에서 가끔 오시는 걸 만나 보면 늘 깨끗했고 또 늘 신식으로 머리를 깎으신 뒤엔 거기다 무슨 향내 나는 기름을 바르시었다.", 서정주, 앞의 글, 23쪽.

의 기호를 암시함으로써 일어서기 시작한다. 이것이 남아 있는 가족으로서의 할머니와 어머니가 가지는 전체 텍스트와의 관계에 있어서의 맥락적인 의미다.

그러나 젠더로서의 여성이 가지는 우세적 요소가 가족의 특성을 다 설명하는 것은 아니다. 그의 가족은 시인의 정체성에 초시간적 연관에 대한 종속을 부과한다. 계보와 계통을 각인시키며 그렇게 함으로써 '조상'에 대한 영감과 직관을 제공한다. 특히 남성들의 부재성은 무형에 대한 형이상학과 관련이 깊고 이는 다른 텍스트에 적절하게 반영된다.[12]

조상 생각은 자기를 시공 속의 현재적 개인으로서 인식하지 않는다는 의미다. 자기는 조상에 종속되어 있으며 이러한 생각이 초시간적 연관성을 자연스럽게 만들게 한다. 서정주가 본질적으로 근대성에 경도하기 어려웠던 까닭도 이런 점과 관련이 많다. 적어도 '조상'은 근대성의 필요조건은 아닌 것이다.

또한 그의 가족은 근대화의 변화에서 밀려난 변방인이며 그런 점에서 식민지의 백성이기도 하다. 시인은 조상과 백성에 종속되어 있는 존재다. 이들은 다 같이 부끄러운 존재들이며 저주받고 있다. 그러나 그가 '죄인'과 '천치'를 운운하는 것은 보들레르적 의미에서의 '저주받은 시인'[13]보다는 도스

---

12 1943년 가을에 쓴 「꽃」이 대표적이다. 이 작품은 서정주의 시작 생활에 중요한 전기를 가져다 준 것으로서 "백열한 그리스 신화적 육체나 부엉이 같은 암흑이나 절망이나 그런 것들에서도 인젠 떠나서 죽음 저 너머 선인들의 무형화된 넋의 세계에 접촉하는 한 문"의 성격을 가진다. 이 부분은 서정주, 「흑석동 시대」, 『미당 서정주 전집』 7(문학적 자서전), 은행나무, 2016, 129쪽 참조.

13 '저주받은 시인'은 세속에서 처형된 혹은 유배된, 즉 고립무원의 의미다. 여기에 대해서는 김붕구, 『보들레에르』, 문학과지성사, 1977, 72~77쪽 참조. 그러나 『화사집』이 전반적으로 보들레르의 영향을 어느 정도 받고 있다는 인상과 식민지 시대의 참담한 정황을 개인의 내면 속에 그리고 있다는 진단 때문에 종종 이 이미지는 서정주에게 적용되기도 한다. 이러한 관점은 다소간 문제가 있다. 예컨대 '애비는 종이었다'라는 진술이 저주받은 자의식의 토로이고 그것은 곧 보들레르의 '저주받은 시인'의 번안이라는 주장은 문화의 맥락을 중시하지 않는 태도다. 「자화상」은 고립무원의 텍스트가 아니다.

토옙스키적 의미에서의 '원죄의 후예'의 개념이 오히려 가깝다. 이것은 전체적인 맥락에서 그렇다. 「화사」, 「도화도화」의 목소리는 명백히 성서 텍스트를 인유하기도 한다.

그러나 그럼에도 불구하고 그는 담담하게 토로한다. 죄를 받아들이면서도, 부끄러움을 감수하면서도 아무것도 뉘우치지 않겠다는 것이다. 이런 선언의 심리는 매우 복잡하다. 그것은 바람의 내포를 해명해야 가능하다.

04 ___ 진술의 세 가지 층위

「자화상」은 진술의 측면에서도 세심하게 고려해야 할 텍스트다. 시인은 자기 말만 하지 않는다. 그는 발화자이기도 하지만 청자이기도 하다. 그래서 텍스트는 들음을 밝히는 진술과 직접 발화하는 진술로 나눠진다. 직접 발화는 다시 두 가지로 나뉜다. 고백과 천명이 그것이다. 고백이 과거의 시간을 밝히는 것이라면 천명은 현재와 미래의 시간을 밝히는 것이다. 이렇게 해서 텍스트는 진술의 세 가지 층위를 가진다.

들음과 고백은 다 같이 과거를 밝히는 기능을 한다. 고백의 종류는 크게 네 가지다. '애비는 종이었다', '스물세 해 동안 나를 키운 건 팔할이 바람이다', '세상은 가도 가도 부끄럽기만 하드라', '병든 숫개마냥 헐떡어리며 나는 왔다' 등이다.

첫 문장은 인상적인 고백이다. 물론 이때의 고백은 자전적인 '내용'으로서보다는 텍스트를 진술하는 '형식'으로 바라본다는 의미다. 그의 '애비'가 동복 영감 밑에서 일했다는 텍스트 밖의 부대 정보[14]를 중시하면 본말이 바뀔 수가 있다. 물론 이 텍스트는 스물세 살의 청년 서정주가 자전적인 정보를 제공하는 텍스트다. '그 크다란 눈이 나는 닮었다 한다'까지가 특히 그렇고 이후의 진술은 상상력이 가세한 것이다.

---

14 "아버지는 원래부터 여기 살던 사람이 아니라 같은 고창 고을의 심원면 고전리란 데서 처가를 따라와 처음 몽학훈장으로 여기 발을 붙였다 하는데, 내가 대여섯 살 되었을 때는 그새 서울의 측량학교를 마치고 잠시 고창군청에서 측량서기 노릇을 하다가 김성수 씨의 아버지인 동복 영감 집으로 옮겨가서 그 집 서생 노릇을 하고 있었다.", 서정주, 「질마재」, 앞의 책, 22쪽 참조.

'종'은 메타포다. 그것은 밤이 깊어도 오지 않는, 부재하는 부성父性이며 '밤과 피에 젖은 국토'(「바다」)의 맥락이다. 동시에 시의 이슬에 운명적으로 섞여 있는 몇 방울의 '피'기도 하다. 헐떡이는 '병든 숫개'의 정체성이 여기에서 연유한다.

문제는 반드시 진술의 의미론적 맥락만이 아니다. 형식적 특성도 중요하다. 이 텍스트에서 고백의 특징은 발화 주체가 화자며 그 주체에 의해서 과거가 밝혀진다는 데 있다. 과거를 밝히는 이러한 직접 발화의 형식이 간접 발화(똑같이 과거를 밝히고 있지만)와 어떻게 다른가를 살피는 것이 유용하다.

텍스트 속의 간접 발화는 듣는 행위를 통해서 발화하는 경우다. '싶다 하였으나', '않는다 하는', '닮었다 한다'는 모두 간접 발화다. 화자에게 발화의 정보를 제공한 인물은 '어매'다(혹은 외할머니일 수도 있다). 이것은 화자의 과거를 재현하는 데 있어서 매우 중요한 사실을 암시한다. 즉 그는 부재하는 아버지 대신 '어매' 혹은 외할머니로부터 이야기를 듣고 성장했으며[15] 이 과정이 바로 과거를 재현하는 중요한 질료임을 밝힌다는 점이다. 즉 젠더로서의 여성의 텍스트 내적 기능이 또 다른 측면에서 드러나게 된다는 점을 간과할 수 없다.

그녀 혹은 그녀들은 마을의 훈장과는 다른 방식으로 어린 소년에게 끊임없이 이야기하고 있는 것이다. 텍스트 속의 '~한다'라는 진술의 뒤에 숨겨져 있는 맥락적인 의미는 여기에 있다. 그의 과거 고백은 단순히 몰락과 수

---

15 이 대목에 대한 시인의 회고는 시사적이다. 그의 모계 혈통이 이야기에 강한 내력을 가졌다는 것인데 이 내력이 사실은 서당에서 당음을 배우던 어린 소년에게는 더 강한 매력으로 작용하고 있었다. 서정주의 많은 텍스트들이 전통으로서의 이데올로기에 경도되지 않고 민담이나 전설 혹은 실생활 삶에 더 가깝게 다가갔다는 점은 상상력과 흥미를 자극하는 '이야기' 양식이 그에게 상당한 영향을 미쳤다는 것을 방증한다. 즉 '한문'이 아닌 '국문', 그의 어법에 따르자면 유학보다는 자연주의가 그의 과거를 지배하는 요소였다. 다음을 보라, "어머니는 어떤 어부의 과부의 딸이었다. 내 외할아버지는 젊어서 배를 타고 바다에 나가신 채 영 돌아오지 않고, 그 뒤를 두 딸과 막내인 아들과 함께 청상으로 남은 과부의 둘째 딸이었다. 한문은 모르시나, 국문은 외할머니가 마을에서 첫째가는 이야기책 애독자라 그 덕으로 알고 있었다.", 서정주, 「질마재」, 앞의 책, 26쪽 참조.

난과 가난과 궁핍에 대한 부끄러움의 토로가 아니라 남아 있는 가족 주체인 여성들의 입을 통한 민속과 풍문의 풍요로운 재현에 대한 암시를 보여주는 것이다. 이것이 간접 발화의 형식이 지니는 미덕이다.

과거를 밝히는 고백의 진술 중에서 주목해야 할 대목은 직접 발화 중의 '스물세 햇 동안 나를 키운 건 팔할이 바람이다'의 경우다. 이것은 선언의 성격을 가진다. '바람'은 텍스트 외적인 측면에서도 중요한 이미지다. 그의 생가가 있는 질마재 웃똠 마을의 뒤에 있는 소요산과 변산 앞바다 사이에는 실제적으로 바람 잘 날이 없다. 당대에만 해도 염전이 성행했는데 그 이유는 자연조건 때문이었다. 넓은 펄과 강한 바람과 풍부한 일조량이 이를 가능케 했다. 풍부한 일조량 때문에 일교차가 심하고 이로 인해 낮밤으로 해풍과 육풍이 불어온다. 더구나 고창과 그 북쪽의 변산 사이에 있는 바다가 만(곰소만)이기 때문에 마을 자체가 일종의 바람의 계곡이 되는 형국이다. '바람'은 시인에게는 지워버릴 수 없는 자연현상인 것이다.

'바람'의 내포는 의외로 복잡하다. 텍스트 속에서의 그것의 자질은 지금까지 시인을 키워 온 대부분(팔할)[16]이다. 바람은 부재하는 '애비'나 남아 있는 '어매' 혹은 '외할머니'보다 더 직접적으로, 포괄적으로, 시인에게 정체성을 부여한다. 바람은 역사, 전통, 민속 등 온존된 과거의 형식 전부를 상징하는 것일 수 있다. 그러나 그 정체성은 「자화상」에서 좀처럼 드러나지 않는다. 팔할의 바람이 시인을 키웠다는 의미는 전체 텍스트를 통해서, 혹은 그 이후의 텍스트를 통해서 비로소 드러난다.

'바람'은 물질적 상상력이 아니라 심리적 상상력이고 그런 점에서 일종의

---

16 '팔할'의 수리학적 의미는 명쾌하지 않다. 그것이 '칠할'이나 '구할'이 아니고 하필이면 왜 '팔할'인지는 음운론적 고려의 결과로 보는 것이 흥미로울 듯하다. '팔할'은 전진하는 양성모음이 중첩되고 있으며 바람(폼)의 음운과 같은 계열에 있다. '팔八'과 '바람'과 '풍'은 모두 [p-]라는 동일한 성모 initial를 가지고 있다. 요컨대 '팔할'은 바람의 속성과 지시적 기호를 암시하는 데 효과적이다. 이런 시어는 원천적으로 번역이 불가능하다.

형이상학이다. 그것은 『화사집』의 중요한 테제인 생명의 가장 중요한 속성으로서 몸속에 전화된 '가쁜 숨결'(「화사」), 또는 '왼몸이 달어……'를 연발케 하는 역동적인 피의 이미지(「대낮」)며, '나의 미열을 가리우는 구름'을 '새파라니 새파라니 흘러가'게 하는 떠돌이의 상징(「도화도화」)이다. 요컨대 '바람'은 인간의 생명 속에 내재하는 궁극적 절대성의 장엄한 표상인 동시에 서정주 텍스트의 핵심적인 미학인 생명과 영원성의 강력한 상징이다.[17]

서정주 자신이 『화사집』 시절을 회상하며 쓴 '고열한 생명 상태의 표백'[18]은 내면으로부터 격정적으로 치솟아 오르는 운동 에너지, 즉 그 무엇에도 안주하기 어려운 갈망을 자각했다는 뜻이다. 그것이 바로 '바람'의 맥락적 의미다.

격정과 갈망이 좌절된 상태, 그러면서도 계속적으로 희원하는 상태, 이것이 텍스트 속의 시인이 고백하는 자신의 정체다. 그는 왜 '병든 숫개'처럼 '헐떡어리며' 시간을 지나왔는가. 바로 자신을 키워준 바람 때문에 그렇게 된 것이다.

시인의 과거는 이렇게 두 가지의 방식으로, 간접 발화와 직접 발화의 방식으로 고백된다. 그러나 텍스트 속의 시간은 과거에 대한 고백만으로 채워지지 않는다. 진술로서의 천명의 형식은 그래서 의미심장하다. 그것은 '지금'과 '앞으로'에 대한 도덕적 본성의 표출이다.

'나는 아무것도 뉘우치진 않을란다'는 '죄인'과 '천치'의 부끄러움이 도덕적으로 문제되지 않는다는 의지의 표명이다. '애비'가 '종'이라는 사실도, 그가 부재한다는 점도, 가난한 가족을 비롯한 모두가 몰락하는 백성의 일원이라는 점도 자신에게는 저주와 비판의 대상이 되지는 않는다. 그는 '사투리'의 시인이기 때문이다. '찬란히 티워 오는 어느 아침'의 '이슬'을 꿈꾸는 시인이기 때문이다.

---

17 이 부분에 대해서는 윤재웅, 『미당 서정주』, 태학사, 1998 참조.
18 서정주, 「현대조선시약사」, 『현대조선명시선』, 온문사, 1950, 266쪽.

05 ___ 대비의 구도
밤과 아침, 이슬과 피

배경으로서의 밤과 아침, 이미지로서의 이슬과 피의 대비적 구도는 이 텍스트 이해의 또 다른 관문이다. 밤은 아버지가 부재하는 시간이며 '죄인'과 '천치'의 시간이다. 그곳은 역사의 타나토스가 지배하는 세계다. 이에 비해 아침은 부활의 시간이며 시의 에로스가 이슬로서 영그는 세계다.

밤은 생명 태동 이전의 세계다. 그것은 '벽'(「벽」)이고, '머릿속 암야暗夜'(「부흥이」)며, '형극의 문'(「문」)이다. 그 시간은 침몰하거나 닫힌 시간이다. 과거다. '종'으로 표상되는 상실된 주체의 세계, 흙때가 묻은 까만 손톱의 가난한 영혼의 세계가 밤이다.

아침은 자의식이 싹트는 세계다. 그 시간은 고난의 과정을 지나 순정한 결정체로서의 이슬이 맺히고 영그는 시간이다. 현재면서 미래다. 스물세 살이 되어서야 세상을 향해 자신을 천명하는 세계, 찬란한 시의 세계가 아침이다.

밤과 아침은 죽음과 재생의 드라마를 암시하는 배경이다. '애기 하나 먹고 꽃처럼 붉은 울음을' 우는(「문둥이」) 천형의 시간이 '종로 네거리에 뿌우여니 흩어져서, 뭐라고 조잘대며 햇볕에 오는 애들'(「부활」)의 시간으로 바뀐다. 그것은 '지옥에서 열반까지'의 거리이기도 하다. 스물세 살에 쓴 작품이 사실은 그의 전체 시력詩歷을 운명적으로 압축하고 있다.

이 대비적인 구도는 피와 이슬의 이미지가 극단적으로 대비됨으로써 한층 강화된다. 이슬은 시의 표상이다. 그것은 혼란의 와중을 지나온 고양된 결정체로서의 언어다. 그러나 동시에 그것은 순정한 결정체가 아니라 피가 섞여 있는 언어다. 과거를, 종을, 바람을 무화시키는 언어가 아니라 함께 안고 가는 언어다.

이슬의 주소는 풀잎이 아니라 이마다. 이슬은 이마 위에 얹혀 있다. 이슬은 물질적 상상력을 강요하지 않는다. 이슬은 내면의 고통을 정화한 결과물로서의 시의 은유다. 시는 '파뿌리'나 '까만 손톱', 혹은 늘어진 '혓바닥'에 있지 않고 높은 '이마'에 있다. 시인은 이마를 통해 침몰의 밤으로부터 벗어나고자 한다.

이슬은 내 몸과 상관없이 외부로부터 일방적으로 주어지지 않는다. 그것은 '고열한 생명'이 내부로부터 솟아 나와 이마 위에 맺히는 형식으로 존재한다. 몸은 전체 텍스트에 걸쳐 중요한 테제다. 서정주의 생명은 곧 몸생명이다.[19] 이슬은 몸생명의 내부와 외부의 가장 높은 경계선상에, 표피로서의 이마 위에 아슬아슬하게 있다. 격정으로 들끓는 피가 이슬 속에는 섞여 있다. 피를 섞어서 쓴 시, 그것이 바로 이슬이다. 이 점에서 이슬은 보들레르의 '왕관'과는 다르다.[20]

---

19 몸의 테제로서 서정주 텍스트에 접근한 최초의 본격적인 글이 『미당 서정주』다. 자세한 것은 윤재웅, 앞의 책 참조.
20 『악의 꽃』의 첫머리를 장식하는 「축복」에는 시를 상징하는 주요한 이미지가 있다. 그것은 왕관이다. 「자화상」의 이슬과 비교해 보면 유사한 점이 많다. 이 점에 최초로 주목한 사람은 황현산이다. 그는 「서정주, 농경사회의 모더니즘」이라는 글에서 서정주의 '이슬'이 보들레르의 '왕관'의 탁월한 동양적 번안이라는 입장을 취한다. 이때의 번안은 물론 '태초의 광선된 성스런 광원에서 길러낸 순결한 빛'에 한정되는 것이다. 즉 순결한 빛의 서정주적 번안이 이슬이라는 것이다. 그러나 필자의 입장은 다르다. 필자는 '왕관'을 관념과 추상, 혹은 플라톤의 이데아로 본다. 이에 비하여 '이슬'은 물질과 재료인 동시에 생체 시스템의 생기론적 연장태라고 이해한다. 이슬 속에는 피가 섞여 있기 때문이다. 사실, 이 피가 섞인 이슬이야말로 몸의 시학을 추구하는 서정주의 대표적인 이미지 중의 하나다. 황현산의 글은 다음을 참조하라. 황현산, 「서정주, 농경사회의 모더니즘」, 『미당 연구』, 민음사, 1994, 475~493쪽. 이슬과 왕관에 대한 필자의 견해에 대한 보다 자세한 논의는 다음을 참조하라. 윤재웅, 앞의 책, 190~195쪽.

피가 섞인 이슬은 『화사집』의 근간을 이루는 '불치의 슬픔'[21]이다. 뜨거운 피와 차가운 이슬이 공존하는 상태, 밤의 흔적과 아침의 비전이 뒤섞인 상태, 조상과 내가 연관된 상태, 부끄러움과 뉘우치지 않음이 함께하는 상태, 치유할 수 없음으로써 병이 되는 상태, 야수성과 신성이 공존하는 상태, 울음과 웃음이 비벼진 상태, 징그러움과 아름다움이 병치된 상태, 이 모든 복합적인 공존성이 피가 섞인 이슬, 즉 그가 천명하는 시 속에, 사투리 속에 엉겨 있다. 부분 텍스트로서의 「자화상」이 전체 텍스트로서의 『화사집』에 대해서 가지는 맥락성은 이 모든 요인들 속에 있다.

---

21 서정주, 「조선일보 폐간 기념시」, 『미당 서정주 전집』 7(문학적 자서전), 은행나무, 2016, 50쪽.

8장 「웅계」 연작

서정주의 「웅계」 연작 연구,
『한국시학연구』 52, 한국시학회, 2017.

01 ____ 새로운 「웅계|雄雞」 자료의 발굴

　서정주의 첫 시집 『화사집』(1941)에는 「웅계」 연작 두 편이 수록되어 있다. 1937년 4월부터 7월까지 제주도 체류 시절[1] 체험이 반영된 작품들이다. 1939년 『시학』 3월호와 5월호에 각각 처음 발표되고, 『화사집』 '지귀도 시편' 편목에 재수록되었다. 최근에 새로운 「웅계」 자료가 발굴되어 이 연작에 대한 보다 세밀한 접근이 가능해졌다. 새 발굴 자료는 지방 문예지인 『호남평론』[2] 3권 9호(1937.9.) 수록본으로서 기존에 알려진 연작의 기초본 성격이 강하다. '웅계' 모티프에 대한 다양한 시상의 형성 과정을 가늠해 볼 수 있을 뿐만 아니라, 수록 시기와 수록 잡지에 대한 문제도 흥미롭다.

　「웅계」 연작에 대한 기존 논의는 시적 화자를 신이나 영웅 이미지와 동일시하는 경우,[3] 예수의 수난과 연결하는 사례들,[4] 신성 열망과 자기희생의

1　서정주의 제주 체류 시기는 「속 나의 방랑기」(『인문평론』, 1940.4.) 기록을 따랐다. 가장 이른 시기의 회고여서 착오를 일으킬 가능성이 낮다고 판단했다. 『미당 서정주 전집』 8(산문), 은행나무, 2017, 72쪽 참조. '자서전'에는 1937년 4월부터 6월까지로 나와 있다. 『미당 서정주 전집』 7(문학적 자서전), 은행나무, 2016, 54쪽 참조.

2　원주소는 목포부 죽교리에 두고 경성부 명륜정에서 발행한 지방 문예지. 서광우(편집 겸 발행인), 배치문(책임 편집자), 김철진(주간) 등이 주요 구성원이다.

3　류동현, 「『화사집』의 심층심리 분석」, 서울대학교 석사학위논문, 2000, 44~48쪽.
　박형준, 「서정주 초기 시에 나타난 동물 이미지 연구: 『화사집』, 『귀촉도』, 『서정주시선』을 중심으로」, 명지대학교 석사학위논문, 2003, 27~31쪽.
　오준, 「『화사집』 분석을 통해 본 서정주 시의 이원성: 은유와 은폐」, 중앙대학교 박사학위논문, 2008, 134~144쪽.
　이은지, 「서정주의 시적 자서전에 나타난 기억 형상화 방식 연구」, 서울대학교 석사학위논문, 2012, 54~59쪽.

4　유성호, 「서정주 『화사집』의 구성 원리와 구조 연구」, 『한국문학논총』 22, 한국문학회, 1998, 404쪽.
　김정신, 「서정주 초기 시의 수난 양상과 부활의 의미: 『화사집』을 중심으로」, 『문학과 종교』 18-1, 한국문학과종교학회, 2013, 24~28쪽.

이중성,[5] 살해 충동의 반윤리적 문제를 다룸으로써 육체의 발견을 통한 근대적 성격을 논하는 경우[6]도 있다.

이 글은 「웅계」 연작 전체가 가지는 의의를 조망하는 데 목적이 있다. 그러기 위해서는 텍스트에 대한 정밀한 읽기가 필수적이다. 연작의 탄생 과정에 대한 추적을 통해 '청년 탁객'의 내면에 수컷 신의 탄생 과정과 자기 동일시 현상이 어떻게 만들어지는지, '카인과 아벨' 모티프와 '부활'의 모티프가 어떻게 결합하는지를 살펴보고자 한다.

그림 1 시집 미수록작 「웅계」가 수록된 『호남평론』 3권 9호(1937. 9.) 표지

---

5 최현식, 「서정주와 영원성의 시학」, 연세대학교 박사학위논문, 2003, 37~45쪽.
6 송기한, 「서정주 초기 시에서의 '피'의 근대적 의미」, 『한중인문학연구』 36, 한중인문학회, 2012, 87~88쪽 참조.

02 ___ 제주도 체류와 두 편의 「웅계」 연작

　서정주의 제주도 체류는 청년기의 불안한 심리가 투영된 방랑벽의 결과다. 체제에 안착하기 어려운 '아웃트―로'[7]가 정신적 표류 끝에 이른 곳. 그곳에서 '유암幽暗의 그늘의 부훵이'[8]는 밝고 강건한 생명력을 꿈꾼다. 이 시기는 1935년 말부터 결혼 직전까지 이어진 제3차 방랑기[9]에 해당하며 문청 기질이 강하게 드러나는 시기이기도 하다.

　이 무렵에 구상되거나 발표된 시들은 「벽」, 「문둥이」, 「대낮」, 「화사」, 「서름의 강물」, 「입맞춤」, 「맥하」, 「부훵이」, 「와가의 전설」, 「문」, 「바다」, 지귀도 연작시 네 편 등 『화사집』 전체 수록작 24편의 절반을 넘어서는 분량으로서 대부분 젊은 시인의 체험이 반영된 것들이다. 시적 연대기로 보면 『화사집』 잉태기라 할 만하다.

　특히 '지귀도 시편'으로 불리는 제주도 체험시(「정오의 언덕에서」, 「고을나의 딸」, 「웅계 1」, 「웅계 2」)들은 서정주 초기 시의 강렬한 생명 충동 현상을 잘

---

[7]　체제이탈자 out-law의 뜻으로 본다. 서정주, 「나의 방랑기」, 『인문평론』, 1940.3., 72쪽. 여기서는 『미당 서정주 전집』 8(산문), 은행나무, 2017, 60쪽 참조.

[8]　『화사집』 수록 「부훵이」 속의 주요 이미지다. 이 시는 「절망의 노래」라는 제목으로 『시건설』(1936.11.)에 처음 발표된 바 있다. 시집에 수록하면서 제목을 고쳤다. '부훵이'는 청년 시인의 '머릿속 암야暗夜'에 사는 '저승의 새'다. 이 절망의 새가 스스로를 치유하기 위해 약 6개월 후 제주도로 날아가 '웅계雄鷄'를 불러낸다. 6개월의 기간을 변신 모티프로 풀어보면 부엉이가 웅계가 되는 과정이며 시공간 문제로 바꾸면 '저승의 암야'에서 '지귀 천년의 정오'까지의 거리가 된다.

[9]　서정주의 방랑 시기는 1) 중앙고보 퇴학 이후부터 마포 도화동 빈민굴 체험 시기(1930~1933), 2) 석전 박한영 스님과의 인연기(1933~1935), 3) 해인사, 제주도 체류 시절 및 황해 바다 유람 시기(1935~1938), 4) 결혼 이후의 만주 방랑 시기(1938~1941) 등으로 세분할 수 있다.

나타내고 있다. 그중에서 「웅계 1」과 「웅계 2」는 '한 마리 목청 좋은 아름다운 수탉'에 대한 심미적 동경을 자기 동일시의 기법을 통해 형상화하고 있다. 수탉을 통해 건강한 수컷성에 대한 동경을 갈구하는가 하면, 성경 내러티브의 인유를 통해 자기 살해와 부활이라는 모순적인 심리를 보이기도 한다.

나는 쫓기려고 태어난 사람인가?
도망치려고 생겨난 사람인가?
봄이 익어 보리 모개가 팰 무렵이면
기쁘다는 것들도 슬프다는 것들도
내게는 두루 다 숭겁기만 해
보리꽃 물결치는 밭둑길 따라
줄달음쳐 줄달음쳐 달아나기만 했나니
나는 아마도 달아나려 생겨난 사람일 게다.

그래 1937년 늦봄에는 또
제주도라 서귀포의 바닷가 언덕에 와
혼자 배꼽을 하늘에 드러내 놓고
우두머니 누워서 빈둥거리고만 있었나니,
이런 때면 나는 차라리
한 마리 목청 좋은 아름다운 수탉이
무한히 무한히 부럽기도 했던 게다.

―「제주도에서」[10] 중에서

---

10 서정주, 『미당 서정주 전집』 4(시), 은행나무, 2015, 194쪽.

50년이 지난 뒤 회고 형식의 작품이지만 '쫓기고', '도망가고', '달아나려'는 자의식의 본모本貌는 변하지 않고 있다. 쫓기듯 달아난 그곳. 병든 수캐처럼 헐떡거리며 그리스풍의 신성과 니체의 초인을 갈망하던 청년 시인은 그곳에서 강건한 '수컷성'을 폭발적으로 분출시킨다.

　'한 마리 목청 좋은 아름다운 수탉'은 실의와 좌절에 빠진 청년 서정주가 꿈꾸던 수컷 새의 상징으로 손색이 없다. 그 새는 무리의 우두머리요, 새벽의 사자使者이며, 소리의 왕자기도 하다. 자기 시의 고향 '영혼의 파촉'[11]에서 만나는 또 다른 시적 자아가 곧 '웅계'인 것이다.

　「웅계」 연작이 표방하는 바의 그것은 그러나 강건 일변도는 아니고 어느 정도 병적인 요인을 안고 있기도 했다.[12] '지귀 천년의 정오'를 함께 울고 싶지만 결국은 '고요히 침묵하는' 닭이 바로 그 자신이며, 그 닭이 '날지 못하는 새'라는 점에서 천형天刑의 저주는 아이러니[13]를 탄생시키기도 한다. 그런 맥락에서 제주도의 청년 서정주는 '한 수컷인 신'인 동시에 신경쇠약으로 납작해진 환자이기도 했다.

11　이 용어는 그의 산문 「배회」(조선일보, 1938.8.13.)에 처음 보이는데, 순수시를 쓰려는 시심에 대한 비유적 표현이다. '영원의 일요일', '순수시의 춘하추동', '영원의 처' 등도 비슷한 개념이다. 서정주, 『미당 서정주 전집』 8(산문), 은행나무, 2017, 34~35쪽과 77쪽 참조.

12　『화사집』 속에 공존하고 있는 강건한 수컷성과 병든 수컷성의 공존에 대해서는 다음 글을 참조하라. "그다음에 내 속에서 일어난 것은 자신의 선악성에 대한 반성이요 그 초극의 노력이었다. 김동리쯤 지금도 기억할 줄 믿으나 이 추상적인 시절의 산물로서 비시非詩 「늪[沼]」이 있었지만, 이것을 쓰고 있던 몇 달 동안 실상인즉 나는 시를 쓴 것이 아니라 '무명無明'이라는 고정관념의 한낱 죄수가 되어 있는 셈이었다. 동시에 나한테 온 것은 보들레르, 도스토옙스키 등의 영향과 아울러 니체의 강력 철학이었다. 본체는 무명이다. 허나 의지와 유신으로써 살아야 한다고 나는 생각하였다. 『화사집』의 전반을 이루는 100미터 경주와 같은 생명의 기록이 이 무렵의 소산들이다. 허나 이 지나치게 건강하고 또 지나치게 병적이기도 하였던 생명은 내게는 차츰차츰 견디기 어려운 것이 되기 시작하였다.", 서정주, 「나의 시인 생활 자서」, 『백민』, 1948.1. 여기서는 「나의 시인 생활 약전」, 『미당 서정주 전집』 11(산문), 은행나무, 2017, 25~26쪽 참조. 「늪[沼]」은 동일 제목의 발표작은 없고 초기 산문인 「죽방잡초」(동아일보, 1935.8.31., 1935.9.3.)일 가능성이 높다. 특히 9월 3일 연재분의 다음 구절을 참조하라. "늪과 호수, 도스토옙스키와 괴테(엘리야의 두 아들……), 차마 호반으로 올러 가지 못할 설움을 가진 사람이 있는 것이다. 도스토옙스키와 늪……", 『미당 서정주 전집』 8(산문), 은행나무, 2017, 20쪽.

물론 제주도에 와 있을 무렵의 나는 아직도 그리스나 로마 신화 속에 있는 것과 거의 비슷한 한개의 신이었다. 모든 비극의 하상河床 위에 늠름하고 좋은 육신으로 일어서 있는 한 수컷인 신이고자 하는 마음이 비교적 태양이 더 뜨겁게 지글거린다는 여기를 찾아온 것이지만, 주피터도 아폴로도 뜻대로는 되지 못하고, 그저 날마닥 들이킨 벼락쐬주와 날카로워진 신경쇠약 때문에 마지막엔 납작해지고 말았다.[14]

동시에 이 연작은 신성神性과 수성獸性의 공존, 결의형제와 카인 콤플렉스의 뒤섞임, 사랑과 흡혈의 이중심리, 울음과 침묵의 병존, 자기애와 시체 할단의 환상, 살해와 부활 등 여러 층위의 이율배반을 끌어안고 있기도 하다. 아이러니의 탄생과 직결되는 이런 양가감정의 모습들이 청년 탁객의 독특한 내면 풍경이기도 하다.

'웅계雄鷄'는 수탉의 한자 어휘다. 일상구어는 아니고 한문 문화전통 속에 존재해온 문어다. '웅계야명雄鷄夜鳴', '웅계단미雄鷄斷尾' 등의 고사성어로 익숙하게 사용되며, '뛰어난 인재', 또는 '씩씩한 기상'을 나타낸다. '수탉'이나 '장닭'으로는 대치되지 않는 문화적 두께와 배후가 있다.[15] 그런 점에서 1930년대의 '웅계'는 서정주를 비롯한 당대 지식인 문사들의 자기 초상적 측면이 있다.

---

13 '아이러니'는 서정주 초기 시의 핵심적인 구조 원리다. 양가감정과 이율배반의 다양한 사례 등에서 볼 수 있는 문학적 수사의 사례로서 삶의 부조리에 대한 인식이나 개인과 세계 사이의 뛰어넘을 수 없는 간극을 나타내는 데 탁월하게 기능한다. 서정주 초기 시에서의 '아이러니'의 문제를 다룬 자료로는 최현식, 「서정주와 영원성의 시학」, 연세대학교 박사학위논문, 2003, 이은지, 「서정주의 시적 자서전에 나타난 기억 형상화 방식 연구」, 서울대학교 석사학위논문, 2012, 이찬, 「서정주『화사집』에 나타난 생명의 이미지 계열들」,『한국근대문학연구』17, 한국근대문학회, 2016 등을 참조하라.

14 서정주,「조선일보 폐간 기념시」,『미당 서정주 전집』7(문학적 자서전), 은행나무, 2016, 55쪽.

15 '웅계雄鷄'라는 제호의 시 동인지가 1939년 1월에 창간된 바 있는데, 이광수, 모윤숙, 김남인, 이찬 등 22명의 동인들이 참여했다. 여기에 대해서는 다음을 참조하라. 이광수 외,『웅계』창간호, 웅계사, 1939. 1. 1.

'웅계'의 존재감은 다른 수탉과의 싸움에서 이기려는 강한 전투력으로 입증되는 게 아니라 압도적 심미성으로 드러난다는 점에서 주목할 만하다. 훤칠하고 당당한 수컷이 뿜어내는 아름다움은 같은 '지귀도 시편' 중 하나인 「정오의 언덕에서」에 보이는 '시악씨야 나는 아름답구나'의 자의식에 투영된 아름다움과 질적으로 다르지 않다. '여성 앞에서의 아름다운 위용을 자랑하는 수컷'은 이제 '나체 위에 수슬수슬 날개털 드리우고 웃는 웅계'로 치환된다. 시인은 스스로가 닭으로 변신하는 환상을 보고(「웅계 1」), 연이어 사랑하는 닭을 죽인 뒤 다시 태어나는 환상을 경험한다(「웅계 2」). 그러나 이 두 편의 연작 탄생은 미수록본 「웅계」 때문에 가능했으며, 이제 그 전체적인 맥락을 살펴봄으로써 섬세한 독해에 근접해 가고자 한다.

03 ___ 새로 발굴된 「웅계」

새로 발굴된 「웅계」[16]는 제주도에서 돌아오자마자 『호남평론』(1937.9.)에 수록한 작품이다. 『호남평론』은 목포를 지역 거점으로 하는 지방 문예지인데 미당이 여기에 「웅계」를 게재한 것은 지방 문예지에 대한 배려 때문인 듯하다. 호남 지방을 거점으로 만들어진 『시정신』(1952.9.)[17]과 『시와 산문』(1953.10.)[18]에도 중요한 작품을 처음 발표한 것으로 보아 이런 추정은 가능하다.

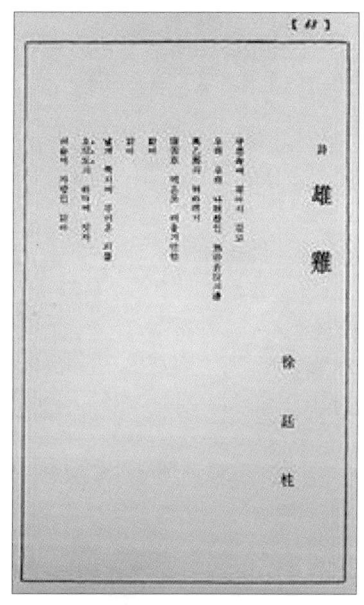

그림2 새 발굴 자료 「웅계」

---

16 이 작품은 서정주의 기존 작품 연보에 없다. 이번에 소개하는 텍스트는 고려대학교 소장본이다.
17 『서정주시선』(1956) 소재 「학」이 처음 발표된 곳이다. 「학의 노래」로 수록되었고, 같은 제목으로 동아일보(1956.4.4.)에 한 번 더 수록되었다. 이 문예지는 6·25 전쟁 중 항도 목포에서 나온 호남 시문학지 창간호다. 화봉 안내서에는 '예나 지금이나 다름없이 중앙문단의 텃세에 시달린 호남지방 문인들이 시를 쓰고 장정과 편집을 맡았다'고 적고 있다. 이병기, 신석정, 서정주, 김현승, 박흡, 이동주, 박용철 등이 참여했다.
18 목포 항도출판사에서 간행한 호남 출신 시인 11명의 시와 산문을 수록했다. 이병기, 신석정, 서정주, 김현승, 김해강, 박흡, 이동주, 박정온, 김악, 배양촌, 이석봉 등이 참여했다. 서정주는 「무등을 보며」, 「상리과수원」을 여기에 처음 수록한 후 다시 재수록하고 있다(「무등을 보며」, 『현대공론』, 1954.8.; 「상리과원」, 『현대공론』, 1954.11.).

구름속에 모가지 감고

우러 우러 나려앉인 열사창랑熱沙蒼浪의 변邊

고을나高乙那의 해바레기

당고초唐苦草 먹은듯 더웁기만한

닭아

닭아

날개 쭉지에 무더온 피를

요르도의 바다에 씻자

벼슬이 자랑인 닭아

—「웅계」

「웅계」는 「웅계 1」[19]이나 「웅계 2」[20]에 비해 길이도 짧고 구조도 단순한 편이다. 이 작품을 먼저 발표하고 1년여의 시간을 거쳐 「웅계 1」과 「웅계 2」를 발표한 것은 시의 주제나 문제의식 그리고 구조적 완결성을 더욱 다듬기 위한 것으로 보인다.

여기의 닭은 시적 주체와 동일시된 대상이 아니라 일단 관찰의 대상이다. 그러나 자세히 보면 감정이입을 통해 동일시에 근접하고 있음을 알 수 있다. '구름 속에 목을 감고 울다가 내려앉은 새'는 방랑하는 문학청년 서정주 자신에 가깝다. '고을나高乙那의 해바레기'와 '당고초唐苦草 먹은듯 더웁기만 한'은 열정과 통한의 서러움을 나타내는 지표로 보아도 좋다. 「엽서—동리

---

19 『시학』(1939.5.)에 수록된 「웅계(상)」을 은행나무본 『미당 서정주 전집』에 옮기면서 고친 것이다. 『화사집』에는 「웅계(상)」으로 수록되어 있다.

20 『시학』(1939.3.)에 수록된 「웅계」를 전집에 옮기면서 고친 것이다. 『화사집』에는 「웅계(하)」로 수록되어 있다. 기초본인 「웅계」를 『호남평론』에 먼저 발표하고 나서 1년 반 만에 같은 제목의 다른 「웅계」(전집본 「웅계 2」)를 발표하고 두 달 뒤 같은 잡지에 새로운 버전의 「웅계」를 발표하는 과정에서 편집의 묘를 염두에 두고 '(상)' 표기를 한 듯하다. 『시학』 1939년 5월호 수록본을 3월호 수록본보다 앞에 배치하고 싶었던 것이다. 아니면 「웅계 1」을 교정하는 데 시간이 좀 더 걸렸을 수도 있다.

東里에게」에 등장하는 '목아지가 가느다란 이태백이처럼'의 지상에 유배당한 신선 즉 '적선謫仙'의 이미지가 강하다. 구름에서 내려온 새. 날갯죽지에 피를 묻혀 온 새. 지상에 유배된 신선. 목이 가느다란 이태백. 제주도 해안 열사熱沙에 널브러져 일광욕을 하고 있는 문청 서정주. 창랑蒼浪에 번열을 씻고 싶은 시인. 이런 이미지들이 그 무렵 서정주의 내면에서 복합적으로 뒤엉키고 있음을 헤아릴 수 있다.

이중심리, 양가감정, 아이러니와 역설 등은『화사집』의 도처에서 발견된다. 인용시의 '열사창랑熱沙蒼浪'을 보라. 모국어로는 적절하게 설명하기 어려운 환상의 이미지다. '푸른 바닷물이 넘실거리는 뜨거운 모래밭'의 의미겠지만 한자 조합은 '열사'와 '창랑'이 결합한 낯설고 충격적인 역설의 이미지다. 이런 모순형용의 심리는 아마도 '아웃트—로'와 '에피큐리언'의 동거에서 연유하는 것일 터다.[21]

이태백에 대한 생각도 비슷하다. 서정주가 여러 글에서 이태백에 대해 말하고 있는 걸 보면 이중심리에서 자유롭지 않다는 걸 종종 발견하게 된다.

> 목아지가 가느다란 이태백이처럼
> 우리는 어찌서 양반이어야 했드냐.
>
> —「엽서」중에서

「엽서」의 구절에서 보는 이태백은 양반의 표상이며, 몰락한 지식인 혹은 유배당한 신선의 이미지가 강하다. 매천 황현의「절명시」에 나오는 '글 아는

---

21 서정주 스스로가 진단하는 '탁객'의 실체는 바로 이것이다. "나보고는 모다들 징그럽다고 한다. 내 속에 들어 있는 혼탁—나는 아무래도 딕객인 모양이다. (중략) 내 속에는 한 사람의 '아웃트—로'와 '에피큐리언'이 의좋게 살고 있다. 대외적인 한 나는 죽는 날까지 나의 욕설을 퍼부으며 가야 하리라. 그렇지만 자기가 자기를 생각하지 않는다면 오늘날 대체 누가 나를 생각해 준단 말이냐.", 서정주,「나의 방랑기」,『인문평론』, 1940. 3. 여기서는『미당 서정주 전집』8(산문), 은행나무, 2017, 51~60쪽 참조.

사람 구실 어렵구나難作人間識字人'²²의 '글 아는 사람[識字人]'의 다른 이름으로 읽어도 무방하다.

사실, '양반'에 대한 서정주의 젊은 날의 자의식은 동조와 거부가 혼재하는 양상이어서 특정 경향성을 단정하기 어렵다. 「속 나의 방랑기」에는 젊은 날의 자의식이 '토인'과 '이태백이 아들' 사이에서 고뇌하는 표정이 역력히 드러난다.

> 벗들 가운데서 나는 흔히 '아라비아 토인'이라는 별명으로 불리는 사람이었다. 아라비아는 나의 지식 밖이라 알 수 없으나, 그 '토인'이라는 말이 나는 싫지 않다. 내가 무슨 이태백이 아들이란 말이냐! 내게서는 필연 그 소금 굽는 질마재의 낫 놓고 기역 자도 그릴 줄 모르는 내 일가친척의 내음새가 날 것이다. 종이 한 장 붙이지 않은 흙방과 흙 바람벽의 내음새가 날 것이다.²³

'토인'과 '이태백이 아들'은 서정주 초기 정체성의 중요한 대립적 이미지다. '태생, 역사, 환경' 등이 '토인'의 영역에 들어간다면 '영혼, 문학, 정신' 등은 '이태백이 아들' 영역에 속한다고 할 수 있겠다. '내 이름은 서정주가 아니라 본래는 큰놈'²⁴이라고 외치는 청년 서정주의 '토인' 자의식 속에는 전통문화의 세련되고 규범적인 언어를 거부하고 타고난 몸 하나로 세상을 새롭게 헤쳐 나가려는 예술가의 도전적 기질이 강하게 드러난다.

이러한 강렬한 거부의식이 '애비는 종이었다'는 파천황의 선언으로 변모하는 것이다. 이는 그의 부친이 실제로 종살이를 했다는 의미도 아니고 나

---

22 이병주 역주, 『한국한시선』, 탐구당, 1965, 245쪽.
23 서정주, 「속 나의 방랑기」, 『인문평론』, 1940.4. 여기서는 앞의 책, 62~63쪽 참조.
24 앞의 책, 63쪽.

라가 주권을 빼앗겨 일본의 종노릇을 한다는 의미도 아니다. 보다 큰 의미에서 '자기 주체의 생생한 자각 없이 전통과 관습 체계에 이끌려가는 삶에 대한 항거'로 읽는 게 좋다. 바로 이 점이 서정주 문학의 진정한 새로움이다.

그러나 이태백의 문학적 적손嫡孫 의식이 폐기되지 않고 꺼진 재에서 불씨 살아나듯 되살아나는 게 서정주 문학의 주요한 과정이기도 하다. '토인'만으로는 문학이 되지 않는다는 게 서정주의 고뇌였고 그 고뇌가 '이마 우에 시의 이슬'을 얹히게 했던 것이다. 그래서 이태백은 서정주 시의 주요한 한 스승으로서 이후 적지 않은 영향을 끼치게 된다.[25]

'고을나'는 제주도 설화에 나타나는 세 시조의 하나며 '양을나', '부을나'를 배제한 채 선택되어야 할 특별한 이유는 없다. 고구려를 염두에 둔다면 민족적 정통성을 은연중에 강조하기 위한 배려로 볼 수도 있다. 「고을나의 딸」도 같은 맥락으로 접근 가능하다. 「수대동 시」에 나오는 '고구려에 사는 듯 아스럼 눈 감었든 내 넋의 시골'도 마찬가지다.

'해바라기'는 「웅계」 연작에 공통적으로 드러나는 양명한 생명의 표상이고, '당고초'는 매운 고추로서 몸에 열을 불러오는 번열의 이미지를 가진다. 하늘에서 내려오는 동안 날갯죽지에 묻은 피. 이는 천형의 통과제의에 따른 표지다. 「자화상」의 '시의 이슬에 섞여 있는 피'와 유사한 구조다. 이 천형의 피를 씻는 행위 속에 입사의식으로서의 세례 제의가 숨어 있다. 그러고는 '자랑스러운 벼슬'로 다시 태어나는 구조로 완결된다.

'해바라기', '피', '벼슬' 등 「웅계」 연작의 핵심 시어들이 이 시기에 만들어진다. 양가감정, 천형과 세례 등 이항대립의 내용 국면들은 낯선 한자 어휘들

---

25 "그러나 나는 또 한쪽으론 신선 이백의 힘을 빌려서 겨우 자기를 좌정해 오기도 했다. 두보만 해도 생이별 사이별의 온갖 시름, 설움 때문에 주름살을 수제할 길이 없지만, 이백이 집―자연에 자리하면 무어 이맛살을 찌푸리고 어쩌고 할 나위도 없는 깃을 이십대의 언제부턴가 짐작해 오게 되었다.", 서정주, 「내 시와 정신에 영향을 주신 이들」, 『현대문학』, 1967.10. 여기서는 『미당 서정주 전집』 11(산문), 은행나무, 2017, 49쪽 참조.

과 토속 어휘들의 팽팽한 배치 구도 속에서 한층 더 강렬한 긴장감을 유발한다. 이런 문체 혼종의 긴장감은 연작 세 편 모두에 해당된다.

날갯죽지의 피를 씻는 '**요르도**의 바다'는 난해하다. 원본엔 요르도 위에 방점이 세 개 찍혀 있다. 같은 잡지의 다른 지면에서 확인할 수 있는 것처럼,[26] 윗방점은 외래어 표기를 나타내는 기호다. 요르도가 인명인지 지명인지는 확실치 않지만 맥락상 신성神性과 관련되어 있다는 추정은 가능하다.[27] 후속 연구가 필요하다.

---

26 철진 역, 「불교의 기원과 그 홍포」, 『호남평론』, 1937.9., 45~46쪽 참조. '고오다마=고타마, 베나레수=필바라수, 세이론=실론' 등의 사례가 있다.

27 요르도는 외래어의 차음借音인데, 그 해석에 있어서 두 가지 가능성이 있다. 첫째는 지명으로서 우리 민족의 기원지라고 믿는 바이칼 호수 인근의 '예헤 요르도 산'이다. 여기 브리야트족들은 민속적으로 우리 민족과 유사한 유산을 많이 공유하는데 텡그리 신화[단군 신화], 서낭당, '요호라' 원무[강강수월래] 등이 대표적이다. '요르도'는 산이므로 '요르도의 바다'라는 구절은 요르도 산 앞바다 정도의 뜻이다. 그러면 바이칼 호수가 되는데, 이는 서정주가 제주도 해안에 머물면서 바이칼 호수를 상상하며 민족의 시원에 대해 꿈꾸고 있다는 가정하에서만 가능한 해석이다. 『화사집』을 염두에 두면, '고을나'(「고을나의 딸」), '고구려'(「수대동 시」)에 대한 언급이 이와 관련이 있다. 여기에 대해서는 http://me2.do/5NkbdAJJ, http://me2.do/FJIE4yLn 참조. 둘째는 인명으로서 고대 노르드어로 '뇨르드Njǫrðr'일 가능성이 높다. 아이슬란드어로는 '니외르뒤르Njörður', 노르웨이어로는 '니오르Njord' 등으로 불린다. 바다와 바람을 다스리며 어부를 보호하는 북유럽 신화의 최고 신이다. 그리스 신화의 포세이돈이나 우리 설화의 용왕과 비슷한 역능을 가진 '바다의 신'이다. 이런 추정이 가능하다면, '요르도의 바다'는 '뇨르드 신이 다스리는 바다'의 뜻이다. 이는 텍스트의 맥락에서 보듯 제주도가 신인神人 '고을나'의 탄생지로서 신화적 성격을 갖는 점과 관련이 깊다.

04 ― '웅계'의 표상과 해석

　기초본 「웅계」와 연관하여 나머지 연작을 살펴보면 보다 섬세한 접근이 가능해진다. 우선 닭은 『화사집』을 관통하는 주요한 이미지다. 마지막 시 「부활」에 나오는 '새벽닭이 울 때마다 보고 싶었다'는 진술은 죽은 소녀 '수나'의 부활만을 암시하는 게 아니라 새날이 밝아오는 '해의 부활'을 알리는 신호이기도 하다. '종로 네거리에 뿌우연히 흩어져서, 뭐라고 조잘대며 햇볕에 오는 애들'에서 보는 것처럼, 수나의 현현은 저승에서 이승으로의 귀환 과정이며 이는 눈부신 햇빛 속에서만 가능한 것이다.

　닭은 새벽을 알린다는 점에서 태양의 전령사다. 그리스 신화의 세례를 흠뻑 받은 문청 서정주에게 닭은 밤의 디오니소스가 아니라 한낮의 아폴론으로 환치되는 이미지기도 하다. 그는 왜 제주도 해안으로 달아나듯 도망쳐 일광욕을 즐겼던가.

　　모래 속에서 일어난 목아지로
　　새벽에 우리, 기쁨에 오열하니
　　새로 자라난 이[齒]가 모다 떨려.

　　감물 디린 빛으로 짙어만 가는
　　내 나체의 삼살이……
　　수슬수슬 날개덜 디리우고 닭이 우으면,

　　　　　　　　　　　　　　―「웅계 1」 중에서

어쩌고 한 것이 이때 쓴 건데, 이것이 새나 짐승이나 햇빛과 한 덩어리가 되려 했던 내 언덕 위의 일광욕의 훈련에서 온 것들이다. 슬픔이라는 것은 어떤 종류의 것이건 듣지도 보지도 생각지도 않기로 했었다. 또 자기의 사회 속의 형편도 민족의 놓여 있는 형편도……[28]

태어나 보니 나라는 식민지였다. 아버지는 양반의 후손이긴 했어도 잔반 殘班 신세에 가까웠으며 대지주의 농감 생활로 가난만 조금 면하는 처지였다. 학교는 항일운동을 하다 퇴학당해 체제 밖으로 이탈했다. 출세며 치부며 온갖 부귀공명이 원천적으로 봉쇄당했다. 만주로 갈 것인가 상해로 갈 것인가. 아버지 돈 훔쳐서 나라 밖으로 튀어 독립운동을 할 생각도 했으나 서울에 주저앉아 문학책을 탐독하다가 그만 문학청년이 되고 말았다.

'아라비아 토인' 같은 자기 멸시의 시간을 벗어나 강건하고 아름다운 육체를 가진 그리스 신화의 주인공을 꿈꾸는 것은 어쩌면 그 열악한 상황에서 자존감을 키우는 방편이었을지 모른다. 톨스토이와 도스토옙스키가 뒤섞이고, 보들레르와 이태백이 한 시소에 타며, 그리스 신화와 니체가 뒤엉켜서 격렬하게 소용돌이치는 독서 체험 와류의 현장. 그 심성 구조가 제주도 체류 현장에 그대로 전이되었다고 보면 '지귀도 시편'을 이해하는 데 한층 도움이 된다. 그는 햇빛과 새, 신과 짐승이 하나 되는 체험이 필요했던 것이다.

사회 현실과 민족의 운명에 앞서는 그것. 일광욕 훈련과 슬픔의 극복을 통하여 움켜쥐고 싶었던 것. 방랑하는 문학청년이 손아귀에 잡고 싶어 했던 그것은 바로 내 '순수시의 춘하추동'[29]이자 내 '영원의 처'[30]인 시의 세계였던 것이다. 거기에 이르기 위하여 청년 탁객의 심장은 날로 부풀어 가기

---

28 서정주, 「조선일보 폐간 기념시」, 『미당 서정주 전집』 7(문학적 자서전), 은행나무, 2016, 57~58쪽.
29 서정주, 「배회」, 조선일보, 1938.8.13., 『미당 서정주 전집』 8(산문), 은행나무, 2017, 34쪽.
30 서정주, 「만주일기」, 1940.11.1., 앞의 책, 77쪽.

만 했다.

> 내가 이 여름 주로 먹고 살던 것은
>
> '벼락'이란 이름의 제주 특산 쐬주와
>
> 해녀가 건져오는 소라와 전복과 생미역과
>
> '보말'이라는 윷놀이에도 좋은 조개와
>
> 밤송이같이 생긴 성게와
>
> 간장에 절인 산초열매 쬐끔뿐,
>
> 밥이라는 저속한 것은 거의 먹지도 않았나니,
>
> 심장은 늘 항상 부풀어올라
>
> 하늘과의 입맞춤에 잠겨 들면서
>
> 자기를 한 신으로 느끼고 사는
>
> 오만하고 무례한 자가 되어 가고 있었지.
>
> ─「제주도에서」[31] 중에서

오만과 무례는 「자화상」 속의 '나는 아무것도 뉘우치진 않을란다'의 심성 구조와 잇닿는다. 반윤리적이라는 뜻이 아니라, '희랍신화풍의 신의 연습'[32]을 통한 '시의 나라, 영혼의 파촉에 이르는 길'이라는 의미다. 『화사집』 전체의 맥락에서 본다면 여성적인 것에서 남성적인 것으로, 소쩍새의 울음에서 '닭의 웃음'[33]으로, '솥작새 같은 계집의 이얘기'[34]에서 '웃음 웃는 짐승, 짐승

---

31 서정주, 『미당 서정주 전집』 4(시), 은행나무, 2015, 195~196쪽.
32 서정주, 앞의 글, 197쪽.
33 "수슬수슬 날개털 디리우고 닭이 웃으면", 서정주, 「웅계 1」, 『미당 서정주 전집』 1(시), 은행나무, 2015, 56쪽.
34 서정주, 「엽서」, 앞의 책, 48쪽.

속으로」[35]의 여정이 제주도에서 격정적으로 펼쳐지고 있었던 것이다.

이것은 「웅계」 연작이 『화사집』 시절의 서정주에게 방랑의 한 정점을 제공했다는 점에서 주목해야 할 요인이기도 하다. 혼란과 방황을 돌파하는 하나의 방법. 그것이 바로 '백척간두진일보'의 경우처럼 정점에서의 결단이다. 그는 신이 되어 비극의 조무래기들을 극복하고자 했고 한 마리 '웅계'의 시적 환상을 통해 새롭게 태어나고자 몸부림쳤다.

그러나 이 치열성은 『화사집』 이후 급격히 사그라지고 다시 나타나지 않는다는 점에서 일종의 문학적 열병 같은 것이었다. 강렬한 개성적 목소리를 가지기는 했으나 미적 원리로 심도 있게 탐구되지 못하는 한계를 자체적으로 안고 있었다.

1. 「웅계 1」: 밤부터 낮까지, 마침내 닭이 된 사나이

적도赤途 해바래기 열두 송이 꽃심지,
횃불 켜든 우에 물결치는 은하의 밤.
자는 닭을 나는 어떻게 해 사랑했든가.

모래 속에서 일어난 목아지로
새벽에 우리, 기쁨에 오열하니
자라난 이[齒]가 모다 떨려.

감물 디린 빛으로 짙어만 가는

---

35 서정주, 「정오의 언덕에서」, 앞의 책, 53쪽.

내 나체의 삳삳이……

수슬수슬 날개털 디리우고 닭이 웃으면,

결의형제같이 의좋게 우리는
하눌하눌 국기마냥 머리에 달고
지귀 천년의 정오를 울자.

—「웅계 1」[36]

 방랑 청년 서정주. 청년 탁객 서정주는 '열사창랑'의 해변에서 구름 속의 닭을 불러 내린다. 그리고 날갯죽지에 묻은 피를 씻고 자랑스러운 벼슬을 달아준다. 수컷의 탄생. 서정주의 전체 시력詩歷에서 강렬한 수컷 신이 처음 태어나는 곳이 바로 제주도다. '고을나'의 표지는 그래서 '잘 빚어진 항아리'의 무늬가 된다. 신인神人 고을나의 탄생지에서 청년 시인 서정주는 스스로 신이 되는 꿈을 꾼다.

 「웅계」를 통해 구축된 이런 큰 그림의 바탕 위에서 「웅계 1」이 기획된다. 시적 화자와 닭 사이의 동일시는 상상력으로만 작동하는 게 아니라 육체의 변화를 실제로 보여줌으로써 변신담의 세부를 공개하는 묘사력을 보여준다. 나체 인간 서정주는 피부 곳곳에서 날개털이 돋아나고[37] 마침내 '솥작새 울음'과 같은 슬픔의 여성 얼굴을 버리고 웃음 웃는 에피큐리언 수탉이 된다. 그 수컷의 자랑스러운 표상은 '결의형제의 의좋음'이 만들어낸 '벼슬'이다. 바람에 나부끼는 깃발처럼 신인이 사는 지귀 천년의 밝은 태양세계를 노래하는 붉은 벼슬. 수컷 새의 왕관인 자랑스러운 벼슬. 마침내 닭으

---

36 서정주, 앞의 책, 56쪽.
37 '수슬수슬'은 피부가 농이나 진물로 헐고 난 뒤의 마른 모양을 나타내는데, 신성한 닭으로 재탄생하는 치유와 재생의 고통스러운 과정을 암시하는 영웅 수난의 과정으로 본다.

로 변신한 사나이는 하나의 신이 된다. 그것은 청년 탁객의 내면에 어지럽게 소용돌이치는 슬픔을 극복하는 자기 구제의 방편 아니던가.

「웅계 1」은 신이 탄생하는 통과제의의 시간 추이도 명료하게 보여준다. 첫 행은 시의 시공간적 배경이기도 하고 대상에 대한 암시이기도 하다. '붉은 길가에 피어 있는 해바라기'[38] 속의 꽃심지 같은 닭이라는 독해 외에 '열두 송이'를 시간 단위로 풀어보면 밤 12시에 해바라기의 꽃심지 같은 닭이 조용히 자고 있는 풍경을 스크린 위에 올려볼 수 있게 된다. 잠든 신. 물결치는 은하의 밤에 신은 잠들어 있다. 비유적으로 무명無明의 세계다.

나는 어둠 속에서 횃불을 든다. 그러고는 자는 닭을 사랑하고자 한다. 사랑의 행위는 새벽 즉 「자화상」[39] 속의 '찬란히 티워 오는 어느 아침'을 준비해서 모든 생명의 잠을 깨우는 것이다. 함께 일어나고 함께 광명을 맞아 기쁨에 겨워하는 것이다. 이[齒]가 새로 나는 것이다.[40]

자정에서 정오까지, '열두 송이 꽃심지 물결치는 은하의 밤'부터 '지귀 천년의 정오까지', 밤의 가장 깊은 곳에서 낮의 가장 높은 곳으로 시간은 이동한다. 이 시간은 타나토스에서 에로스의 거리만큼이나 극적이다. 시인이 자는 닭을 사랑하는 방법은 함께 목청껏 울며 스스로 닭이 되는 것이다. 마침내 이 환상은 신인동형설神人同形說에 다가간다. 하지만 불멸의 신과 필멸의 인간이 동일시되는 것은 어차피 모순이다. 지귀 천년의 정오를 같이 울고 싶은 건 잠시뿐, 시적 주체는 불멸과 필멸의 개념 사이에서 괴로울 수

---

38 류동현, 『『화사집』의 심층심리 분석』, 서울대학교 석사학위논문, 2000, 45쪽.
39 「자화상」과 「웅계」 연작은 비슷한 시기에 창작됐다. 「자화상」은 제주도에서 돌아온 직후 기초본 「웅계」와 비슷한 시기인 1937년 추석 무렵에 썼고, 발표는 「웅계 1」, 「웅계 2」의 발표 해인 1939년에 이루어졌다. 그러므로 이 작품들은 여러 면에서 비교 대비가 가능하다.
40 자라나는 이[齒]는 맥락적으로 보면 잠과 무명無明으로부터의 깨어남, 죽음으로부터의 재생을 상징한다.

밖에 없다.[41] 그리하여 시인은 사랑하는 대상을 살해하기로 하는데[42] 이 살해야말로 매우 독특한 재생의례로 발전한다. 그것이 바로 「응계 2」다.

2. 「응계 2」: 자기 살해와 자가 부활

어찌하야 나는 사랑하는 자의 피가 먹고 싶습니까.
"운모 석관 속에 막다아레에나!"

닭의 벼슬은 심장 우에 피인 꽃이라
구름이 왼통 젖어 흐르나……
막다아레에나의 장미 꽃다발.

오만히 휘둘러본 닭아 네 눈에
창생 초년의 임금林檎이 소쇄瀟洒한가.

임우 다다른 이 절정絶頂에서
사랑이 어떻게 양립하느냐.

해바래기 줄거리로 십자가를 엮어
죽이리로다. 고요히 침묵하는 내 닭을 죽여……

---

41 이 괴로운 자각의 매력적인 시적 직관의 또 다른 이미지는 「자화상」의 '이마 우에 얹힌 시의 이슬에 서려 있는 몇 방울의 피'다.
42 이러한 독법은 「응계」 연작 3편 전체를 놓고 볼 때 가능한 해석이다. 신이 되기는 했으나 스스로의 나약함을 금시 자각하는 이율배반의 혼란스러운 자의식이 찾아낸 새로운 출구가 바로 신체 할단의 환상을 통한 생명의 새로운 창조 과정이다.

카인의 쌔빨간 수의囚衣를 입고

내 이제 호올로 열 손가락이 오도도 떤다.

애계愛鷄의 생간으로 매워 오는 두개골에

맨드래미만 한 벼슬이 하나 그윽히 솟아올라……

—「웅계 2」[43]

「웅계 2」는 난해하다. 성경 배경지식이 필수적이다. 닭으로의 변신을 통해 신이 되고자 한 사나이. 그러나 필멸의 숙명을 자각하고 단순한 변신이 아닌 특별한 변신을 위해 특별한 의식을 준비한다. 그것이 바로 자기 살해요, 자기 처단이다. 그런 점에서 시적 주체는 보들레르를 닮았다.[44] 사랑하는 닭을 죽이는 화자는 아벨을 죽이는 카인과 닮은꼴이기도 하다. 그는 사형 집행인이자 동시에 스스로 사형수가 되기도 한다. 십자가에 매달아 죽이고자 하는 닭은 예수의 이미지 그 자체다. 시적 화자는 다중인격을 가진다. 그는 시인이고, 닭이며, 카인이다가 아벨이다가, 예수가 되기도 하고 그 예수를 죽게 만든 유대인 집단이 되기도 한다.

놀라운 이미지는 '막다아레에나'인데 이는 성경 속의 막달라 마리아를 암시한다. '막다아레에나'는 마리아라는 이름의 여인이 아니라 그녀가 태어난 '막달라'라는 지명의 서정주식 표기다. 우리말 막달라의 원어는 'Magdalene'으로서 그녀가 태어난 갈릴리 호수 옆의 조그만 도시를 가리킨다. '막

---

43 서정주, 앞의 책, 57~58쪽.
44 "나는 그가 한낱 미의 사도인 점을 좋아하는 게 아니라 세계 시문학사의 여러 시인들 중에서 제일 철저하게 인간 질곡의 밑바닥을 떠메고 형벌받던 시인인 점을 좋아한다. 형벌의 질량을 자진해서 가장 많이 짊어졌던 사람. 스스로 자기의 사형 집행인이고, 또 스스로 사형수였던 사람. 이 천치라면 지독한 천치, 희생 제물.", 서정주, 「내 시와 정신에 영향을 주신 이들」, 『미당 서정주 전집』 11(산문), 은행나무, 2017, 48~49쪽 참조. 보들레르에 대한 서정주의 평가는 「웅계」 연작의 탄생에 중요한 영감을 제공하게 된다.

다아레에나'와 유사한 발음이다. 이곳 출신 마리아는 일곱 귀신이 들려 괴로움을 겪던 중 예수를 만나 육체의 병과 마음의 병을 함께 고친 후 사도가 된다. 그러고는 예수의 죽음과 부활을 목격하는 인물로 성경에 기록된다. 막달라 마리아는 서정주의 다른 텍스트에 보면 이름이 분명하게 나온다.[45] 그럼에도 불구하고 '막다아레에나'는 마리아를 지칭하는 기호로서 손색이 없다. 문맥상으로 다른 의미를 생각하기 어렵다. 예수를 '나사렛 사람'으로 지칭하는 경우와 비슷하다.

사랑하는 자의 피가 먹고 싶은 화자의 엽기적 상상력은 사랑하는 닭[愛鷄]의 심장과 벼슬을 적출하여 새롭게 조합하는 외과적 수술의 환상으로 발전하는데 이를 무속의 입무入巫 의식의 하나인 신체 할단 의식으로 읽는 경우도 있다.[46] 예수의 죽음도 비슷한 경우다. 인류의 죄를 대신하여 십자가에 못 박히는 고통은 신체 할단에 버금가는 통과제의다. 신체 할단의 수난 이미지가 무속 의례나 예수의 죽음에서 촉발된 것인지는 확실치 않다. 다만 이 이미지 속에는 사랑의 대상과 자기를 동일시하는 상황에서 스스로가 사형수가 되고 사형 집행인이 되는 아이러니가 탄생한다는 점을 주목해야 한다.

막다아레에나는 예수의 죽음과 부활을 목격하는 인물이지만 인용시에

---

45 "소녀여. 내가 가는 날은 돌아오련가. 내가 아조 가는 날은 돌아오련가. 막달라의 마리아처럼 두 눈에는 반가운 눈물로 어리어서, 머리털로 내 손끝을 스치이련가.", 서정주, 「무슨 꽃으로 문지르는 가슴이기에 나는 이리도 살고 싶은가」, 『미당 서정주 전집』 1(시), 은행나무, 2015, 113쪽. 마리아가 예수 부활의 목격자이자 증언자임은 "두 눈에는 반가운 눈물로 어리어서"로 입증되고, 나아가 부활과 치유의 여신으로 격상되어 병든 소년의 손끝을 스치는 것으로 나타난다.

46 "신체 할단 의식이 입무자 자신이 아닌 다른 동물에게 투사되어 나타난다. 입무자는 악령의 역을 맡고, 수탉[雄鷄]은 입무자의 배역을 맡는다. 악령은 희생제의의 제물이 된 수탉의 몸을 할단하여 각 부위를 뒤바꾸는 의식을 치른다. 심장을 적출하고 벼슬을 베어 내어, 심장 위에 벼슬을 올려놓는다. 그 모습에서 낭자히 피에 젖은 구름과 붉은 장미 꽃다발을 겹쳐 떠올린다. 그리고 수탉의 두개골을 채우고 있는 뇌수를 남김없이 긁어내고, 그 안에 분리해 놓은 생간을 욱여넣는다. 그리고 그 두개골 위에 벼슬이 샌드러미 꽃처럼 선홍빛으로 피어오르는 상상을 한다.", 오태환, 「서정주 시의 무속적 상상력 연구」, 고려대학교 박사학위논문, 2005, 46쪽. 이 엽기적인 외식은 동물 학대가 아니라 부활을 위한 죽음의 한 형식이라는 전제 조건이 붙어 있다. 이런 맥락을 존중한다면 「웅계 2」의 사랑하는 자의 피가 먹고 싶은 충동은 부활을 위한 신체 할단의 동기가 된다.

서는 화자에 의해 살해당하는 인물일 가능성이 높다. 화자는 막다아레에 나를 사랑한다. 그녀의 피를 먹고 싶어 한다. 그러나 그녀는 운모 석관 속에 있다.[47] 화자는 그녀의 신체를 절단한다. 마치 닭의 신체를 할단하듯이. '구름이 왼통 젖어 흐르는 장미 꽃다발 같은' 피가 낭자히 흐르고 그녀는 비로소 부활할 준비를 한다.

텍스트상에서 닭은 신에 가까운 신성한 동물이고 오만한 시인 자신이기도 하다. 그 눈에는 에덴동산의 사과[林檎]도 금단의 열매가 아닌 깨끗한[瀟洒] 과일로 보인다. '임우'는 한자 어휘 '霖雨'로 본다. 장마 또는 홍수의 뜻이다. 홍수가 밀려오는 산 정상에서, 위난의 현실에서, 닭을 사랑하는 일만이 능사가 아니라 죽여야 하는 상황이 발생하는 것이다. 십자가를 세워 예수를 죽이듯이 고요히 침묵하고 있는, 잠들어 있는 밤의 닭을 죽인 화자는 카인 콤플렉스에 시달리며 두려워한다.

그러나 그 결과로 닭은 다시 부활한다. 시인 역시 자기 살해를 통해 자가 부활의 길을 가는 것이다. 그것은 곧 자기 파괴를 통해 자기 창조를 도모할 수밖에 없는 아이러니의 세계와 직통하는 것이다. 두개골 위에 그윽히 솟아 오르는 맨드라미 같은 '벼슬'은 결국 모든 슬픔을 극복해서 건강한 수컷으로 다시 태어나고 싶어 했던 청년 탁객 서정주의 재생의 극적 상징물인 셈이다.

---

47 난해하고 돌발적인 이미지다. 관습적인 내러티브에서 막달라 마리아는 운모 석관 속에 들어가지 않는다. 석관 속에 들어가는 이는 오히려 예수다. 예수는 십자가에 매달려 살해당한 뒤 돌무덤 안의 석관 속에 있다가 부활하며 이를 직간접적으로 목격한 이가 막달라 마리아다. 마리아가 석관 속의 예수를 바라보는 것처럼 시적 화자가 마리아를 바라본다는 게 특이하다. 그런데 과연 마리아는 예수의 피를 먹고 싶었던가? 성경의 문맥에서 빵과 포도주가 예수의 살과 피인 것처럼 '피 먹기'는 신성神性의 '가장 인간적인' 체험 증거다. 닭의 신체를 할단하여 재생의 의식을 가지는 것처럼, 막달라 마리아를 재생시키고 싶은 시적 화자의 욕망은 예수와 마리아와 닭과 자기 자신 모두를 재생시키고 싶어 하는 욕구와 잇닿아 있다고 본다.

애계愛鷄의 생간으로 매워 오는 두개골에

맨드래미만 한 벼슬이 하나 그윽히 솟아올라……

「웅계 1」의 '결의형제'와는 달리 「웅계 2」의 '형제 살해'는 충격적이다. 사랑의 방법이 극적으로 변한다. 의좋은 관계는 이제 형제를 죽이고 죄수복을 입은 채 오도도 떠는 열 손가락의 이미지로 바뀐다. 창세기의 카인과 아벨의 이야기가 인유된다. 그러고 보면 「웅계 2」는 창세기의 선악과 이야기, 형제 살해 이야기, 홍수 이야기, 예수의 죽음과 부활, 막달라 마리아 이미지 등이 복합적으로 결합된 아포리즘이 특색이다. 스스로 어려운 질문을 던지고 그 질문과 싸우는 방식인 것이다.

「웅계 1」이 시간의 추이를 중시한다면 「웅계 2」는 아포리즘의 극적인 제시를 중시한다. '임우 다다른 이 절정絶頂에서 사랑이 어떻게 양립하느냐'는 사랑의 의미를 새롭게 묻는다. 시인은 단순히 의좋은 관계로는 안 되는 상황을 상정한다. 이런 상황이야말로 방랑기의 청년이 겪고 있는 세계상의 본질일 터다. 답답한 식민지 현실. 버림받은 체제이탈자. 온갖 이율배반에 시달리는 청년 탁객은 극한의 수행을 문학적으로 실행한다.

자기 살해. 그것은 곧 자기애의 극단적 형식이다. 죽어서 새로 태어나기. 자기 파괴를 통한 자기 창조. 육체의 시간은 비록 끝나더라도 영혼의 시간은 영생을 자각하며 살아가는 것. 이것이 바로 「웅계 2」가 형상화하고 있는, 생명이 거듭나는 부활의 문학적 의미다. 그리고 그 부활의 가장 극적인 표상이 머리 위로 그윽이 솟아오르는 '벼슬'이다. 또한 이 '벼슬'이야말로 「자화상」 속의 '이마 우에 얹힌 시의 이슬'의 원초적 이미지로서 서정주 초기 시의 가장 빛나는 순수시의 깃발인 것이다.

05 ___ 자기 살해를 통한
자가 부활

　서정주의 「웅계」 연작에 대한 정밀한 읽기의 주요 내용을 정리하면 다음과 같다. 시집 수록본 외에 이들 작품의 기초가 되는 미수록본 「웅계」가 한 편 더 발굴되었다. 1937년 여름, 제주도에서 돌아오자마자 지방 문예지인 『호남평론』에 발표한 작품이다. 미수록본은 기존 수록본에 비해 시행도 짧고 구조도 단순하다. 그러나 이 작품 속에는 「웅계」 연작을 관통하는 주요 이미지들인 '해바라기', '피', '벼슬' 등이 이미 등장한다. 방랑 청년 서정주는 '열사창랑'의 해변에서 구름 속의 닭을 불러 내린다. 그러고는 날갯죽지에 묻은 피를 씻고 자랑스러운 벼슬을 달아준다. 수컷의 탄생. 서정주의 전체 시력에서 강렬한 수컷 신이 처음 태어나는 곳이 바로 제주도다. '고을나'의 표지는 그래서 '잘 빚어진 항아리'의 무늬가 된다. 신인神人 고을나의 탄생지에서 청년 시인 서정주는 스스로 신이 되는 꿈을 꾼다.
　「웅계」를 통해 구축된 이런 큰 그림의 바탕 위에서 「웅계 1」과 「웅계 2」가 기획된다. 「웅계 1」은 시인과 닭이 결의형제처럼 동일시된다. 강건한 수컷 신이 되고자 했던 애초의 바람이 이루어진다.
　그는 신의 상태를 꿈꾸지만 신의 불멸과 대비되는 인간의 필멸을 직감적으로 자각하고 새로운 사랑의 방법을 찾는다. 그것이 바로 자기 살해를 통한 자가 부활의 기법을 보여주는 「웅계 2」다. 성경 속의 선악과 이야기, 카인과 아벨 이야기, 노아의 홍수 모티프, 예수의 죽음과 부활, 막달라 마리아의 돌발적 등장, 무속에서의 신체 할단 의식 등도 복잡하게 뒤엉켜 있어서

정밀하게 읽기가 쉽지 않다. 세 편 전체를 관통하는 맥락을 찾아 짚어 나갈 필요가 있다.

서정주 제주도 체류 시에 탄생한 독특한 시적 환상인 '웅계'는 강건한 수컷 신인 동시에 구름 속에서 열사창랑의 해변으로 내려온 저주받은 시인의 표상이기도 하다. 웅계는 또한 날지 못하는 새, '목아지가 가느다란 이태백이'의 상징이기도 하다. 닭이 날지 못하는 새인 것처럼 이태백은 지상에 유배당한 하늘의 신선이요 화자는 '우연히 지귀에 유적流謫하야 심신의 상흔을 말리우며'[48] 시를 쓰는 청년 시인이다. 그런 점에서 웅계와 시적 화자와 이태백은 동일시되며 스스로 사형 집행인이자 사형수가 되었던 보들레르처럼 시적 화자의 내면에 아이러니가 생기게 된다.

아이러니의 또 다른 모습은 웅계가 희생 제물인 동시에 부활하는 초인의 표상이라는 점이다. 부활하는 시적 환상의 극적인 징표는 뜨거운 여름 한낮의 맨드라미를 연상시키는 머리 위의 '벼슬'이다. 그리고 이 '벼슬'이야말로 모든 슬픔을 극복하고자 했던 방랑 청년 서정주의 자존과 자긍의 표지인 것이다.

---

48 서정주, 앞의 책, 51쪽.

9장 「도화도화」

서정주의 「도화도화」 자세히 읽기,
『한국문학연구』 51, 동국대학교 한국문학연구소, 2016.

01 ___ 독해가 난해한
「도화도화桃花桃花」

　「도화도화」는 서정주의 초기 시편들 중 독해가 어려운 작품 가운데 하나다. 맥락이 잘 잡히지 않아 연구 성과도 미진하다. 불안과 혼돈과 어둠의 성욕, 원수에 대한 애증의 이중심리가 복잡한 진술 형식 속에 뒤엉켜 있는가 하면 비약적이고 돌발적인 이미지들이 좌충우돌하면서 의미를 안정적으로 재구성하기 어렵다.
　그러나 시인의 섬세한 내면 심리에 다양한 맥락을 활용하여 접근하면 어느 정도 진척을 이룰 수 있게 된다. 창작 시기의 전후 정황, 성서와 셰익스피어 독서 체험, 점술이나 사주학과 초현실주의에 대한 관심, 금강산 비로봉 등정 체험과 친구의 증언 등이 주요한 고려 요소다.
　이러한 맥락 읽기는 「도화도화」 자체는 물론 서정주의 초기 시 세계를 이해하는 데 일정 정도 기여하게 될 것이다. 맥락 읽기를 통해 밝혀지게 될 시인의 무의식 속의 '처연한 슬픔과 무모한 광기가 함께 뒤섞여 있는 존재의 불안한 모순─탁객'이야말로 청년 서정주의 독특한 시적 개성이다.

02 ___ 「도화도화」 탄생 배경과 선행 해석들

「도화도화」는 『인문평론』(1940.10.)에 처음 발표되었다. 저간의 사정을 보면 새로운 직장을 구하러 만주에 갈 무렵이었으니 미리 써 둔 원고를 잡지사에 맡기고 갔거나 발표를 보고 떠났을 가능성이 높다. 미당의 회고에 따르면 만주 체류 시절(1940년 가을부터 1941년 1월)에 쓴 시는 「소곡小曲」, 「멈둘레꽃」, 「만주에서」 등 세 편이다.

(「소곡」 인용) 이것이 이 겨울 만주에서 또 쓴 것이고, 그 밖엔 「만주에서」라는 것 하나—여기선 모두 합해 세 편의 시밖엔 쓰지 못했다.
여기 보인 「소곡」이나 「멈둘레꽃」이나 「만주에서」나 그것들은 내가 쓴 것 중 가장 딱했던 것들이다. 만주는 그렇게 딱한 곳이었으니까.[1]

그런데 1940년 가을이 어느 날짜인지는 확실하지 않다. 처음에 국자가(연길)로 갔다가 용정으로 이동했으며, 그곳에서 '만주일기'를 쓰기 시작한 때가 10월 28일이니 입만 시기가 11월이 아닌 것은 확실하다. 최현식[2]은 미당의 만주 체류 기간을 1940년 9월부터 1941년 2월까지로 추정하고 있으나

---

1 자세한 것은 서정주, 「만주 광야에서」, 『미당 서정주 전집』 7(문학적 자서전), 은행나무, 2016, 78쪽 참조.
2 최현식, 「서정주의 「만주일기」를 읽는 한 방법」, 『민족문학사연구』 54, 민족문학사학회·민족문학연구소, 2014, 370쪽.

그 근거가 되는 『안 잊히는 일들』(1983) 속 미당의 회고에는 입만 시기가 9월이라는 증거가 없고 오히려 11월로 나와 있다.

> 1940년 11월인가부터 다음해 2월쯤까지의 한겨울 동안만 나는 만주제국 양곡주식회사의 간도성 용정 출장소에 취직해 있다가 결국은 비위에 안 맞아 작파해 버렸었다.³

신빙성 있는 자료는 『팔할이 바람』(1988) 속의 다음 구절이다.

> 만주 국자가局子街— 일명 연길에 와서
> 처음으로 그 황마차幌馬車라는 걸 타고 달리며
> 구석구석에서 스며나오는 이 '날라리' 가락을 들은 뒤부턴
> 나는 무슨 새 인연으론지 여기 걸리어
> 한동안은 그 출처만을 눈여겨 찾고 다녔네.
> <u>회사의 정식 출근령이 있기까지는 한 달쯤이나</u>
> 고량 모개 익어가는 만주 날라리의 늦가을 날들이
> 이 황야에 그득히 공짜로 구겨져 고여 있어,
> 이 하염없는 날들을 나는 날마다 그것만 찾고 다녔네.
>
> —「만주에서」⁴ 중에서

만주일기에 따르면, 용정 출근 날짜 통보가 1940년 11월 24일이니까⁵ 미

---

3 서정주, 「만주에 와서」, 『미당 서정주 전집』 3(시), 은행나무, 2015, 287쪽.
4 서정주, 「만주에서」, 『미당 서정주 전집』 4(시), 은행나무, 2015, 208~209쪽.
5 "11월 24일. 어머니! 신명이 가호하심인지 지성이 감천하심인지 특수회사 만주××회사에 월급 팔십원의 용인이 되어 용정촌으로 출발하옵나이다. 어머니 기뻐 하십시요. 좀 감사히 우르십시요. 3년만 인고단련하면 가봉이 구할에 상여금이 육십할입니다.", 서정주, 「만주일기」, 매일신보, 1941.1.21., 조간.

당이 만주 연길에 처음 당도한 때는 1940년 10월 20일 전후 무렵인 듯하다. 한편 미당이 만년에 쓴 『늙은 떠돌이의 시』(1993)에 수록된 '구 만주제국 체류시 5편' 부분 소개 글에는 "1940년 9월부터 1941년 2월까지 나는 남만주 간도성의 양곡주식회사의 한 사원이 되어 밥벌이를 하고 있었다. 여기 5편의 시는 그때의 일들을 회고하며 쓴 것들이다"6라고 되어 있어 '1940년 가을'이라는 입만 시기의 시점을 정확하게 9월로 기억하고 있다.

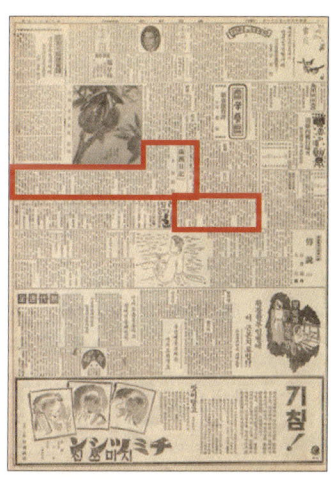

그림 1 「만주일기」가 수록된 매일신보
(1941. 1. 21.) 지면

기억의 혼선을 가려내는 게 쉽지 않지만 「도화도화」가 입만 무렵에 발표되었다는 점만은 주목할 필요가 있다. 그래서 「도화도화」에 대한 섬세한 읽기는 창작 당시의 시인의 내면 의식에 대한 세밀한 고찰이 필요한 것이다.

그의 작품 연보를 보면 1940년에 산문 「칩거자의 수기—상, 중, 하」(조선일보, 3.2.~6.), 자서전 「나의 방랑기」(『인문평론』, 3), 「속 나의 방랑기」(『인문평론』, 4), 시 「서름의 강물」(『조광』, 4), 「귀촉도」(『여성』, 5), 「밤이 깊으면」(『인문평론』,

---

6 서정주, 『미당 서정주 전집』 5(시), 은행나무, 2015, 251쪽 참조.

5), 「도화도화」(『인문평론』, 10), 「서풍부」(『문장』, 10), 「행진곡」(『신세기』, 11) 등이 발표된다.

「칩거자의 수기」는 폐색한 젊은이의 세상을 향한 증오와 저주가 거친 문체 속에 가감 없이 드러나 있으며, 초기 자서전류에는 정직하다 못해 섬뜩하기까지 한 자기 고백이 주를 이루고 있다. 시는 여섯 편 썼는데 대체로 가난과 슬픔과 통곡과 광기의 주제들이 뒤엉켜 있는 편이다. 「도화도화」는 이들 틈에서 탄생한다.

반드시 게으르기를. 옆방에서 너의 아버지가 장작개비 귀신과 같이 되어 가지고 작고하시거나 말거나 너의 안해가 마지막 인사소개소 같은 데를 찾아갔거나 말거나 네 신발이 다 떨어졌거나 말거나 형용사의 삼중의 의미 속에 이불을 덮어쓰고 끝까지 일어나지 말기를.[7]

나는 되도록이면 만주나 러시아로 가고 싶었다. 드디어 나는 그해(고창고보를 쫓겨나던 해) 겨울에, 아버지에게는 대단히 소중한 돈 3백 원을 훔쳐 가지고 집을 떠났다. 그러나 만주도 러시아도 가지는 않았다. 비겁하게도 나는 그냥 서울에 주저앉고 말았으니, 이 비겁이 오늘 내가 소위 문학이라는 것을 하게 된 동기를 지워 준 것이었다.[8]

1935년 11월부터 이듬해 4월까지 6개월 동안 나는 확실히 절망한 그리스도였다. 관수교 다릿목 같은 데 우두커니 서서는 속으로 가만히 생각해 보는 것이었다—원통하다! 원통하다!

교모는 비록 쓰지 않았으나, 아직도 단추가 두 갠가 달린 그 사립종교

---

7 서정주, 「칩거자의 수기—주문」, 『미당 서정주 전집』 8(산문), 은행나무, 2017, 42쪽.
8 서정주, 「나의 방랑기」, 앞의 책, 52~53쪽.

학교의 쓰메에리 교복을 숙명처럼 입고 다니며, 나는 서울 장안의 자전
거 방울이란 자전거 방울을 모조리 따 먹어 버리고 싶은 밤이 한두 번이
아니었다. 카르모친과 한 자루의 단도를 번갈아서 사 가지고 다니기는
하였으나 나는 그걸로써 자살하지는 못하였다. 연전에 죽은 이전梨專 학
생보다는 나는 아무래도 '사내'였던 것이다.[9]

위의 인용문들은 거친 호흡과 과도한 열정, 비유와 함축으로 뒤덮인 초
기 시편들 속 시인의 내면세계를 보다 세밀하고 풍성하게 볼 수 있다는 점
에서 연구 보조 자료의 가치가 높다. 미당의 초기 산문들이 초기 시편들의
비밀을 열 수 있는 좋은 열쇠라는 뜻이다. 예컨대 '질마재'로 표상되는 고향
세계를 벗어나고픈 '탈향 의식'의 기원을 엿볼 수 있다는 점은 그의 「바다」
를 해독하는 데 좋은 참조가 된다. 아버지와 고향과 조국을 뒤로 하고 '성
공'[10]을 위해 만주로 떠나가야 하는 가난한 가장은 '탈향'과 '귀향' 사이에 끼
어 있는 독특한 의식을 가지게 되고 그 예술적 발현이 다양한 방식으로 나
타나게 된다.[11]

---

9 서정주, 「속 나의 방랑기」, 앞의 책, 64쪽.
10 서정주의 만주행이 성공의 방편이었다는 점은 미당 자신의 기록에서 확인할 수 있다. "성공하겟습
니다. 유쾌하게 유쾌하게 성공하겟습니다."(서정주, 「만주일기」, 매일신보, 1941.1.15., 석간) 여기
서의 '성공'은 전적으로 '취업'이며 '시 창작'에 반하는 '현실의 처'와 같은 은유의 형식으로 나타난다.
즉 물질적 성공을 실현하기 위해 만주에 가게 되지만 그것이 곧 자신의 예술적 성취와는 길항 관계
에 있다는 점을 간파하고 있는 것이다. "돈. 만주에 와서 둥구는 동안에 이상하게도 돈을 모아 볼 생
각이 든다. 80원식 월급을 밧으면 밥갑과 담배갑과 양말갑 제하고는 30원이건 40원이건 꼭꼭 저금
하리라. 상여금과 출장비를 모다 저축하면 1년에 천원 하나를 모을 수 잇지 안을까. 3년이면 3천원
5년이면 5천원 아니 나는 3년 안에 5천원 하나를 기어히 손이 잡을 작정이다. 그뒤에…… 그뒤에
는 그걸로 카페 영업을 하든지 무얼 하든지 쏘 2년 그래 5년 후엔 적어도 멧 만 원 안포케트에 느어
가지고 너이들 압해 나갈 터이다. 어머니여! 처여! 벗이여! 시는? 시는 언제나 나의 뒷방에서 살고
잇겟지. 비밀히 이건 나의 <u>영원의 처</u>이니까."(「만주일기」, 11월 1일, 매일신보 1940.1.17., 조간. 한자
음만 한글로 바꾸고 당대표기는 살림.)
11 서정주의 탈향과 귀향에 대해서는 다음을 참조하라. 최현식, 「서정주와 만주」, 『니네드마』, 언인M&B,
2010; 윤은경, 「유치환·서정주의 만주체험과 시대의식 비교」, 충남대학교 석사학위논문, 2012; 박수연,
「참담과 숭고: 서정주의 만주 체험」, 『비교한국학』 21-3, 국제비교한국학회, 2013.

'끼어 있는 존재', '이율배반의 모순적 존재'는 『화사집』 시인의 주요한 성격이다. 미와 추, 황토 담과 종로 네거리, 순네와 클레오파트라, 섧고 괴로운 서울여자와 고향의 금녀, 만주의 마른 하늘과 옥황상제의 고동 소리 나는 질마재의 하늘, 한자 에크리튀르와 토속 겨레어 사이의 길항과 갈등 관계는 『화사집』(1941) 전후 무렵의 미당 특유의 망탈리테mentalité[12]다. 이항 대립적 세계구조가 체험화되어 격렬한 소용돌이가 일어나는 시집이 『화사집』이며 그 같은 구조를 받치는 주요 작품 가운데 하나가 바로 「도화도화」라는 게 이 글의 관점이다.

「도화도화」는 「서풍부」나 「행진곡」과 비슷한 시기에 쓰였을 가능성이 높다.[13] 결혼을 하고(1938.3.24.) 아들을 낳게 되어도(1940.1.20.)[14] 마땅한 직장을 구하지 못해 방황하던 서정주는 여름 한 철 잠시 고창군청에서 공무원 생활을 해보기도 하지만 이 역시 작파해 버리고 1940년 8월에 서해의 어느 어선에 덤으로 끼어 타고 바다를 유람하며 밤마다 호롱불 켜고 「옥중화」(『춘향전』)을 소리 내어 읽다가 집으로 돌아온다.

조선일보 학예부장 김기림으로부터 조선일보 폐간 기념시 청탁을 받게 되는데 실제 폐간일인 1940년 8월 10일 이후에 귀환하는 바람에 폐간 기념

---

12 미당 시의 해석에서 푸코의 '망탈리테'의 개념 적용은 정우택(2011)에서 시도되었다. 원래는 사회적이고 집합적인 성격을 가지는 '심성 구조'를 뜻하지만 개인의 무의식이나 감성 및 의지 등을 포괄하는 개념으로 차용했다. 자세한 내용은 정우택, 「서정주 초기문학의 심성 구조」, 『한국시학연구』 32, 한국시학회, 2011 참조.

13 「도화도화」의 첫 착안은 송만공 스님에게 참선을 배우기 위해 금강산을 갔던 1934년 5월 무렵이다. 시로 만든 것은 그보다 2년 뒤라 술회하고 있으나 얼마나 완전한 형태인지 알 수 없다. 신춘문예 등단 직후(1936년) 중앙불교전문학교도 1년 만에 작파해 버리고 해인사에 내려가 「화사」를 쓸 무렵의 창작이라는 뜻인데 실제 발표는 1940년 10월이므로 꽤 오랜 기간 교정하면서 만지작거리고 있었던 듯하다. "이 작품을 문자화한 것은 이 금강산행(1934년 5월)보다 2년 뒤이지만, 그 상이 가진 여러 요인들은 금강산 갔던 때도 이미 내게 있었던 것인데 이런 것들을 내가 원만히 정리해 내는 데 송만공 스님은 큰 힘이 될 것 같지 않았던 것이다. 물론 그때의 내 소년적인 감각에 비취기가 말이다.", 서정주, 단발령, 『미당 서정주 전집』 7(문학적 자서전), 은행나무, 2016, 30~31쪽 참조.

14 결혼일과 첫아들 출생일 기록은 「구식의 결혼」, 「큰아들을 낳던 해」에 따름. 『미당 서정주 전집』 4(시), 은행나무, 2015, 199~207쪽 참조.

시로 수록되지 못하게 되자 울적한 마음으로 쓰기는 써놓고 두어 달 뒤 『신세기』(11)에 발표하게 된다. 그것이 바로 「행진곡」이다.

나는 이것을 내 어린것이 칭얼거리는 옆에서, 석유 호롱의 희미한 불 밑에 괴상할 정도의 열심으로 쓰고 있던 것이 생각난다.[15]

석유 호롱의 희미한 불 밑에서 '목아지여/목아지여/목아지여/목아지여'를 연달아 읊조리는 시인의 자의식의 연장선 위에서 「도화도화」나 「서풍부」를 놓고 보면 좀 더 세밀한 읽기가 가능해진다. 그것은 아내와 칭얼거리는 아들을 옆에 두고 '영원의 처'인 시와 씨름해야 하는 가난한 가장의 무기력한 절망과 기성 체제에 대한 강렬한 저항의 표백 형식에 대한 성찰이다.

이 시기, 그러니까 1940년 8월 10일이 며칠 지난 뒤부터 만주로 떠나기 직전인 9월(혹은 10월) 하순 직전까지 시 세 편이 만들어졌을 가능성이 높다. 「행진곡」(1940.11.)을 포함, 「도화도화」(1940.10.)와 「서풍부」(1940.10.)에 보이는 광기와 초현실주의적 기법은 일제 강점 말기를 버티어 나가던 청년 시인에게 예술적 창의의 한 돌파구 같은 것이기도 했다. 고향 땅에 가족을 남겨둔 채 혈혈단신 만주로 떠나기 바로 직전에 발표한 작품이라는 점에서 보면 해석의 맥락이 보다 풍부해 질 수 있을 것이다.

「도화도화」는 '자세히 읽기'에 대한 선행연구가 전무한 상황이다. 미당의 시를 정밀하게 분석하는 김화영,[16] 이남호,[17] 이숭원[18]의 글에도 없으며 소략한 논의들만 간헐적으로 보인다.

---

15 서정주, 「조선일보 폐간 기념시」, 『미당 서정주 전집』 7(문학적 자서전), 은행나무, 2016, 64쪽.
16 김화영, 『미당 서정주의 시에 대하여』, 민음사, 1984.
17 이남호, 『서정주의 『화사집』을 읽는다』, 열림원, 2003.
18 이숭원, 『미당과의 만남』, 태학사, 2013.

천경록[19]은 색채어(푸른, 불그스럼), 꽃의 변조물(도화, 강간 사건들, 원수, 미열), 물의 변이물(구름, 새파라니, 하늘) 등의 이미지 위주 분석을 간략하게 시도하고 있고, 김옥순[20]은 인체와 우주의 대응구조로 '성의 지나친 발산과 성의 지나친 억제, 강간 사건과 순결의 대명사인 오필리아, 나의 성적 미열과 (성의 열기를) 가리우는 구름'으로 대비시킨 다음 '자기 존재 안의 신비체를 찾아가는 탐색의 신비체험'으로 이 시의 성격을 규정한다. 김석환[21]은 '네 갈림길', '푸른 나무 그늘', '비로봉상' 등과 같은 공간 구조에 주목하여 기호론적 접근을 소략하게 하고 있으며, 김순자와 김연숙[22]의 논의는 상기의 논의들을 종합해서 간략하게 정리하는 수준이다. 이희중[23]은 진술의 유형(독백, 지시, 대화 등)을 분석하였으며, 윤은경[24]의 논의가 비교적 시 이해의 핵심에 가깝게 간 경우다. '도화살'과 성서 속 선지자인 예레미야의 맥락을 다루면서 '원수와도 같은 에로스적 욕망'이 결국은 생육의 근본을 따르는 '천지자연의 도'에서 보면 부정적 현실을 초월할 수 있는 원동력이 된다고 해석했다. 권혁웅[25]은 서정주 초기 시의 리듬을 분석하는 과정에서 이 시를 사례로 간략하게 언급하는 정도다.

많은 언급들이 있었지만 '자세히 읽기'에는 아쉬움이 있어서 맥락들을 보다 꼼꼼하게 살펴볼 필요가 있다.

---

19 천경록, 「『화사집』의 이미지 연구」, 『선청어문』 15, 서울대학교 국어교육과, 1986, 214쪽.
20 김옥순, 「서정주 시에 나타난 우주적 신비체험」, 『이화어문논집』 12, 이화어문학회, 1992, 247~249쪽.
21 김석환, 「『화사집』의 기호학적 연구」, 『예체능논집』 7, 명지대학교 예체능연구소, 1996, 23쪽.
22 김순자, 「『화사집』의 공간 기호에 관한 연구」, 명지대학교 석사학위논문, 1997, 44~46쪽; 김연숙, 「서정주 『화사집』의 공간 의식 연구」, 목포대학교 석사학위논문, 2005, 29~30쪽.
23 이희중, 「『화사집』의 다중진술 연구」, 『한국언어문학』 50, 한국언어문학회, 2003, 15~16쪽.
24 윤은경, 「서정주 초기 시의 낭만성과 '도'의 상상력」, 『현대문학이론연구』 45, 현대문학이론학회, 2011, 297~298쪽.
25 권혁웅, 「서정주 초기 시의 리듬 연구: 『화사집』을 중심으로」, 『상허학보』 39, 상허학회, 2013, 198~199쪽.

03 ___ 맥락의 검토

1. '도화도화'의 비밀

푸른 나무 그늘의 네 거름길 우에서
내가 볼그스럼한 얼굴을 하고
앞을 볼 때는 앞을 볼 때는

내 나체의 에레미야서
비로봉毘盧峰상의 강간 사건들.

미친 하눌에서는
미친 오픠이리아의 노랫소리 들리고

원수여. 너를 찾어가는 길의
쬐그만 이 휴식.

나의 미열微熱을 가리우는 구름이 있어
새파라니 새파라니 흘러가다가
해와 함께 저물어서 네 집에 들리리라.

—「도화도화」[26]

---

26 서정주,『미당 서정주 전집』1(시), 은행나무, 2015, 38쪽.

시의 제목 도화도화桃花桃花는 '복숭아꽃'의 뜻이다. 전통문학의 복숭아꽃은 무릉도원과 같은 이상세계의 관습적 상징이지만 점술이나 사주학에서는 나쁜 기운을 뜻하는 '살煞'의 한 종류이기도 하다. 도화살桃花煞. 성욕이 지나쳐 호색과 음란으로 신수를 망치거나 패가나 멸문의 화를 입히게 되는 과도한 음욕의 '바람기'다.

도화살이 두 개나 겹쳐 있으니 어감상으로 주술적 반복 효과가 만들어지며 '비로봉상의 강간 사건들'과 '미친 오피이리아의 노랫소리' 이미지와의 연관 가능성도 생기게 된다. 중복된 도화살은 과도한 색욕이나 불안정한 정서의 지속을 암시하는 주요한 코드다.

성서 「예레미야서」[27] 속의 주요 코드 또한 도화살에 대한 야훼의 분노로 읽을 수 있으며 음란한 화냥년에 대한 복수와 응징의 표상으로서 '원수'가 등장한다. 개인과 집안과 민족 전체를 망치게 하는 코드가 바로 '도화살'이며 그 인적 표상은 '원수'로서 「도화도화」와 「예레미야서」에 공통적으로 나타난다.

두 '도화'를 서로 달리 해석해 볼 수도 있다. 첫 도화는 전통적 이상세계의 상징으로서의 복숭아꽃, 다음 도화는 과도한 성욕의 표상인 도화살로 보면 상호모순적이고 이율배반적인 속성이 한 어휘 내에서 결합하고 있음을 알게 된다. 김유정의 '봄·봄' 효과와 유사하다 「봄·봄」(『조광』, 1935.12.)은 이 소설의 주제인 '안타까운 기다림'으로서의 지속적인 바라봄과 관련시켜 해석한다면 생명력과 신생의 표상인 봄[春]이 반복된다는 의미보다는 '기다리면서 계속 바라봄[見]'이나 '참으며 두고 봄[耐]'의 뜻이 더 어울린다. 아니면 '春·見+耐'의 구조로 보아도 좋다. '생명이 돋아나는 새봄이 와도 성례를 하지 못하는 불모의 상황'이라는 암시다. 이러한 상호모순성과 이율배반성

---

27 미당은 '에레미야서'라고 표기하고 있으나 시 인용부를 제외하고는 통상 표기법에 따라 '예레미야서'로 한다.

이「도화도화」에도 그대로 적용된다는 해석이 가능하다. '약동하는 생명이 과도하게 넘쳐서 추스르기 어렵게 되는 상황'에 대한 암시일 수 있다.

상호모순성과 이율배반성은 서정주 초기 시의 주요한 특성이기도 하다. 아름다움과 징그러움이 결합되어 있는 「화사」, 웃음과 울음이 동시에 일어나는 「입맞춤」, 사랑하는 자의 피가 먹고 싶은 「웅계 2」, '침몰하라'와 '가라'가 공존하는 「바다」 등에서 보는 것처럼, 양가가치가 충돌하는 모양새는 도처에서 발견된다. '도화도화'의 제목 속에 이러한 충돌성이 있으며 내용 또한 상호모순적 요소들이 내재해 있음을 주목할 필요가 있다.

마포구 도화동에 기거하던 체험도 참고적으로 고려할 수 있다. 중앙고보와 고창고보에서 퇴학한 소년 서정주는 좌충우돌 방황하던 끝에 자기 삶에 중대한 영향을 미치는 두 가지의 결정적인 경험을 하게 된다. 그 하나가 독서며, 다른 하나는 석전 박한영 대종사와의 만남이다. 1932년 여름부터 다음 해 초가을까지 고창 월곡리의 초당에서 많은 책을 섭렵했던 서정주는 석전을 만나기 직전에 마포구 도화동 빈민촌에서 걸인들과 함께 지내는 기이한 행적의 주인공이 된다. 톨스토이를 읽고 감명한 나머지 일본인 톨스토이주의자 하마다 다쓰오의 넝마주이 단원 숙소에서 함께 지낸 경험이다. 쓰레기통에 버려진 물건들 속에서 돈이 될 만한 것들을 뒤지는 일이었는데 세끼 요기 값도 되지 않는 20~30전 수입으로도 가슴 벌리고 보무도 당당히 다녔다. 이 나라 서울에서 할 일이라곤 '아무래도 이것 한 가지뿐인 것만'[28] 같았기 때문이다. 그리 오래 하진 않았지만 여기서의 행적이 회자되어 석전 박한영을 만나게 되었으니 서정주의 생애에서 중요한 사건이다.

당시의 마포구 도화동은 전통적으로 복숭아꽃이 많은 복사골 동네이기도 했으나 을축년 대홍수(1925) 때 흘러들어온 빈민들의 주거지가 되어 '밑

---

28 서정주, 「넝마주이가 되어」, 『미당 서정주 전집』 4(시), 은행나무, 2015, 165쪽 참조.

바닥 생활터'가 된 곳이기도 했다. 동네 이름은 복숭아꽃 만발하는 아름다운 의미를 가지고 있지만 실생활은 걸인들의 소굴이었으니 이 역시 모순적 속성이 강하다고 할 수 있다. 서정주의 회고에 의하면 그는 이 일을 이틀 만에 그만두었다고 했는데 그 이유가 흥미롭다.

> 이때 내 마음속에는 톨스토이와 함께 니체의 '짜라투스트라'가 같이 살면서 둘이 서로 올라갔다 내려갔다 하고 있었는데, 나는 마침내 톨스토이를 잠시 접어 둘 마련이 된 것이다.[29]

독서 편력의 시기에 서정주의 심성 구조가 어떻게 생성되는지 짐작하게 해주는 대목이다. 범애주의자요, 도덕주의자인 톨스토이와 결별하고 니체의 숨 가쁘고 벅찬 초인 세계로 나아갔다는 것은 이 두 가지 세계가 마음속에서 수시로 들끓고 있었다는 증거이기도 하다. 여기에도 상호모순성의 충돌이 있다.

이 시기에 미당에게 영향을 준 보들레르의 '현실의 밑바닥 참여'도 같은 맥락이다. 그것은 노자를 읽으면서 깨치게 된 '화광동진和光同塵'의 세계와도 일치한다.[30] 양극단을 경험하고서 두루 고르게 하는 것은 '아름다운 복사꽃 마을'에 거지로 세 들어 사는 '쓰레기통 옆 문학청년의 앓는 잠꼬대'와 같은 것이어서 범부 김정설은 서정주를 두고 이런 시를 쓰기도 한다.

---

29 서정주,「단발령」,『미당 서정주 전집』7(문학적 자서전), 은행나무, 2016, 18쪽.
30 "그러나 신화적 헬레니즘만이 당시의 내 정신을 추진하고 있는 힘의 전부는 아니었다. 샤를 보들레르의 영향으로 '현실의 밑바닥 참여'에 대한 의지도 있었다. 이것은 해인사에 오기 전에 이미 중앙불교전문학교의 동양철학 중심의 문과에서 배워 동감한 노자의 '화광동진和光同塵'의 의미와도 일치하는 것이어서 '보들레르야말로 참 골로는 현실을 겪고 산 시인이다' 감탄하며 늘 가지고 그의 시정신의 기미들에 친애감을 느꼈다. 특히 때 묻고 이지러지고 내던져진 육신들의 밑바닥에까지 자진해 놓여 몸부림하는 정신은 굉장한 책임감으로 느껴졌다.", 서정주,「나의 처녀작을 말한다」,『미당 서정주 전집』11(산문), 은행나무, 2017, 94~95쪽.

……쓰레기통 기대어 앓는 잠꼬대를,
　　피리 소리는 갈수록 자지라져……[31]

　'도화'의 또 다른 경우는 성서의 맥락을 주의 깊게 살펴보는 것이다. 예언자 예레미야는 하느님의 부름을 받고 하느님과 이야기를 한다. 모세가 그러했듯이 그는 사람처럼 생긴 하느님의 모습을 보는 게 아니라 특별한 나무를 본다. 그것이 바로 복숭아나무다. 감복숭아나무. 그런데 히브리어 명사 '감복숭아나무shaked'는 동사 '깨어 있다, 지켜보다shoquedh'의 뜻도 동시에 가진다.[32]

　　야훼께서 나에게 말씀을 내리셨다. "예레미야야, 무엇이 보이느냐?"
　　"감복숭아 가지가 보입니다" 하고 내가 대답하였더니, 야훼께서 이르셨다. "바로 보았다. 나도 내 말이 이루어지는가 이루어지지 않는가를 <u>깨어 지켜보리라</u>."[33]

　그러니까 '도화도화'는 사주학의 관점에서 보면 육욕에 몰입된 인간의 본성(도화살)을 암시하기도 하고, 성서의 맥락에서 보면 그런 것들로부터 벗어나서 영적으로 깨어 있고자 하는 정신을 암시하기도 한다. 병존할 수 없는

31　서정주, 「넝마주이가 되어」, 『미당 서정주 전집』 4(시), 은행나무, 2015, 166쪽.
32　'샤케드'의 영역英譯은 'almond tree'(THE BIBLE–THE HOLY SCRIPTURES, 2005, p.541)로서, 히브리어 사전 한글 번역에는 편도扁桃나무로 나와 있다(윌리암 L. 할러데이 편집, 손석태·이병덕 역, 『구약성경의 간추린 히브리어, 아람어 사전』, 도서출판 솔로몬, 2013, 511쪽 참조.). 개신교 성경은 '살구나무'로, 공동번역(1977, 2005)은 '감복숭아'라 했다가 최근에 '편도扁桃'로 확정된다. 우리말 살구나무는 샤케드와는 다르다. 살구나무는 팔레스타인(팔레스티나) 지역에서 자생하지 않는다. 구약 속에 등장하는 샤케드의 맥락은 '야훼의 징표'로서 동사인 샤카드(깨어 있다, 지키다)에서 유래했다. 샤케드는 이른 봄에 가장 먼저 꽃을 피우므로 '가장 먼저 꽃을 피우는 나무', '늘 깨어 있는 나무'의 속성을 가진다.
33　「예레미야서」 1:11~12, 『공동번역 성서』(대한성서공회), 1977, 1239쪽.

두 의미가 함께 있는 것으로 볼 수 있다는 뜻이다.

열혈청년 서정주 시인의 내면에 이런 심리가 불가해하게 공존한다면 이는 곧 양가가치가 동시에 공존하는 드라마틱한 불안의 얼굴일 터다. 이율배반적 모순의 상황. 그것이 '도화도화' 제목이 가지는 또 다른 의미다. 앞에 보인 '아름다움·바람기', '아름다운 꽃·거지 소년의 잠꼬대'의 구조와 같다.

2. '푸른 나무 그늘'과 '볼그스럼한 얼굴'

시의 첫 구절은 푸른 나무 그늘이 드리워져 있는 네 갈래 길이다. 여기 '나무 그늘'의 표상은 단순한 배경이 아니라 서정주 특유의 상징적 이미지다. 초기 산문 「나무 그늘」(1949)[34]에 보면 여성을 나무 그늘에 비유하는 독특한 시각이 보이는데 '푸르고 생생한 생명력의 예찬' 혹은 '못 견디게 그리운 빼어난 미인의 무한 집단'이란 뜻을 가진다.

> 낙엽이 질 때에 보면, 인제는 좀처럼 다시 소생할 것 같지도 않다가는 또 봄만 오면 어김없이 움트고 우거지는 저 그리운 온 천지의 나무 그늘 …… (중략) 그 푸르고 생생하고 서늘한 것의 모두가 틀림없는 우리의 것 같으면서도 사실은 완전히 우리의 것은 아니기 때문에, 늘 그 너머 있는 하늘도 우리의 상념을 달리게 하고, 끝에 가서는 그곳을 못 견디게 그립게만 하는 저 빼어난 미인의 무한한 집단과 같은 나무 그늘들…… 모든 내 주위의 여인이란 내게는 참으로 모든 내 주위의 수풀의 나무 그늘과 마찬가지다.[35]

---

34 서정주, 「나무 그늘」, 『민족문화』, 1949.
35 서정주, 「나무 그늘」, 『미당 서정주 전집』 8(산문), 은행나무, 2017, 129~130쪽.

그러므로 '푸른 나무 그늘의 네 거름길'은 이상적 여성성 탐색 과정의 방황 단계를 암시한다. 1963년 7월에 쓰고 『서정주문학전집』(1972)에 수록한 산문 「쇄하를 위해」에도 비슷한 내용이 나온다.

복숭아나무의 젊음이여	桃之夭夭
잎사귀도 푸지게 짙어 있구나	其葉蓁蓁
이 처녀 시집가면	之子于歸
손아랫사람에게도 시원스러리	宜其家人

이것은 『시경』 「도요편」의 마지막 절로, 한 신부가 미와 덕과 능能이 있을 때 손아랫사람들까지 그 그늘에서 시원스럽게 지내게 된다는 뜻을 말한 것이다.

여름이 되면 모두 더워서 나무 그늘을 찾고 바다를 찾고 바람을 찾아 시원함을 힘입고자 하게 되지만, 별스럽게 시원한 나무 그늘, 바닷바람 속에서도 거기 있는 사람 시원치 못하면 다 허사인 것이다.

「도요편」의 신부 아니더라도 시원한 사람 있고야 비로소 모든 시원함은 있는 것이다.[36]

나무 그늘의 속성인 '시원함'은 『시경』의 맥락과는 다른 서정주 특유의 직관이다. 『시경』의 맥락에서는 '宜'가 '화목' 즉 '여러 사람들 사이의 조화'에 가깝지만 미당에게 오면 복숭아나무로 표상되는 이 젊은 여성의 덕목은 남성의 번열煩熱을 다스리고 달래주는 '풍요로운 대모신'의 기능으로 대체된다.

'사람들 사이의 조화'가 유교의 현실주의를 반영한다면 '풍요로운 대모신'

---

36 서정주, 「쇄하를 위해」, 앞의 책, 152~153쪽. 이 글의 말미에 '1963년 7월'이라는 탈고일이 적혀 있다.

은 현실을 초월한 샤머니즘적 속성을 배태하고 있다. '모두가 틀림없는 우리의 것 같으면서도 사실은 완전히 우리의 것은 아니기 때문에, 늘 그 너머 있는 하늘도 우리의 상념을 달리게 하고, 끝에 가서는 그곳을 못 견디게 그립게만 하는' 속성이 바로 나무 그늘의 시원함이다. 고전의 창의적 수용 또는 '한국적 전통성의 근원 탐색'에 해당하는 경우다.

서정주가 신춘문예에 당선되던 1936년 잘 다니고 있던 중앙불교전문학교도 작파하고 4월에 해인사로 내려간 이유 중 하나도 짝사랑 하던 여인에 대한 구애가 실패하자 그 뜨거운 번열기를 식히기 위해서였다는 점은 참고가 된다.

> 사실은 전해 가을에 어느 여대생에게
> '나는 당신의 옷고름 하나에도 당하지 못할
> 미물만 같습니다' 하는
> 내 일생에서 처음이고 또 마지막인 연정의 편지 몇 줄을 써 보냈는데
> 답장은 영 없고만 말아
> 그 번열기煩熱氣도 식히러 가는 길이었다.
>
> ─「해인사에서」[37] 중에서

'네 거름길'은 '번열기'의 공간 표상이다. 시원스러운 풍요와 편안한 정주定住의 이미지 위에 사방으로 뻗어나간 길. 어디로 가야하는지 방향을 찾기 위해 '앞을 바라보는' 화자의 모습은 방황하는 떠돌이 의식의 초기 원형으로서 손색이 없다.

'푸른 나무'가 성성하게 우거진 풍요로운 여성성의 상징이라면 '볼그스름

---

37 서정주, 『미당 서정주 전집』 4(시), 은행나무, 2015, 185쪽.

한 얼굴'은 도화살 핀 얼굴 홍조紅潮로 읽는다. 홍조는 서정주의 어떤 맥락에서 보면 반윤리적이다. 그의 초기 산문 「고향 이야기」에 보이는 '선봉이네'가 좋은 사례. 선봉이의 처인 이 여인은 미당의 고향인 질마재 마을에서 술막을 하고 살지만 남편 봉양은 극진히 하는 인물이다. 이 여인에게도 홍조가 있었는데 그게 참 묘한 상황에서 시인의 눈에 포착되곤 했다.

> 그렇잖아도 붉은 얼굴이 유체 버얼겋게 달아 가지고, 엷은 홑이불을 쓰고 방 아랫목에서 선봉이가 앓고 있을 때는 안해는 평시와는 완연히 딴사람이 되었다. 웬일인지 자기의 얼굴도 약간 붉어져 가지고는 (이상한 일이나 선봉이가 병을 앓을 때에만 선봉이네의 얼굴에는 화기花氣가 돋았다) 마을 아는 집으로 돌아다니며 접시꽃 뿌리와 앵속각을 구해 오는 것이었다. (중략) 그러나 선봉이가 아조 나으면 선봉이의 안해의 얼굴에서도 붉은 도홧빛이 스러졌다. 그러고는 여전의 상태로 돌아갔다.[38]

선봉이의 도홧빛은 병든 남편과 함께 앓는 아내의 사랑 표상이 아니다. 병든 남편을 대체할 수 있는 또 다른 사랑에 대한 갈구라는 점에서 원초적인 바람기에 가깝다. 시인의 눈에 그렇게 보였다는 뜻이다. 이런 점을 고려하면 '볼그스름한 얼굴'은 도화살로 들끓는 달뜬 청춘의 이미지다. 이는 곧 「자화상」 속 '병든 숫개'의 변신체이기도 하다. '헐떡어리며' 살아온 생의 시간들이 이 이미지 속에 함축되어 있다.

특히 여기의 붉은 얼굴빛은 앞줄의 푸른 나무와 대비되어서 강렬한 원색 대비 효과를 가진다. 보리밭에 달 뜬 밤에 꽃처럼 붉은 울음을 우는(「문둥이」) 색채 대비만큼이나 선명하고 강렬하다. 코발트빛 하늘, 노란 보리밭과

---

[38] 서정주, 「고향 이야기」, 『미당 서정주 전집』 8(산문), 은행나무, 2017, 114~115쪽.

달, 붉은 꽃의 대비는 원색의 강렬성에 대한 시적 감수성 없이는 발견하기 어려운 것이다. '푸른 나무 그늘'과 '볼그스럼한 얼굴'은 이보다 더욱 단순한 이원적 구조다. 역동적인 태극의 심리학이 내재해 있다.[39]

이 구절은 단순한 색채 대비만이 아니라 생의 양식에 대한 대비도 흥미롭다. 방황하면서, 가슴 설레면서, 마음의 에너지가 역동적으로 움직이면서, 나아갈 방향을 찾기 위해 화자는 '앞을 바라보려' 한다. '앞을 볼 때는'은 '네 거름길 우에서'와 나란히 있을 경우에 극적 효과가 두드러진다. '대비對比'의 포착이 시를 읽는 색다른 재미다. '자칫하면 다시 못 볼 하늘'(「꽃」)처럼 심리적 긴장이 고조되는 효과가 있다.

3. 예레미야서

성서 구약편에 수록된 「예레미야서」는 자신을 배반한 이스라엘 민족에 대한 야훼의 분노가 선지자 예레미야의 입을 통해 전해진 기록이다. 성서는 방황하던 젊은 날의 서정주에게 중요한 텍스트였다.[40] 『화사집』에만도

---

[39] 『화사집』을 색채심리학의 관점에서 접근하면 푸른색과 붉은색의 강렬한 대비 구조를 자주 발견할 수 있다. 그 선명함과 역동적인 격렬함을 태극 철학으로 분석해 보는 것도 흥미로운 과제다. '푸른 하늘과 크레오파트라의 피'(「화사」), '푸르게 두터워 가는 와가瓦家 천년의 은하 물굽이와 붉은 댕기 (고요히 토혈하며 죽어 갔다는 '숙淑')'(「와가의 전설」), '푸른 하늘 속에 내 피는 익는가'(「단편」), '푸른 정열과 꽃 같은 심장'(「바다」) 등이 대표적이다.

[40] 서정주는 고대 그리스의 헬레니즘 못지않게 구약성서 속에 나오는 고대 이스라엘의 헤브라이즘에도 관심을 보이고 있었다. 그러나 두 사상을 정밀하게 받아들이기에 당시의 연치는 아직 어렸고 한동안을 혼동 속에서 보내야만 했다. "그리고 또 하나 말해 둘 것은, 이때는 이런 신화의 헬레니즘을 『구약성서』의 「아가」 등에 보이는 고대 이스라엘적 양명성陽明性과 거의 혼동하고 있었던 일이다. 『화사집』을 주의해서 본 사람이라면 이러한 혼동을 여러 곳에서 쉬이 발견할 수 있을 것이다. 내 공부와 성찰은 이때는 아직 기독교의 『구약』을 불교, 도교, 유교 등과 아울러 자세히 음미해야 할 동양 정신의 일환임을 알지 못했고, 다만 그 생태에 있어서 솔로몬의 「아가」적인 것과 그리스 신화적인 것의 근사치에만 착안하여 양자의 숭고하고 양양陽陽한 육체성에만 매혹되어 있었다.", 서정주, 「나의 처녀작을 말한다」, 『미당 서정주 전집』 11(산문), 은행나무, 2017, 94쪽 참조.

성서의 흔적은 즐비하다.[41] 원죄, 형제 살해, 하느님의 분노, 하느님 찬양, 예수의 죽음 등과 같은 모티프들이 차용되고 있으며 심지어 『화사집』 전체의 구성 원리가 성서와 상동적 유비 관계에 있다는 흥미로운 연구 성과도 있다.[42]

「도화도화」에서 「예레미야서」의 맥락은 어떻게 자리하고 있을까. 첫 부분을 다시 보자. '푸른 나무 그늘의 네 거름길 우에서'. '네 거름길'은 '네 갈래 길'로서 '갈등과 선택의 중대한 기로'의 뜻이 강하다.[43] 성서 「예레미야서」 속에도 이 '갈래 길'이 많이 나오는데 비슷한 맥락이다.

나 야훼가 말한다.
너희는 <u>네거리</u>에 서서 살펴보아라.
옛부터 있는 길을 물어 보아라.
어떤 길이 나은 길인지 물어 보고
그 길을 가거라.(「예레미야서」 6:16)

전형적인 방향 탐색 모티프의 표상이다. '네거리'는 '물어 보고' '가야' 하는 곳으로서 '무지몽매'에서 '깨침·구원(구제)'으로 나아가는 문법 구조를 가진다. 하느님과의 애초의 약속을 잊지 말고 지키라는 뜻인데, 길이 네 갈래나

---

41 「화사」, 「도화도화」, 「정오의 언덕에서」, 「웅계 2」 등이 대표적이다.
42 유성호, 「서정주의 『화사집』 연구」, 『문예연구』, 문예연구사, 1998년 여름호, 89쪽 참조. 『화사집』의 구성 편재와 신구약성서의 편재를 다음과 같이 비교하고 있다. '자화상 : 카오스에서의 창조', '화사 : 타락(실낙원, 저주, 원죄)', '노래 : 방황(유랑)—귀향', '지귀도 시 : 십자가와 고난', '문(『귀촉도』로 나아가는 문) : 부활(구속, 새로운 세계의 열림)'
43 이는 서정수 시 전체에 나타난다 「도화도화」 외에 「무제(종이야 뷜 네시···)」(『신라초』), 「무제(피여, 피여···)」(『동천』), 「내가 여름 학질에 여러 직 앓아 영 못쓰게 되면」(『질마재 신화」), 「심사숙고」(『질마재 신화』), 「뻐꾹새 울음」(『떠돌이의 시』), 「슬픈 여우」(『떠돌이의 시』), 「ㅎ양」(『안 잊히는 일들』) 등을 참고하라.

되기 때문에 잘못 가기 쉬운 것이다.

시 역시 같은 맥락이다. 푸른색과 붉은색의 강렬한 대비 위에서 네 갈래 길이 펼쳐진다. 화자는 거기에서 '앞을 보려' 한다. 두 번 반복되는 '앞을 볼 때는'은 리듬 효과만 있는 게 아니라 긴장 고조의 효과도 크다.

상호모순적 세계가 충돌하고 있는 격렬한 와류의 현장에서 '앞을 보려' 하는 순간이야말로 극적인 순간이다. '길은 항시 어데나 있고, 길은 결국 아무 데도 없다'(「바다」)는 역설의 상황에서 '눈 떠라. 사랑하는 눈을 떠라…… 청년아,'를 외치는 심성 구조가 고스란히 반영된다.

이 긴장하는 시상의 흐름 속에 느닷없이 '나체의 에레미야서'와 '비로봉 상의 강간 사건들'이 튀어나온다. 이미지가 비약적이어서 맥락이 잘 잡히지 않는다. 초현실주의 영향을 고려해 볼 수 있지만 기존 텍스트들에 대한 맥락을 보다 세밀하게 살피는 일이 필요하다.

「예레미야서」를 중심으로 먼저 살펴보자. 도화살 든 사람은 상대를 배신하게 마련이다. 벌을 받고 후회한다. 배신해서 하느님으로부터 벌을 받는 후회의 노래 속에 이런 모티프가 종종 나온다.

> 지체 말고 구슬픈 노래를 불러주오.
> 눈에서 눈물이 쏟아지고
> 눈시울에 눈물이 방울져 내리도록!
> 구슬픈 노래가 시온에서 들려온다.
> '어쩌다가 우리는 이렇게 망하였는가?
> 정든 고향에서 쫓겨나
> 나라를 버리고 떠나야 하는 이 신세,
> 부끄러워라, 부끄러워라!'(「예레미야서」 9:21)

'후회의 노래'의 배경이 되는 자탄—'어쩌다가 우리는 이렇게 망하였는가?' 속에는 성적 순결과 하느님과의 포괄적 약속을 지키지 못한 이스라엘 민족의 정서가 고스란히 드러난다. 간음, 강간, 배신,[44] 처벌, 추방, 후회의 서사들이 압축된 경우다. '니체의 예레미야서'란 곧 '앞을 보려는' 과정에서 일어나는 환시[45]인 셈인데 마치 선지자 예레미야의 눈앞에 펼쳐지는 '타락한 이스라엘'의 모습과도 같다. 청년 서정주에게는 그것이 곧 조선왕조의 패망과 식민지 지배의 치욕의 그림자로 작동했을 가능성이 크다.

즉 예레미야의 화법 자체가 패망해버린 조국에 대한 한탄으로서 겹쳐져 읽히는 동시에 선지자와 시인의 공통 속성인 '말씀 전달자'의 경험을 생성함으로써, 시적 주체가 예레미야와 동일시되는 효과를 가지게 된다. '정든 고향에서 쫓겨나 나라를 버리고 떠나야 하는 신세'는 청년 서정주에게 고스란히 감정이입되어 만주로의 '탈향' 직전의 서글픔을 형상화한다. 눈 부릅뜨고 '깨어서' 앞을 보려 하지만 보이는 것은 '원수'들이 펼치는 난장판인 것이다.

> 어쩌다가 이런 꼴을 당하였는지 알고 싶으냐?
> 어쩌다가 치마를 벗기고 강간을 당하였는지 알고 싶으냐?
> 너희 죄가 너무 많아서 그렇게 된 것이다.(「예레미야서」 13:17)

'원수'는 「예레미야서」에서 이민족을 가리키기도 하지만 '징벌의 야훼'가 '이스라엘 자손'을 지칭하는 핵심 기호기도 하다. 시에서는 화자가 '응징과

---

44 배신의 코드는 「예레미야서」에만 있는 것이 아니라 「햄릿」에도 나타난다. '미친 오필리아'는 광기의 햄릿 왕자로부터 배신당한 요조숙녀의 파멸을 상징한다. 이는 곧 '야훼의 분노'와 유비적 관계에 있다. 사랑히는 자손들을 원수로 여겨서 복수를 하는 이야기 구조는 '금전急傳'과 같은 비극의 속성(왕지비가 됨 운명에서 미쳐 자살함으로써 파국을 맞게 되는)을 닮았다. 그러므로 '미친 하늘'과 '미친 노랫소리'는 「예레미야서」 텍스트와 「햄릿」 텍스트기 청년 서정주의 내면에서 융합된 사례다.

45 이런 시적 환시는 기본적으로 예레미야가 야훼와 처음 만나는 대목에서 보는 두 가지 환시(감복숭아 가지, 뜨거운 솥물이 쏟아져 내림)와 유사하다.

징벌' 대신 원수의 집을 찾아가는 구조로 되어 있는데 이 역시 「예레미야서」
의 특성이 부분적으로 반영된 것이다.

야훼께서 말씀하시는 것이니
거만을 떨지 말고 귀 기울여 잘 들어라.
<u>날이 저물어 어두워져 가는 언덕 위에서</u>[46]
서로 걸려 넘어지기 전에
너희 하느님 야훼께 영광을 돌려라.(「예레미야서」 13:16)

이스라엘이 믿고 바라는 이들이여,
어려울 때 이스라엘을 구해주시는 이여,
어찌하여 이 땅에서 <u>나그네처럼</u> 행하십니까?
하룻밤 묵으러 들른 <u>길손처럼</u> 행하십니까?
어찌하여 갑자기 뒤통수를 얻어맞은 사람처럼 되셨습니까?
제 나라도 구하지 못하는 장군처럼 되셨습니까?(「예레미야서」 14:8)

원수여. 너를 찾아가는 길의/쬐그만 이 휴식.//나의 미열微熱을 가리우
는 구름이 있어/새파라니 새파라니 흘러가다가/해와 함께 저물어서 네
집에 들리리라.(「도화도화」 중에서)

화자의 목소리는 야훼의 어법에 가깝다. 「예레미야서」의 주요 이미지와

---

46 이 이미지가 「도화도화」 텍스트에만 영향을 끼친 게 아니라 산문에도 비슷한 효과를 미치는 경우
가 있다. "내가 제일 좋아하는 그림 가운데 하나인 미켈란젤로의 〈예레미아〉에는 해 질 무렵 성 변
두리에 혼자 쭈그리고 앉아 있는 늙은 애국자 예레미아 노인의 끝없는 수심과 그의 등 뒤에서 물동
이에 맑은 우물물을 길어 들고 돌아가는 마을 여인들의 모양이 보인다.", 서정주, 「한 사발의 냉수」,
『미당 서정주 전집』8(산문), 은행나무, 2017, 169쪽.

화법들을 시 창작에 차용한 경우다. 화자는 징벌과 복수를 하지 않는 대신 원수인 '너'를 찾아간다. 그러고는 네 집에 들르겠다고 예언하듯 말한다.

그러나 반드시 이런 맥락으로만 읽히는 것은 아니다. '나의 미열微熱을 가리우는 구름'의 함축이 어렵다. 이때의 '나'는 '볼그스럼한 얼굴'을 하고 있는 캐릭터에 가깝다. 화자는 '분노의 야훼'가 아니라 도화살 같은 욕망으로부터 자유롭지 못한 '병든 숫개'와 같은 자의식의 그림자를 여전히 떨쳐내지 못한다. 극단적으로 보면 야훼와 병든 수캐가 서정주의 의식 안에서 혼란스럽게 뒤섞인 형국이다. 신성神性과 수성獸性의 공존. 이 모순과 이율배반과 혼란스러움의 탁객[47] 의식이 사실은 『화사집』 시절 청년 서정주의 핵심적인 심성 구조다.

밝은 대낮의 네 갈래 길에서 출발하는 화자는 결국 해와 함께 저물어서 '원수'의 집에 도착하겠다고 예언하듯 선언한다. 이런 독법은 「도화도화」의 의미 구조를 구축하는 데 도움이 된다. 『화사집』에 한정해서 보면 식민지 지식인 청년의 내면에 들끓고 있는 욕망은 대체로 극단의 대비를 통해 형상화되는데, 욕망 해소의 방식이 분명하게 드러난 경우는 「부활」과 「도화도화」 정도가 주목할 만하다. 「부활」은 억압된 타나토스의 세계를 시적 비전으로 재생시켜 에로스를 회복하는 구조로 되어 있으며, 「도화도화」는 한 여로旅路의 완성 구조를 보여준다. 이 여로는 『화사집』 자체의 여정이기도 하고 미당 시의 출발과 도착의 과정이기도 하다.

'원수'는 어쩌면 시적 자아의 반대편에 있는 세계의 모든 표상들인지 모른다. 화자와 길항하는 그 모든 이미지의 집에 허름한 나그네처럼 스며들어

---

47 "나보고는 모다들 징그럽다고 한다. 내 속에 들어 있는 혼탁―나는 아무래도 탁객인 모양이다. 불교의 연기설에 의하면 글 쓰는 사람들은 대개 후생엔 날즘생이 된다지만 나는 아마 날지도 못할 것만 같다. 우리 아버지나 어머니까지가 인제는 나를 완전히 싫어힘도 무리는 아니다. 방랑이라는 말이 육신과 정신이 안주 의지를 잃고서 헤매어 다니는 그 암중모색을 이름이라면 나의 방랑은 1929년부터 시작한다……", 서정주, 「나의 방랑기」, 『미당 서정주 전집』 8(산문), 은행나무, 2017, 52쪽.

가는 행위가 곧 서정주의 시적 여정이라면 그의 시인 생활은 스스로를 구원하는 보살행으로 볼 법하다. 이것은 '원수'와 '원수의 집'에 대한 도전적인 해석인데 「예레미야서」의 맥락을 벗어나 불교 문법의 독특한 국면을 적용해야만 가능하다.

4. 비로봉상의 강간 사건들

'나체의 예레미야서'와 함께 등장하는 '비로봉상의 강간 사건들'은 가장 어려운 맥락이다. 1934년의 금강산 체험의 영향이라는 미당의 술회를 감안한다고 해도 강간 사건은 초현실주의의 자유연상이 아니고는 설명하기 어렵다. 서정주 초기 시에서의 초현실주의적 성향은 아직 본격적으로 논의되지 않고 있는 연구 과제지만 이 돌발적인 이미지는 의미 전달의 안정적 문법과 거리가 먼 미당의 특수한 심성 구조로 보는 게 좋다.

한국의 초현실주의는 다다이즘의 연장선 위에서 논의되어야 하는데 그 첫 주자는 '고따따'로 불리는 고한용(1903~1983)이다. 다다의 창시자인 트리스탕 차라(1896~1963)의 영향으로 일본에 쓰지 준辻潤(1884~1944)과 다카하시 신키치高橋新吉(1901~1987) 같은 다다이스트가 등장하고 고한용은 1924년에 이들을 초대하여 사교를 하게 된다.[48] 그리고 바로 직후『개벽』9월호에 「다다이슴」을 기고하는데 여기에는 모리구치 다리森口多里(1892~1984)가 일본에 소개한 트리스탕 차라의 「다다 선언」뿐 아니라 쓰지 준의 여러 글들을 인

---

48 "1924년 7월, 소설『다다』간행. 8월, 한국에 놀러 갔다. 고한용을 알게 되었다."—『다카하시 신키치 시집』. "고한용이라는 조선 청년에게 초대를 받아 조선에 건너갔다. 경성에서 놀았다."—『쓰지 준 전집』별권. 이상은 요시카와 나기,『경성의 다다, 동경의 다다: 다다이스트 고한용과 친구들』, 이마, 2015, 11쪽에서 재인용.

용하고 있다.[49]

　이들 일본 다다이스트들의 국내 방문으로 주요 시인들이 적지 않은 영향을 받는다. 요시카와 나기는 정지용, 박팔양, 오장환, 임화, 이상 등을 언급하고, 서정주와의 관련성도 찾아내고 있지만,[50] 세밀한 정보는 여전히 부족하다. 아무튼 조선에서나 일본에서, 다다가 1920년대 문학청년들에게 가져다 준 것은 '세상의 온갖 속박에서 벗어나는 해방'[51]이었으며 그 속박의 구체적 내용은 '유교적 도덕, 기독교 또는 기독교적 인도주의, 사회주의, 그리고 그때까지 문단을 휩쓸던 낭만주의'[52] 등으로 정리할 수 있다. 이런 입장은 「도화도화」를 위시한 『화사집』을 설명하는 데 중요한 착안점을 준다.

　서정주의 선배 세대들이 다다이즘으로부터 기성의 권위와 도덕과 형식을 거부하는 유럽식 예술정신을 배웠다면 서정주는 친불교적 성향이 강한 다카하시 신키치로부터 선불교의 초월적 이미지 배치에 대해 영감을 받았을 가능성이 많다는 점도 흥미로운 연구 과제다.[53] 즉 『화사집』 곳곳에 나타나는 다다이즘 혹은 초현실주의적 성향은 트리스탕 차라나 앙드레 브로통류도 아니고 선배 시인 이상과도 다르며, 자기류의 독특한 스타일로 시도하고

49　고한용, 「다다이슴」, 『개벽』 51, 개벽사, 1924.9., 1~8쪽 참조.

50　"1920년대 초의 문학청년들은, 말하자면 홍역을 치르듯이 다다의 계절을 거쳤다. 그 영향이 어느 정도였는지 넓이와 깊이를 정확히 가늠할 수는 없으나, 어떤 경우에 다다는 그들의 내면을 크게 전환시키는 계기가 되기도 했다. (중략) 시인 서정주는 1939년에 두 번째로 서울에 온 다카하시 신키치를 만나 이야기를 나누었다. 서정주 동생도 신키치를 존경하고 있었는데, 1943년 동경에서 신키치를 만나기 위해 집을 찾아갔다. 그 인연으로 신키치가 서정주의 동생이 살다 나온 하숙방으로 옮긴 적도 있다.", 요시카와 나기, 앞의 책, 18쪽; 이봉구, 『명동, 그리운 사람들』, 일빛, 1992, 20~22쪽 참조.

51　요시카와 나기, 앞의 책, 79쪽.

52　앞과 같은 곳.

53　물론 유럽 다다이즘에 불교적 색채가 없는 것은 아니다. 트리스탕 차라도 1922년 「다다에 관한 강연」에서 다다이즘이 현대적인 것이 아니라 거의 불교적인 무관심의 풍교로 회귀하는 것이라고 말하고 있다. 자세한 것은 요시카와 나기, 앞의 책, 78쪽 참조. 서정주의 시에 나타나는 다다이즘이나 초현실주의 영향 문제는 다른 지면에서 고찰하기로 한다.

있는데 그 기본 맥락이 참선 공부하러 금강산 다녀왔던 1934년의 경험과 무관하지 않다.

원수의 집에 들르겠다는 언명은 성서 텍스트를 불교적 직관으로 해석하는 방식에 가깝다. 그것은 양극단을 무화시키는 방법으로서 '불이론不二論'에 입각해 본래의 일체감으로 되돌아가는 길이기도 하다. 젊은 시인의 내면에서 격렬하게 싸우는 다양한 이율배반적 요소들은 '볼그스름한 얼굴'을 한 주체가 '원수'인 대상의 집에 귀착함으로써 마감된다. 격심하게 방황은 하지만 결국 불교적인 해법을 찾고 있는 것이다. 이는 '탁객'의 운명 속에 내재한 문학적, 종교적 비전의 한 가능성이다.[54]

신키치가 1939년에 국내에 두 번째로 오게 된 이유는 만주에 있는 대동석불을 보기 위해 잠시 들른 것이었다. 오장환의 안내로 명동에 나타났는데 그때 오상순, 서정주 등과 불교 이야기로 의기투합했다고 요시카와 나기는 정리한다.[55] 의기투합의 내용은 알 길이 없지만 적어도 서유럽 최근의 문예사조(다다이즘) 속에 내재한 불교의 영향을 화제에 올렸을 가능성이 높다. 「도화도화」가 아직 발표되기 전이었다.

기존의 언어·인식 체계를 전복시키는 데 대한 관심은 1920~30년대 시인들에게 상당히 퍼져 있었고 다양한 방식으로 시도되었지만, 이상을 제하고는 딱히 문학적 형상화에 성공한 경우를 찾기 어렵다. 서정주 자신도 자신의 초기 시에 영향을 미친 초현실주의에 대해 잠깐 언급을 하는 정도에 그치고 있지만[56] 선배 시인 이상에 대해서만큼은 높게 평가하는 태도를 보여

---

54 이 가능성은 일종의 씨앗인데, 서정주 문학의 변모와 발전 과정을 설명하는 데 참고할 만하다.
55 요시카와 나기, 앞의 책, 128~136쪽.
56 "초현실주의 시와의 교류에 대해서도 여기 한 말씀 해 두는 게 적합하겠다. 이것은 이 무렵에 일본에서 발간한 『시와 시론』이라는 두둑한 시 잡지를 읽으면서 익힌 것이니, 그 흔적을 알고자 하는 이는 내 처녀시집 『화사집』의 「서풍부」 같은 작품을 다시 한 번 읽어 주시기 바란다. 여기에서도 상상의 신개지를 마련하려는 의도는 확실히 보이고 있지 않은가?", 서정주, 「나의 문학 인생 7장」, 『미당 서정주 전집』 11(산문), 은행나무, 2017, 76쪽.

준다.[57]

'니체의 에레미야서'와 '비로봉상의 강간 사건들'의 병치에서 다다나 초현실주의를 언급할 수 있다. 이를테면 '원죄의 뱀, 클레오파트라의 뱀, 순네의 뱀'과 같은 「화사」에서의 자유연상 효과와 같은 경우다. 기존 전집이나 산문집 등에 수록되지 않은 발표작 중에 여기에 관한 중요한 언급이 있는 산문이 발견되어 이 난해한 이미지 해독에 큰 도움을 준다. 불교 잡지 『법륜』(1972.10.)에 다음과 같은 내용이 나온다.

> 1941년 초판을 낸 내 첫 시집 『화사집』에 보면 「도화도화」라는 제목의 시가 보이고, 거기엔 '비로봉상의 강간 사건들'이라는 구절이 보인다.
> 여기에는 물론 이야기가 있다.
> 이 강간 사건은 나와 직접 관계가 있던 건 아니고, 다만 내 어떤 지인 하나와 관계가 있었던 것이다. 성명을 여기 발표하는 건 안 되어서 생략하지만, 내가 아는 어떤 노총각 하나는 1936년 늦봄인가 초여름의 어느 날 해 어스름 서울 근교의 어떤 무성한 풀밭에 나와 같이 산책을 나와 앉았다가 문득 금강산 이야기가 나오자 "나는 비로봉에서 여자를 하나 우연히 만나 건드려 보려다가 그만 실패한 일이 있어" 하고 이야기를 꺼냈다.
> "강간 미수였군? 그래 이뻤었나?" 내가 물으니 "꽤 좋았었는데, 어찌 보니 생글거리기도 하는 게 곧 들어줄 듯 줄 듯해서 슬그머니 붙잡아 본 것이, 큭, 이게 아조 또 딴판이란 말야. 허지만 기왕 붙들어 잡은 걸 어찌하

---

57 "내 과문한 탓인지는 모르나 그의 시 작품 중의 약간 편은 쉬르레알리슴의 본바닥인 파리에 내어 갔더라도 출중한 것이 되었을 줄 안다. 박용철은 그의 소설 「날개」를 가리켜 사가 아는 힘에서는 '인류가 가진 제일 서러운 글'이라고 한 적이 있거니와, 제1일는지 제2일는지 허여간 그만한 극단이 그의 소설과 시에 있었던 것만은 사실이다.", 서정주, 「한국의 현대시」, 『미당 서정주 전집』 13(시론), 은행나무, 2017, 30쪽.

겠나? 되게 닦달을 하기로 대들었더니, 아 이게 마지막엔 그만 내 사타구니의 그것을 움켜쥐고 늘어지려 덤비지 않겠나? 아찔했어. 거기는 마침 천야만야한 낭떠러지 위라서 정말 아찔했다니까……" 했다.

그래서 이 이야기보다 두 해 전, 1934년 여름에 올랐던 내 금강산 비로봉의 인상에, 제절로 이 지인의 강간 미수 사건을 덧붙여서 생각하는 버릇이 생기게 되었고, 그러다 보니 그게 시의 한 구절로 둔갑해 나오게도 된 것이다.

그런데 내가 『법륜』이란 불교도 잡지의 '두고 온 성지'란 제목을 받고 하필이면 왜 이런 이야기를 먼저 꺼내야 했느냐 하면, 내 지인과 그가 여기서 만났었다는 여자 사이뿐만이 아니라 어느 남녀 사이에서도 이 금강산 비로봉 위에서만은 야합의 행위는 아마 불가능하리라 생각되기 때문이다.

무엇이 거기 있어서 그렇느냐고? 글쎄, 가 보신 이들은 잘 아실 것처럼 여기는 산대만이 자욱이 깔린 널찍한 산상의 침대 비슷한 것도 사실이지만, 동해의 티 한 점 없는 맑은 바다는 그 침대 아래 바싹 깔린 빤히 눈부신 거울만 같고, 또 삼면의 영봉들이 기우뚱 여기를 굽어보고 있는 외에 커튼같이 가리는 것은 아무 데도 안 보이고, 거기다가 또 여기는 한여름에도 무엇이 두루 뼛속까지 으스스 오싹 치웁기만 해서 야합 같은 건 아무리 무식꿍한 멧돼지끼리라도 영 잘 안 될 걸로 안다.

이 으스스함은 그저 다만 기후에서만 오는 건 아니다. 아까 잠깐 본 것처럼 여기 더덕이나 도라지 같은 산나물을 더듬어 다니는 젊은 여인들도 단단하고 성큼하기가, 해발 2천 피트의 으스스한 봉우리의 산대밭 침대만 못하지 않으니, 어떤 사내 실없이 함부로 굴다가 사타구니 것마저 감쪽같이 으깨져 버리고 말 것이다.[58]

---

58 서정주, 「두고 온 성지」, 『미당 서정주 전집』 11(산문), 은행나무, 2017, 100~103쪽 참조.

가까운 친구[59]의 금강산 비로봉 강간 미수 체험은 미당에게 '짜릿한 극적 긴장'을 주는 사건으로 인식된다. '무식꿍한 멧돼지끼리라도 영 잘 안 될' 위험천만한 장소라는 자신의 금강산 체험이 다시 환기된 것이다. 동시에 이러한 위험천만한 불가능성이 시적 상상력으로서는 매력이 있어서 송만공 스님으로부터도 배울 수 없다고 생각했던 '생의 돌파구'로서의 혁신적 창작정신이 개입했을 가능성이 높다. 일본 잡지 『시와 시론』을 통한 다다나 쉬르리얼리즘의 기법에 대한 이해가 어느 정도 바탕에 있었기 때문에,

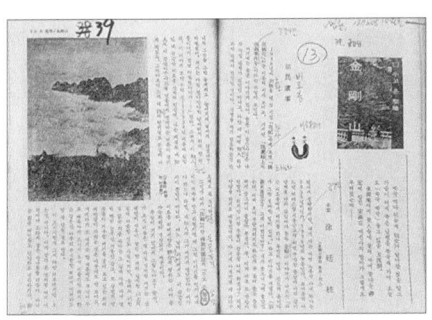

그림 2 『법륜』(1972.10.)에 수록된 「두고 온 성지」

그림 3 금강산 비로봉 정상. 비로봉 정상은 여러 사람이 모여 사진 찍기도 어려운 바위투성이뿐이다. 최근에는 콘크리트 구조물을 만들어서 원형이 유지되지 않고 있다.
사진 출처: 한국의 산천

현실 맥락을 초월한 이미지의 비약적 건너뛰기가 자연스럽게 만들어졌을 것이다.

비로봉상의 강간 사건과 「예레미야서」 속의 강간 이미지는 유사한 맥락은 아니지만 금기를 과감하게 노출한다는 점에서 '속박으로부터의 해방' 코드로 읽을 수 있다. 그러므로 이 구절은 아무런 맥락 없는 비약적이고 돌출적

---

59 미당의 다른 글에 보면 이 '친구'는 미사 배상기다. "금강산 비로봉에 올라갈 땐데, 누가 옆에서 되게 웃어서 보니 옆고 밉지도 않은 여자더구만. 같이 이야기를 해 봤지. 그렇지만 이 사람아, 마지막에 당하니까, 서틔보다도 칼날보다도 이 여자는 더 높데나그려. 나는 그때서 이 비로봉을 가끔 꿈에서노 꾸네. 지네, 우리나라 여자가 아주 높은 것을 늘 생각하게. 우리 어머님들 마찬가지로 말이여.", 서정주, 「미사 배상기의 회상」, 『미당 서정주 전집』 9(산문), 은행나무, 2017, 197쪽. 미당은 「두고 온 성지: 금강산」에서 친구의 명예를 위해 이름을 밝히지 않았으나 「도화도화」 자세히 읽기 과정에 도움이 될 듯하여 여기 밝혀둔다.

인 이미지가 아니라 자신의 실제 체험, 가까운 지인의 체험, 독서를 통한 체험 등이 종합적으로 비벼진 융합 스키마의 산물로서 창작 과정 중에 '둔갑'의 묘수로 탄생한 것이다.

'강간'의 전체적인 맥락은 불온한 욕망이다. 이 불온한 욕망이 내 얼굴을 도화살 홍조처럼 볼그스럼하게 하고, 야훼의 분노로부터 버림받은 이스라엘 민족의 에토스를 자기화시키며, 상상력이 날개를 펴 미쳐 자살하는 오필리아에게로 날아가는가 하면, 원수의 집에 이르고자 하는 정주定住의 욕구로 귀착되기에 이른다.

푸른색과 붉은색, 여성성과 남성성, 미친 하늘의 노래와 비로봉 강간 사건, 번열과 휴식, 방랑과 정착의 이미지들이 시의 내부에서 뒤엉키면서 새파라니 새파라니 구름처럼 흘러가다가 마침내 '너의 집'에 이른다. 그 집은 공교롭게도 '푸른 나무 그늘'이 아니라 '원수의 집'이다. 탁객의 운명이다. 이로써 「도화도화」의 여정旅程 구조는 완결된다.

04 ___ 신성神性과 수성獸性이 공존하는 모순의 탁객

이 글은 난해한 성격 때문에 세밀한 분석이 되지 않고 있는 「도화도화」의 독해를 위한 최초의 시도다. 자기 시에 대한 해설을 친절하게 많이 하던 서정주도 유독 이 작품에 대해서만큼은 별다른 언급을 하지 않는 것도 전문적 논의를 가로막는 요인이 되고 있다. 그러나 최근 자료 수집 과정에서 숨어 있던 산문이 발굴되고 「도화도화」를 해독하는 중요한 실마리를 찾을 수 있게 되었다.

독해의 난해성은 맥락적 차원의 섬세한 접근으로 보완이 가능하다. 작품 발표 전후의 미당의 심성 구조를 점검해 보는 것이 유용하리라는 점과 '도화'에 대한 심층적이고 다양한 접근, 「예레미야서」의 맥락 분석, 시인의 실제 체험과 지인에게 전해 들은 간접 체험 등이 복합적으로 뒤엉켜서 탄생한 이율배반의 모순적 존재, 즉 '탁객'이 바로 서정주 초기의 창의적 개성이라는 점을 밝히려 했다.

제목 '도화도화'는 도화살의 중복으로 본다. 과도한 색욕이나 불안정한 정서를 암시하는 주요한 코드다. 또한 이 제목은 두 가지 상반된 특성(아름다운 이상향, 바람기)이 공존하는 상황에 대한 암시기도 하다. 이 특성은 서정주의 초기 시에 전반적으로 나타나는 현상일 뿐 아니라 「도화도화」의 내용적 국면이기도 하다. '푸른 나무 그늘'과 '볼그스름한 얼굴', '네 거름길'과 앞을 보는 행위, 원수에 대한 '징벌'이 아닌 '집 방문' 등과 같은 구조가 그것이다. 예레미야가 환시를 통해 본 복숭아나무 속에는 '늘 깨어 있는 나무'의 뜻도 있어서 도화살과 상반되는 의미도 있다.

「예레미야서」의 전체 문맥 중 원수, 배신, 간음, 분노, 한탄, 예언의 코드 등이 「도화도화」 속에 스며들어 있다. '나체의 에레미야서'는 '앞을 보려는' 과정에서 일어나는 일종의 환시로서, 선지자 예레미야의 눈앞에 펼쳐지는 '타락한 이스라엘'의 비유적 이미지다. 청년 서정주에게는 이 이미지가 조선왕조의 패망과 식민지 지배의 치욕의 그림자로 작동했을 가능성이 크다. 즉 예레미야의 화법 자체가 패망해버린 조국에 대한 한탄으로서 겹쳐져 읽히는 동시에 선지자와 시인의 공통 속성인 '말씀 전달자'의 경험을 생성시킴으로써 시적 주체가 예레미야와 동일시되는 효과를 가지게 된다.

'비로봉상의 강간 사건들'은 친구의 경험담을 차용했다는 점이 밝혀졌다. 1934년 송만공 스님을 만나러 금강산에 처음 갔을 때의 이미지와 친구의 경험담을 섞어서 1936년경 초고를 만들었다. 실제 발표는 1940년 10월에 이루어졌는데 그 이유는 자세치 않다. 다다나 초현실주의에 대한 관심이 반영된 듯하다.

서정주 시에서 다다나 초현실주의 영향에 대한 보다 심층적인 논의가 새로운 연구 과제로 부상했다. 다카하시 신키치와의 1939년의 만남에 대한 보다 상세한 자료의 수집도 추후 과제다. 전통 선불교의 어떤 점이 미당 초기 시에 영향을 미쳤는지는 더욱 흥미로운 과제다. 다다가 매우 동양적인 사상이라는 다카하시 신키치와 쓰지 준의 직관이 미당에게 어느 정도 유사하게 나타나는지는 비교문학적 접근을 통해 밝혀질 사안이기도 하다.

「도화도화」를 비롯해 『화사집』 저류에 나타나는 저항의 격렬한 몸부림 속에는 무엇이 있는가. '끼어 있는 존재', '이율배반의 모순적 존재'가 저주받은 문둥이처럼 밤새 붉은 울음을 운다. 미와 추, 황토 담과 종로 네거리, 순네와 클레오파트라, 섧고 괴로운 서울 여자와 고향의 금녀, 만주의 마른 하늘과 옥황상제의 고동 소리 나는 질마재의 하늘, 한자 에크리튀르와 토속 거레어들이 격렬하게 충돌한다.

　이러한 이항 대립적 세계구조가 체험화되어 격렬한 소용돌이가 일어나는 시집이 『화사집』이며 그 같은 구조를 받치는 주요 작품 가운데 하나가 바로 「도화도화」다. 여성의 '푸른 나무 그늘'에서 쉬고 싶었으나 '볼그스럼한 얼굴'을 하고 '병든 숫개'처럼 떠돌아다니는 청년은 이제 '원수의 집'에 들르고자 한다. 그는 짐짓 야훼인 동시에 수캐다. 신성神性과 수성獸性이 공존하는 모순의 탁객. 당대의 창의적 개성이다.

10장 「낮잠」

서정주의 「낮잠」 자세히 읽기,
『한국문학연구』 53, 동국대학교 한국문학연구소, 2017.

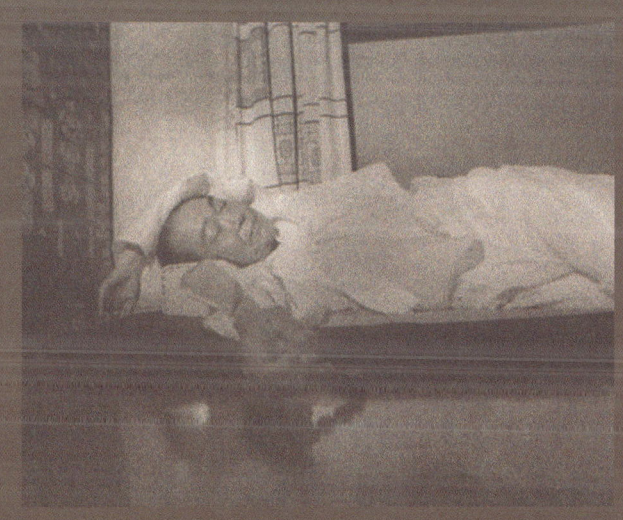

01 ___ 「낮잠」과
「신라국사미」 이야기

독해가 어려운 서정주의 시 중에 「낮잠」이 있다. 제7시집『떠돌이의 시』(1976) 속에 수록된 작품이다. 『묘법연화경』 읽는 중에 뜻을 자꾸만 잊어버리는 글자가 있어서 온갖 애를 쓰다가 그만 낮잠에 든다는 내용이다. 10행의 짧은 시지만 다양한 콘텐츠에 대한 섭렵이 있어야 이해가 가능하다.

「낮잠」의 분석은 텍스트 한 편의 정밀한 읽기에 그치는 것이 아니라 미당 문학 전반에 걸친 문제들을 다루고 있다는 점에서 '부분이 곧 전체'라는 화엄사상이나 불이론不二論을 설하는 유마사상과 연관되어 있다. 초기 시 「자화상」에서 이미 시인의 운명의 예후를 읽어낼 수 있다는 논리[1]와 마찬가지로, 「낮잠」은 서정주 시 세계의 특정 성격을 압축적으로 보여주는 텍스트다. 그럼에도 불구하고 이 텍스트에 대한 선행연구는 전무에 가깝다. 본고의 기획 의의는 여기에서 출발한다.

시 전반부에 보이는『묘법연화경』속의 뜻을 잊어버린 글자 이야기는 당나라 혜상惠詳이 지은『홍찬법화전弘贊法華傳』의 「신라국사미新羅國沙彌」[2] 이야기를 차용한 것이다. 1,300년 전 이야기를 현실의 사건처럼 빌려온 맥락을 모르면 텍스트 독해가 쉽지 않다.

'이세부모효행담二世父母孝行談'의 원형으로 평가되는 신라국사미 이야기는

---

1 조연현, 「원죄의 형벌」, 『미당 연구』, 민음사, 1994, 10쪽 참조.
2 원제는 '당신라국사미唐新羅國沙彌'로 되어 있다. 통일신라를 바라보는 당나라의 입장이 잘 드러난다. 본고에서는 '신라국사미'로 통일한다.

「낮잠」에 오면 효행담이 아니라 '영통담'의 성격으로 바뀐다. 영통에 실패한 시인은 비 열 끗짜리 속의 장끼나 그려두고서 낮잠을 청하는 것이다. 전통을 빌려오되 자기 방식대로 활용한 사례다.

「낮잠」에서 보이는 비 열 끗짜리는 화투 패 디자인에 대한 일본설화를 참조하는 게 도움이 된다. 일본 3대 서예가로 손꼽히는 오노노 도후小野道風(894~966) 이야기를 중심으로 「낮잠」 독해에 필요한 모티프를 분석하고자 한다.

이 텍스트를 정밀하게 독해하는 데 있어서 초고와 개작본의 차이도 유념해 볼 만하다. 그의 시작 노트 속에 기록되어 있는 초고의 첫 제목은 '낮잠'이 아니라 '뜻을 잊어버린 글자'다.

> 妙法蓮華經 속에
> 내가 까마득 그 뜻을 잊어먹은 글자가 하나.
> 武橋洞 왕대포집으로 가서
> 팁을 五百원식이나 주어도
> 도무지 도무지 기억이 안 나는 글자가 하나.
> 새김질 잘 하는 노랑 황소 한 마리
> 그 자리에 노아 두고
> 시름 시름 속눈섭 깜작이다 낮잠에 든다.
>
> —1971.3.31. 前 9.35[3]

전문 8행의 이 시가 『현대문학』(1971.5.)의 '근작시 5편'에 수록될 때는 '낮잠'으로 제목이 바뀌고 후반부 내용도 수정된다.

---

3 미당 시작 노트 3권. 시인의 원문 표기 그대로 옮겼으며 말미에 초고 작성일이 적혀 있다.

妙法蓮華經 속에

내 까마득 그 뜻을 잊어먹은 글자가 하나.

武橋洞 왕대포집으로 가서

팁을 오백원씩이나 주어도

도무지 도무지 생각이 안 나는 글자가 하나.

나리는 이슬비에

자라는 보리밭에

기왕이면 비 열 끗짜리 속의 쟁끼나 한 마리

여기 그냥 그려 두고

낮잠이나 들까나.

2행이 늘어 전문 10행이 되며 '잊어먹은 글자'가 중요한 게 아니라 '낮잠'이 중요한 주제로 바뀐다. '나리는 이슬비에'와 '자라는 보리밭에'의 배경이 추가되고 '새김질 잘 하는 노랑 황소' 대신에 '비 열 끗짜리 속의 쟁끼'가 선택된다.

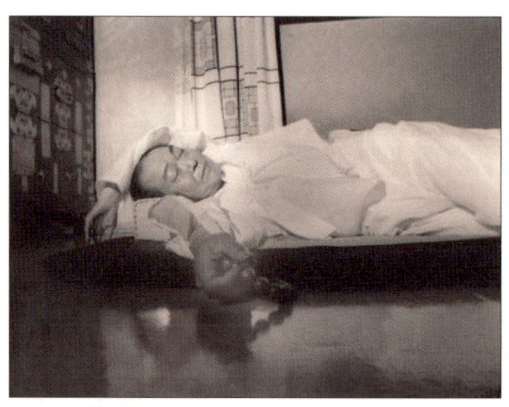

그림 1 남현동 자택에서 낮잠에 든 시인의 모습

초고에서는 '뜻을 잊어버린 글자'가 중요하다. 아무리 애써도 기억나지 않는 안타까운 상황이다. 그래서 되새김질하는 소처럼 되어 시름에 겨운 눈

썹을 깜빡이다 잠이 든다. 글자의 뜻을 애써 찾으려다 실패한 뒤 상심하고 채념한 채 잠든다는 내용이다.

시집 『떠돌이의 시』(1976)[4]에 실제 수록된 것은 『현대문학』에 발표된 개작본이다. 개작본 「낮잠」은 '뜻을 잊어먹은 글자'보다 '낮잠'의 비중이 더 높다. 여기서는 상심이나 채념보다는 '엣비슥히' 비껴가는 달관의 경지를 보여준다.[5] '기왕이면 비 열 끗짜리 속의 쟁끼'를 그리는 태도의 변화 역시 중요하다. 이러한 변화의 내력을 파악하기 위해 『묘법연화경』 문제부터 살펴보자.

---

4 이 작품은 발표 시기로 보아 『서정주문학전집』(1972)이나 『질마재 신화』(1975)에 수록되어야 하지만 『떠돌이의 시』(1976)에 수록된다. 『서정주문학전집』은 제5시집 『동천』까지의 작품들과 그 이후에 쓴 55편을 추가하여 1권 시전집을 구성하는데 「낮잠」이 여기에서 누락된 이유는 비슷한 주제의 시편들끼리 모아 후일을 도모하려 했기 때문이다. 「낮잠」은 발표 5년 후 『떠돌이의 시』 1부 '정말' 편목에 수록되는데 거기 시편들이 '채념을 통한 달관의 역설'을 보여준다는 점이 특이하다.

5 『동천』(1968)에 수록된 「저무는 황혼」에 나오는 다음 구절을 참조하라. "으시시히 깔리는 머언 산 그리메/홀이불처럼 말아서 덮고/엣비슥히 비끼어 누어/나도 인제는 잠이나 들까". 서정주, 『미당 서정주 전집』 1(시), 은행나무, 2015, 261쪽, 채념의 마음이기는 해도 받아들여서 삭이고자 하는 태도 속에 능청이 슬쩍 개입한다. 「낮잠」에서 보이는 '낮잠이나 들까나'의 능청스런 태도 역시 달관의 포즈와 관련이 깊다. 이러한 태도는 곧 본고가 「낮잠」에서 읽어내는 '무력감의 역설'이기도 하다.

02 ___ 『묘법연화경』과 뜻을 잊어버린 글자의 내력

『묘법연화경』 속의 뜻을 잊어버린 글자 이야기는 『일본영이기日本靈異記』[6]와 『법화영험전法華靈驗傳』[7]에 모두 수록되어 있다. 경전을 읽다가 등불에 글자 하나를 태워 읽지 못하게 되는 젊은 사미승이 일찍 죽은 뒤에 다른 집에 환생해서 경전 공부를 다시 하는데 이상하게 한 글자만 뜻을 자꾸 잊어버리게 된다. 전생부터 그런 경험이 있음을 알고 전생의 부모를 찾아 자기가 실수로 태운 경전의 글자를 확인한다는 내용이다.

『법화영험전』에 수록된 이야기 중에서 '통교이세지야양通交二世之爺孃'이 두 번에 걸쳐 부모를 만나는 신라 사미승 이야기다. 그런데 이 이야기 및 『일본영이기』의 원출처는 8세기 초에 당나라 혜상에 의해 찬술된 『홍찬법화전』의 '신라국사미' 이야기여서 '이세부모효행담'의 원형은 「신라국사미」[8]

---

[6] 이 책은 일본 최초의 불교설화집이다. 정식 명칭은 『일본국현보선악령이기日本國現報善惡靈異記』며 저자는 나라[奈良] 야쿠시지[藥師寺]의 승려 교카이景戒다. 9세기 초 헤이안 시대에 작품이 성립되었지만 수록 설화의 대부분은 나라 시대의 것들이다.

[7] 이 책은 고려의 요원了圓이 편찬(1377)한 것으로 상하 두 권에 118편의 불교 영험담이 실려 있다. 「낮잠」의 배경 설화는 상권의 제7 '화성유품化城喩品'에 수록되어 있는 「전생의 두 부모를 만나다」다. '화성유품'에는 「꿩이 경문을 듣고 인간으로 태어나다」, 「비구가 경을 외워 귀신의 난을 면하다」, 「전생의 스승과 제자가 다시 만나다」 등이 함께 수록되어 있는데, 하근기를 대상으로 숙세의 인연을 통해 『법화경』 진리의 요체를 설명하고자 하는 방편론이다. 『묘법연화경』은 불교의 최고 최상승의 경전으로 평가받고 있으며 대중의 근기에 따라 '이치를 직접 설함[法說]', '비유로서 알기 쉽게 설함[譬說]', '인연의 사실들을 예를 들어 설함[因緣說]' 등으로 나눌 수 있는데, 「전생의 두 부모를 만나다」는 하근기를 위한 인연설의 방편이다. 이런 방편들을 보다 알기 쉽게 재편하여 '진리의 세계에 가까이 가고자 하는 마음을 내는 행위' 즉 '발심發心 권장'이 『법화영험전』의 주요한 기능이다. (벽담 학명, 『법화경 이야기』, 성불사, 2013, 227~280쪽; 전선영, 『『법화영험전』의 문학적 성격 연구』, 동국대학교 석사학위논문, 2010 참조).

[8] 「통교이세지야양通交二世之爺孃」의 원형이 되는 이야기는 『홍찬법화전』에 두 번 나온다. 『弘贊法華傳』 卷第6, 誦持第六 秦郡東寺沙彌(大正新修大藏經 第51卷 29下), 『弘贊法華傳』 卷第9, 轉讀第七 唐新羅國沙彌(大正新修大藏經 第51卷 41下). 이상은 나희라, 「통일신라와 나말려초기 지옥관념의 전개」, 『한국문화』 43, 서울대학교 규장각 한국학연구원, 2008, 254쪽 참조.

이야기로 보는 게 일반적이다.[9] 『법화영험전』의 「통교이세지야양」 내용은 다음과 같다.

> 신라사람 김과의金果毅가 아들을 낳았다. 어려서 출가해 『법화경』을 즐겨 읽었는데, 제2권에 이르러 잘못하여 한 글자를 태웠다. 나이 18살에 갑자기 죽어 또 다른 김과의의 집에서 환생했다.
>
> 이번에도 출가하여 『법화경』만을 애독했는데, 무슨 까닭인지 제2권의 한 글자만 뜻을 알 수 없었다. 물어서 알았다가는 곧 잊어버리곤 했다. 꿈에 어떤 사람이 나타나 "당신은 전생에 다른 김과의의 집에 태어나서 출가해 『법화경』을 독송하다가 잘못하여 글자 한 자를 태워버렸으므로, 이생에서 물어서 알았다가도 곧 잊어버리곤 하는 것이라오. 옛 『법화경』이 지금도 그 집에 있으니 가서 알아보시오." 하였다.
>
> 꿈에 일러준 대로 그 집을 찾아갔다. 머물며 물어보니 전생의 부모임을 어렴풋이 알게 되었다. 다시 옛 『법화경』을 찾아내 제2권에서 한 글자가 불타 없어진 것을 발견했다. 스님과 전생의 부모는 한편으론 슬프고 한편으론 기뻐서 얼싸안고 울었다. 두 집은 친해져서 마침내 한집안처럼 지냈다. 이 사실을 고을에 알리고 나라에 보고하여 두루 전해졌다. (지금까지 그치지 않았다.) 정관貞觀(623~649) 때의 일이다.[10]

부모를 두 번 만나게 되는 신기한 체험의 이면에 경전의 한 글자를 불태운 잘못이 밝혀지고, 이로 인해 인과의 법칙을 알게 된다는 내용이다. 두

---

9 전선영, 「불교영험담의 비교연구」, 『동악어문학』 58, 동악어문학회, 2012, 360쪽.
10 『법화영험전』(고창 문수사본) 상 4단 「통교이세지야양」, '(지금까지 그치지 않았다.)'는 부분은 『홍찬법화전』에 있으나 『법화영험전』에는 누락된 부분이다. 『법화영험전』은 20여 종에 이르는 전대의 다양한 저술들을 참조·인용하고 있음을 밝히고 있는데 그중에서도 『홍찬법화전』 출처 이야기가 76회로 압도적으로 많다. 「전생의 두 부모를 만나다」 역시 원출처가 『홍찬법화전』이라고 밝히고 있다. (전선영, 『법화영험전』의 문학적 성격 연구」, 동국대학교 석사학위논문, 2010, 6쪽.)

부모 모두 부처님의 가르침을 따르고 두 번 태어난 아들 역시 부모에게 효도한다는 교훈담인데, 서정주는 이 이야기에서 겉으로 드러나는 교훈을 취하지 않고 있다. 김과의 이야기도 일부러 노출시키지 않으며 『묘법연화경』 읽다가 뜻 잊어버린 글자'를 강조함으로써 궁금증을 증폭시킨다. 이어서 '경전 공부는 잘 되지 않으니 쟁끼 그림이나 그려놓고 낮잠 자는 예술가가 되련다'는 메시지가 암시된다.

서정주는 이 영험담을 영통의 일종인 숙명통으로 이해한다. 한 생에 두 번 태어나 부모를 두 번 모신다는 맥락보다 전생의 일을 잘 아는 '마음의 능력'이라는 지혜의 맥락을 중요시하는 것이다.

> 전생에 우리가 무엇을 하던 목숨이었던가를 이해하는 마음의 능력을 숙명통宿命通이라고 한다. 신라에 김과의란 사람이 있어 아들 하나를 낳았는데, (중략) 이것은 당나라의 혜상이 쓴 『홍찬법화전』에 나오는 이야기다. 전생의 일을 알아내는 이해 같은 것이 바로 숙명통이라는 슬기다. (중략) 우리가 육안으로 보지 못한 몇백 년 몇천 년 전에 있던 목숨과의 관계는 얼마든지 현재의 우리에게 있다. 첫째는 우리가 눈으로 보지 못한 선조들과의 관계도 그것이요, 또 옛날 성현들이 남긴 경전이 현재 우리에게 영향하고 있는 관계도 그것이다. 육안으로 안 보이는 것과 자기와의 인과관계를 인증하기로 한다면 바로 숙명통이란 말에 해당된다.[11]

시인은 전생을 아는 일화를 끌어들여 그 옛날 김과의 자제의 영통 체험을 공감하려 하지만 혼자 힘으로는 이루어지지 않고 있음을 고백한다. 사바세계의 일상에서는 아무리 애써도 이루어지지 않기 때문에 체념한다는

---

11 서정주, 「숙명통」, 『미당 서정주 전집』 10(산문), 은행나무, 2017, 154~156쪽.

것이다. 시인은 숙명통이 있다는 걸 알긴 알지만 실제로 이해하며 사는 일의 어려움을 이렇게 넌지시 감추어 말한다.

03 ____ 황소와 쟁끼

초고의 '황소'와 개작본의 '쟁끼'는 흥미롭다. 황소는 '새김질'을 잘하는 캐릭터이며 시름시름 속눈썹 깜빡이다 잠드는 주체다. 시인은 그런 황소를 자기와 동일시한다. 되새김질하는 자질은 소의 중요한 생태 특성이기도 하지만 자꾸만 읽어도 뜻을 잊어먹는 행위와 유비적 관계에 있다. 반복행위에 대한 비유다. 게다가 이 황소에는 시인의 특별한 정감이 반영되어 있다.

배맥이소라는 것을 제군은 아는가. 배맥이라는 것은 가난하고 돈이 없는 농부가 소를 살 실력이 없어서 남의 송아지를 빌려다가 그 송아지가 새끼를 낳는 것을 기대려 그 애미를 돌려주는 마련일세나그려. (중략) 나는 그놈을 끌고 구석진 둠벙 질레나무 덤풀 떡갈나무 수풀—모든 언덕을 한없이 헤매여 다니었네. 그때마다 소는 나를 보고 컸고 나도 소를 보고 컸을 것일세. 우리 그때 함께 지낸 정의情誼야 남이야 알라든가… 아침 노고지리보단 먼저 일어나 그놈의 고삐를 끌고 즈슴길을 더듬어 나가든 일과 초생 반달과 함께 그놈을 끌고 돌아오든 내 소년 시절이 지금도 눈에 삼삼 보는 것 같네.[12]

어느 큰 이곳 토종의 화강암이 닳아져서 이렇게 한 아름도 못 되게 납작하고 우중충하게 되어 먹은 것일까. 황토에 절은 불그숭숭 누르숭숭한

---

[12] 서정주, 「머언 추억: 소의 이야기」, 연합신문, 1949.6.23.

배때기, 청이끼도 아직 얹을 겨를도 없었던 걸로 보이는 꺼무접접 때에만 절은 등때기, 미련한 어느 황소가 멍에에 망가진 어깨에 배어나는 피를 보이듯 그런 핏빛 흔적을 마지막 미로 드러내고 있는 어깨—비 열 끗 같이 비 내리는 날이면 그 핏빛만이 한결 더 두드러져 아려 보이는 어깨, 그런 것들은 두루 나를 꽤나 많이 닮은 것 같다. 아니 나뿐이 아니라 나와 내 동포들을 두루 많이 닮은 것 같다.[13]

초고본 '황소'에 근접한 이미지가 위의 산문들에 보인다. 애처로운 삶을 반복하는 황소가 곧 '나'인 동시에 '내 동포들'이라는 생각이다. '멍에에 망가진 어깨에 배어나는 피'는 윤회전생하는 괴로운 삶의 비유적 이미지다. 소의 새김질이나 『묘법연화경』을 읽다가 뜻을 자꾸 잊어버리는 경험 역시 '되풀이'라는 점에서 비유적인 표현들이다.

흥미로운 것은 '비 열 끗같이 비 내리는 날이면 그 핏빛만이 한결 더 두드러져 아려 보이는 어깨'라는 부분이다. 문맥상으로 보면 화투 패 비가 열 끗이니 최상은 아니고 차상 끗발이다.[14] 무언가 좀 부족하고 아쉬운 상태에 대한 비유적 이미지인 것이다. 그런데 소나기도 아니고 '이슬아기비'[15]처럼 내리는 가벼운 비가 오히려 어깨에 배어나는 핏빛을 잘 드러낸다는 생각은 역설에 가깝다.

소의 핏빛 어깨가 더 두드러져 아려 보이게 내리는 '비 열 끗 같은 비'는 어떤 비인가? 개작본에 있는 '나리는 이슬비'의 느낌을 우선 생각해 볼 수 있다.

---

13 서정주, 「내 시정신의 근황」, 『미당 서정주 전집』 11(산문), 은행나무, 2017, 52쪽.
14 화투 패 비는 12월을 상징하며 스무 끗(광), 열 끗, 다섯 끗(띠), 무 끗(피)의 네 단계로 나눠진다. 화투의 스무 끗은 1월, 3월, 8월, 11월, 12월 다섯 군데만 있으며 각각 솔광(송학), 삼광(벚꽃·사쿠라), 팔광(공산명월), 똥광(오동나무·봉황), 비광(손님)으로 불린다. 일본 화투는 11월이 비광이며 12월이 똥광이다.
15 서정주, 「성공과 실패」, 『미당 서정주 전집』 8(산문), 은행나무, 2017, 347쪽.

나처럼, 내 동포처럼, 아직은 흡족하게 내리지 않는 비, 미완성의 아쉬움으로 읽는 게 가능하다. 초고본 '황소'는 그래서 아쉬운 감정의 객관적 상관물이다. 또한 시인 자신과, 동포와, 윤회전생을 끝도 없이 되풀이하는 중생의 보편적 모습을 내재하고 있는 이미지기도 하다. 이른바 '고품의 발견'이다.

개작본에는 '쟁끼'로 바뀐다. 쟁끼는 수꿩을 가리키는 장끼의 사투리다. 서정주는 비 열 끗짜리의 새를 '쟁끼'로 보았다. 통상적으로는 제비로 본다.[16] 화투 패 비는 일본과 한국이 다소 다른데 디자인 구성 요소들을 한국 쪽에서 번안한 결과가 아닌가 한다. 일본 비광[雨光]에 등장하는 우산 쓴 인물은 두건을 쓰고 '게타'라는 나막신을 신고 있지만 한국의 것에는 두건이 갓으로 바뀌고 나막신 역시 고무신으로 바뀐다. 열 끗에 등장하는 새는 버드나무 숲에 날아다니는 제비의 형상이다. 모양새는 한일 양국이 비슷하다. 흔히 '쌍피'로 불리는 무 끗짜리 패는 라쇼몽[羅生門][17]인데 일본에서는 쏟아지는 빗줄기, 번개, 오니[鬼]의 발과 타이코[太鼓]가 노출되어 있지만 한국 것은 다 생략된 채 검은색과 붉은색만으로 문을 형상화하고 있다.

그림 2 일본의 화투 패(좌)와 한국의 화투 패(우)

서정주는 제비를 왜 '쟁끼'로 보았을까. 그의 여러 작품들을 살펴보면 '쟁끼'는 약동하는 봄의 상징이요, 쾌활한 웃음소리의 표상이면서, 동시에 비

---

16 일본 화투의 월별 내역을 분석한 이덕봉은 비 패와 관련한 기호들을 수양버들(식물), 오노노 도후, 개구리, 제비(동물), 우산, 라쇼몽, 귀신(사물) 등으로 분류한다. 자세한 내용은 이덕봉, 「화투의 문화기호 해석」, 『한민족문화연구』 6, 한민족문화학회, 2000, 34쪽 참조.

17 일본 헤이안 시대 헤이안쿄[平安京](현재의 교토)에 있는 커다란 문을 가리킨다. 죽은 이들의 시체를 내보내는 문이므로 우리 식으로 보면 시구문이다.

내리는 보리밭의 풀 죽은 새이기도 하다.

    그의 디디고 오르내리는 발밑에서 분홍과 초록과 바둑무늬와 금빛을 한 장끼와 까투리와 꾀꼬리의 새 떼가 봄 잔디 돋듯 빽빽이 차 '까르르 까르르 까르르 까르르 왜액 왜액 왜액……' 소란거리면, 그의 드나드는 하늘 속엣것들은 또 빽빽이 모여서 '어허허…… 어허허허허……' 푸른 이 빨들을 드러내 놓고 새파랗게 새파랗게 웃어 젖히고들 있는 듯하였다.[18]

뚱뚱하게는 웃음 잘 웃는 주모 노파와
북어에 막걸리를 너댓 되씩 마시면서,
그 옆골 맑은 시내에 들어 한 식경씩 잠기면서,
보리밭에 쟁끼들이 끼르륵 날아오르는 것
발가락 발가락으로까지 아주 잘 들으면서,
보리밭 밑 작약꽃 옆에 총각 머슴 녀석이
괜시리 귀때기까정 낯 붉히고 서 있는 것
젊은 안주인 데불고 낯 붉히고 서 있는 것
슬쩍슬쩍 음미하며 질투도 좀 하면서,

                —「해인사, 1936년 여름」[19] 중에서

무얼 먹고 사시는지 알 순 없어도
너털웃음 소리도 장끼 소리 같았고,
걸음걸이 그것도 장끼 걸음 같았고,
오는 비에 옷 적시며 풀 죽어 있는 것도

---

18 서정주, 「굴포」, 『미당 서정주 전집』 6(유년기 자서전), 은행나무, 2016, 163쪽.
19 서정주, 『미당 서정주 전집』 3(시), 은행나무, 2015, 268쪽.

흡사 화투 비 열 끗의 그 장끼만 같었네.

—「최노적 씨」[20] 중에서

첫 번째 인용문은 소학교 입학을 위해 질마재에서 줄포로 이사 갔을 무렵 이웃집 처녀 곽남숙에 대한 술회 장면이다. 약동하는 봄 생명의 새들 가운데 장끼는 있다. 그중에도 장끼는 까투리나 꾀꼬리에 비해 색깔이 더욱 화려하게 묘사된다. '분홍과 초록과 바둑무늬와 금빛을 한 장끼'는 웃음소리로 보아 유쾌한 에피큐리언[21]이다. '까르르 까르르 까르르 까르르 왜액 왜액 왜액……' 이런 쾌락주의자의 표상은 후일 페르시아 신사(神下)의 이미지로 발전하기도 한다.

멋쟁이 신하들은
수꿩 장끼같이 차려입고서
좋다고
수꿩 장끼같이 낄낄거리고,

—「페르샤 신화풍」[22] 중에서

---

20 서정주, 『미당 서정주 전집』 5(시), 은행나무, 2015, 250쪽.
21 '에피큐리언'은 서정주 초기 문학세계에서부터 중요한 자의식 개념이다. 쾌락과 관능의 추구는 『화사집』의 중요한 일면이다. 그는 고대 그리스의 헬레니즘적 양명성을 중시했으며 이로부터 에피큐리언적 태도를 배운 바 있다. 이와 반면에 체제 밖으로 이탈하여 방황하던 '저주받은 시인 의식', '변두리 의식' 등의 지배를 한동안 받기도 했다. 이러한 상호 이질적 기질의 공존을 두고 스스로 '탁객'이라 했으며, 이 탁객의 특성을 다음처럼 진술하기도 한다. "내 속에는 한 사람의 '아웃트-로'와 '에피큐리언'이 의좋게 살고 있다. 대외적인 한 나는 죽는 날까지 나의 욕설을 퍼부으며 가야 하리라. 그렇지만 자기가 자기를 생각하지 않는다면 오늘날 대체 누가 나를 생각해 준단 말이냐.", 서정주, 「나의 방랑기」, 『미당 서정주 전집』 8(산문), 은행나무, 2017, 60쪽. '아웃트-로'는 'out-law'로 추정하여 '체제이탈자' 혹은 '아웃사이더'의 뜻으로 본다. '아웃트-로'와 '에피큐리언'의 의좋은 동거는 잠시 동안 지속되고, 점차 '아웃트-로' 의식은 묽어지기 시작된다. '에피큐리언' 요소는 여전히 남게 되는데 후기 시까지 다양한 양상으로 변주되어 나타난다.
22 서정주, 『미당 서정주 전집』 5(시), 은행나무, 2015, 348쪽.

화려한 색깔로 잘 차려입은 신사 같은 새. 소란스럽게 낄낄거리는 새가 바로 장끼다. 이 장끼를 비롯해 까투리와 꾀꼬리들은 적어도 소년 서정주가 보기에는 소란거리며 웃어 젖히는 재주를 가졌다. 이는 곧 손위 처녀 곽남숙에 대한 소년의 설레는 마음이기도 했다.

> 걸대에 맨 그네에 남숙이가 걸터앉아
> 나보고 뒤에서 밀어 달라 할 때는
> **너무 좋아 쟁끼웃음 터트리고 있었지.**
> 그래서 그 뒤에는 그네는 물론
> 무엇을 여자하고 같이 할 때에거나
> 타는 것보다는 미는 편이 되었지.
>
> ―「만 십 세」[23] 중에서

'쟁끼 웃음'은 서정주 유소년 시절의 중요한 이미지다. '유쾌하고 화려하며 건강한 수컷'을 표상하는 토속적인 이미지인데, 스스로를 동물에 비유하는 이런 습성은 '병든 숫개'(「자화상」, 『화사집』, 1941)를 거치고 '거북이'(「거북이에게」, 『귀촉도』, 1948)를 지나서 '학'(「학」, 『서정주시선』, 1956)이나 '매서운 새'(「동천」, 『동천』, 1968)가 되어 초월적 존재가 되기에 이른다. 쟁끼는 그러므로 서정주 초기 무의식의 원형에 자리하고 있는 '양명한 생명력'의 새다. 학과 매서운 새를 다 경험했어도 쟁끼 생각 다시 나는 게 시인의 인지상정이다. 비열 끗짜리를 보고 있자니 거기 있는 새가 내리는 이슬비에 푹 젖어 있는 쟁끼 같기만 하다.

두 번째 인용시에는 쟁끼와 보리밭이 상관물로 등장한다. 보리 익어가는

---

23 서정주, 『미당 서정주 전집』 3(시), 은행나무, 2015, 221쪽.

초여름 낮, 끼르륵 날아오르는 쟁끼들은 발정 난 건강한 수컷을 암시한다. 인용시의 맥락에서 보면 시인이나 총각 머슴 녀석이나 쟁끼나 모두 같은 계열체다.

세 번째의 경우는 개작본 「낮잠」의 '쟁끼'를 다시 한 번 확인하는 좋은 자료다. 최노적이란 인물은 미당의 고향인 질마재 마을 사람인데 힘이 장사여서 세 가마니의 곡식을 합해 지고도 십 리쯤의 길은 번개 날듯 하였다. 그러나 뜻밖의 병으로 바른팔을 못 쓰게 되어 남의 집 급하지 않은 일을 한다든지 꿩 낚기 등을 하며 소일했다고 술회된다.[24] '비 열 끗의 장끼'는 '오는 비에 옷 적시며 풀 죽어 있는' 모습이다.

일본 화투 11월 표상의 '비' 패에는 버드나무와 제비가 등장한다. 한국 화투에는 그 버드나무와 제비가 변형된다. 일본 화투의 초록 버드나무들은 전체적으로 흑색으로 바뀐다. 무슨 배경인지 식별이 어렵다. 제비는 외형은 크게 달라지지 않지만 색깔이 붉게 짙어진다. 한국적 관습으론 제비로 보기 어렵다. 일본 것보다 색깔이 다채롭고 화려하다. 미당의 눈엔 '쟁끼'가 제일 어울린 모양이다.

일단 '쟁끼'로 보이기 시작하니 검은색으로 변형된 원래의 버드나무들은 자연스럽게 보리밭으로 번안된다. 누렇게 잘 익은 보리밭은 풍요의 상징인 동시에 성애 혹은 밀애의 공간으로 곧잘 등장한다. 초기 시에 보이는 '죄 있을 듯 보리 누른 더위'(「맥하麥夏」), '눈이 항만하야 언덕으로 뛰어가며/혼자면 보리누름 노래 불러 사라진다'(「고을나高乙那의 딸」) 등이 대표적이다.

내리는 비는 한일 양쪽을 불문하고 변치 않는 속성이다. 손님과 우산과 개구리도 같은 디자인이다. 버드나무와 제비가 각각 보리밭과 쟁끼로 바뀔 뿐이다. 씩씩하고 쾌활한 새 장끼. 보리밭에서 끼르륵 하고 날아오르던 수

---

24 서정주, 「질마재」, 『미당 서정주 전집』 6(유년기 자서전), 은행나무, 2016, 80쪽.

꿩 장끼. 곡식 세 가마니를 지고 다니는 천하장사 최노적 씨 같은 너털웃음의 장끼. 그러나 팔을 다쳐 이제 힘든 일은 하지 못하는 최노적 씨 닮은, 내리는 비에 옷 적시며 풀 죽어 있는 장끼. 이 장끼가 바로 낮잠 속의 새이며 시인의 감정이 이입된 객관적 상관물이다. 그런데 생의 괴로움의 발견이었던 '황소'의 이미지가 '쟁끼'로 바뀐 것은 괴로움을 해소하는 방편의 선택과 관련이 있어 보인다.

04 ___ 비 열 끗짜리에 숨은 뜻

'비 열 끗짜리'의 개념은 최상이 아니라 차상이다. 차상을 택해 '낮잠'에 빠져드는 것은 '너무 애쓰며 살지 말자'는 체념론이자 동시에 자기 위안의 주문처럼 보이기도 한다. 이것은 곧 미당의 시론이기도 하다.

> 바닷속에서 전복따파는 제주해녀도
> 제일좋은건 님오시는날 따다주려고
> 물속바위에 붙은그대로 남겨둔단다.
> 시의전복도 제일좋은건 거기두어라.
> 다캐어내고 허전하여서 헤매이리요?
> 바다에두고 바다바래여 시인인 것을……
>
> ―「시론詩論」[25]

'제일 좋은 것을 남겨두는 마음'이 곧 차상(차선) 선택의 원리다. 최고가 되기 위해 애쓰는 선택만이 주어진다면 '허전하여서 해맨다'는 게 주요한 이유다. 늘 부족한 마음으로 내일을 준비하는 자세와 태도가 시인들에겐 중요하다는 지혜의 조언이기도 하다. 이것이 과연 지혜인가? 이 최초의 물음이 「낮잠」에서 제기되는 것이다.

---

25 서정주, 『미당 서정주 전집』 2(시), 은행나무, 2015, 83쪽.

시인은 왜 스무 끗짜리인 비광 대신 그 아래인 열 끗짜리를 언급하고 있는 것일까? 비광 디자인을 보면 비 오는 날 우산을 받쳐 든 남자가 있고 그 옆에 시냇물이 흐르며 버드나무가 있고 개구리 한 마리가 버드나무 가지에 뛰어오르려 한다. 비광 속의 인물은 일본 3대 서예가로 꼽히는 오노노 도후로 불린다. 1930년대 보통학교 국어독본에 수록된 오노노 도후의 이야기를 살펴보면 다음과 같다.

[요지] 오노노 도후가 버드나무 가지에 매달린 개구리의 모습을 보고, '이 개구리처럼 끈기가 좋으면, 어떤 일도 할 수 있다'고 깨닫고 자신도 크게 노력하여 마침내 유명한 서예가가 된 점으로부터, 끈기야말로 성공의 기본이라는 것을 절실히 느낄 수 있다.

[문장의 구성]
오노노 도후가 서예를 배웠어도 잘 쓰지 못해 곤란해 하고 있었다.
어느 비 오는 날 도후는 버드나무 가지에 매달리려 하는 개구리가 마침내 매달리자 그 끈기에 감동했다.
열심히 서예를 배운 끝에 나중에는 이름 높은 서예가가 되었다.[26]
(고승원 번역)

오노노 도후 일화는 일제강점기 때 일본은 물론 이 땅에서 가르쳐지던 일본어 교재(국어) 속에 수록될 정도로 보편적인 교훈담이다. 미당은 화투의 비광 디자인에서 최선을 다해 열심히 사는 삶의 비전을 보았을 가능성이 농후하다. 그러니 스무 끗짜리인 비광 대신 그 아래인 열 끗짜리를 언급

---

26 시와쿠 구니하루鹽飽訓治, 「四年制 普通學校 國語讀本卷五(六月)敎材解說」, 『朝鮮の敎育硏究』 93, 朝鮮初等敎育硏究會, 1936, 73쪽.

하는 시의 문맥은 '최선을 다하지 말고 차선의 능력을 발휘하며 살아라'[27]라고 읽을 수 있다. 이러한 처세술은 시집 『떠돌이의 시』(1976) 전체 맥락과 연관시켜 보면 곧 '구부러짐의 미학'과 연관된다.

「낮잠」이 수록된 『떠돌이의 시』에는 '구부러짐의 미학'이 반영된 시편들이 즐비하다. 김우창의 해설 「미당 선생의 시」[28]에 상세히 언급되어 있다. 『떠돌이의 시』는 '정말', '시사시 편', '산문시', '떠돌이의 시'의 네 편목으로 구성되어 있으며, 각각의 특징을 가진다. '정말' 편목에 19편이 수록되어 있는데 대체적인 주제가 비슷하다. 이루어지지 않는 욕망에 대처하는 현실적인 방법인데, 「곡曲」 같은 경우가 대표적이다.

> 곧장 가자 하면 갈 수 없는 벼랑길도
> 굽어서 돌아가기면 갈 수 있는 이치를
> 겨울 굽은 난초잎에서 새삼스레 배우는 날
> 무력無力이여 무력이여 안으로 굽기만 하는
> 내 왼갖 무력이여
> 하기는 이 이무기 힘도 대견키사 하여라.
>
> —「곡曲」[29]

쉬운 일상어지만 그 속에는 간난신고를 겪은 현자의 지혜가 있다. 곧장 가는 게 되지 않을 땐 구부러져 돌아가면 된다는 것. 자연물(굽은 난초잎)로부터 인

---

27 「낮잠」 독해와 관련하여 화투 패에 대한 최초의 언급은 이남호에 의해 이루어졌다. "이 비밀을 풀기 위해서는 우선 비광에 얽힌 이야기를 알아야 한다. 12월 화투짝의 비광 그림에는 버드나무와 개구리와 냇물과 어떤 우산 쓴 사람이 그려져 있다. (중략) 「낮잠」이란 시는 열심히 노력을 해보다가 끝까지 노력하지는 않고 그 직전에서(비광까지 그리지 못하고 비 열 끗짜리까지 그렸으니) 노력을 멈추고 마는 태도를 보여주는 셈이다.", 이남호, 『남김의 미학』, 현대문학, 2016, 329~331쪽.
28 김우창, 「미당 선생의 시」, 『떠돌이의 시』, 민음사, 1976, 98~126쪽 참조.
29 서정주, 『미당 서정주 전집』 2(시), 은행나무, 2015, 97쪽.

사事의 이치를 배울 수 있다는 것. 무력해 보이지만 용 바로 밑의 이무기쯤은 된다는 것.[30] 이것이 현실적인 선택이라는 것 등등의 메시지가 숨겨져 있다.

그러니 완전 체념의 무력감이 아니라 조금만 체념하는 '이무기의 힘'은 '기왕이면 비 열 끗짜리 속의 쟁끼나 한 마리 여기 그냥 그려 두고'의 힘과 질적으로 비슷한 경우다. 김우창은 이를 일러 '삶의 부조리 속에서 살아가는 현실주의의 방편'[31]이라고 갈파했지만 40년이 지나도 여기에서 나아간 새롭고 도전적인 해석은 나오지 않는 실정이다. 미당은 스스로를 영생주의자로 생각하고 생전에 못다 이룬 것에 대해 초조해 몸 상할 염려 없는 '게으름 부리는 태평이'[32]로 자평하고 있지만 정작 중요한 것은 이 '태평이' 의식이 보여주는 문학적 의의에 대한 성찰이다.

이 글이 좀 더 주목하고 싶은 부분은 미당 미학이 보여주는 '무력감의 역설'이다. 그리고 사실은 이 역설이야말로 세계 인식과 실천으로서의 '미당 시의 독특한 선택지'며 초기부터 발아되어 꽃피워 낸 '난초 향기'라는 관점이다.

    그늘과 고요를 더 오래 겪은 난초잎은
    훨씬 더 짙게 푸른빛을 낸다.
    선비가 먹을 갈아 그리고 싶게 되었으니
    영원도 인젠 아마 그 호적에 넣을 것이다.

    가난과 괴로움을 가장 많이 겪은 우리 동포들은
    가장 깊은 마음의 수심水深을 가졌다.

---

30 비슷한 시기에 발표된 그의 산문에 보면 다음과 같은 구절이 보인다. "억지 힘을 내 신통치도 못하는 권좌에 오르려다가 기진해 떨어지는 용이기보다, 나는 그저 깊은 제자리 물에 잠복해 사는 한 이무기로 족하다고 생각하기 때문이다.", 서정주, 「나의 건강법」, 『미당수상록』, 민음사, 1976, 32~33쪽. 산문집 『미당수상록』(1976.7.25.)과 『떠돌이의 시』(1976.7.30.)는 거의 같은 시기에 출간되었다.

31 김우창, 앞의 글, 122쪽.

32 서정주, 「나의 건강법」, 앞의 책, 33쪽.

하늘이라야만 와서 건넬 만큼 되었으니
하늘이 몸담는 것을 잘 보게 될 것이다.

난초잎과 우리 어버이들의 마음을 함께 보고 있으면
인류의 오억 삼천 이백만 년쯤을
우리는 우리의 하루로 하고 싶은 생각이 든다.

우리도 한 겨자씨는 겨자씨겠지만
이 세상 온갖 겨자씨들의 매움을 요약해 지닌
더없이 매운 겨자씨이고자 한다.

—「난초잎을 보며」[33]

'그늘과 고요를 더 오래 겪은 난초'는 단순한 난초가 아니라 '가난과 괴로움을 가장 많이 겪은 우리 동포'의 비유적 이미지다. 그리고 시인은 『유마경』의 겨자씨 이야기를 차용해 현실 삶의 모순과 부조리를 타개해 나가는 방편을 일러준다. 이것이 바로 미당 시가 보여주는 독특한 역설의 미학이다. '고통스러운 이 땅이 오히려 문학의 상명당'[34]이라는 명제와도 관련된다.

「도화도화」, 「바다」, 「부활」(『화사집』, 1941), 「밀어」, 「거북이에게」, 「꽃」(『귀촉도』, 1948), 「풀리는 한강가에서」, 「내리는 눈발 속에서는」(『서정주시선』, 1956), 「한국성사략」, 「두 향나무 사이」(『신라초』, 1961), 「저무는 황혼」, 「선운사 동구」, 「나는 잠도 깨어 자도다」(『동천』, 1968), 「눈들 영감의 마른 명태」, 「단골무당네 머슴아이」, 「김유신풍」(『질마재 신화』, 1975)에서 그 맥을 이어오는 것

---

33 서정주, 『미당 서정주 전집』 2(시), 은행나무, 2015, 94쪽.
34 서정주, 「명당에 태어난 걸 축하합시다」, 「역시 시인은 애인이라야 쓰겠소」, 『미당 서정주 전집』 9(산문), 은행나무, 2017, 129~134쪽, 148~153쪽 참조.

처럼, 미당 시가 보여주는 독특한 역설의 미학은 가장 위험한 순간이 곧 깨침의 순간이 되고, 주목받지 못한 억눌린 사람들이 오히려 생명력 활달한 존재들이 되는 세계를 꾸준하게 보여준다. 『유마경』의 요체[35]가 미당의 문학 속으로 들어와 형상화되고 있는 것이다. 즉 「낮잠」은 서정주 중기 시 세계의 주요한 한 특성인 '무력감의 역설'을 대표적으로 보여주는 작품인 동시에 미당 문학 초기부터 일관되게 이어진 '불이론적 역설'의 연장선상에 있는 작품인 것이다.

겨자씨 비유가 두드러지는데 여기에는 공간과 시간조차 마음에 의존한다는 일체유심조一切唯心造 사상이 깔려 있다.

『유마경』이라고 하는 불경에 보면,

"크고 넓은 에베레스트산을 한 알의 겨자씨 속에 넣어도 늘지도 줄지도 않고 에베레스트산은 여전하다. 사천왕이나 도리忉利 같은 따위의 하늘 생명들은 저들의 들어올 바를 알지도 깨닫지도 못하지만 잘될 사람만이 에베레스트가 겨자씨 가운데 들어올 수 있는 것을 본다."

고 하고 나서,

"목숨들 가운데 세상에 오래 살며 잘된 이들에게 보살은 단 일주일을 늘여서 사억 삼천 이백만 년을 그들에 그걸 사억 삼천 이백만 년으로 느끼게 하기도 하고, 또 사억 삼천 이백만 년을 줄여서 단 일주일로 만들어 이것을 겪는 이들에게 일주일로 생각하게도 한다."

고 하여, 불교의 시간관념의 모습을 표현해 놓고 있다.

---

35 이 경전의 다른 이름은 '불가사의한 해탈'이다. 모든 경전들이 다 비슷하긴 하지만 유독 『유마경』을 일러 이렇게 이름 한 이유는 해탈의 경계가 불가사의한 점을 이 경전이 특별히 강조하고 있기 때문이다. 『유마경』은 설하는 내용이 실상을 긍정하는 성향이 강한데 '번뇌가 보리'며 '생사가 열반'이라는 관점이 대표적이다. 이상은 『한글대장경 유마경 외』, 동국역경원, 1985(1995), 18쪽 참조.

첫째 비유인 겨자씨 속의 에베레스트식으로 생각해 보기라면 이것은 우리가 세계 속의 대한민국에서도 특히 하잘것없는 미미한 사람들이라 할지라도, 그게 못될 게 아니라 바로만 될 거라면 이 넓은 세계의 바른 내용과 지향을 압축요약해 가지고 있는 거라는 뜻이 되고, 더 나아가서는 하잘것없이 보이는 사람들이 사실은 사람다운 사람이 될 수 있는 것이라는 뜻도 된다.

그리고 뒤의 비유―시간에 관계하는 그것들은 다 우리와는 달리 그 시간감각을 자유자재히 할 수 있는 것을 보이고 있다. 요컨대 그 제한된 초, 분, 시의 추상형식의 구속적인 그것으로서가 아니라, 우리 인생의 꼭 보람 있게 사는 의의를 위해서는 한순간의 시간도 영원을 집약한 것으로, 또 그럭저럭 싱겁고 따분하고 하잘 나위 없이 사는 여러 시간들에 대해서는 그건 사억 삼천 이백만 년을 살아도 그건 일주일 못이나 되는 거냐고 평가하고 있는 것으로 된다.[36]

그러므로 '비 열 끗짜리'는 단순히 차상(차선)이 아니라 '굽은 난초'의 무력감으로서의 '이무기의 힘'쯤 되는 대견한 능력에 속한다. 이는 이 구절이 단순한 체념론이나 자기 위안의 주문에 그치지 않고 '현실적인 대견함'이라는 인식의 발견으로 이어지게 한다. 역설의 미학이 가져다주는 긍정적 효과도 자연스레 부각된다.

아무리 애를 써도 떠오르지 않는 글자의 뜻 때문에 고민하지 않고 비 열 끗짜리 속의 쟁끼 그림을 그려 두고서 낮잠에 빠져드는 태도야말로 현실의 고통과 한계를 돌파하는 넉살 좋은 역설 아닌가. '체념'이 '달관'으로 이해되는 이유가 여기에서 마련된다. 그런데 '낮잠'이란 도대체 어떤 상태인가?

---

36 서정주, 「시간」, '문치현밀어', 『미당수상록』, 민음사, 1976, 141~142쪽.

05 ___ 낮잠의 미학

뜻을 이루려 애를 쓰다 여의치 않을 경우 왜 하필 낮잠에 빠져들까. 그 뜻이 숙세의 일을 꿰뚫어 아는 숙명통일진대 구도자가 수행정진을 포기하는 방법의 선택치고 낮잠은 아무래도 게으름의 표상 아닌가. 종교와 문학, 도인과 시인은 이런 점에서 다른지 모른다. '비 열 끗짜리 쟁끼'를 그려 두고 낮잠 자는 태도 속에는 미당 특유의 영생주의와 무착주의가 있다. 이는 곧 '고苦의 발견' 다음에 오는 '고苦의 소멸'에 대한 미학적 대응이다. 현생의 괴로움을 해소하는 방법이 왜 하필 낮잠일까.

정말 하기는 거북하니까
우리 모다 어느 바닷속에나 갖다가
던져 버려 둡시다.
이것은
영아 유기범의 엄마 팔에 안긴
애기와는 달라서
썩 많은 나잇값을 하노라고
소리 한마디도 지르지는 않을 겝니다.
그렇지만 언제 어느 아이들이
무슨 됫박들을 들고 와서
이 많은 바닷물을 다 품어 내서
이걸 다시 건지지요?

건져서 가지지요?

—「정말」[37]

인용시는 『떠돌이의 시』 '정말' 편목에 있는 표제시로서 진리 탐구의 어려움을 비유적으로 이야기하고 있다. 「낮잠」도 같은 편목에 있음을 유의해야 한다. 「정말」은 이 세상에는 진실이 존재하기 어려우며 그것이 드러나는 방식도 매우 오래 걸린다는 '영원 장구한 시간'을 묘파하는 시다. '정말'이라는 이름 붙이기 거북한 이것. 바닷속에 가라앉아 소리 한마디 지르지 않는 이것. 이것을 건지기 위해 뒷박질을 계속해야 하는 상황은 실상實相 발견의 어려움을 암시한다. 경전 읽다가 뜻을 자꾸 잊어먹는 행위와 유사하다. 실패의 되풀이가 오래 지속되는 것이다.

그런데 시인의 태도는 상황에 대한 체념이나 절망이 아니라 다소 엉뚱한 선택이다. 현생주의보다는 영생주의를 택하고 보니 성공만이 중요한 게 아니라 실패도 예사롭지 않게 된다.[38] 뒷박으로 바다를 퍼내는 건 무모한 실패지만 영원의 입장에서 보면 그렇지도 않다는 생각에 이른다. 그래서 서정주 문학에서 현실의 무력감에 대처하는 한 방법은 그 현실을 뛰어넘는 긴 시간을 상징함으로써 가능하게 된다.

또 다른 방법은 집착을 벗어나려는 '무착주의無著主義'를 받아들임으로써 가능해진다. 경전 속의 잊어먹은 글자의 뜻을 찾으려 골몰하는 대신 비 열 끗짜리만큼만 몸과 마음의 에너지를 아껴서 낮잠에 들게 되는 것이다.

37　서정주, 『미당 서정주 전집』 2(시), 은행나무, 2015, 84쪽.
38　"나는 청년 시절에는 현생주의를 해서 많이 속을 썩이다가 장년기 이후 그게 아무래도 너무 괴로와 여기에다가 영생주의를 얽어 마음을 척 늦추어서 살고 있는 것이다. (중략) 왜 골몰 않고 그러느냐 하면 성공만이 인류에게 있어 온 게 아니라, 실패도 또 늘 같이 있어 온 거라 생각해서, 아주 중국 옛 이야기에 나오는 우공주의愚公主義로, 우리 힘만으로 안 되는 일은 아들 손자들의 시대에다가나 미루어 맡겨 버려야 한다는 생각에서인 것이다.", 서정주, 「나의 건강 좌우명」, 『서정주문학전집』 5, 일지사, 1972, 318쪽 참조.

미당이 그의 시와 산문에서 많이 인용한 '선덕여왕과 지귀 이야기' 속에 '무착주의'의 싹이 보이는 건 흥미롭다. 선덕여왕을 흠모하다 미친 지귀志鬼는 마침내 여왕의 초청을 받는다. 그러나 그는 만나기로 한 절간의 돌탑 밑에서 여왕을 기다리다 잠들어 버린다. 이윽고 불공을 마치고 나온 여왕이 잠든 지귀의 가슴에 황금 팔찌를 벗어놓고 간다는 이야기다.

시인의 해석은 독특하다. 지귀의 잠을 '무착주의'의 '화랑잠'[39]으로 풀이한다. 지귀를 화랑의 일원으로 본 것이고, 열모하던 여왕의 초청을 받아 데이트 장소에 가서는 잠에 빠져 든 것을 결정적인 순간에 집착에서 벗어나는 무착주의로 본 것이다.

> 이 사내의 잠을 빚은 힘 속에는 멍텅구리도 아니고, 그냥 수면의 신의 힘도 아닌 딴것이 들어 있다.
> 그것은 말하자면 어떤 일에도 군색하게는 집착하지 않는다는 '무착無着'의 정신을 은유하고 있는 잠으로서, 이 무착의 정신은 엉뚱한 지귀의 잠 속에만 있는 게 아니라, 신라의 화랑정신에는 언제나 많이 들어 늘 작용해 온 아주 중요한 것의 하나다. 군인들이 삶에 집착하지 않아 전쟁을 승리로 이끌었다든지, 처용이란 사내가 제 아내의 간통을 직접 보고도 집착하지 않고 춤을 한바탕 덩실덩실 추어 보였다든지 하는 그 무착의 정신과 지귀의 이 엉뚱한 잠은 결국은 한 솥에서 익혀 낸 밥인 것이다.[40]

간절히 원하던 것을 이루려는 순간에 그 집착을 벗어버리는 태도. 이 역

---

39 화랑잠은 서정주가 창안한 용어다. 지귀설화 수용 과정에서 이 개념이 만들어졌으며 신라정신과 무착주의를 연결하는 주요한 근거가 된다.

40 서정주, 「신리 여인의 미와 화장」, 이 원고의 첫 수록 지면은 『현대문학』(1969. 4.)으로서 '신라정신'을 한창 탐구하던 시기이다. '화랑잠'과 '낮잠' 사이의 미적 유사성은 창작 환경 시기의 인접성에서도 찾을 수 있다. 여기서는 『미당 서정주 전집』 10(산문), 은행나무, 2017, 270쪽 참조.

설의 미학이 '화랑잠'의 계보를 이어받아 '낮잠'으로 정착되는 과정은 이채롭다. 집착을 버린다는 점에서 '화랑잠'과 '낮잠'은 유사하다. 미당은 잠의 역설을 통해 스스로를 지귀와 동일시한다. 그리고 이를 신라정신의 체현으로 본다. 즉 미당이 탐구하던 신라정신 속에는 영통(혼교) 및 삼세인연설과 윤회전생설[41]만 있는 게 아니라 '무착'이 있다는 결론이다.

영통이 시공간의 초월 문제를 다루고, 삼세인연설과 윤회전생설이 업과 보에 의해 무한 지속되는 삶의 양상을 다룬다면, 무착은 이러한 무한 지속의 괴로움을 끊어내는 주체의 결단과 관련이 깊다. 그러므로 그의 신라정신 중에서도 가장 구체적이고 현실적인 실천 형태라 할 수 있다.

집착을 벗어나는 '무착주의'는 '내 시정신에 마지막 남은 것들' 중 하나인 '자포자기의 역설'과도 가깝다. 미당은 생명에 대한 연민과 자포자기를 스스로의 시정신에서 소중하게 생각했는데 이때의 '자포자기'는 체념이 아니라 역설의 다른 이름이다. 시인은 이 역설의 미학을 보다 실감나게 표현하기 위해 '수미산 나리꽃'의 비유적 이미지를 동원하기도 한다.

> 그래 나는 어느새인지 자포자기에는 한 쬐끄만 선수가 되었다. (중략) 그래 너는 어디에다 응뎅이를 붙이고 살 작정이냐고? 그야 빤하지 않나? **그것은 바닥이다. 마지막 남는 바닥이다. 그리고 또 그것은 처음에서도 중간에서도 항시 먼 맨 마지막 끝자리―그 오메가의 자리인 것이다.** 알파요 오메가가 아니라 그냥 그 오메가뿐인 자리인 것이다.

---

41 영통(혼교)는 서정주 신라정신의 주요한 개념이다. 시공간을 뛰어넘는 존재들 간의 초월적 교섭 양상을 뜻한다. 한국전쟁의 참화를 극복하기 위한 미학적 탐구의 산물로서 1952년부터 본격적으로 탐구되었다. 서정주 신라정신의 또 다른 일면은 삼세인연설과 윤회전생설이다. 이는 세세생생 윤회하는 존재의 숙명을 뜻한다. 서정주의 신라정신 개념은 다음을 참조하라. 서정주,「내 시정신의 현황」,『문학춘추』, 문학춘추사, 1964.7.(『서정주문학전집』에는 「내 마음의 현황」으로 개제.『서정주문학전집』5, 일지사, 1972, 282쪽);「내가 아는 영원성」,『현대시학』, 현대시학사, 1974.10.

그러나 나는 이 오메가 자리—**아무도 앉기를 꺼리는 이 자리에 성큼 들어앉아 여기 새싹을 내려고 한다.** (중략) 이런 순 오메가만의 자리에 앉겠다는 자에겐 또 그만큼 대단한 자존심이 있고 또 그 푼수의 자기 인식이 있다. 말하자면 '나는 요래도 수미산 나리꽃이겠다' 하는 따위가 그것이다. 세계 최고의 웅장도를 푼수로 말하는 게 아니라 그 험준도에 중심을 두고 있다. **세계에서 제일로 험준한 곳의 꽃 피기 도저히 어려운 자리에 한번 어떻게라도 제일 훤칠히 피어 보겠다는 집요하디집요한 자존심**인 것이다.[42]

수미산 나리꽃은 '험준한 바닥', '오메가의 자리'에서 '알파의 싹'을 돋아내 보겠다는 담대한 의지의 비유적 이미지이자 서정주 미학이 보여주는 역설의 극적 표상이다. 그러므로 자포자기, 바다, 오메가 자리는 모두 훤칠히 꽃 피우겠다는 자존심의 다른 이름이기도 한 것이다. 돌이켜보면 '길은 항시 어데나 있고, 길은 결국 아무 데도 없다'(「바다」)는 초기 시의 목소리 역시 불안한 방황의 포즈만이 아니라 '침몰하라!'에서 '가라!'로 전환되는 역설의 씨앗이었던 것이다.

뜻을 잊어먹은 글자를 생각하려 갖은 애를 쓰다 택한 방법이 '낮잠'이라는 것은 서정주 텍스트 전체의 맥락으로 보면 단순한 체념이나 자기 위안이 아니다. 그것은 오히려 집착으로부터 벗어나고자 하는 '무착주의'의 일환으로서 신라정신에 그 근원을 두고 있는 삶의 태도다. 자포자기의 역설 혹은 무력감의 역설로 나타나는 이러한 태도는 김우창이 진단하는 방식과 다른 차원의 논의를 가능하게 한다는 점에서 주목할 만하다. 즉 '무력감의 역설'은 '욕망이 이루어지지 않더라도 그 자체로서 스스로의 보람이 된다는

---

42 서정주, 「내 시정신에 미지막 남은 것들」, 『현대시학』, 현대시학사, 1974.6. 여기서는 『미당 서정주 전집』 11(산문), 은행나무, 2017, 63~64쪽.

결론[43]이 아니라, 욕망을 스스로 버림으로써 도달하게 되는 '태평이의 세계'라는 능청스러운 달관의 경지이며 이는 곧 '고苦의 소멸'을 위한 미당의 새로운 미학적 방편론인 것이다. 이 미학적 방편론은 곧 바다의 역설이요, 오메가의 역설이며, 상명당의 역설, 수미산 나리꽃의 역설인 것이다.

---

43 김우창, 앞의 글, 118쪽.

06 ___ 영생주의와 무착주의

　　서정주의 「낮잠」은 학계에서 정밀한 읽기가 시도된 적이 없다. 맥락이 복잡하기 때문이다. 이 텍스트를 이루고 있는 주요 콘텐츠들은 당나라 혜상이 지은 『홍찬법화전』의 「신라국사미」 이야기와 일본 3대 서예가로 손꼽히는 오노노 도후 일화이다. 이 이야기들의 배경을 모르면 텍스트 독해가 어렵다. 게다가 서정주의 다양한 산문들과 관련 시편들을 참조하면 해석이 보다 풍성해진다.
　　초고본과 개작본을 통해 '고苦의 발견과 소멸'의 차이를 찾아볼 수 있었던 것은 성과다. '황소'와 '쟁끼'의 표상 역시 서정주 문학 전체에서 추출한 결과 '핍박받는 자신 및 동포 이미지'와 '경쾌한 에피큐리언'으로 대별될 수 있었다.
　　'비 열 끗짜리'는 최상 스무 끗짜리 비광 다음 순위인 차상(차선)인데다가 비 맞은 장끼 이미지가 겹쳐져서 무력감으로 이어진다. 하지만 이 무력감은 『유마경』에서 설하는 '불이론'이 그 바탕에 깔린다. '번뇌가 보리'며 '생사가 열반'이라는 사상은 모든 분별과 차별을 지워버리기 때문에 '하잘것없이 보이는 사람들이 사실은 사람다운 사람'이 될 수 있는 논거를 제공한다. 즉 무력감이야말로 자기갱생의 다른 면모인 것이다. 이런 불이론의 역설은 서정주 문학의 초기에서부터 찾아볼 수 있는 특성으로서 「낮잠」에 오면 흥미롭게 정착된다.
　　영생주의와 무착주의는 흥미의 주요 요소들이다. 반복되는 실패는 현생주의를 영생주의로 바꾸는 순간 극복될 수 있다고 믿는다. 우공이 산을 옮기는 것처럼, 바닷물을 됫박으로 퍼내는 것처럼, 언젠가는 이루어진다고 본다.

 '낮잠'에서 읽어낼 수 있는 무착주의 기원은 선덕여왕을 흠모한 지귀의 '화랑잠'이다. 모든 집착으로부터 벗어나고자 하는 '무착주의'는 미당이 탐구한 신라정신의 또 다른 중요한 특성으로서 그의 신라정신 중에서도 가장 구체적이고 현실적인 실천 형태라 할 수 있다.

11장 「시론」

서정주 「시론」의 새로운 해석:
'바다바래여'의 환경인문학적 맥락을 중심으로,
『문학과환경』 19-2, 문학과환경학회, 2020.

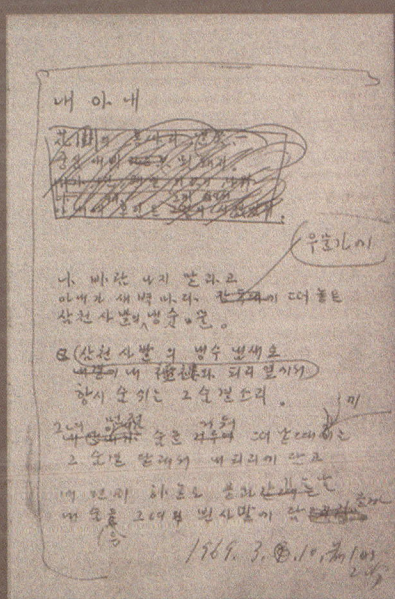

01 ___ 바다의 환경인문학적 맥락

　서정주의 「시론詩論」은 『현대문학』(1976.5.)에 처음 발표되었고, 그의 일곱 번째 시집인 『떠돌이의 시』(1976.7.25.)에 수록되었다. 이 시집은 『신라초』(1961) 와 『동천』(1968)을 거치고 환갑 기념 시집인 『질마재 신화』(1975)를 지나 신라 정신의 일상화를 꿈꾸는 특성을 보이는데 달관과 여유와 능청이 일상 속에 서 자연스럽게 형상화된다. 그러므로 「시론」은 이런 일상의 범주 속에서 살 피는 게 자연스럽다.

　제주도를 방문해서 지인으로부터 제주 해녀가 전복 따는 이야기를 전해 듣고 이를 시 창작의 원리로 활용해 보겠다는 포부를 밝힌 것이다. 제주 바 다는 실제의 바다인 동시에 형이상의 관념인 '시의 바다'로 연결되는 매재이 기도 하다. 또한 시의 바다를 갈망하는 태도인 '바다바래여' 속에 다층적이 고 중층적인 의미를 부여함으로써 시 창작 원리의 포괄적 특성을 만들기도 한다.

　이 글은 서정주 「시론」을 다양한 맥락에서 살피고자 하는 시도다. 특히 '바다바래여'라는 시어의 의미를 다층적으로 접근함으로써 텍스트의 의미 를 보다 풍성하게 만드는 데 기여하고자 한다. 이 다층적 접근의 벼리는 바 다 이미지를 중심으로 펼쳐지는 생태, 역사, 제의, 문화에 대한 종합적 고찰 이다. 이를 환경인문학적 맥락으로 규정하기로 한다.

　실제의 제주 바다 체험, 시의 바다라는 형이상의 관념, 서정주 시력詩歷 전체에서 바다 이미지의 변화 과정, '바다바래여'의 환경인문학적 기원에 대한 고찰을 통해 '바다바래여'의 새로운 의미를 구성하는 게 이 글의 진행 과정이다.

02 ____ '바다바래여' 해석의 문제

> 바닷속에서 전복따파는 제주해녀도
> 제일좋은건 님오시는날 따다주려고
> 물속바위에 붙은그대로 남겨둔단다.
> 시의전복도 제일좋은건 거기두어라.
> 다캐어내고 허전하여서 헤매이리요?
> 바다에두고 바다바래여 시인인것을……
>
> ―「시론」[1]

「시론」은 짧지만 아름다운 시다. 제주 해녀의 좋은 전복과 시인이 써야 하는 좋은 시를 유비적으로 다루면서 시 창작에서의 '좋은 시를 쓰지 않고 남겨두는 태도'를 노래한다. 시인에 따르면 최고의 작품은 오늘 쓰이지 않는다. 내일을 위해 남겨두기 때문이다. '님오시는날'은 최고의 시를 쓰는 날이요, 미래의 어느 날이다. 그날을 기약하면서 늘 바람[望·願]으로 살아가는 게 시인의 운명이라 말한다. 최고의 작품을 쓰고 나면 더 이상 좋은 작품을 쓸 수 없기 때문에 허전해진다. 허전하여서 헤매는 날은 시와 예술이 끝나는 날이다.

그래서 시인이 캐어내야 할 시의 전복은 여전히 저 바다에 있다. 바다는 시가 존재하는 모든 세상의 비유적 이미지다. 경험의 대상이지만 상상의 영역이기도 하다. 시의 전복이 있는 시의 바다이기 때문이다. 제일 좋은 시의

---

[1] 서정주, 『미당 서정주 전집』 2(시), 은행나무, 2015, 83쪽.

전복을 바다에 놓아두는 것은 일류시인이 되지 말라는 의미가 아니다. 캘 수는 있지만 일부러 캐지 않는다는 의지의 표명일 수도 있고 캐서는 안 된다는 금기에 대한 수긍일 수도 있다. 재능을 고갈시키거나 탕진하지 말라는 권고의 문법이다.

서정주는 "시인은 시의 전복이 잠겨 있는 바다를 늘 바라보는 사람이어야 한다"고 말한다. 여기에서 새로운 언어 '바다바래여'가 탄생한다. 시 전체가 5음절 3음보 구조의 연쇄로 통일되어 있기 때문에 '바다바래여'는 일부러 만든 언어다. '바다를 바라보면서', '바다를 그리워하면서', '바다를 바래야(갈망해야)' 정도의 뜻이다. 풀어보면 '나는 아직 최고의 시를 쓰지 않았다. 최고의 시를 쓰기 위해 늘 갈망하는 마음을 가져야 한다. 시인의 운명은 그렇게 갈망하는 데 있다'로 읽을 수 있다. 시 창작에 대한 이야기이므로 '시론'이라는 제목을 달았다. 그래서 서정주는 '갈망의 시론'을 시로 쓴 시인이다.

정작 시인은 자작시 해설에서 「시론」의 코드를 '여유'로 본다. 이 독법을 따르면 여유의 시론이 되는 셈이다. 이렇게 되면 '바다바래여'의 맥락을 설명하기가 여의치 않다. '바다바래여'는 미래의 표현을 위한 시인의 마음이다. 언젠가는 표현해야 하지만 아직 표현하지 않은 마음이다. 이 마음을 여유나 남김으로 볼 수도 있다. 시적 재능을 다 캐어낸 뒤 허전하여서 헤매지 않으려는 마음이다.

이 글은 '바다바래여'에 주목해서 「시론」의 핵심 코드를 갈망으로 본다. 갈망의 코드는 시인의 생애사적 또는 역사·문화적 맥락을 가진다. 본고는 이 맥락을 환경인문학적 차원에서 바라보고자 한다.[2] 제주 바다와 전복을

---

[2] Oppermann과 Iovino에 따르면 환경인문학은 자연과학과 사회과학뿐 아니라 철학과 문화, 그리고 인문학적으로 접근하여 물적 네트워크의 복잡성을 다룬다고 주장한다(Oppermann & Iovino: 1). 이런 관점에서 보면 이 시는 단순한 문학이 아니라, 자연환경에 대한 다학제적 접근이 가능한 융합적 사고를 보여주는 환경인문학의 전형적인 사례가 된다. 환경과 인간의 지속가능한 공존, 자연에 대한 인간의 윤리적 개입 문제 등도 조망할 수가 있다. 본고는 이 시를 제주 바다 전복을 둘러싼 다학제적 접근 차원에서 주목해 보고자 한다.

바라보는 시인의 '바다바래여' 태도는 다학제적 접근이 가능하다. 바다라는 자연생태환경, 전복이라는 먹거리에 대한 절제 의식을 다루는 표면 구조의 이면에는 문학·역사·민속 담론이 융합적으로 작동하는 심층 구조가 있다. 본고는 이 심층 구조를 작동시키는 동력을 갈망이라고 본다.

갈망은 젊은 날의 방황과 배회 과정에서 탄생한 시의 고향 이미지로부터 비롯된 것이며 여기의 바다는 일상 경험의 바다가 아니라 시의 바다라는 특별한 맥락을 가진다. 생태환경으로서의 바다, 단순한 오브제로서의 바다로 접근하면 의미가 제한된다. 제주 바다라는 표면 구조 아래 시의 바다라는 심층 구조가 있다는 의미다.

또한 갈망은 미당이 탐독한 고전들 속에 나타난 바다 표상과도 관련된다. 바다를 바라보면서 갈망의 심리를 표현하는 양식이 바로 '바다바라기[望海]'다. 해신제海神祭나 용신제龍神祭의 맥락이 『삼국유사』와 『삼국사기』에 자주 보인다. 신들에게 제사 지내는 마음, 신과 하나 되고자 하는 마음이 '바다를 바라보면서 비는 마음'의 형태로 나타난다.

'바다바라기'와 '바다바래여'는 문화적 친연성이 강하다. 거대하고 신이神異한 초월적 세계에 대한 갈망이 제례의 양식에서 시론의 양식으로 모습을 바꾼다. 제사장의 어법이 시인의 어법으로 환치된다. 「시론」은 '여유를 가지고 살자'는 단순한 메시지를 전하는 시로 읽을 수도 있지만, 서정주 텍스트의 맥락을 보다 풍성하게 살피면 초월적 세계의 비의秘義를 향해 전진하는 예술가의 탐구심의 상징으로 읽을 수 있다.

그것은 시의 고향을 찾아가려는 시인의 태도이기도 하다. '바다바래여'는 시의 바다를 향한 지향성이다. 표현하기 이전의 간절한 마음 상태라는 점에서 미적 태도[3]에 속한다. 시인은 시의 전복이 바다에 있기 때문에 늘 '바

---

3 미적 태도가 미적 경험의 전제가 된다는 논의는 오리사, 「미적 태도 기반의 문학 표현교육 연구」, 동국대학교 박사학위논문, 2020, 45~63쪽을 참조하라.

다바래여' 살아야 한다. 좋은 시를 향한 일상의 간절함이 시 창작의 조건이라는 의미다. '바다바래여'는 지향성이기 때문에 일상의 매순간과 함께한다. 시의 바다에 이르러 시의 전복을 맛보는 미적 경험을 하려면 어떻게 해야 하는가. 오감의 개방을 통한 주체의 자발적 간구懇求라는 미적 태도를 취해야 한다. 그것이 「시론」 속 시 창작방법론으로서의 '바다바래여'다.

03 ___ 해녀의 바다와 시인의 바다

이 텍스트의 핵심 시어 가운데 하나가 자연환경으로서의 제주 바다다. 특별한 장소성을 표현함으로써 시상의 출발이 경험세계에 기반하고 있음을 알 수 있다. 이 바다는 해녀의 바다다. 텍스트는 해녀의 바다와 시의 바다가 공존하는 특성을 보인다. 하나는 경험의 바다고 다른 하나는 추상의 바다다. 이 둘을 분리해서 이해할 필요가 있다. 「시론」의 바다 표상을 이해하는 방식으로, 서정주 시의 바다 이미지의 변화 과정을 살필 수 있다. 이것은 시의 생성 과정을 시인의 시력으로부터 찾아보려는 맥락에 대한 배려다.

「시론」에 한정해서 보면 바다는 경험 대상으로서의 오브제지만 자세히 살피면 바다에서 전복을 채취하는 해녀의 경험의 바다와 대비되는 시인의 시적 경험 공간인 상상의 바다임을 짐작할 수 있다. 여기의 바다는 자연환경으로서의 일상의 바다가 아니라 '영혼의 파촉'이자 '시의 고향'[4]으로서의 바다, 시인의 영원무궁한 정신세계로서의 시의 바다다.

시의 전복들이 자라는 곳. 제일 좋은 시의 전복은 남겨두는 곳. 허전하지

---

[4] 서정주는 젊은 시절의 방황기에 이 개념에 대해 몰두한 적이 있다. "오늘도 하로의 방황 끝에 내가 피곤한 다리를 끌고 어느 빈터의 풀밭이거나 하숙집 뒷방에 돌아와 쓰러져 있을 때 왼갖 권태와 절망과 암흑한 것 가운데 자빠져 있을 때 문득 어딘지 먼 지역에서 지극히 고운 님이 손 저어 나를 부르는 듯한 기미. 귀 기울이면 바로 거기 있는 듯한 기미. 내 방황의 중심에 내 절망과 암흑의 중심에 결국은 내 심장의 중심에 그 중심의 중심에 칠향수해七香水海의 내원內圓의 강물처럼 고여서 있는 듯한…… 그 침묵하는 것. 그 유인하는 것. 내 심장에 더워 오는 것. 그것을 나는 편의상 내 영혼의 파촉이라 하리라. 시의 고향이라 하리라. 나는 언제나 이 부근을 배회할 뿐이러라.", 서정주, 「배회」, 『미당 서정주 전집』 8(산문), 은행나무, 2017, 35쪽 참조.

않으려고 일부러 다 캐어내지 않는 곳. 언제든 제일 좋은 걸 캐려고 바라볼 수 있는 곳. 실제로 완성에 이르는 '결과 중심의 창작'이 아니라 완성에 이르러 매순간 스스로를 새롭게 만드는 '과정 중심의 창작'을 펼쳐야 할 곳이 바로 시의 바다다. 이 바다가 환경인문학적 차원의 새로운 바다인 것이다.

시의 바다가 있는 공간은 어디인가. 방황기의 젊은 날부터 찾아 헤매던 그곳은 "내 방황의 중심에 내 절망과 암흑의 중심에 결국은 내 심장의 중심에 그 중심의 중심에 칠향수해七香水海의 내원內圓의 강물처럼 고여서 있는 듯한…… 그 침묵하는 것. 그 유인하는 것. 내 심장에 더워 오는 것"(「배회」)의 공간이다. 청년 시인이 '영혼의 파촉'이라 부른 '시의 고향'이다. 그러므로 이 바다는 내면의 바다고 관념의 바다며 언어가 도달하기 어려운 '향기로운 바다'이자 '상징의 바다'다.

시적으로 재탄생한 바다, 이 바다를 발견하고 도달하기 위한 서정주의 시력을 살피는 일은 시의 바다 의미 탐색을 위한 본고의 작업에도 도움이 된다. 서정주 시의 바다 이미지가 많은 변화 과정을 보여준다는 점은 다양하게 논의되었다.[5] 그 출발은 『화사집』의 「바다」다. 이는 「자화상」 속 경험 대상으로서의 바다와는 질적으로 다른 시의 바다 최초의 형태다.

> 갑오년이라든가 바다에 나가서는 돌아오지 않는다 하는 외할아버지의
> 숱 많은 머리털과

---

[5] 이어령, 「피의 해체와 변형 과정」, 『시 다시 읽기』, 문학사상사, 1995, 321~347쪽.
서민경, 「서정주 시의 바다 이미지 연구」, 경희대학교 석사학위논문, 2001.
오세영, 『한국현대시인연구』, 월인, 2003, 330~334쪽.
오태환, 『미당 시의 산경표 안에서 길을 찾다』, 황금알, 2007, 102~117쪽.
이님호, 「예술가의 자기 인식: '화사집' 시절의 미당」, 『한국시학연구』 20, 한국시학회, 2010, 155~173쪽.
이숭원, 「서정주 시에 나타나는 '바다'의 의미 변화」, 『한국시학연구』 29, 한국시학회, 2010, 89~115쪽.

> 그 크다란 눈이 나는 닮었다 한다.
>
> ─「자화상」[6] 중에서

> 귀 기울여도 있는 것은 역시 바다와 나뿐.
> 밀려왔다 밀려가는 무수한 물결 우에 무수한 밤이 왕래하나
> 길은 항시 어데나 있고, 길은 결국 아무 데도 없다.
>
> ─「바다」[7] 중에서

'바다와 나뿐'이라는 절대의 마주침은 자아가 세계를 인식하는 극단적 양상을 보여준다. 바다는 세상의 환유다. 화자가 인식하고 경험하는 세상은 가능과 불가능이 공존하는 역설의 세계다. 세상 어느 곳으로도 갈 수 있는 길인 동시에 아무 데도 갈 수 없는 길이 바로 역설의 바다다. 불교적으로 보면 고해苦海에 가깝다. 괴로움의 바다를 자각하지 못하고 그 원인을 파악하지 못하면 무명無明의 어둠을 벗어날 길이 없다('아— 반딧불만 한 등불 하나도 없이/울음에 젖은 얼굴을 온전한 어둠 속에 숨기어 가지고……'). '눈을 뜨라'[覺·開眼]고 외치는 이에게만 바다의 역설이 체현된다. 그런 점에서 바다는 인생의 환유이기도 하다.

이 바다는 일상 경험의 바다가 아니라 시의 바다다. 좌절과 절망의 목소리 '침몰하라'와 여기에서 벗어나고자 하는 '가라'의 목소리가 공존하는 곳이 바로 시의 바다의 초기 모습이다. 시의 고향 부근을 배회하다가 바다에 침몰한 다음 세계를 향해 질주해 나가는 모습이 청년 시인의 매력이다. 직

---

6 서정주, 『미당 서정주 전집』 1(시), 은행나무, 2015, 27쪽.
7 서정주, 앞의 책, 61쪽.

관, 인식, 태도, 화법[8]의 면에서 강한 개성을 보여준다.

바다는 청년 서정주 내면심리의 객관적 상관물이다. 그곳은 길이 있기도 하고 없기도 하며 침몰과 탈주가 동시에 이루어지는 역설의 공간이다. 또한 번뇌와 열락, 생사와 열반의 구분이 무화되는 불이不二의 공간이기도 하다.[9] 이런 특성들은 시력의 진행 과정을 거치면서 위기 경보의 표상(「행진곡」, 『신세기』, 1940.11.), 안식의 공간(「석굴암 관세음의 노래」, 민주일보, 1946.12.1.), 갈등 충돌의 이미지(「바다」, 『현대문학』, 1957.9.), 삶의 한계(「꽃밭의 독백」, 『사조』, 1958.6.), 달관의 경지(「격포우중」, 『창작과비평』, 1975. 9.) 등 다양한 모습으로 변화한다. 이 중에서 「격포우중」이 압권이다.

    여름 해수욕이면
    쏘내기 퍼붓는 해 어스럼,
    떠돌이 창녀 시인 황진이의 슬픈 사타구니 같은
    변산 격포로나 한번 와 보게.

    자네는 불가불
    수묵으로 쓴 싯줄이라야겠지.
    바다의 짠 소금 물결만으로는 도저히 안 되어
    벼락 우는 쏘내기도 맞어야 하는

---

8 「바다」를 비롯한 초기 시의 주요 화법은 형용사 등으로 감정을 꾸미지 않고 동사를 주로 사용해서 감정을 직접적으로 표현하는 수사적 특성에서 찾을 수 있다. 시인은 이 특성을 '직정언어直情言語'라 부른다. "그 뒤부터 나는 일부러 형용사를 피했고 문득 구투가 떠오른다 하여도 내 상념의 세계에서 이것들을 추방하기에 노력하였다. 직정언어—수식 없이 바로 사람의 심장을 건드릴 수 있는, 그러한 말들을 추구하는 것이 당시의 내 이상이었다.", 서정주, 「나의 시인 생활 약전」, 『미당 서정주 전집』 11(산문), 은행나무, 2017, 27쪽.

9 산문 「배회」(1938) 속에 삽입된 시는 후일 『귀촉도』(1948)에 「역려逆旅」로 재수록되는데, 여기에 등장하는 바다 이미지 역시 상호모순적이다. '나의 소망은 열적熱赤의 사막 저 편에 물타오르는 바다!'인 동시에 '나의 염원은 언제나 끝가는 열락悅樂'으로 묘사된다.

자네는 아무래도 굵직한 먹글씨로 쓴

싯줄이라야겠지.

그렇지만 자네 유랑의 길가에서 만난

사련邪戀 남녀의 두어 쌍,

또 그런 소질의 손톱의 반달 좋은 처녀 하나쯤을

붉은 채송화 떼 데불듯 거느리고 와

이 뇌성 취우의 바다에 흩뿌리는 것은

더욱 좋겠네.

짓이기어져 짓이기어져 사람들은 결국

쏘내기 오는 바다에

한 줄 굵직한 수묵 글씨의 싯줄이라야 한다는 것을

이 세상의 모든 채송화들에게

예행연습 시켜야지.

그런 용묵 냄새 나는 든든한 웃음소리가

제 배 창자에서

터져 나오게 해 주어야지.

—「격포우중」[10]

여기의 바다는 세상살이 이치에 달관한 삶의 태도와 연관 지을 수 있는 경지를 가리킨다. 수묵으로 쓰는 싯줄이 아닌 용묵으로 쓰는 싯줄이란 무

---

10 서정주, 『미당 서정주 전집』 2(시), 은행나무, 2015, 139~140쪽.

엇인가. 창녀의 슬픈 사타구니 같은 변산 격포의 바다 풍경에 대한 감회는 두 단계를 거친다. 바다의 짠맛만으로도 모자라 '벼락 우는 쏘내기'도 맞아야 하는 굵직한 먹글씨로 쓴 시, 즉 수묵시가 그 첫 단계다. 두 번째 단계는 세상에 가장 처참한 형편을 경험한 사람들에게 이런 경지를 연습시켜서 도달하게 되는 웃음의 단계다. 수묵水墨이 용묵龍墨으로 바뀐다. 용묵은 사전에 없는 어휘인데 맥락상 '수묵글씨 중에서도 배짱 두둑하게 세상을 이해하는 강한 생명력을 나타내는 글씨'로 읽을 만하다.

 미당이 젊은 날 한때 꿈꾸었던 『도덕경』 속의 화광동진和光同塵 세계의 진경이 여기 펼쳐진다. 시인은 회갑 무렵의 바다에서 '짓이겨진 사람들이 차라리 웃는 세계'를 바라본다. '빛을 부드럽게 하여 속세의 티끌과 함께하는' 형이상의 바다. 미당의 시력에서 보면 「시론」의 바다는 바로 이 지점, '용묵의 바다에 근접해 있다. 달관의 경지가 더욱 단순하고 소박하게 드러나 있어서 달관 자체가 느껴지지 않는다. 해녀의 바다는 자연환경과 일상 경험을 시화하는 시적 장치로 작동하고, 시인의 바다는 깊숙하고 오래된 시인 자신의 시의 고향 이미지가 변화하고 재탄생하는 과정을 보여준다.

04 ___ 무착주의無著主義의 일상화

「시론」이 어떤 과정을 통해 창작되었는지는 자작시 해설이 유용한 참고가 된다. 제목이 「마음의 여유」(『건강 다이제스트』, 1985.10.)다.

> 그래 나는 이 이야기를 듣고 "나도 그런 제일 좋은 전복으로 술안주나 한번 해 보았으면 좋겠다"고 농담 반 진담 반으로 웃어넘기고 왔거니와, 드디어 서울 내 집으로 돌아와서 곰곰이 이 이야기를 되씹으며 생각해 보니, 이렇게 사는 것은 역시 아주 썩 좋은 일 같고, 내가 쓰는 시의 정신이라는 것도 또한 그 비슷하게 되는 게 괜찮겠다는 자각이 일어나서 짤막한 한 편의 시로 만들어 보았다.
> 이 시의 뒷부분인 석 줄에서
>
> 시의전복도 제일좋은건 거기두어라.
> 다캐어내고 허전하여서 헤매이리요?
> 바다에두고 바다바래여 시인인 것을……
>
> 한 것은 물론 우리 시 쓰는 사람들이 갖는 마음속의 여유—언제나 다 바닥나 버리지 않고 남김이 있는 그 여유를 뜻하려 한 것이다.[11]

---

11 서정주, 『미당 서정주 전집』 11(산문), 은행나무, 2017, 223~224쪽.

제주도 방문 때 지인이 이야기해 준 제주 해녀들의 전복 따는 이야기에서 착안한 시 창작의 경험을 토로한다. 여행지의 견문에서 착안하여 삶의 태도와 시정신 형성으로 연결시키는 방식은 그의 시가 그만큼 일상화된다는 예증이다. 시인은 '귀한 것을 남겨두는 여유'가 일상의 지혜일 뿐만 아니라 시 창작에도 적용 가능한 태도라고 본다.

'제일좋은건'은 추상적이어서 현실에서 충족되기 어렵다. 상선上善이나 최선最善은 객관적 실체가 아니라 마음의 작용이다. 마음은 늘 최선을 추구하고 동경하고 갈망한다. 목표가 여기에 맞춰져 있으면 갈급하게 마련이다. 이루어지지 않기 때문에 불만이 생기고 좌절하게 된다. 최선에 도달한다 하더라도 그다음이 문제다. "다캐어내고 허전하여서 헤매이리요?"라는 물음 앞에서 답이 없다. 그래서 시인은 상선보다는 차선을 권유한다.

> 상선上善이라면 물론 가장 좋은 것이란 뜻이고, 차선次善은 그다음으로 좋은 것이라는 뜻이지만 이것들이라고 해서 일정하게 딱 정해져 있는 것은 아니다. 사람들의 욕망 여하에 따라서 변화무쌍한 것이니 상선이란 결국 '어떤 사람이 그의 욕망에 따라서 가장 좋다고 생각하는 것'쯤으로 풀이하는 게 옳고, 차선도 그런 의미의 버금가는 것으로 봄이 옳겠다.
>
> 그런데 내가 왜 이 제목을 중요시해서 다루느냐 하면 세상 사람들은 흔히 상선에만 매달려 애태우다가 뜻대로 안 되면 절망하고 낙오하고 자살까지도 하는 일이 적지 않은데 이럴 필요가 전혀 없다는 것을 맹렬히 여기 주장해 놓기 위해서다.
>
> 왜냐하면 우리가 상선이라고만 생각하고 매달렸던 일이라는 것도 한동안 세월이 지나고 보면 차선이라고 생각했던 것만큼도 훨씬 못한 저가 치인 것을 새로 깨닫게 되는 경우가 얼마든지 많이 있기 때문이다.[12]

---

12 서정주, 「상선과 차선」, 『미당 서정주 전집』 8(산문), 은행나무, 2017, 353~354쪽.

이런 맥락에서 보면 '제일좋은건' 남겨두는 게 상책이다. 어차피 도달하기 어렵기 때문에 '다음좋은걸' 선택하는 게 현실적이다. 이것이 하책이 아니라 상책인 점을 위의 산문은 역설한다. 하책처럼 보이는 상책 선택을 '마음의 여유'라고 주장한다. 이런 여유는 일상의 지혜로 발전한다.

> 곧장 가자 하면 갈 수 없는 벼랑길도
> 굽어서 돌아가기면 갈 수 있는 이치를
> 겨울 굽은 난초잎에서 새삼스레 배우는 날
> 무력無力이여 무력이여 안으로 굽기만 하는
> 내 왼갖 무력이여
> 하기는 이 이무기 힘도 대견키사 하여라.
>
> ―「곡曲」[13]

굽은 난초잎에서 배우는 지혜는 '곧장'보다는 '구부러짐'이다. 시인은 이런 구부러짐을 '안으로 굽기만 하는' 무력으로 본다. 그런데 이 무력은 용이 되지 못한 이무기여서 상선은 아니더라도 차선은 된다.[14] 힘이 없어 보이는 듯한 무력에서 오히려 벼랑길을 갈 수 있다는 대견함을 발견한다. 무력감의 역설이다.

무력감은 욕망이 이루어지지 않더라도 그 자체로서 스스로의 보람이 된다는 결론[15]이 아니라 욕망을 스스로 버림으로써 도달하게 되는 달관의 경지다. 이는 곧 고苦의 소멸을 위한 미당의 새로운 미학적 방편론[16]이기도 하

---

13 서정주, 『미당 서정주 전집』 2(시), 은행나무, 2015, 97쪽.
14 "억지 힘을 내 신통치도 못한 권좌에 오르려다가 기진해 떨어지는 용이기보다 나는 그저 깊은 제자리 물에 잠복해 사는 한 이무기로 족하다고 생각하기 때문이다.", 서정주, 「나의 건강법」, 『미당 서정주 전집』 8(산문), 은행나무, 2017, 298쪽.
15 김우창, 「미당 선생의 시」, 『떠돌이의 시』, 민음사, 1976, 118쪽.
16 윤재웅, 「서정주의 '낮잠' 자세히 읽기」, 『한국문학연구』 53, 동국대학교 한국문학연구소, 2017, 471쪽.

다. 이루어지지 못한 욕망으로 인해 생기는 괴로움을 없애는 방법은 집착을 버리는 무착주의다.

상선에 집착하면 두 가지 괴로움이 생긴다. 상선을 이루지 못하면 좌절과 절망으로 괴롭다. 상선을 이루면 허전하여서 헤맨다. 차선을 선택하면 괴로움이 소멸된다. 상선에 대한 집착이 없기 때문에 좌절과 절망 대신 만족과 대견함이 생긴다. 상선을 다음 목표로 남겨두었기 때문에 기대감이 사라지지 않는다. 이것이 재능을 탕진하지 않는 예술가의 열정이자 갈망이라고 시인은 생각한다. 이런 정신의 기원이 바로 무착주의고 이는 곧 신라정신의 한 요소다.

서정주가 신라정신을 본격적으로 탐구한 때는 6·25 전쟁 직후였으며, 고전 탐독과 자연 사랑을 통해 삶의 어려운 환경을 극복한다. 그 결과물이 『서정주시선』(1956)이다. 『신라초』(1961)는 주요 제재 자체가 신라의 사건들로 이루어져 있고 『동천』(1968)은 서정주 신라정신의 주요 개념인 영통과 혼교 혹은 삼세인연설과 윤회전생설을 내재화시킨, 신라정신을 좀 더 고급한 미학으로 발전시킨 시집이다. 이후 『질마재 신화』(1975)는 고향 마을 사람들의 풍속기에 '속화된 민중 내면의 성스러움의 발현'이라는 『삼국유사』의 신이한 특성을 결합시킨 독특한 시집이다. 이어지는 『떠돌이의 시』(1976)가 바로 신라정신으로서의 무착주의가 일상화된 산물이다.

「시론」은 무착주의를 일상화의 맥락에 배치시킨 작품으로 해석하는 게 자연스럽다. 집착하지 않는 무력無力이 오히려 '제일좋은건'을 위한 유력有力이라는 역설을 만든다. 여기서 흥미로운 시어는 '바다바래여'다. 이 시어는 환경인문학적으로 풍부한 맥락을 가진다는 점에서 「시론」 독해의 새로운 가능성을 열어 준다.

05 ___ '바다바래여'의 환경인문학적 기원

『삼국사기』나 『삼국유사』에는 바다바라기 제사와 관련한 자료들이 많다. 망해望海 의례인데 이는 단순히 바다를 바라보는 일상 행위가 아니다. 망해는 특별한 상황에서 벌이는 의식儀式으로 보아야 한다. 주선晝膳을 점심식사로 번역하면 안 되는 이치와 같다.[17]

> 서기 264년, 3년 봄 2월, 왕이 동쪽 지방을 순행하여 바다에 제사를 지냈다.
>
> 三年, 春二月, 東巡幸望海.
>
> ─『삼국사기』 권제2, 「신라본기」 제2 '미추이사금'

---

17 주선晝膳은 『삼국유사』 「수로부인」 조에 나오는 용어다. 「헌화가」의 배경설화에 등장하는데 수로부인 일행이 바닷가에 이르러 벌인 사건을 지칭한다. 주선을 하고 있을 무렵 높은 절벽 위에 붉은 꽃이 피어 부인이 그 꽃을 원하니 정체 모를 노인이 나타나 꽃을 꺾어 바치며 노래(「헌화가」)를 지어 부른다. 다시 이틀 뒤에 임해정에 이르렀을 때 같은 사건을 또 벌인다. 이 사건 직후 수로부인이 바다의 용에게 붙잡혀가고 사람들이 당황하자 정체 모를 노인이 또 나타나 「해가」의 노랫말을 가르쳐주며 바다의 미물을 퇴치하는 방법을 일러준다. 대부분의 번역은 '주선'을 점심식사로 바꾼다. 그러나 이는 서사 전개의 맥락에 어울리지도 않을뿐더러 한자 표기의 관행과도 다르다. 『삼국유사』 「태종춘추공」 조에 왕이 점심을 먹지 않는다는 대목이 나오는데 이때의 점심은 '주선晝膳'이다(왕은 하루에 쌀 서 말의 밥과 꿩 아홉 마리를 먹었다. 그러나 경신년에 백제를 멸한 뒤에는 점심을 먹지 않고 다만 아침 저녁밥만 먹었다. 王膳一日飯米三斗. 雄雉九首. 自庚申年滅百濟後. 除晝膳. 但朝暮而已). 주선晝膳의 또 다른 용례는 「만파식적」에 나오는 '왕(신문왕)이 감은사에서 자고 17일에 기림사 서쪽 시냇가에 가서 가마를 머물고 주선晝膳을 행했다'는 부분이다. 필자는 주선晝膳을 왕이나 제례 집전자가 물이 있는 곳(시냇가, 바닷가)에서 지내는 제례의식의 일종으로 본다. (주선을 제례로 보면 수로부인의 정체도 한결 분명해진다. 그녀는 신과 인간을 이어주는 영매다. 심산대택을 지날 때마다 신물에게 붙잡혔다는 일연의 논평이 이를 뒷받침한다.) 그런 것처럼, 망해望海 역시 제례로 본다.

서기 776년, 12년 봄 정월, 왕이 교서를 내려 백관들의 관직 이름을 모두 이전대로 복구하였다. 왕이 감은사에 행차하여 바다에 제사를 지냈다.
十二年, 春正月, 下敎 百官之號盡合復舊 幸感恩寺望海

—『삼국사기』 권제9, 「신라본기」 제9 '혜공왕'

서기 864년, 4년 봄 2월, 왕이 감은사에 가서 바다에 망제望祭를 지냈다.
四年 春二月 王幸感恩寺望海

—『삼국사기』 권제11, 「신라본기」 제11 '경문왕'

왕은 기뻐하여 그달 7일에 이견대로 나가 그 산을 바라보고 사자를 보내어 살펴보도록 했다.
王喜 以其月七日 駕幸利見臺 望其山 遣使審之

—『삼국유사』 「만파식적」

'망해'를 '해신에 대한 경건한 의식'으로 풀이한 역사학자는 신종원이다. 그는 "신라의 제왕들이 바다를 섬기고 모시는 제사의식에서 그 물리적 대상은 자연의 바다지만 관념적 대상은 바다에 깃든/잠재하는 신"[18]이라고 주장함으로써 '바다 바라보는 행위[望]'에서 제례의 의미를 찾아낸다. 제례기 때문에 대상이 있어야 하고 그 대상은 주관자의 요청에 따라 변화하는 특성을 보인다.

문무왕이 동해의 신이 되어 신격으로 격상되고 제례의 주인공이 되는 사정도 바다가 '시대와 필요에 따라 특정인물로 바뀌치기' 되는 관념적 대상이기 때문이다. 그래서 망해의 대상은 온갖 신격으로 확장된다. 신문왕 때 일

---

18 신공원, 『삼국유사 깊이 읽기』, 주류성출판사, 2019, 217쪽.

어난 바다 위에 떠오른 섬에 제사 지내기[望其山]도 비슷한 맥락이다. 망望의 행위는 기본적으로 나라제사이거나 민속의례와 관련이 깊다.[19]

바다에서는 바다를 향한 바다바라기가 있다면 육지에서는 산을 바라보며 마음을 비우는 먼산바라기가 있다. 먼산바라기의 비우는 마음을 바다바라기에 적용해 볼 수도 있다. 그러나 서정주가 탐독한 우리 고대 역사서의 바다바라기는 먼산바라기와는 좀 다른 맥락을 가진다. 먼산바라기가 복잡다단한 세태 속의 마음을 비우고 자연과 동화하는 데 골몰하는 태도라면 바다바라기는 신과 하나 되는 경지에 대한 갈망이다.

'먼산바라기'라는 말이 있다. 언행하기를 싫어하고 우두머니 앉아서 먼산만 바라보고 있기를 일삼는 사람을 두고 이른 말인데, 나도 근년엔 어느 사인지 이 먼산바라기 쪽으로 점점 더 기울어 와서 인제는 이것이 그래도 가장 달가운 일이 되어 가고 있으니 아마 그 초경初更은 이미 넘어선 성싶다.

생각해 보았자 무슨 뾰족한 해결책도 서지 않는 일들, 내 뜻과는 반대로 야박하기만 해 가는 세태 인심—이런 것에 마음을 썩이는 가슴 아픈 고단함보다는 자연의 선미한 풍경의 조화 속에 동화해 있는 것이, 나는 첫째 마음 편안하여 되풀이 되풀이 거기 눈과 마음을 포개다가 이리

---

19 "감은사가 있는 마을은 '용당리龍堂里'다. 아마도 동해신 용왕을 위하는 당집[神祠] '용당'이 본래 있었고, 문무왕은 동해용왕을 위해 이곳에 거국적으로 절을 지었는데, 그 절은 어느새 자신의 절같이 되고, 결국 문무왕 스스로가 용(왕)이 되는 순서가 문무왕·용암·감은사 이야기의 본질이라는 결론에 이른다. 이 터는 문무왕·감은사 이전에도 미추이사금이 와서 바다바라기 제사[望海]를 지낸 곳이며, 절이 생긴 뒤로는 혜공왕과 경문왕이 감은사에 와서 바다를 향해 망제望祭를 지내지 않았던가. 이들 바다제삿날은 대개 정월 아니면 2월인데 이 절기에 신라의 시조 묘나 신궁 제사도 모시고 있어서 역시 나라제사의 일환으로 보인다. 다시 「만파식적」조를 보면 신문왕이 바다에서 대나무를 얻은 날이 5월 초하루며, 흑옥대를 받은 날은 보름 이틀날인 16일이다. 모두 민속 절일인데, 초하루와 보름에는 요즈음도 대왕암 모래밭에서 각종 비손(두 손을 비비면서 치성을 드림)을 올린다.", 신종원, 앞의 책, 218-219쪽.

되었다. 딴 먼산바라기들도 결국은 나와 거의 마찬가지 취향에서가 아닐까.[20]

최선을 다해 목표를 이루려는 태도를 지양하고 그런 태도로 말미암아 생기는 가슴 아픈 고단함을 벗어나기 위한 처신을 시인은 먼산바라기라 풀이한다. 최선을 다하지 않는다는 점에서 '바다바래여'와 비슷하다. '바다바래여'는 바다바라기와 계통발생적으로 유사하다. '바다바래여'가 시의 고향 즉 시의 바다를 향한 열망이라면 바다바라기의 대상은 확장된 온갖 신격이다. 그 신격을 향해 하나 되고자 하는 간절한 염원이 바다바라기 의례의 핵심이다. 먼산바라기가 '자연의 선미한 풍경 속에 동화'하는 것이라면 바다바라기는 '풍경 너머에 있는 초월적 세계와의 합일에 대한 동경'의 개념에 가깝다. 이것이 '망해'의 환경인문학적 맥락의 중요한 성격이다.

미당이 즐겨 읽은 『삼국유사』에는 시와 역사가 미분화된 상태의 서술들이 즐비하다. 사실과 이적異蹟의 서로 다른 옷감이 시적 상상력의 바늘로 꿰매지고, 속됨과 신성의 경계가 무너지면서 진토에도 열반의 오라aura가 펼쳐진다. 허구적 상상력이 실제를 대체해서 신이神異의 대안사서代案史書로 재탄생한다. 이런 세계에서의 바다바라기는 거대한 세계나 초월적 관념과 하나가 되고자 하는 실천 행동으로 자리한다. 이때 바다바라기의 주체는 일반인이 아닌 왕이나 무녀 같은 특별한 제주祭主다.

---

20 서정주, 「먼산바리기」, 『미당 서정주 전집』 8(산문), 은행나무, 2017, 260쪽 참조.

06 ___ '바다바래여'의 새로운 의미

'바다바래여'를 추구하는 시인의 역할은 바다바라기 의례의 집전자와 비슷한 면모를 보인다. 고대 세계에서 바다는 인간의 뜻대로 되지 않는 거대하고 초월적인 세계의 대표적인 표상이다. 이 표상은 신 개념으로 일상화되는데 때때로 위대한 조상도 신격화된다.

제31대 신문왕은 (중략) 아버지 문무왕을 위해 동해 바닷가에 감은사를 지었다. 절의 기록에 따르면 문무왕이 왜병을 진압하고자 절을 지었는데 완성하지 못하고 죽어 바다의 용이 되었다. (중략) 왕은 그것을 신이하게 여겨 일관 김춘질에게 점치게 했다. 일관은 "돌아가신 선왕께서 지금 바다의 용이 되시어 삼한을 지켜주고 계십니다. 김유신 공 역시 삼십삼천의 아들로 지금 내려와 대신이 되어 있습니다. 두 성인이 큰 뜻을 모아 나라를 지키는 보물을 주시려 하니, 만일 폐하께서 바닷가로 가시면 최고의 보물을 반드시 얻게 될 것입니다."라고 말했다. 신문왕은 그 말을 듣고 기뻐했다.[21]

통일신라의 주인공인 문무왕은 왜구의 침탈을 염려하다가 죽어서도 나라를 지키고자 바다에 장사 지낸 인물이다. 살아서 위대한 왕은 죽어서 용

---

21 최남선 편, 「만파식적」, 『삼국유사』, 서문출판사, 1987, 75쪽.

이 되어 신격화된다. 이러한 인신人神 개념은 그리스 신화의 세계이기도 한데, 서정주가 젊은 시절부터 이 세계를 동경하고 탐닉했다는 점은 잘 알려져 있다. 서정주는 사람을 신격화하는 그리스의 양명한 헬레니즘 정신을 우리 문화에서도 찾고 싶어 했다.

> 신라는 생각건대 저 서구의 상대上代인 그리스와 비슷한 것일까요? 그리스 신화의 기름진 윤기 흐르는 5월과 같은 것일까요?
> 아마 그 비슷하겠지요. 그러나 신화 한 권으로도 그리스는 우리 눈에 보이는 게 있지만, 신라는 아무것도 똑똑히 보여 주는 것이 없습니다. (중략) 이런 것들이 그러나 주옥인 채 그대로 온갖 잡토 속에 묻혀서 우리들 속에 아무런 빛도 재생하지 못하고 있음은 웬일일까요. 그것은 다름이 아닙니다. '제2의 호머'에 해당할 만한 시인도 이 나라엔 일찍이 고려에도 이조에도 없어서 그것을 재현하지 못한 때문이라 봅니다. 물론 문헌의 인멸이 심한 이곳이고 보니 혹시 그런 것이 있다가도 모두 타 버렸는지는 모르지요만.
> 하여간 선인들이 일찍이 우리에게 보여 준 일이 없는 신라정신의 집중적인 현대적 재현이 절실히 필요한 줄은 알겠습니다. 시로 소설로 희곡으로 이것들은 현대적으로 재형성되어서, 구미인들이 근대에 재활한 그리스 정신과 같이 우리가 늘 의거할 한 전통으로 화해야 할 것만은 알겠습니다. 요컨대 이지러지지 않은 우리의 모습을 찾아봐야 되겠습니다.[22]

이 원고의 원제는 「모윤숙 선생에게」고 6·25 전쟁 직전인 1950년 『혜성』 5월호에 발표되었다. 서정주의 신라에 대한 탐구가 이 무렵부터 모색되고 있

---

22 서정주, 「신리는 참 아직도 오리무중이군요」, 『미당 서정주 전집』 9(산문), 은행나무, 2017, 92~94쪽 참조.

었다는 실증자료다. 당시에 서정주는 한국형 르네상스 운동의 기원을 찾고자 했으며 중세 유럽인들이 고대 그리스 문명의 부활을 통해 문예부흥을 일으킨 것처럼 신라 탐구를 통해 한국문학의 부흥을 기획하고자 했다. 그 길이 자기 스스로 제2의 호머가 되어 신라정신의 집중적인 현대적 재현을 이루는 것이라고 생각했다. 서정주의 신라정신 기획의 배후에 유럽의 르네상스가 있으며 이를 가능하게 한 위대한 문학이 바로 『일리아드』와 『오디세이아』였다는 점을 자각했음을 알 수 있다.

서정주는 신라정신의 재현을 통해 한국의 호메로스가 되고 싶었다. 신과 인간이 교통하고 하나가 되는 세계, 역사와 예술이 분리되지 않은 사건들이 그득한 곳이 바로 『삼국유사』의 세계다. 이런 정신이 『서정주시선』(1956) 이후의 서정주를 한동안 지배한다. 본고는 『떠돌이의 시』(1976) 속의 「시론」도 신라정신의 일상화 흔적이 여전히 남아 있다고 본다.

신 개념의 일상화는 신라 르네상스 정신으로 이어지게 되며, 이것이 신라 노스탤지어로 발전하게 된다. 바다바라기를 통해 짐작할 수 있는 신의 모습은 구체적 대상(바다)이 되기도 하고 관념(해신)으로 발전해 사람의 내면에 깃들기도 한다. 사람의 내면에 깃드는 방식을 음송이나 글자로 재현하면 예술로서의 시가 된다.

시인은 바다에 깃든 시의 신(전복)을 모시는(남겨두는) 사람이다. 표현을 하지 않고 마음에 품어 두고 있기 때문에 늘 가슴을 두근거리면서 지낸다. 제주祭主에게는 접신 직전의 상태와 같다. 시인은 시의 고향으로 가는 의례의 주관자다. 경험세계의 제주 해녀에게 제일 소중한 가치가 전복이라면 시인에게는 아직도 캐지 않은 시의 전복이다.

「시론」의 '바다바래여'는 바다바라기가 신과 하나가 되기를 바라는 것처럼 시의 고향과 하나 되기를 갈망하는 마음이다. 환경인문학적 맥락으로 보면 '제사의 예술화 과정'이라 할 수 있다. 계통발생으로 볼 때 바다바라기

제사 의식을 예술적으로 변형시키면 '바다바래여'라는 시인의 태도가 된다. 신을 향해 치성드리는 비손 행위의 예술적 변주가 '바다바래여'인 셈이다. '바다바라기'와 '바다바래여'는 비유적으로 보면 같은 틀structure에서 태어난 다른 결texture이다.[23] 논증적 언어 '갈망하다'가 구체적이고 특수한 형태로 나타나는 방식이 곧 '바다바라기'와 '바다바래여'다.

'바다바래여'를 언어 표현 이전의 미적 태도의 일종으로 본다면 태도의 여러 양상 중 간절함에 가깝다. 역사와 예술과 종교가 미분화된 시대의 간절함이 바다바라기를 탄생시킨다면 그것이 분리되어 예술적으로 독립된 경우가 '바다바래여'다. '바다바래여'는 창작 원리로 보면 언어 표현을 위한 미적 태도로서의 간절한 마음이다. 간절함은 『삼국유사』 신이 현상의 기본 속성이며 얼마든지 일상화된다. 대표적인 사례가 「내 아내」에 보인다.

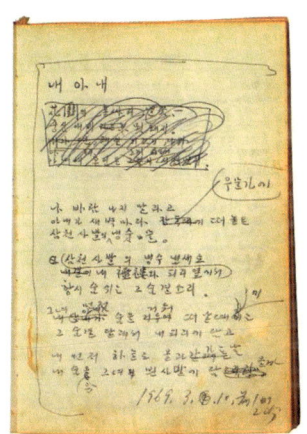

그림1 「내 아내」 시작 노트 부분
만파식적의 피리 모티프가 일상화된 사례로 해석할 수 있다.

---

23 현대비평, 특히 시학에서 결texture은 시를 산문 진술과 구별해주는 모든 국부적이고 이질적인 세부를 가리킨다. 그 세부의 특징은 구체성과 특수성이다. 구조structure는 산문 패러프레이즈 형식으로 추출해 낼 수 있는 논증적 언어다. 이런 맥락에서 보면 갈망은 구조며, '바다바라기'와 '바다바래여'는 구체성과 특수성을 지닌 결이다. 결과 구조의 개념에 대해서는 이상섭 편, 『세계문학비평용어사전』, 을유문화사, 1985, 18~20쪽 참조. structure와 texture는 통상적으로 구조와 조직으로 번역되는데, 본고는 틀과 결로 번역된다.

나 바람나지 말라고

아내가 새벽마다 장독대에 떠 놓은

삼천 사발의 냉숫물.

—「내 아내」[24] 중에서

  정한수 치성은 바다바라기 의례가 일상 가정 속에 자리한 개인 신앙이다. 간절한 마음만 있으면 누구든지 냉수 한 그릇 떠놓고 바랄[祈福] 수 있다. 근대화 이전의 한국은 적어도 치성이 일상화된 사회였다. 가장 극적인 형태가 조상 모시는 제사다. 조상 치성을 기본으로 해서 치성의 양식은 다양한 방식으로 변주된다. 부처, 보살, 산신, 용왕, 조왕신, 칠성신, 옥황상제, 마고할미…… 치성은 민중의 생활문법으로서 전통의 이름으로 승계된 양식이다.

  비는 행위와 바라는 마음은 스스로의 내면에서 솟아나는 간절함이 중요하다. 이 마음은 감성 즉 언표화되기 어려운 심오하고 다양한 느낌을 거느린다. 감성은 '머리를 통한 의미 이해'가 아니라 '가슴을 통한 감동의 전달'과 관련이 깊다. 서정주는 「머리로 하는 시와 가슴으로 하는 시」에서 의미 이해와 감동 전달을 이렇게 구별한다.

  원래 시의 지성이 일반 이론학문의 지성과 다른 점은, 일반 이론학문이 순리적 개념을 두뇌로써 선택하고 결합해 왔던 데 대해, 시의 그것은 머리에서만 머무는 게 아니라 가슴의 감동을 거쳐 독자에게 감동을 줄 수 있는 것으로 전달한 데에 있다.

  그러니 시는 지성을 주로 하는 경우라 하더라도 의미 이해만을 전하면

---

24 서정주, 『미당 서정주 전집』 1(시), 은행나무, 2015, 378쪽.

되는 것은 아니다. 폴 발레리가 '순수시론'에서 시의 감동 전달을 강조한 것도 그리스 이래 서구 시의 그런 전통적 관례를 머리에 두고 말한 것이다.[25]

가슴의 감동,[26] 아직 언어화되기 이전의 영혼의 서정적 움직임, 시의 고향을 향한 일상의 지향성, 내면에서 간절함을 스스로 만들어내는 자발적 간구懇求가 '바다바래여'의 미적 태도다. 그러므로 '바다바래여'는 좋은 시를 쓰기 위한 창작의 전제 조건으로서의 미적 태도를 나타내는 삶의 형식이랄 수 있겠다.

시의 고향을 향해 매순간 간절한 가슴으로 살아가는 태도가 시인의 자격 조건임을 「시론」은 노래한다. 최고의 시인은 제일 좋은 시의 전복을 캐지 않는다. 시의 바다에 남겨두고 일상의 나날을 간절하게 보낸다. 그가 지향하는 곳은 다 캐어내고 허전하여서 헤매는 바다가 아니라 바다에 두고 '바다바래여' 진정한 시인이 되는 시의 고향이자 시의 바다다. 이런 바다의 계통적 기원을 바다바라기에서 찾을 수 있다. 그래서 「시론」 속에는 신라 노스탤지어의 그림자가 얼비치는 것이다.

---

25 서정주, 「머리로 하는 시와 가슴으로 하는 시」, 『미당 서정주 전집』 13(시론), 은행나무, 2017, 309쪽.
26 풀이가 쉽지 않은 서정주의 시 중에 「무슨 꽃으로 문지르는 가슴이기에 나는 이리도 살고 싶은가」도 '가슴의 감동' 코드로 접근하면 쉽게 풀린다. 이 시는 '머리로 하는 시'가 아니라 '가슴으로 하는 시'의 대표적인 사례다. 여기에 등장하는 '상제님의 아득한 고동 소리 들리는 하늘'이 바로 영혼의 파촉이가 시의 고향이다. 「시론」 속 시의 전복이 있는 시의 바다와 같은 상징이다. 그러므로 가슴의 감동은 자발적 긴구로 인해서 만들어지는 마음의 상태다. 이런 마음의 상태가 갖추어져야 시의 바다를 향한 '바다바래여'가 된다.

07 ___ 과정 중심의 창작에 대한 지지 선언

이상으로 서정주「시론」의 특이한 조어 '바다바래여'를 환경인문학적 관점에서 분석해 보았다. 결과를 요약하면 다음과 같다.

여기의 바다는 일상 경험의 바다인 동시에 시의 전복이 자라는 시의 바다다. 이 바다는 시인이 스스로 부른 영혼의 파촉으로서 시의 고향이기도 하다. 서정주 시 전체의 맥락으로 볼 때「시론」의 바다 이미지는 여유와 달관에 도달한 무착주의의 영역에 속한다.

'바다바래여'는 다층적인 의미를 가진 특별한 시어다. 환경인문학적 맥락으로 보면 신과 하나 되고자 하는 갈망의 구조를 가진다. 그래서 '바다바래여'는 고대 역사서 속의 바다바라기 제사와 친연성을 가진다. '바다바래여'는 바다바라기의 변형이다. 그것을 '제사의 예술화 과정'으로 부를 수 있다.

또한 '바다바래여'는 미적 태도의 일종이다. 언어 표현 이전에 가슴에서 자라나는 간절함으로 설명할 수 있다. 시의 고향을 향한 지향성, 자발적인 간구가 일상 삶과 함께 지속되는 과정을 뜻한다.「시론」은 시의 고향을 향해 매순간 간절한 가슴으로 살아가는 태도가 시인의 자격 조건이라고 노래한다. 최고의 시인이 지향하는 곳은 다 캐어내고 허전하여서 헤매는 바다가 아니라 바다에 두고 '바다바래여' 진정한 시인이 되는 시의 고향이자 시의 바다다.

창작방법론으로 보면 서정주의 '시론'은 결과 중심의 창작이 아닌 과정 중심의 창작에 대한 지지 선언이다. 이것이 바로 다 표현하지 않고 남겨둔다는 것의 진정한 의미다.

참고문헌

1장 줄포공립보통학교 학적기록에 대한 고찰

권오석, 「서당교재에 대한 서지적 연구」, 『서지학연구』 10, 한국서지학회, 1994.

김경자·김민경·김인전·이경진, 『한국 근대 초등교육의 좌절: 일제강점기 초등교육』, 교육과학사, 2005.

김광일, 「이 국화들은 미당의 시 듣고 자랍니다」, 조선일보, 2004.11.5.

김규동·김병걸 편, 『친일문학작품선집』, 실천문학사, 1986.

김재용 외, 『친일문학의 내적 논리』, 역락, 2003.

김학동, 「서정주의 생애와 문학: 전기적 국면」, 『서정주 연구』, 새문사, 2005.

서정주, 『서정주문학전집』, 일지사, 1972.

_____, 「속 천지유정」, 『월간문학』, 1974.2.~10.

_____, 『도깨비 난 마을 이야기』, 백만사, 1977.

_____, 『안 잊히는 일들』, 현대문학사, 1983.

_____, 『팔할이 바람』, 혜원출판사, 1988.

송하선, 『연꽃 만나고 가는 바람같이』, 푸른사상, 2008.

신준봉, 「나의 형 미당, 나의 선배 미당…」, 중앙일보, 2009.7.8.

이한수, 「끝내 실리지 못한 서정주의 폐간시」, 조선일보, 2010.2.5.

임종국, 『친일문학론』, 평화출판사, 1966.

전북향토문화연구회, 『부안군지』, 1991.

한국역사정보통합시스템 http://www.koreanhistory.or.kr

E. H. 카, 김승일 번역, 『역사란 무엇인가』, 범우사, 1996.

2장 『화사집』의 문체 혼종 양상

강혜경, 「서정주 시의 어휘 연구」, 조선대학교 석사학위논문, 2004.

김동리, 「발사跋辭」, 『귀촉도』, 선문사, 1948.

김수이, 「1930년대 시에 나타난 자연 인식 양상 고찰」, 『현대문학이론연구』 23, 현대문학이론학회, 2004.

김윤식, 『미당의 어법과 동리의 문법』, 서울대학교 출판부, 2002.

김학동 외, 『서정주 연구』, 새문사, 2005.

김화영, 『미당 서정주의 시에 대하여』, 민음사, 1984.

노마 히데키, 김진아·김기연·박수진 옮김, 『한글의 탄생』, 돌베개, 2011.

문성환, 『최남선의 에크리튀르와 근대·언어·민족』, 한국학술정보(주), 2009.

문혜윤, 「1930년대의 국문체 형성과 문학적 글쓰기」, 고려대학교 박사학위논문, 2006.

베네딕트 앤더슨, 윤형숙 옮김, 『민족주의의 기원과 전파』, 나남, 1991.

서재길, 「『화사집』에 나타난 시인의 초상」, 『관악어문연구』 27, 서울대학교 국어국문학과, 2002.

서정주, 「속 나의 방랑기」, 『인문평론』, 1940.4.

_____, 『화사집』, 남만서고, 1941.

_____, 『귀촉도』, 선문사, 1948.

_____, 『현대조선명시선』, 온문사, 1950.

_____, 『서정주문학전집』, 일지사, 1972.

서정주 외, 『현대시집Ⅲ』, 정음사, 1950.

송 욱, 「서정주론」, 『문예』 18, 1953.11.

신지연, 「근대적 글쓰기의 형성과 재현성: 1910년대의 텍스트를 중심으로」, 고려대학교 박사학위논문, 2005.

유종호, 『동시대의 시와 진실』, 민음사, 1995.

유현미, 「서정주 초기 시의 문체적 특성 연구」, 연세대학교 석사학위논문, 2004.

윤재웅, 『미당 서정주』, 태학사, 1998.

_____, 「서정주의 줄포공립보통학교 학적기록에 대한 고찰」, 『한국시학연구』 27, 한국시학회, 2010.

이남호, 『서정주의 『화사집』을 읽는다』, 열림원, 2003.

이태준, 『문장강화』, 창작과비평사, 1988(1999).

이희중, 「『화사집』의 다중진술 연구」, 『한국언어문학』 50, 한국언어문학회, 2003.

조연현, 「원죄의 형벌」, 『문학과 사상』, 세계문화사, 1949.

조연현 외, 『미당 연구』, 민음사, 1994.

주세훈, 「서정주 시의 감탄어 연구」, 한국교원대학교 석사학위논문, 1994.

주요한, 「아름다운 새벽」, 조선문단사, 1924.

천이두, 「지옥과 열반」, 『시문학』, 1972.6.~9.

최현식, 『서정주 시의 근대와 반근대』, 소명출판, 2003.

하영삼, 『한자와 에크리튀르』, 아카넷, 2011.

홍예영, 「서정주 시의 시어 연구」, 동국대학교 석사학위논문, 2000.

황동규, 「탈의 완성과 해체」, 『현대문학』, 1981.9.

황호덕, 「한국 근대 형성기의 문장 배치와 국문 담론」, 성균관대학교 박사학위논문, 2002.

Sakai Naoki, *Translation and Subjectivity*, Minesota Univ, 1997.

3장 『화사집』에 나타난 체험과 창작의 상관관계

『시인부락』 1집, 1936.11.

『시인부락』 2집, 1937.1.

동아일보, 1936.1.4.

서정주, 『미당 서정주 전집』, 은행나무, 2015~2017.

서정주, 「그 어머니의 부탁」, 동아일보, 1933.12.24.

_____, 「죽방잡초(상)-방/오수午睡 깨인 때」, 동아일보, 1935.8.31.

_____, 「죽방잡초(하)」, 동아일보, 1935.9.3.

_____, 「필바라수초(상)-비밀」, 동아일보, 1935.10.30.

_____, 「필바라수초(중)-길거리」, 동아일보, 1935.11.1.

_____, 「필바라수초(하)-필바라수」, 동아일보, 1935.11.3.

_____, 「필바라수초」, 동아일보, 1935.11.5.

_____, 「절망의 노래-부흥이」, 『시건설』, 1936.11.

_____, 「배회」, 조선일보, 1938.8.13.

_____, 「지귀도—정오의 언덕에서」, 『조광』, 1939.3.

_____, 「웅계」, 『시학』, 1939.3.

_____, 「웅계(상)」, 『시학』, 1939.5.

_____, 「고을나의 딸」, 『조광』, 1939.5.

_____, 「부활」, 조선일보, 1939.7.19.

_____, 「자화상」, 『시건설』, 1939.10.

_____, 「봄」, 『인문평론』, 1939.11.

_____, 「나의 방랑기」, 『인문평론』, 1940.3.

_____, 「속 나의 방랑기」, 『인문평론』, 1940.4.

_____, 「서름의 강물」, 『조광』, 1940.4.

_____, 「밤이 깊으면」, 『인문평론』, 1940.5.

_____, 「귀촉도」, 『여성』, 1940.5.

_____, 「도화도화」, 『인문평론』, 1940.10.

_____, 「서풍부」, 『문장』, 1940.10.

_____, 「행진곡」, 『신세기』, 1940.11.

_____, 「나의 시인 생활 자서」, 『백민』, 1948.1.

_____, 「두고 온 성지」, 『법륜』, 1972.10.

_____, 「나의 문학 인생 7장: 등단 60주년 기념 특집」, 『시와 시학』, 1996년 가을호.

_____, 『미당 서정주 전집』 1~20, 은행나무, 2015~2017.

이상경, 『임순득: 대안적 여성 주체를 향하여』, 소명출판, 2009.

최현식, 「서정주 시 텍스트의 몇 가지 문제」, 『서정주 시의 근대와 반근대』, 소명출판, 2003.

필립 르죈, 윤진 역, 『자서전의 규약』, 문학과지성사, 1998.

4장 「국화 옆에서」의 창작 배경

괴 테, 박덕환 옮김, 『파우스트』(하), 범우사, 1995.

김상태, 「Aesthetics of Perseverance and Waiting: A Korean Cultural Memory」, 『비교문학』 29, 한국비교문학회, 2002.

김우창, 「한국시와 형이상」, 『서정주 연구』, 동화출판공사, 1975.

김익균, 「서정주의 신라정신과 남한 문학장」, 동국대학교 박사학위논문, 2013.

_____, 「서정주의 체험시와 '하우스만―릴케 니체―릴케'의 재구성」, 『한국문학연구』 46, 동국대학교 한국문학연구소, 2014.

김인환, 「서정주의 시적 여정」, 『미당 연구』, 민음사, 1994.

김재홍, 「미당 서정주: 대지적 삶과 생명에의 비상」, 『미당 연구』, 민음사, 1994.

김춘수, 「전후 15년의 한국시」, 『한국전후문제시집』, 신구문화사, 1961.

김춘식, 「자족적인 '시의 왕국'과 '국민시인'의 상관성: 서정주의 '현재의 순간성'과 '영원한 미래, 과거'」, 『한국문학연구』 37, 동국대학교 한국문학연구소, 2009.

김학동, 「서정주 시인론」, 『서정주 연구』, 동화출판공사, 1975.

김홍년, 「국화꽃의 이미지 연구: 미당의 「국화 옆에서」를 중심으로」, 『인문논총』 30, 경남대학교 인문과학연구소, 2012.

박용철, 「을해시단 총평」, 동아일보, 1935.12.24.~28.

서정주, 「노랑 저고리의 어여쁘신 누님」, 『세대』, 1964.4.

_____, 『서정주문학전집』 1~5, 일지사, 1972.

_____, 『미당 서정주 전집』 1~20, 은행나무, 2015~2017.

_____, 『내 데이트 시간』, 은행나무, 2019.

서정주·조지훈·박목월, 『시창작법』, 선문사, 1949.

송 욱, 「서정주론」, 『미당 연구』, 민음사, 1994.

윤재웅, 「서정주 시 연구」, 동국대학교 박사학위논문, 1996.

_____, 「서정주 시에 나타난 삶과 죽음의 문제: 꽃의 상상력을 중심으로」, 『한국문학이론과비평』 26, 한국문학이론과비평학회, 2005.

이동재, 「한국 한시에 나타난 국화의 의미」, 『동방한문학』 56, 동방한문학회, 2013.

장창영, 「서정주의 「국화 옆에서」의 분석 시론」, 『현대문학이론연구』 8, 현대문학이론학회, 1997.

천이두, 「지옥과 열반」, 『서정주 연구』, 동화출판공사, 1975.

최현식, 「사실의 세기를 건너는 법: 1940년 전후 미당 산문과 릴케에의 대화」, 『한국문학연구』 46, 동국대학교 한국문학연구소, 2014.

황현산, 「서정주, 농경사회의 모더니즘」, 『미당 연구』, 민음사, 1994

M. Eliade, *Myth and Reality*, N.Y., 1968

5장 1942년의 고향 서사

김광섭, 「시월평」, 『인문평론』, 1940.6.

김익균, 「서정주의 신라정신과 남한 문학장」, 동국대학교 박사학위논문, 2013.

_____, 「1940년대 전반기 서정주 시의 서구 지향과 동양 지향」, 『동서비교문학저널』 28, 한국동서비교문학학회, 2013.

김종한, 「시단 시평」, 『문장』, 1941.1.

노홍주·전한성, 「한국신화의 문학교육 내용 구성의 한 방향」, 『우리말교육현장연구』 12-1, 우리말교육현장학회, 2018.

박용철, 「정축년 회고」, 동아일보, 1937.12.23.

서정주, 「질마재 근동 야화」, 매일신보, 1942.5.13.~21.

_____, 「향토산화」, 『신시대』, 1942.7.

_____, 「고향 이야기」, 『신시대』, 1942.8.

_____, 「나의 시인 생활 자서」, 『백민』, 1948.1.

_____, 「내 마음의 편력」, 세계일보, 1960.1.5.~6.19.

_____, 「내가 만난 사람들」, 『월간중앙』, 1970.12.~1971.12.

_____, 『미당 서정주 전집』 1~18, 은행나무, 2015~2017.

윤곤강, 「시와 직관과 표현의 위치」, 동아일보, 1940.6.18.

_____, 「시에 관한 변해辯解 4: 람보적 에세닌적」, 동아일보, 1940.7.5.

윤재웅, 「심미적 인간과 제의적 인간」, 『내러티브』 9, 한국서사학회, 2004.

이명찬, 『1930년대 한국시의 근대성』, 소명출판, 2000.

임 화, 「현대의 서정정신」, 『신세기』, 1941.1.

최재서, 「편집후기」, 『인문평론』, 1940.3.

_____, 「편집후기」, 『인문평론』, 1940.4.

_____, 「시단의 3세대」, 조선일보, 1940.8.5.

최현식, 『서정주 시의 근대와 반근대』, 소명출판, 2003.

_____, 「'질마재'의 역사성과 장소성: 산문과 자전自傳의 낙차」, 『한국시학연구』 43, 한국시학회, 2015.

피에르 부르디외, 하태환 옮김, 『예술의 규칙』, 동문선, 1999.

허윤회, 「1940년대 전반기의 서정주」, 『한국문학연구』 34, 동국대학교 한국문학연구소, 2008.

6장 『질마재 신화』에 미친 『삼국유사』의 영향

김봉재, 「『질마재 신화』에 나타난 탈근대적 성격」, 『한국문학연구』 52, 동국대학교 한국문학연구소, 2016.

김윤식, 「역사의 예술화」, 『현대문학』, 1963.10.

김지하, 「오적」, 『사상계』, 1970.5.

노 자, 『도덕경』 4장, 김경수 역주, 『노자역주』, 문사철, 2009.

박옥순, 「서정주의 초기 기행시와 '신라-질마재'의 발견」, 『인문과학연구』 52, 강원대학교 인문과학연구소, 2017.

서정주, 「나의 방랑기」, 『인문평론』, 1940.3.

_____, 「속 나의 방랑기」, 『인문평론』, 1940.4.

_____, 「문들레꽃」, 『삼천리』, 1941.4.

_____, 「살구꽃 필 때」, 『문장』, 1941.4.

_____, 「간조」, 『춘추』, 1941.7.

_____, 「질마재 근동 야화」, 매일신보, 1942.5.13.~5.21.

_____, 「거북이」, 『춘추』, 1942.6.

_____, 「여름밤」, 『감꽃』, 『조광』, 1942.7.

_____, 「향토산화」, 『신시대』, 1942.7.

_____, 「고향 이야기」, 『신시대』, 1942.8.

_____, 「귀촉도」, 『춘추』, 1943.10.

_____, 「꽃」, 『민심』, 1945.11.

_____, 「정조」, 『여원』, 1959.1.

_____, 「내 시정신의 현황」, 『문학춘추』, 1964.7.

_____, 「신부」, 『현대문학』, 1972.3.

_____, 『서정주문학전집』 3·5, 일지사, 1972.

_____, 「내가 아는 영원성」, 『현대시학』, 1974.10.

_____, 『미당 서정주 전집』 1·2(시)·7(문학적 자서전)·8·11(산문)·12(시론), 은행나무, 2015~2017.

신경림, 『새재』, 창작과비평사, 1979.

신동엽, 「금강」, 『3인 시집』(『한국 현대 신작 전집』5), 을유문화사, 1967.

유종호, 「소리 지향과 산문 지향」, 『문학의 즐거움』(유종호 전집5), 민음사, 1995.

_____, 「서라벌과 질마재 사이」, 『서정적 진실을 찾아서』, 민음사, 2001.

윤재웅, 「『질마재 신화』에 나타나는 '액션' 미학」, 『동악어문학』 61, 동악어문학회, 2013.

일 연, 최남선 편, 『삼국유사』, 서문문화사, 1987.

조동일, 「『삼국유사』의 기본 특징 비교 고찰」, 『일연선사와 삼국유사(일연학연구원 국제학술발표대회 자료집)』, 2006.

조은정, 「『삼국유사』의 시적 수용과 '미당 유사'의 창조」, 연세대학교 석사학위논문, 2006.

최현식, 「질마재의 역사성과 장소성」, 『한국시학연구』 43, 한국시학회, 2015.

7장 「자화상」

김붕구, 『보들레에르』, 문학과지성사, 1977.

김선영, 「미당 산, 광활한 정신의 숲」, 『서정주 문학앨범』, 웅진출판, 1993.

김우창 외, 『미당 연구』, 민음사, 1994.

서정주, 「현대조선시약사」, 『현대조선명시선』, 온문사, 1950.

＿＿＿, 『서정주문학전집』 3, 일지사, 1972.

＿＿＿, 『미당 서정주 전집』 1(시), 은행나무, 2015.

＿＿＿, 『미당 서정주 전집』 6(유년기 자서전), 은행나무, 2016.

＿＿＿, 『미당 서정주 전집』 7(문학적 자서전), 은행나무, 2016.

월터 K. 류(Walter K. Lew), 「이상의 '산촌여정 성천 기행 중의 몇 절'에 나타나는 활동사진과 공동체적인 동일시」, 『역易 트랜스trans』 창간호, 한국예술종합학교 영상원, 2000.

윤석성, 「미당 시의 유가적 측면」, 『동악어문학』 34, 동악어문학회, 1999.

윤재웅, 『미당 서정주』, 태학사, 1998.

이병주, 『한국한시선』, 탐구당, 1981.

허세욱, 「도잠과 이백과 미당 사이」, 『서정주 연구』, 동화출판공사, 1975.

8장 「웅계」 연작

『시건설』, 1936.11.

『시와 산문』, 1953.10.

『시정신』, 1952.9.

『시학』, 1939.3.

『시학』, 1939.5.

『신세기』, 1942.7.

『웅계』 1집, 웅계사, 1939.1.1.

『현대공론』, 1954.11.

『현대공론』, 1954.8.

『호남평론』, 1937.9.

김정신, 「서정주 초기 시의 수난 양상과 부활의 의미: 『화사집』을 중심으로」, 『문학과 종교』 18-1, 한국문학과종교학회, 2013.

류동현, 「『화사집』의 심층심리 분석」, 서울대학교 석사학위논문, 2000.

박형준, 「서정주 초기 시에 나타난 동물 이미지 연구: 『화사집』, 『귀촉도』, 『서정주 시선』을 중심으로」, 명지대학교 석사학위논문, 2003.

서정주, 『미당 서정주 전집』 1~5(시), 은행나무, 2015.

_____, 『미당 서정주 전집』 7(문학적 자서전), 은행나무, 2016.

_____, 『미당 서정주 전집』 8~11(산문), 은행나무, 2017.

송기한, 「서정주 초기 시에서의 '피'의 근대적 의미」, 『한중인문학연구』 36, 한중인문학회, 2012.

오 준, 「『화사집』 분석을 통해 본 서정주 시의 이원성: 은유와 은폐」, 중앙대학교 박사학위논문, 2008.

오태환, 「서정주 시의 무속적 상상력 연구」, 고려대학교 박사학위논문, 2005.

유성호, 「서정주 『화사집』의 구성 원리와 구조 연구」, 『한국문학논총』 22, 한국문학회, 1998.

이병주 역주, 『한국한시선』, 탐구당, 1965.

이은지, 「서정주의 시적 자서전에 나타난 기억 형상화 방식 연구」, 서울대학교 석사학위논문, 2012.

이 찬, 「서정주 『화사집』에 나타난 생명의 이미지 계열들」, 『한국근대문학연구』

17, 한국근대문학회, 2016.

최현식, 「서정주와 영원성의 시학」, 연세대학교 박사학위논문, 2003.

9장 「도화도화」

고한용, 「다다이슴」, 『개벽』 51, 개벽사, 1924.9.

권혁웅, 「서정주 초기 시의 리듬 연구: 『화사집』을 중심으로」, 『상허학보』 39, 상허학회, 2013.

김석환, 「『화사집』의 기호학적 연구」, 『예체능논집』 7, 명지대 예체능연구소, 1996.

김순자, 「『화사집』의 공간 기호에 관한 연구」, 명지대학교 석사학위논문, 1997.

김연숙, 「서정주 『화사집』의 공간 의식 연구」, 목포대학교 석사학위논문, 2005.

김옥순, 「서정주 시에 나타난 우주적 신비체험」, 『이화어문논집』 12, 이화어문학회, 1992.

김유정, 「봄·봄」, 『조광』, 1935.12.

김재남 역, 『셰익스피어 전집』, 을지서적, 1995.

김화영, 『미당 서정주의 시에 대하여』, 민음사, 1984.

대한성서공회, 『공동번역 성서』, 1977.

박수연, 「참담과 숭고: 서정주의 만주 체험」, 『비교한국학』 21-3, 국제비교한국학회, 2013.

서정주, 「칩거자의 수기(상)-주문呪文」, 조선일보, 1940.3.2.

＿＿＿, 「나의 방랑기」, 『인문평론』 2-3, 인문사, 1940.3.

＿＿＿, 「속 나의 방랑기」, 『인문평론』 2-4, 인문사, 1940.4.

＿＿＿, 「만수일기」, 매일신보, 1941.1.15.~21.

_____, 「고향 이야기」, 『신시대』 8, 신시대사, 1942.8.

_____, 『한국의 현대시』, 일지사, 1969(1988).

_____, 「두고 온 성지: 금강산」, 『법륜』 49, 법륜사, 1972.10.

_____, 『서정주문학전집』 1~5, 일지사, 1972.

_____, 『안 잊히는 일들』, 현대문학사, 1983.

_____, 『늙은 떠돌이의 시』, 민음사, 1993.

_____, 「나의 문학 인생 7장」, 『시와 시학』, 시와시학사, 1996년 가을호.

_____, 『미당 서정주 전집』 1~7, 은행나무, 2015~2016.

성서교재 간행사, 『신구약 성경주석』(IVF판), 1979.

윌리암 L. 할러데이 편집, 손석태·이병덕 역, 『구약성경의 간추린 히브리어, 아람어 사전』, 도서출판 솔로몬, 2013.

유성호, 「서정주 『화사집』 연구」, 『문예연구』, 문예연구사, 1998년 여름호.

윤은경, 「서정주 초기 시의 낭만성과 '도'의 상상력」, 『현대문학이론연구』 45, 현대문학이론학회, 2011.

_____, 「유치환·서정주의 만주체험과 시대의식 비교」, 충남대학교 석사학위논문, 2012.

이남호, 『서정주의 『화사집』을 읽는다』, 열림원, 2003.

이봉구, 『명동, 그리운 사람들』, 일빛, 1992.

이숭원, 『미당과의 만남』, 태학사, 2013.

이희중, 「『화사집』의 다중진술 연구」, 『한국언어문학』 50, 한국언어문학회, 2003.

요시카와 나기, 『경성의 다다, 동경의 다다: 다다이스트 고한용과 친구들』, 이마, 2015.

정우택, 「서정주 초기문학의 심성 구조」, 『한국시학연구』 32, 한국시학회, 2011.

천경록, 「『화사집』의 이미지 연구」, 『선청어문』 15, 서울대학교 국어교육과, 1986.

최현식, 「서정주와 만주」, 『미네르바』, 연인M&B, 2010년 여름.

_____, 「서정주의 「만주일기」를 읽는 한 방법」, 『민족문학사연구』 54, 민족문학

사학회·민족문학연구소, 2014.

J.A.모티어·G.J.웬함, NBC 21세기판 『IVP 성경 주석 구약』, 한국기독학생회 출판부, 2005(한국어판).

THE BIBLE-THE HOLY SCRIPTURES, 2005.

10장 「낮잠」

『한글대장경 유마경 외』, 동국역경원, 1985(1995).

김우창, 「미당 선생의 시」, 『떠돌이의 시』, 민음사, 1976.

관　응, 『묘법연화경』, 삼성암, 1987.

나희라, 「통일신라와 나말려초기 지옥관념의 전개」, 『한국문화』 43, 서울대학교 규장각 한국학연구원, 2008.

벽담 학명, 『법화경 이야기』, 성불사, 2013.

서정주, 「나의 방랑기」, 『인문평론』 2-3, 인문사, 1940.

＿＿＿, 「머언 추억: 소의 이야기」, 『연합신문』, 1949.6.23.

＿＿＿, 『서정주문학전집』 4·5, 일지사, 1972.

＿＿＿, 『미당수상록』, 민음사, 1976.

＿＿＿, 「숙명통」, 『불광』, 불광회, 1976.9.

＿＿＿, 『나의 문학 나의 인생』, 세종출판공사, 1977.

＿＿＿, 『미당 서정주 전집』 1~7, 은행나무, 2015(2016).

요　원, 『법화영험전法華靈驗傳』(문수사본).

이남호, 『남김의 미학』, 현대문학, 2016.

이덕봉, 「화투의 문화기호 해석」, 『한민족문화연구』 6, 한민족문화학회, 2000.

전선영, 「『법화영험전法華靈驗傳』의 문학적 성격 연구」, 동국대학교 석사학위논

　　　　문, 2010.

_____, 「불교영험담의 비교연구」, 『동악어문학』 58, 동악어문학회, 2012.

조연현, 「원죄의 형벌」, 『미당 연구』, 민음사, 1994.

혜　상, 『홍찬법화전弘贊法華傳』(大正新修大藏經 第51卷)

景　戒, 『日本國現報善惡靈異記』

鹽飽訓治, 「四年制 普通學校 國語讀本卷五(六月)教材解說」, 『朝鮮の敎育硏究』 93,

　　　　朝鮮初等敎育硏究會, 1936.

11장 「시론」

김부식, 『삼국사기』 권제2, 「신라본기」 제2 '미추이사금'

_____, 『삼국사기』 권제9, 「신라본기」 제9 '혜공왕'

_____, 『삼국사기』 권제11, 「신라본기」 제11 '경문왕'

김윤식, 「역사의 예술화」, 『현대문학』, 1963.10.

서민경, 「서정주 시의 바다 이미지 연구」, 경희대학교 석사학위논문, 2001.

서정주, 「죽방잡초」, 동아일보, 1935.9.30.

_____, 「배회」, 조선일보, 1938.8.13.

_____, 「나의 시인 생활 자서」, 『백민』, 1948.1.

_____, 「신라는 아직도 오리무중이군요」, 『혜성』, 1950.5.

_____, 「먼산바라기」, 동아일보, 1975.4.14.

_____, 『미당수상록』, 민음사, 1976.

_____, 「상선과 차선」, 동아일보, 1982.6.30.

_____, 『미당 서정주 전집』 1·2(시)·8·9·11(산문)·13(시론), 은행나무, 2015~2017.

신종원, 『삼국유사 깊이 읽기』, 주류성출판사, 2019.

오리사, 「미적 태도 기반의 문학 표현교육 연구」, 동국대학교 박사학위논문, 2020.

오세영, 『한국현대시인연구』, 월인, 2003.

오태환, 『미당 시의 산경표 안에서 길을 찾다』, 황금알, 2007.

윤재웅, 「서정주의 「낮잠」 자세히 읽기」, 『한국문학연구』 53, 동국대학교 한국문학연구소, 2017.

이남호, 「예술가의 자기 인식: '화사집' 시절의 미당」, 『한국시학연구』 28, 한국시학회, 2010.

이상섭 편, 『세계문학비평용어사전』, 을유문화사, 1985.

이숭원, 「서정주 시에 나타나는 '바다'의 의미 변화」, 『한국시학연구』 29, 한국시학회, 2010.

이어령, 「피의 해체와 변형 과정」, 『시 다시 읽기』, 문학사상사, 1995.

일 연, 최남선 편, 『삼국유사』, 서문출판사, 1987.

Oppermann, Serpil. Iovino Serenella(2017), *Environmental Humanities: Voices from the Anthropocene*, London: Rowman & Little International Ltd.

서정주학파 1

2024년 10월 7일 초판 인쇄
2024년 10월 15일 초판 발행

지 은 이	윤재웅
펴 낸 이	박기련
펴 낸 곳	동국대학교출판부

출 판 등 록	제1973-000004호
주　　　소	04626 서울시 중구 퇴계로36길2 신관1층 105호
전　　　화	02-2264-4714
팩　　　스	02-2268-7851
Homepage	http://dgpress.dongguk.edu
E - m a i l	abook@jeongjincorp.com

책 임 교 정	노홍주
디 자 인	더블디앤스튜디오
인　　　쇄	신도인쇄

ISBN 978-89-7801-237-9 (04810)
　　　978-89-7801-811-1 (세트)

값 20,000원

이 책의 무단 전재나 복제 행위는 저작권법 제98조에 따라 처벌받게 됩니다.